O mesmo e o outro
50 anos de *História da loucura*

Salma Tannus Muchail
Márcio Alves da Fonseca
Alfredo Veiga-Neto
(Organizadores)

O mesmo e o outro
50 anos de *História da loucura*

ESTUDOS FOUCAULTIANOS

PUC-SP Consulado Geral da França em São Paulo CAPES FAPESP autêntica

Copyright © 2013 Os organizadores
Copyright © 2013 Autêntica Editora

Todos os direitos reservados pela Autêntica Editora. Nenhuma parte desta publicação poderá ser reproduzida, seja por meios mecânicos, eletrônicos ou em cópia reprográfica, sem a autorização prévia da Editora.

COORDENADOR DA COLEÇÃO ESTUDOS FOUCAULTIANOS
Alfredo Veiga-Neto

CONSELHO EDITORIAL DA COLEÇÃO ESTUDOS FOUCAULTIANOS
Alfredo Veiga-Neto (UFRGS); Walter Omar Kohan (UERJ); Durval Albuquerque Jr. (UFRN); Guilherme Castelo Branco (UFRJ); Sílvio Gadelha (UFC); Jorge Larrosa (Univ. Barcelona); Margareth Rago (Unicamp); Vera Portocarrero (UERJ)

DIAGRAMAÇÃO
Conrado Esteves

REVISÃO
Dila Bragança de Mendonça

CAPA
Alberto Bittencourt
(*Sobre pintura de Agnolo Bronzino*, Alegoria do triunfo de Vênus)

EDITORA RESPONSÁVEL
Rejane Dias

Dados Internacionais de Catalogação na Publicação (CIP)
(Câmara Brasileira do Livro, SP, Brasil)

O mesmo e o outro : 50 anos de História da loucura / Salma Tannus Muchail, Márcio Alves da Fonseca, Alfredo Veiga-Neto, (organizadores). -- Belo Horizonte : Autêntica Editora, 2013. -- (Coleção estudos foucaultianos)

Vários autores.
Bibliografia.
ISBN 978-85-8217-110-3

1. Filosofia francesa 2. Foucault, Michel, 1926-1984. História da loucura na Idade Clássica I. Muchail, Salma Tannus. II. Fonseca, Márcio Alves da. III. Veiga-Neto, Alfredo. IV. Série.

13-11212   CDD-194

Índices para catálogo sistemático:
1. Filosofia francesa 194

GRUPO **AUTÊNTICA**

Belo Horizonte
Rua Carlos Turner, 420
Silveira . 31140-520
Belo Horizonte . MG
Tel.: (55 31) 3465 4500

São Paulo
Av. Paulista, 2.073 . Conjunto Nacional
Horsa I . 23º andar . Conj. 2310-2312
Cerqueira César . 01311-940 . São Paulo . SP
Tel.: (55 11) 3034 4468

www.grupoautentica.com.br

Sumário

9   Apresentação
O mesmo e o outro: 50 anos de *História da loucura*
Salma Tannus Muchail, Márcio Alves da Fonseca, Alfredo Veiga-Neto

11   O que é um louco?
Patrice Vermeren

23   O verme e a ovelha: Foucault, Kant e a relação de si para consigo
José Luís Câmara Leme

45   Experiência e sujeito
Peter Pál Pelbart

59   El Dispositivo *Psi*. Locos, Psicólogos y Empresarios
Rodrigo Castro Orellana

81   Loucura, dor e sofrimento
Sergio Adorno

93   Quebrar o olho, furar o ovo, fazer o corte: a *História da loucura na Idade Clássica* como a história de um silêncio e de uma obscenidade
Durval Muniz de Albuquerque Júnior

103   Rebatimentos: a inclusão como dominação do outro pelo mesmo
Alfredo Veiga-Neto, Maura Corcini Lopes

125   Da arqueologia da loucura à genealogia da psiquiatria
André Constantino Yazbek

139   A *Tese complementar* na trajetória de Foucault. Parte I –
Uma "imagem concreta do homem"
Salma Tannus Muchail

147 A *Tese complementar* na trajetória de Foucault. Parte II –
O que o homem pode e deve fazer de si mesmo?
Márcio Alves da Fonseca

157 A antropologia filosófica desarmada pela filosofia antropológica
Diogo Sardinha

173 *História da loucura na Idade Clássica*: uma história da pobreza
Guillaume le Blanc

189 *Compelle intrare*: a transgressão do *Sobrinho*
José Ternes

199 O talento dos poetas – Foucault, Goffman,
Szasz, Basaglia: convergências, dissonâncias
Heliana de Barros Conde Rodrigues

215 Interpretação e suspeita
Jeanne Marie Gagnebin

223 Mulheres indômitas e malditas: a loucura da razão
Tania Navarro Swain

235 Foucault, a histeria e a aranha
Margareth Rago

247 Das entranhas do corpo feminino: sangue e loucura
Carmen Lúcia Soares

261 Entre a loucura e a estupidez: da carne convulsiva ao corpo obeso
Denise Bernuzzi de Sant'Anna

269 Foucault: o outro que passa por nós
Yolanda Gloria Gamboa Muñoz

283 Ressonâncias interpretativas e políticas
de *História da loucura* no Brasil
Cesar Candiotto, Vera Portocarrero

299 Literatura como contraepisteme: o lugar da experiência
literária na arqueologia foucaultiana do saber
Vladimir Pinheiro Safatle

315 Re(des)encuentros de Foucault con Spinoza
Jorge Dávila

341 Foucault e a escrita: interseções educacionais
Julio Groppa Aquino

355 Foucault e as "práticas de liberdade": possibilidades para o campo educativo
Sílvio Gallo

365 Michel Foucault e a antipsiquiatria
Guilherme Castelo Branco

377 Loucura e transtornos: políticas normalizadoras
Edson Passetti

389 Política e fissuras sobre crianças e jovens: psiquiatria, neurociência e educação
Salete Oliveira

411 De tal cordura, tal locura o de cómo la historia de lo otro devino crítica de lo mismo
Cristina López

423 Sobre os autores

APRESENTAÇÃO
O mesmo e o outro:
50 anos de *História da loucura*

Salma Tannus Muchail
Márcio Alves da Fonseca
Alfredo Veiga-Neto

Os *Colóquios Internacionais Michel Foucault* realizados no Brasil são um exemplo concreto de quando a prática faz nascer a ideia. Com efeito, a realização – hoje regular – desses colóquios não foi precedida por nenhum "projeto" nem seguida por um plano de continuidade. Eles apenas foram acontecendo. Tendo em comum o interesse pelo pensamento de Michel Foucault, professores e estudantes de várias áreas do conhecimento e procedentes de diversas regiões do Brasil e do exterior reúnem-se para a exposição e o debate de suas investigações. Nessa sequência ocorreu em outubro de 2011 o *VII Colóquio Internacional Michel Foucault*, dessa vez promovido pelo Grupo de Pesquisa Michel Foucault, do Departamento de Filosofia da Pontifícia Universidade Católica de São Paulo (PUC-SP).

O tema do *VII Colóquio* – "O mesmo e o outro" – celebrou o cinquentenário de publicação do livro *História da loucura na Idade Clássica*. Foi ocasião de diálogo entre diferentes áreas (filosofia, história, educação, ciências sociais, psicologia, direito, literatura), contando com a participação de pesquisadores, professores e estudantes, provenientes do exterior e de várias regiões do País.

A programação, organizada em conferências e comunicações, propiciou uma diversificação de temas a partir do âmbito aberto pelo livro *História da loucura* e das decorrências que ele suscita. Algumas conferências e comunicações mantiveram-se mais internamente nos temas do próprio livro; outras relacionaram temas do livro com outros escritos e cursos do próprio filósofo (a *Tese complementar* sobre Kant, *As palavras e as coisas*, *O poder psiquiátrico*, *A hermenêutica do sujeito*); outras estabeleceram articulações com temas posteriores do pensamento foucaultiano (o cuidado de si, a parresia); outras ainda traçaram correlações entre o pensamento de Michel Foucault e outros autores (Diderot, Goffman, Bataglia, Ricoeur, Canguilhem, Nietszche, Deleuze).

Como as conferências e comunicações foram organizadas segundo certa afinidade de assuntos, a sequência dos textos ora publicados mantém o critério.

Os organizadores do *Colóquio* agradecem os importantes apoios recebidos, tanto os que foram propiciados pela própria instituição que sediou as atividades – a PUC-SP – quanto aqueles que foram generosamente concedidos por outras instituições e agências de fomento, caso do Consulado-Geral da França em São Paulo, CAPES e FAPESP.

★

Em suma, este livro reúne os textos elaborados pelos participantes do – e discutidos no – *VII Colóquio Internacional Michel Foucault* que, gentil e prontamente, atenderam ao convite de publicá-los nesta coletânea. Desse modo, **O mesmo e o outro: 50 anos de** *História da loucura* é o resultado de um esforço coletivo, materializado graças à sensibilidade da Editora Autêntica, que, através da coleção *Estudos Foucaultianos*, tem dado todo o apoio à divulgação do que hoje se produz entre nós neste campo.

Como nas edições anteriores, mesmo seguindo basicamente as normas da ABNT, procurou-se respeitar, em cada capítulo, a formatação das referências bibliográficas adotadas pelo respectivo autor: ora em nota de rodapé, ora em lista por ordem alfabética e cronológica (ao final do capítulo), etc. Além disso, no caso das palavras de origem grega, cuja grafia ainda não foi padronizada na língua portuguesa e que ainda é matéria de controvérsias técnicas, optou-se por seguir a forma adotada pelo respectivo autor.

A organizadora e os organizadores deste livro esperam que ele acrescente uma significativa contribuição aos desdobramentos do pensamento de Michel Foucault e à sua particular competência para abrigar estudiosos e articular investigações em diferentes áreas do saber.

Capítulo 1
O que é um louco?

Patrice Vermeren

Eu partirei de dois paradoxos, no sentido literal do termo: "que vai contra a *doxa*". O primeiro, já reconhecido como tal, é que este *Colóquio* que vocês organizaram sobre Michel Foucault é o sétimo, e ele trata sobre a desrazão e sua história. Podemos nos perguntar por que, se sete anos é a idade da razão na criança, nosso presente *Colóquio Foucault*, o sétimo no Brasil, trata da desrazão e de sua história. Podemos observar também – e celebrar por causa do título dessa manifestação: *O mesmo e o outro* – que Michel Foucault é o autor de um prefácio à reedição em 1970 de um livro totalmente desarrazoado, a *Gramática lógica*, seguida de *A ciência de Deus ou a criação de rãs*, intitulado *Sete palavras sobre o sétimo anjo*. Seu autor, Jean-Pierre Brisset, prova aí que o homem descende da rã por meio da análise da linguagem. Foucault já havia consagrado em 1962, na *Nouvelle Revue Française*, um artigo sobre *A ciência de Deus ou a criação de rãs,* publicado em 1900, mostrando como Brisset "alojou-se no ponto extremo do delírio linguístico, lá onde o arbitrário é recebido como a lei alegre e intransponível do mundo". Porque, para ele, "todas as ideias que podemos expressar com um mesmo som, ou com uma sequência de sons semelhantes, têm a mesma origem e apresentam entre si alguma relação, mais ou menos evidente, entre coisas que sempre existiram ou que existiram em algum momento de modo contínuo ou acidental". Podemos ver no interesse de Foucault por Brisset a mesma ideia reguladora que o levou a ler e comentar Raymond Roussel. Mas também, pela proximidade desse último artigo com a publicação da *História da loucura*, podemos ver aquilo que Canguilhem escreve em 1986: "Foucault concedia ao louco uma liberdade de ser que não anulava sua liberdade de ser louco" (Canguilhem, 1986. p. 39).

O segundo paradoxo seria aquele das leituras sucessivas, passadas, presentes e futuras da *História da loucura,* bem como de toda a obra de

Foucault. Robert Castel, por ocasião do segundo aniversário de morte de Michel Foucault, em 1986, mostrou que *História da loucura* tinha já pelo menos três leituras sucessivas: (1) uma leitura acadêmica, situando-a na linha dos trabalhos de Brunschvicg, Bachelard e de Canguilhem, e de suas condições de possibilidade: seja uma interrogação sobre a originalidade e a radicalidade do trabalho de Foucault nessa tradição universitária francesa, aplicada a um novo objeto, abrindo um campo possível para uma teoria geral do sistema psiquiátrico e da produção de regulação e controle social pela medicina mental, cujos prolegômenos foram produzidos pelo próprio Castel em *A ordem das coisas*; seja a restituição de uma palavra do louco que fora ocultada, ressoando a literatura de Lautréamont e de Artaud; (2) Uma leitura militante, situada em maio de 1968, concedendo à *História da loucura* a paternidade de paradigmas que nutriram a análise e as lutas da subjetividade e dos desejos reprimidos não somente nos hospícios e nas prisões, nas relações familiares e sexuais, mas também tomando o confinamento como modelo explicativo de todas as exclusões e legitimando todos os grupos que visam a destruição das "instituições totalitárias"; (3) Uma leitura que visaria não se resignar com a exclusão de uma parte maldita da humanidade, sugerindo transformações e reformas que não teriam por objetivo implementar uma psiquiatria "melhor", mas que acolhesse a loucura sem a submeter à dominação da ideologia e das estruturas médicas: esse é o sentido da participação frequentemente evocada de Michel Foucault no GIA (Grupo de Informação sobre os Hospícios) e nos movimentos antipsiquiátricos, e de sua apreciação das reformas da política de saúde mental (CASTEL, 1986, p. 41). Mas na realidade, o que caracteriza a filosofia de Michel Foucault é que ele não se enclausurou em uma genealogia nem em uma aplicação jurídica ou política qualquer, de modo que nenhuma interpretação pode pretender esgotar sua riqueza. Jacques Rancière (2005, p. 183 sq) destacou esse fato no Brasil e na França por ocasião do vigésimo aniversário de morte de Michel Foucault: se todo o percurso de Foucault se fez sob o signo do deslocamento e do contratempo, então aí não haveria lugar para a dedução de uma tomada de consciência que levaria à revolta a partir do conhecimento do sistema de rejeição e de disciplina.

> O que a história materialista das condições de nosso pensamento e de nossa ação nos ensina não é nem a necessidade da ordem das coisas, nem a liberdade dos sujeitos. É o intervalo entre os dois, intervalo que apenas se preenche com sentimentos como "o intolerável", que não correspondem a qualquer necessidade e indicam uma liberdade que é simplesmente a capacidade de agir, e não o domínio de si. Entre o conhecimento e a ação, a

filosofia não fundamenta nenhuma dedução. Ela somente abre um intervalo onde é possível fazer vacilar as referências e as certezas sobre as quais se apoiam as dominações.

A dialética entre o mesmo e o outro é o que permite descobrir em cada leitura passada, presente e futura da *História da loucura* um novo livro. Como testemunho à recepção da obra de Michel Foucault no Brasil, que começou quando ele ainda vivia, penso particularmente nas cinco célebres conferências que ele proferiu na PUC-RJ, seguindo até hoje com esses sete Colóquios e com os livros publicados sobre o tema: e aí também estaria funcionando a dialética entre o mesmo e o outro, se pensarmos nas interpretações tão originais que os brasileiros fazem da relação Foucault-Deleuze, ou nas leituras de Heidegger por Foucault empreendidas por Salma Tannus Muchail, ou ainda nos prolongamentos surpreendentes que Márcio Alves da Fonseca confere às análises foucaultianas do direito. Existe e existirá, senão vários, pelo menos um Foucault brasileiro, como existe um ou vários Foucault franceses ou não importa onde no mundo.

O que é um louco? Para colocar esta questão, podemos partir de discursos, de teorias médicas que pretendem dar conta dos diferentes tipos de patologia, nomeá-las e classificá-las, e de representações comuns, teatrais ou literárias que os narram, encenam ou inscrevem. Outra maneira de colocar esta questão seria partir das práticas e das instituições. Foi a dimensão *inexplorada* que Foucault escolheu, assim resumida na sua candidatura ao Collège de France:

> Seria necessário investigar como os loucos foram reconhecidos, colocados à parte, excluídos da sociedade, internados e tratados; quais instituições foram destinadas a lhes acolher e a lhes deter – tratá-los por vezes: que instâncias decidiam sobre sua loucura e de acordo com que critérios; que métodos eram utilizados para os conter, castigá-los ou curá-los; em suma, em que redes de instituições e de práticas o louco encontrava-se simultaneamente capturado e definido.

Por que seria necessário partir das práticas e das instituições que acolhem e retêm o louco, em vez de partir das teorias e dos discursos? Poderíamos dizer, na esteira de Stéphane Douailler, em primeiro lugar porque todos os usos metafóricos da loucura, todos os lugares fechados onde a loucura poderia ter livre curso, são subordinados em última instância à forma asilar. O poeta e o filósofo inspirados estão enclausurados em um cenáculo e, a partir de certo limite, tal como Nietzsche e Artaud, eles acabam no hospício. O sábio genial trabalha em um laboratório, até que suas invenções o conduzem para fora do mundo real até o hospício. O revolucionário radical é reconhecido primeiramente no espaço restrito de uma seita ou de um partido político, e termina também recluso. Podemos, então, dizer que, para tentar definir a loucura, é melhor passar pelo louco enclausurado no hospício do que por todas as suas imitações. Outro argumento, mais essencial, pode ser colocado: se a loucura existe um pouco em todos os lugares e em cada um de nós, pelo menos no momento da paixão amorosa, quando nos declaramos para o outro: "estou louco por ti", ela existe em maior intensidade no louco internado no hospício. Se quisermos responder à questão "o que é um louco?", é melhor procurar não onde o louco é mais ou menos louco, mas onde ele é completamente louco: no hospício.

A questão "o que é um louco" torna-se, então, a questão acerca das práticas que desenvolvemos voltadas para os loucos. Foucault mostra que nem sempre os enclausuramos: durante muito tempo o louco da aldeia era tratado como uma criança, vivendo no seio da comunidade, encarregado de tarefas subalternas. Podíamos excluí-lo da cidade, dando-lhe de comer e deixando-o à deriva sobre as águas do rio Reno, como testemunha o quadro de Bosch *A nau dos loucos*. Até o grande enclausuramento, quando os loucos acabam trancafiados nos hospitais gerais com os vagabundos, os mendigos, os sem-trabalho e as prostitutas. E a definição do louco se transforma: se o louco é aquele que está enclausurado, então, para responder à questão "o que é um louco", é necessário saber quem está enclausurado.

Por muito tempo, o louco foi pensado como impensável, o outro radical da razão. Ele vai finalmente tornar-se uma razão desarrazoada a partir do mesmo modelo que, no século XVIII, torna o monstro uma natureza desnaturada. O que é o monstro? George Canguilhem mostrou como o monstro sempre foi um ser orgânico. Não existe monstro mineral nem monstro mecânico. O monstro é um vivente de valor negativo. Na história, ele foi primeiramente divinizado (Oriente) ou sacrificado (na Grécia e em Roma). Depois ele foi demonizado como consequência de um carnaval de animais, após eles terem bebido.[1] O monstro é o símbolo da falência da razão. "O sono da razão engendra monstros", escreveu Goya na legenda de sua pintura. Porém, com o surgimento da teratologia, ciência dos monstros, o monstro não é mais pensado como uma aberração da natureza; ele tornou-se pensável, uma natureza desnaturada, um desvio em relação ao funcionamento biológico típico. Em *O sonho*

---

[1] Citação referente ao livro *La connaissance de la vie*, de George Canguilhem, que mostra que havia uma percepção de que surgiam monstros nos intercursos sexuais entre animais de diferentes espécies, que se encontravam lado a lado quando bebiam água na mesma fonte. (N.T.)

de d'Alembert, de Diderot, e na sua *Carta sobre os cegos para uso daqueles que veem*, o cego de nascença de Saunderson é qualificada de monstro, mas é sobre ele que se pode operar a análise e a decomposição da origem das ideias nos homens. "Quer se tratasse de embriologia, de sistemática ou de fisiologia, o século XVIII fez do monstro não somente um objeto, mas um instrumento da ciência" (CANGUILHEM, 1992, p. 179), escreveu Canguilhem, o que mostra que a anomalia pode desde então explicar a formação do normal, uma vez que o patológico é apenas o normal impedido ou desviado.

Do mesmo modo, a loucura torna-se pensável. Ela não é mais o outro radical da razão, ela é uma razão desarrazoada. E então, se o louco não é mais impensável, ele torna-se suscetível de um discurso racional – a ciência psiquiátrica – e de práticas de redução do desvio em relação à norma – a terapêutica. Isso possibilitou que Pinel liberasse os loucos de suas correntes, separando-os das prostitutas, dos ladrões e dos mendigos, para recluí-los no hospício. O que é um louco? A exclusão não é mais operada em nome de sua alteridade radical em relação à razão (fosse ele possuído pelo demônio, como as feiticeiras, fosse sem razão, como para Descartes). Porém, tornou-se louco, com o nascimento da psiquiatria, aquele que é excluído a partir do desvio de um funcionamento biológico típico, aquele ao qual, no sentido literal, falta um compartimento, de acordo com os trabalhos de Broca sobre as localizações cerebrais. Como sabemos, essa definição psiquiátrica da loucura perdura até os dias de hoje. Ou, então, é substituída por uma definição freudiana, se considerarmos que, na impossibilidade de encontrar um substrato anatômico para o caso da histeria, a psicanálise daria outra definição de louco: o louco é aquele que não liquidou o seu Édipo.

Frédéric Gros mostrou que não existe progresso na história da loucura, que não há evolução no conhecimento do louco pela apreensão reflexiva da essência da loucura, que, por meio da odisseia de definição da essência da loucura, se aperfeiçoaria com a psicologia dita científica e seria enfim revelada na sua verdade pelo espírito positivo do psiquiatra (GROS, 1997, p. 28 sq). Os três momentos dessa história – o Renascimento ou a loucura como obsessão imaginária, a Idade Clássica ou a loucura como desrazão, a Modernidade ou a loucura como doença mental – produziriam as consciências da loucura (em que a loucura não era sujeito, mas objeto limite), que são tanto consciências de não ser louco quanto maneiras próprias de a razão apreender a loucura, preservando-se dela. Ou seja, modos de delimitação da loucura. Foucault inventaria, assim, os elementos da produção da loucura: (1) uma *consciência crítica* da loucura (em que a razão reconhece e designa a loucura, mas no mesmo gesto acontece a reversibilidade da oposição: qual delas é medida da outra? A loucura ou a razão?); (2) uma *consciência prática* da loucura (que designa o louco como transgressor das normas estabelecidas pela sociedade, o que pressupõe mais a percepção de um perigo para a cidade do que uma reação para defender os ritos imemoriais de conjuração); (3) uma *consciência enunciativa* da loucura (denúncia da existência do louco, o que supõe a consciência de não ser louco); (4) uma *consciência analítica* da loucura (que se desdobra em uma explicação pretensamente racional dos mecanismos e tipos de loucura) (FOUCAULT, 1997, p. 39). Cada época se definirá por uma configuração singular dessas formas de consciência. O Renascimento assiste ao desaparecimento da experiência trágica da loucura, o que permite que a consciência crítica, ao apagá-la da memória, coloque em seu lugar uma estrutura de exclusão. A Idade Clássica dos séculos XVII e XVIII procede à internação dos loucos, consciência prática que se apoia sobre uma consciência crítica (o louco é apreendido como o outro) e sobre uma consciência analítica (estabelecida pela divisão radical entre os loucos e os seres arrazoados). A Modernidade (séculos XIX e XX) atribui à consciência analítica a tarefa de apresentar a verdade total da loucura, esquecendo a divisão acima referida. Foucault, de acordo com a leitura de Frédéric Gros, pôde assim mostrar como o Ocidente tornou possível a história da divisão razão/desrazão, em que o mesmo e o outro se divorciam (no Renascimento), se dividem tragicamente (na Idade Clássica) e esquecem o trágico de sua separação (o discurso positivo e médico da Modernidade). E que a história dessa divisão, embasada por considerações delineadas pela eclosão das consciências das loucuras – que são tanto recusa quanto delimitações, modalidades de separação –, remete a experiências de loucura. A análise de Frédéric Gros leva à conclusão de que o que Foucault destrói é a ideia de que a loucura seja um objeto médico, uma unidade positiva, uma substância inteligível, uma entidade supra-histórica. Para ele, trata-se não de definir a essência da loucura, mas de mostrar como o sistema de internação antecede e comanda a constituição da loucura como doença mental. A experiência médica da loucura se faz sob as condições dessa exclusão e a transferência do louco do hospital para o hospício constitui também dois de seus componentes: a reclusão do silêncio e a condenação moral. Não há, na história da loucura, a exposição de um processo progressivo, de uma progressão em direção à verdade natural da loucura; mas é a exclusão que impõe à experiência médica seus próprios modelos de representação. O que também Pierre Macherey formula assim:

> Lembremos que ao falar de uma história da loucura, Foucault desde o início anunciava sua decisão de tirar a loucura, ou melhor, o que ele chamava de 'a experiência da loucura', do

status pretensamente natural que a medicina psiquiátrica lhe havia atribuído, ao identificar, com seu positivismo espontâneo e ingênuo, a loucura como uma espécie de fatalidade orgânica de uma vez por todas definida por traços imutáveis. O ponto de partida de Foucault era, no fundo, muito simples: retomando a ideia de Nietzsche, segundo a qual não há fatos, mas interpretações, consistia em refutar a hipótese segundo a qual a loucura era um fato objetivo, dado previamente a suas interpretações, o que levava a explicá-la em função do olhar colocado sobre ela, olhar necessariamente histórico, logo submetido às condições próprias de um certo estado de civilização e de cultura, e, por isso mesmo, fadado a se transformar quando esse estado se modifica (MACHEREY, 2002).

Como Foucault veio a escrever uma história da loucura? Em uma entrevista com Roger-Pol Droit, ele responde com a seguinte anedota: "Eu pensei em escrever uma história que não tivesse nunca sido escrita, a dos próprios loucos. O que é isso, ser louco? Quem decide? Em nome de quê? É uma primeira resposta possível". E quando seu interlocutor lhe pergunta se haveria outras, ele evoca seus estudos de psicopatologia e sua estupefação de que tão pouco saber pudesse resultar em tanto poder; seus estágios em Sainte-Anne, onde ele observava o poder psiquiátrico; e sua experiência pessoal de um sentimento de exclusão por sua homossexualidade, transformado em uma espécie de ameaça: se não és como todo mundo, és anormal; se és anormal, és doente. Ele disse, também, que achava paradoxal colocar o problema do funcionamento político do saber a partir de ciências nobres e elaboradas como a matemática – conforme Tran Duc Thao ou Desanti –, a física e a biologia, uma vez que as ciências formadas recentemente e contemporâneas como a psiquiatria ofereciam um campo onde as leves películas do saber estavam absolutamente ligadas a formas analisáveis de poder. Foucault diz ainda nessa entrevista que ele queria apenas retomar um problema dos marxistas – a formação de uma ciência no interior de uma dada sociedade –, mas que não compreendeu que violava a lei comtiana da dignidade das ciências, e colocou o dedo no funcionamento da psiquiatria na União Soviética, resultando no silêncio total dos marxistas sobre seu livro, ainda que não fizesse nenhuma referência a Marx. São principalmente os literatos Blanchot e Barthes que lhe dão atenção.

Outro que lhe dá atenção, e antes de todos os outros, é Georges Canguilhem, a quem Jean Hyppolite pediu para olhar o manuscrito, já lido por Dumézil, e que será o relator dessa Tese. Em 1924-1926, Canguilhem foi aluno de Daniel Lagache na *École Normale Supérieure* (junto com Raymond Aron, Paul Nizan e Jean-Paul Sartre), assistindo às suas aulas e apresentações de doentes no hospital Sainte Anne, de Georges

Dumas. Foi seu colega na Faculdade de Letras em Strasbourg e também em Clermont-Ferrand. Além disso, criticou sua obra *A unidade da psicologia*, em uma conferência no *Collège Philosophique*, em 18 de dezembro de 1956, que se tornou um artigo vigoroso publicado na *Revue de Métaphysique et de Morale*, em 1958, com o título *O que é a psicologia?*.[2] Canguilhem é também autor de uma tese de medicina sobre o normal e o patológico, publicada em 1943, onde ele cita Jaspers, Minkowski e Henri Ey; ele é amigo de Lucien Bonnafé e de François Tosquelles. Em julho de 1944, na qualidade de médico residente, ele chegou a cuidar de feridos e a escondê-los no hospital psiquiátrico de Saint Alban, em Lozère, onde foi inventado um tratamento comunitário da loucura que será denominado, dez anos mais tarde, de psicoterapia institucional. Foi como professor da Sorbonne – onde ele sucedeu, em 1955, a Gaston Bachelard – que Canguilhem recebeu o manuscrito de novecentos e quarenta e três páginas das mãos de Foucault; e, confessando que havia se entusiasmado pela leitura que lhe revelara seus próprios limites, ele propõe sua defesa para obtenção do título de doutor e escreve, em abril de 1960, em seu parecer sobre a tese:

> O senhor Foucault interessou-se sempre eletivamente pela Psicopatologia e sua história. Não sei se o Senhor Foucault tinha, ao escrever sua Tese, a mínima intenção ou a mínima consciência de contribuir para uma história daquilo que chamaríamos hoje de "psicologia social do anormal". Parece-me, entretanto, que ele o fez. Parece-me, também, que ao fazê-lo, ele contribuiu para reatar um diálogo frutífero entre Psicologia e Filosofia, em um momento em que muitos psicólogos aceitam desconectar suas técnicas de um questionamento sobre as origens e os sentidos dessas técnicas.[3]

Mais tarde, ele dirá ainda: "Eu aprendi a conhecer outra figura do anormal, que não era aquela da patologia orgânica. E Foucault ensinou-me a reconhecer a existência histórica de um poder médico equívoco" (CANGUILHEM, 1992, p. 40). Um Canguilhem que celebrará o acontecimento da publicação de *História da loucura* em 1986, dizendo que, para ele, "Foucault não parou de seguir uma linha: pesquisar a explicação de certas práticas pelo viés do poder, enquanto tentamos encontrar garantia pelo lado dos valores específicos da ciência" (CANGUILHEM, 1986, p. 37). Foucault quis mostrar que a psicologia do século XIX procurou

---

[2] Ver as análises de Jean-Francois Braunstein, Alejandro Bilbao, Rachid Dehdouh e Aurore Jacquard em *La formation de Georges Canguilhem: un entre-deux guerres philosophique*, sous la direction de Louise Ferté, Aurore Jaquard et Patrice Vermeren. Paris: Hermann, 2013.

[3] *Rapport en vue de l'autorisation d'imprimer comme thèse principale au doctorat es lettres*, daté du 9 avril 1960, Archives de l'Ecole Normale Supérieure, fonds Georges Canguilhem, GC. 19.4.

fundamentar como verdade a delimitação do "normal" para legitimar as práticas de estabelecimento de incapacidade jurídica dos indivíduos: ele era, desde sempre, o denunciante da normalidade das normas anônimas, o que o tornou cúmplice de Freud. Ele fez uma história da loucura, ou seja, da exclusão e da internação, tomando por objeto um poder de interdição, e não uma história da doença mental, centrada nos hospício, na assistência e no tratamento, tendo por objeto um saber de identificação. Ele representa para a Psicopatologia o que Raymond representa para a história: um mostrou os limites da filosofia da história; o outro, os limites da cientificidade na psicologia. Enfim, ao lançar uma nova luz sobre o modo como uma técnica de normalização se apresenta como um saber, ele abre a porta para a dessacralização e para a contestação das instituições de normalização.

O que eu gostaria de indicar agora, brevemente, é como Foucault surge, de acordo com Canguilhem, em um terreno que o confronta com uma exigência de ruptura com a filosofia de seu tempo, particularmente com o hegelianismo. As maiores apostas da filosofia em 1949 são o retorno de Hegel e o Existencialismo: "a filosofia hegeliana conheceu um verdadeiro renascimento, ou melhor, uma ressureição, superada apenas pelo Existencialismo, ao qual, aliás, ela tenta se unir" (KOYRÉ, 1961; WAHL, 1946), escreve Alexandre Koyré, que vê três causas para isso: (1) a evolução normal, cíclica ou em forma de espiral do pensamento científico, que faz Hegel reaparecer depois de um retorno a Kant, a Schelling e a Fichte; (2) a promoção acelerada da História – operada por Hegel – a juíza suprema de sua própria ação; (3) enfim – *last not least* –, a emergência da Rússia soviética como potência mundial e a vitória dos exércitos e da ideologia comunistas. Hegel *gerou* Marx, Marx *gerou* Lenin, Lenin *gerou* Stalin. Porém, o neo-hegelianismo do pós-guerra é diferente daqueles que o precederam e vigorosamente centrado sobre a *Fenomenologia do espírito,* que Jean Hyppolite traduziu para o francês em 1939-1941 e comentou em sua tese de doutorado em 1946 (*Gênese e estrutura da fenomenologia do espírito de Hegel,* Paris, Aubier, 1946), enquanto Alexandre Kojève publica suas aulas sobre *a Fenomenologia do espírito,* proferidas de 1933 a 1939 (*Introdução à leitura de Hegel,* Paris, Gallimard, 1947). Canguilhem, colega de Jean Hyppolite na *École Normale Supérieure,* assim o descreve:

> Um dos que mais contribuiu para a introdução de Hegel na universidade na França, primeiramente realizando sua tradução, foi Jean Hyppolite, que entrou na *École* um ano depois de Aron e de mim. Ele escreveu, em 1948, na sua *Introdução à filosofia da história de Hegel:* "para nós, franceses, é indispensável conhecermos a visão de mundo de Hegel, seja qual for o julgamento que façamos

dela. De acordo com Hegel, razão e história se interpenetram uma à outra [...] De Descartes a Bergson, nossa Filosofia parece recusar a História, ela é sobretudo dualista e procura a liberdade na reflexão do sujeito sobre ele mesmo".[4] Ao que faz eco Aron, nas suas *Memórias*,[5] a propósito do neokantismo que ele tomou de Léon Brunschvicg e que ele diz que "se integrava facilmente no universalismo (a)histórico do pensamento francês, pelo menos do modo como ele se exprimia na Sorbonne".[6]

A partir disso, compreendemos a importância da conferência de Jean Hyppolite no Congresso Nacional de Filosofia de Mendoza, que tinha por título *Do bergsonismo ao existencialismo* (HYPPOLITE, 1949, t. I, p. 442 sq)[7] Tratava-se de nada menos do que avaliar um itinerário do pensamento francês, que o conduziu do acontecimento da renovação de todos os problemas pelo bergsonismo, antes da guerra de 1914, a esse novo acontecimento do existencialismo (que é mais uma atmosfera comum a pensadores muito diferentes do que uma filosofia particular, destaca Hyppolite), mostrando também as influências da filosofia alemã (Husserl, Heidegger, Jaspers e a *Fenomenologia* de Hegel) sobre os existencialistas franceses. Contudo, toda a sutileza da análise de Hyppolite era para restringir o sucesso do existencialismo, relacionando-o às insuficiências do pensamento bergsoniano que geraram críticas a esse encontro, para, por meio da determinação de tais insuficiências, melhor compreender as exigências que solicitam o pensamento existencial atual e a crise da filosofia atual que essas exigências representam. Ainda que o bergsonismo desconhecesse a angústia e ultrapassasse a existência humana, os existencialistas fizeram dele seu ponto de partida: Sartre, para mostrar que o projeto do homem de ser Deus na estrutura é uma impossibilidade e que a realidade humana não pode alcançar essa transcendência (no que é inspirado pela *Fenomenologia do espírito* e pela consciência infeliz hegeliana); Jaspers, ao descobrir, por trás do fracasso do homem, uma esperança transcendente revelável por uma cifra; Gabriel Marcel, por um mistério que nos conduz a uma reflexão sobre a reflexão, "nos dois casos, a Filosofia não pode ir além da existência humana, ela desaparece em uma ação ou termina em uma fé, consequências que tornam manifesta uma crise da especulação filosófica já percebida por Kierkegaard, Marx e Nietzsche". Bergson não conhece nem a angústia do existencialismo ateu, nem o pecado

---

[4] HYPPOLITE (1948, p. 94).
[5] ARON (1983, p. 68).
[6] CANGUILHEM (1989, p. 11).
[7] Ver: VERMEREN (2008. p. 160). Ver também: VERMEREN (2010).

do existencialismo cristão. A ideia seminal de Bergson era que "a filosofia deveria ser um esforço para ultrapassar a condição humana". O existencialismo, ao contrário, não reconhecia nada que a pudesse ultrapassar, a não ser, para alguns, uma fé injustificável pela filosofia. Como, então, superar essa crise da própria filosofia? Tal é provavelmente o desafio da questão do senso histórico, o problema que divide existencialistas, marxistas e cristãos no campo agonístico da filosofia contemporânea.

Temos talvez uma visão retrospectiva de Jean Hyppolite, aquela que é transmitida por seus textos posteriores, particularmente por *Lógica e existência,* publicado em 1954, que invalida qualquer leitura antropológica ou humanista de Hegel e que Deleuze, que foi seu aluno, resumiu assim: "A filosofia deve ser ontologia, ela não pode ser outra coisa; mas não existe ontologia da essência, só existe ontologia dos sentidos" (DELEUZE, 1954, p. 457; DELEUZE, 2002). Michel Foucault, outro aluno seu, disse que no horizonte de sua formação universitária, no início dos anos 1950, estavam Hegel e a fenomenologia, e que após a tragédia da Segunda Guerra Mundial e das grandes turbulências que a precederam (a Revolução Russa, o nazismo, etc.), o hegelianismo – descoberta recente da França por meio dos trabalhos de Jean Wahl e de Hyppolite, fortemente permeado pela fenomenologia e pelo existencialismo, centrado no tema da consciência infeliz – era o que a universidade francesa poderia oferecer de melhor como forma de compreensão, a mais vasta possível, do mundo contemporâneo: "se o hegelianismo se apresenta como modo de pensar racionalmente o trágico, vivido pela geração que nos precedeu, e sempre ameaçador, fora da universidade havia Sartre, que estava em voga com sua filosofia do sujeito. Ponto de encontro entre a tradição universitária e a fenomenologia, Merleau-Ponty desenvolvia o discurso existencial em um domínio particular de inteligibilidade do mundo, do real".[8] Um panorama intelectual que comandará as escolhas de rupturas próprias de Foucault: com a história da filosofia de seus professores; com o existencialismo, pela leitura de Bataille, de Blanchot e por meio deles de Nietzsche.

Uma das questões deste *Colóquio* seria perceber de que maneira Michel Foucault, com *História da loucura,* consuma (ou não) sua ruptura com o hegelianismo e com a fenomenologia.[9] Uma outra, mas talvez a mesma questão, seria (re)pensar o que está em jogo nessa filiação, sempre reafirmada, de Michel Foucault com Georges Canguilhem.

Tradução: Karla S. Saraiva
Revisão: Alfredo Veiga-Neto

---

[8] Entretien avec Michel Foucault. *Il Contributo,* 1980. Também em FOUCAULT, 2001, p. 867.
[9] Ver: HYPPOLITE (2013).

Referências

ARON, Raymond. *Mémoires*. Paris: Julliard, 1983.

CANGUILHEM, Georges. Ouverture. In: CANGUILHEM, Georges. *Penser la folie*. Paris: Galilée, 1992.

CANGUILHEM, Georges. Qu'est-ce qu'un monstre? *La connaissance de la vie*. Paris: Vrin, 1992.

CANGUILHEM, Georges. Raymond Aron et la philosophie critique de l'histoire. In: CANGUILHEM, Georges. *Raymond Aron, la philosophie de l'histoire et les sciences sociales*. Paris: Editions ENS et Rue d'Ulm, 1989.

CANGUILHEM, Georges. Sur l'histoire de la folie en tant qu'évènement. *Le Débat*, n. 41, p. 39. Paris: Gallimard, 1986.

CASTEL, Robert. Les aventures de la pratique. *Le Débat*, n. 41. Paris: Gallimard, 1986.

DELEUZE, Gilles. Jean Hyppolite, Logique et existence. *Revue philosophique de la France et de l'étranger*, n. 7-9, juillet-septembre 1954.

DELEUZE, Gilles. *L'île déserte et autres textes*. Paris: Minuit, 2002. Entretien avec Michel Foucault. *Il Contributo*, 1980.

FOUCAULT, Michel. *Dits et écrits II*. Paris: Gallimard, 2001. p. 867.

FOUCAULT, Michel. *Histoire de la folie à l'âge classique*. Paris: Gallimard, 1972.

GROS, Frédéric. *Foucault et la folie*. Paris: Puf, 1997.

HYPPOLITE, Jean. Du bergsonisme à l'existentialisme. *Actas del Primer Congreso Nacional de Filosofía*, Mendoza, Universidad Nacional de Cuyo, 1949, t. I, p. 442 sq.

HYPPOLITE, Jean. *Introduction a la philosophie de l'histoire de Hegel*. Paris: Gallimard, 1948.

HYPPOLITE, Jean. *Entre structure et existence*. Paris: Rue d'Ulm, 2013.

KOYRÉ, Alexandre. Les études hégéliennes en France. *Études d'histoire de la pensée scientifique*. Paris: Armand Colin, 1961.

MACHEREY, Pierre. Querelles cartésiennes (2). Le débat Foucault-Derrida autour de l'argument de la folie et du rêve. *Séminaire à l'Université Lille 3*, 13 nov. 2002.

RANCIÈRE, Jacques. Foucault. Les philosophes sans porte-voix. *Libération*, vendredi 24 juin 2004.

RANCIÈRE, Jacques. L'héritage difficile de Michel Foucault. *Folha de S.Paulo*, junho 2004.

VERMEREN, Patrice. 1949: Decadencia y muerte del bergsonismo? In: GONZALES, Horacio; VERMEREN, Patrice (Org.). *Inactualidad del Bergsonismo?* Buenos Aires: Colihue, 2008. p. 160.

VERMEREN, Patrice. El error, el concepto, lo viviente. Georges Canguilhem en el momento filosófico francés de la segunda mitad del siglo veinte. *Pensamiento de los confines*. Buenos Aires, n. 26, invierno-primavera de 2010.

WAHL, Jean. *Tableau de la philosophie française*. Paris: Fontaine, 1946.

Capítulo 2

O verme e a ovelha: Foucault, Kant e a relação de si para consigo

José Luís Câmara Leme

> *Mas aquele que se transforma em verme não pode depois queixar-se de que o estão a calcar aos pés.*
> KANT (2005, p. 371)

> *Não há outro ponto, primeiro e último, de resistência ao poder político senão a relação de si para consigo.*
> FOUCAULT (2005, p. 241)

É notório que o dossiê *Foucault e a Aufklärung* é um dos temas mais explorados nos estudos foucaultianos. Há inúmeras razões para esse interesse sempre renovado. Em primeiro lugar, porque assinala a conhecida deslocação temática para as formas de subjectivação e a conceptualização da analítica do presente; depois, porque o tema abordado, o *ethos* da Modernidade, não só aparenta ser generoso como permite equivocamente inscrever a sua filosofia numa agenda cultural; e, finalmente, porque o que está subjacente à problematização das formas de tutoria é a crise do Estado Providência. Assim, se se tiver presente o seu momento histórico, os últimos anos da década de 1970, temos em primeiro lugar a agenda liberal e a sua expressão ideológica, o pós-modernismo, depois o impacto da revolução iraniana e o que ela representou de recusa da modernização ocidental e de afirmação do papel da religião nos movimentos políticos, e, finalmente, o isolamento da extrema esquerda e da confirmação da causa socialista como partido de governo.

Ora, se em relação à revolução iraniana os intérpretes de Foucault cedo se deram conta da articulação entre esse acontecimento e o interesse por Kant, mormente o entusiasmo revolucionário, em relação ao liberalismo a relação não foi suficientemente explorada. Foi como se a tradição política da qual Kant é um representante eminente, o liberalismo republicano, fosse denegada, e a sua filosofia fosse transformada numa banalidade onde ele foi buscar apenas o que lhe convém. Por outras palavras, foi como se o "retorno a Kant" não tivesse implicações políticas. Numa primeira abordagem, entendo que essa implicação política é a noção de crítica como parceira do governo. O corolário desta tese é o abandono da ideia de revolução, já que com a ideia de crítica não se trata mais de simplesmente recusar o governo, mas de procurar outro governo. Por outras palavras, a procura dessa "outra forma de governar" terá de ser feita no quadro legal de uma democracia constitucional e não através da revolução.[1] Sem prejuízo para essa implicação política no retorno a Kant, pois o legalismo de Kant é conhecido, há, no entanto, uma inquietação que atravessa essa problematização: o lugar da relação de si para consigo num regime liberal. Creio que é essa questão que está subjacente ao retorno a Kant em 1983, justamente num curso que tinha por tema o governo de si e dos outros. Com efeito, os temas são agora: a justificação da obediência, o uso público da razão e o entusiasmo pela revolução. Ou seja, três formas de pensar a pertença a um "nós" a partir da relação de si para consigo.

Uma vez que é na primeira aula do curso de 1983 no Colégio de França, *O Governo de si e dos outros* (FOUCAULT, 2008), que ele se debruça minuciosamente sobre o escrito de Kant, *Resposta à pergunta: que é a Aufklärung?*, é nela que vou basear a minha interpretação.

*

Em janeiro de 1983, Foucault inicia o curso no Colégio de França, *O governo de si e dos outros*, com a análise do texto de Kant, *Resposta à pergunta: que é a Aufklärung?* A divisão da aula em duas partes permite-nos entender facilmente a sua estratégia de análise. Na primeira parte, ele apresenta os temas maiores a partir dos quais vai ler o artigo de Kant: a noção de público, a pertença a um presente e o significado da revolução. Depois, na segunda parte da aula, debruça-se detalhadamente sobre o texto. Esse pormenor não deve ser descurado, porque estes três temas são o fio condutor da análise. O que está em causa é mostrar que o horizonte de problematização do artigo e a mudança histórica que ele assinala têm a ver não apenas como o tema do seu curso, o que é compreensível, mas fundamentalmente com uma ruptura política que ainda hoje exerce efeitos sobre a actualidade. Recorde-se mais uma vez que a abertura desse dossiê coincide justamente com a crise de governamentalidade nas

---

[1] Sobre esta temática, ver o meu artigo "Foucault, Kant e a crítica política" (CÂMARA LEME, 2012).

sociedades ocidentais. Ora, como o horizonte de problematização dos vários cursos no Colégio de França a partir de 1978 são as relações entre o governo de si e o governo dos outros, a questão decisiva é justamente saber que forma de sujeição o novo regime governamental está a criar naquelas anos de charneira. Dito de outra forma, a tematização da *Aufklärung* como saída da menoridade é entendida como o questionamento da noção de governo a partir daquilo que rompe com a sua natureza pastoral e, sobretudo, com algo que não se deixa dissolver completamente numa arte liberal de governar: a constituição recíproca da esfera pública e do uso público da razão; a problematização de um pertencimento a um presente, concretamente a um certo "nós" que enfrenta um conjunto de desafios; e, finalmente, a revolução que assinala essa mudança de governo, a começar necessariamente pelo governo de si mesmo.

Temos, então, um conjunto de temas que têm uma dupla valência: se por um lado eles comprometem a agenda pastoral, por outro poderão representar uma resistência ao liberalismo. Assim, vejamos. A primeira questão é a de saber quais são as condições de um uso público da razão numa sociedade liberal. Essa questão é decisiva, porque se o liberalismo se legitima através da liberdade, então nesse regime não há obstáculos a esse exercício. A segunda questão é a de reconhecer no presente as formas de viver junto. Se o liberalismo desfaz o rebanho e lança cada uma das ovelhas na busca de uma vida autónoma, então qual é a relação de pertença que elas podem viver no presente? Em terceiro lugar, o que representa o entusiasmo revolucionário numa sociedade liberal? Aqui, é bom ter presente que para Foucault um dos traços decisivos do regime liberal é a "cultura do medo" (FOUCAULT, 2004, p. 68). Ora, se não há liberalismo sem medo, então não custa ver que o entusiasmo é justamente o sentimento que assinala a coragem de viver junto.

A segunda parte da aula começa com a análise do primeiro e célebre parágrafo do artigo de Kant em que a *Aufklärung* é definida como "saída do homem da sua menoridade". Para Foucault essa definição está longe de ser clara e evidente. São três as razões dessa dificuldade: primeiro, a natureza dessa saída; segundo, o sujeito em causa; e terceiro, o seu carácter prescritivo. O elemento crucial e original na interpretação foucaultiana é a tensão que ele descobre entre o elemento descritivo, a saída como desprendimento, e o elemento prescritivo, a saída como ideal. A dificuldade que esta distinção levanta é que se trata, para Foucault, de uma descrição que é simultaneamente uma prescrição (FOUCAULT, 2008, p. 28). Com efeito, se a saída é entendida como desprendimento, ou seja, como uma ascese, como um trabalho de si sobre si mesmo, a verdade é que não se sabe substantivamente qual é o seu resultado. É por isso que Foucault constata, a propósito dessa saída, que "nada seja dito sobre para onde vamos" (FOUCAULT, 2008, p. 27). Atente-se que não seria descabido esperar uma destinação substantiva nessa saída; por exemplo, ela poderia consubstanciar-se na solidariedade ou na felicidade, entre outras manhãs generosas. Se Foucault sublinha essa omissão é porque ela releva justamente de uma posição liberal, pois cabe a cada um decidir por si mesmo o que é que visa com esse desprendimento. Mas se essa saída é propositadamente deixada em aberto, ela é, no entanto, apresentada de forma prescritiva através do lema, "*Sapere aude*! Tem a coragem de te servir de teu próprio entendimento" (FOUCAULT, 2008, p. 28). Ora, Foucault realça que o recurso a uma máxima é a forma de veicular simultaneamente uma ordem e uma marca distintiva. O preceito é "algo pelo qual nos identificamos e que nos possibilita nos distinguir dos outros" (FOUCAULT, 2008, p. 28). Portanto, para Foucault, Kant entende, por um lado, a maioridade como uma saída em que o destino está omisso, e, por outro, o exercício de um desprendimento como forma de o sujeito se reconhecer a si mesmo como outro, ou seja, como aquele que teve a coragem de sair, mas também de reconhecer aqueles que não tiveram a coragem de o fazer como diferentes. Ou seja, a saída da menoridade aparece como um princípio de distinção no interior da comunidade. Sem prejuízo para a igualdade política e jurídica, o que está em causa é mostrar que a coragem não só é fautor da desunião do rebanho como é também o que permite assinalar que os seus membros não são todos iguais, pois há os cobardes e os corajosos. Se anteriormente o que causava a dispersão do rebanho era a ausência do pastor, agora essa separação também se deve à autonomia dos seus membros.

A importância dessa questão para Foucault é facilmente constatável em três níveis. Primeiro, porque toda a problematização posterior da coragem, mormente a parresia, tem por pano de fundo a distinção clássica entre os muitos e os poucos, a saber, a isegoria como direito de palavra na cidade antiga, e a parresia como coragem de proferir a palavra verdadeira e de exercer um ascendente sobre os outros; depois, porque a tensão entre a *vida outra* e a comunidade possível resulta da compreensão da coragem, ou como justa consigo mesmo ou como princípio de generosidade, ou seja, a ascese e a *megalopsiquia*; e, finalmente, porque a oposição entre o dandismo e o uso público da razão é um princípio diferenciador do espectro político nas sociedades liberais, isso é, há os que se contentam com o seu estilo de vida privado, e os que formam o seu *ethos* a partir da relação que têm com a comunidade em que vivem.

Tenhamos, no entanto, bem presente que o propósito da coragem não é, num primeiro momento, explicitado. Pode-se ser corajoso na solidariedade para com os seus pares, pode-se ser corajoso fazendo da verdade uma profissão, mas também se pode ser corajoso através do exercício empresarial. Ora, o que define politicamente o liberalismo é justamente a crença de que essas vocações não devem ser impostas, sob pena de o perfeccionismo governativo se tornar numa forma de direcção. Claro está que essa neutralidade liberal é questionável; sobretudo, é bom saber se se trata apenas de uma omissão referente à liberdade negativa, ou se ela justamente diferencia as duas esferas da liberdade para poder impor, de viés, uma agenda em relação à liberdade positiva. Contudo, sem prejuízo para essa tolerância liberal, é preciso sublinhar que para Kant é a prioridade da razão prática que suporta a maioridade. O problema é, então, saber como é que essa atitude concretiza um *modus vivendi* compatível com um governo liberal, isso é, limitado.

Se na obra *Vigiar e punir* (FOUCAULT, 1975) a individualização é tomada exclusivamente como um efeito de sujeição, o resultado de uma técnica governamental, no final da década de 1970 o problema crucial passa a ser a relação que o sujeito tem consigo mesmo. É evidente que essa deslocação não invalida a tese anterior; ela visa antes mostrar que o indivíduo não só não se esgota numa sujeição como o desafio político e o seu palco se deslocaram para a relação de si para consigo mesmo. É assim que a coragem, que para os gregos era a virtude política por excelência, reaparece no centro da sua reflexão filosófica em contraposição à paciência cristã.

Foucault começa por recordar que a menoridade é para Kant uma condição exclusiva aos sujeitos que podem exercer a sua autonomia, que "são perfeitamente capazes de se guiar por si sós" (FOUCAULT, 2008, p. 28). O cerne da menoridade, o repto filosófico que ela representa, é que se trata duma opção que os sujeitos fazem por esse estado. Nas palavras de Foucault, "eles se colocam sob a direcção dos outros", eles "não querem dirigir-se a si mesmos" (FOUCAULT, 2008, p. 29). Repare-se que se trata de uma escolha, de uma opção que um sujeito capaz de autonomia abraça. Não se trata de uma sujeição imposta de fora. É evidente o incómodo que essa questão representa para uma agenda política que visa a emancipação dos homens. Com efeito, com a noção de menoridade não está em causa denunciar o que acorrenta o homem, seja o mito, seja a razão, seja a dialéctica que a perverte. O que é decisivo é que a crise de governamentalidade foi justamente despoletada pela oportunidade de fazer economia das formas de direcção, pois essa técnica governativa tinha-se tornado demasiado onerosa. É por esta razão que Foucault, tal como um bom sismólogo, percebeu que naquele momento histórico o epicentro político se tinha deslocado. A mudança conceptual que esse diagnóstico implicou surpreendeu, senão pareceu mesmo intolerável, por duas razões: primeiro porque focaliza o problema na relação que os indivíduos têm com eles próprios, e não nas forças da opressão; depois, porque mostra como o ideário revolucionário foi substituído pela defesa das conquistas "burguesas", mormente o estado social.

Poder-se-á dizer que nada disso é original, que esse paradoxo já tinha sido diagnosticado: a saber, da servidão voluntária à dessublimação repressiva haveria toda uma bateria de conceitos que davam conta desse impasse emancipatório. O problema é que a questão é outra e muito mais desafiadora: enquanto essas declinações ainda deixam adivinhar a presença astuciosa dos grilhões, forçados ou desejados, agora o tema da liberdade como dissolução das formas de tutoria é aparentemente comum ao governo liberal e à crítica política, como se a agenda dos dois fosse a mesma. Esse foi certamente um momento em que Foucault sobressaltou os seus admiradores.

Mas em que consiste efectivamente essa decisão de se colocar sob a direcção de outrem, essa incapacidade de se servir do seu próprio entendimento? O que é notável na leitura de Foucault é o facto de mostrar o modo como a preguiça e a covardia operam essa incapacidade. Com efeito, a leitura mais imediata do texto de Kant convida-nos a uma simples condenação moral: a menoridade é uma forma de cobardia. Ora, é bom recordar que em regra os defeitos são sempre reservados aos outros. A covardia só excepcionalmente é reflexiva. Porém, também vimos que a menoridade decorre da decisão de um ser que pode ser autónomo se colocar sob a direcção de outrem. Como é que se explica então a presença da cobardia, já que ninguém a assume, mas também, e principalmente, há a liberdade de querer ser dirigido? Poder-se-á dizer que se trata de um falso problema, porque são dois sujeitos distintos: um oferece a si mesmo as razões que justificam a decisão mais "sensata", o outro descobre nessa ponderação um relaxe. Sem prejuízo para essa solução verosímil, o desafio está em reconhecer que essas duas explicações podem coabitar num mesmo sujeito. Contudo, não é a mera presença da censura moral que o salva da cobardia, é preciso algo mais. Em suma, é essa inquietação que o divide que faz com que ele tenha o singular destino de reencontrar, nesse teatro de disputas, o projecto crítico.

O propósito de Foucault é, então, mostrar como o incumprimento do projecto crítico transforma uma fonte legítima de autoridade numa forma de direcção. Essa é a tese fundamental da leitura de Foucault: se o projecto crítico e a *Aufklärung* se complementam e se convocam, então o cerne da menoridade é o declínio do projecto crítico (FOUCAULT, 2008, p. 30).

Foucault começa por mostrar que os três exemplos que Kant oferece do estado de menoridade – o livro que faz a vez do entendimento, o director de consciência que faz a vez da consciência moral, e o médico que faz a vez daquilo que cada um sabe sobre a sua própria vida – não devem ser tomados como meras ilustrações. Em primeiro lugar, porque apesar de serem corriqueiros e "sem estatuto filosófico, jurídico ou político" (FOUCAULT, 2008, p. 30) correspondem às três críticas – da razão pura, da razão prática e da faculdade de julgar. Depois, porque essa familiaridade mostra que, para Kant, o projecto crítico atravessa a vida por inteiro. Ele não releva de uma dimensão específica, antes encontra-se presente no quotidiano das pessoas, e não exclui ninguém. Desse modo, o problema não é o livro, o director ou o médico, mas justamente a relação que cada um tem com eles. Muito mais do que a libertação dos preconceitos ou dos grilhões, o que está em causa é o modo como o reconhecimento da autoridade não compromete o uso do próprio entendimento. A questão decisiva é a relação que se tem com a autoridade, é essa relação que é preciso pensar. Portanto não se trata, como Foucault sublinha, de afastar o livro, negar o director de consciência ou desacreditar o médico (FOUCAULT, 2008, p. 29), mas de saber em que condições e de que maneira um sujeito age de forma a tornar-se dependente deles; como é que se coloca sob a sua direcção. O corolário desta tese é que a menoridade não é apenas uma passividade, o estar sob direcção de outrem, também é a ruptura categórica com a autoridade. Assim, se a dependência é um fenómeno corrente, a convicção imperativa sobre a caducidade de todas as autoridades não está menos presente nas nossas sociedades. Por outras palavras, aquilo que aparenta ser a celebração do espírito crítico mais não é do que ensimesmamento fóbico, porque essas fontes recusadas nunca são sujeitas ao tribunal crítico da razão. Adiante veremos que a imagem desta falsa libertação corresponde, segundo Foucault, ao voo no vácuo (KANT, *KrV,* A5, B9).

Em suma, temos aqui uma deslocação fundamental: se numa primeira abordagem a *Aufklärung* parece ser um movimento negativo que desfaz os preconceitos, o que é verdadeiramente difícil e crucial é a relação positiva do projecto crítico com a autoridade.

Na conferência de 1978, *O que é a crítica,* Foucault define a crítica como "…um olhar sobre um domínio onde quer desempenhar o papel de polícia e onde não é capaz de fazer a lei" (FOUCAULT, 1978, p. 36).

A surpresa dessa definição lapidar é compreensível. Aparentemente, Foucault mais não faz do que retomar a comparação que Kant já tinha estabelecido entre a crítica e a polícia (KANT, *KrV,* B XXV). Mas convenhamos que há uma ironia propositada na analogia, como se se tratasse, num viés sartreano, de reconhecer "o espírito de seriedade" da crítica. Porém, o que está em causa é mostrar, assim como em Kant, que a metáfora é sustentada por um desígnio comum: o de passar de um estado de suspeição hobbesiano a uma confiança fundada. É bom ter presente que, em 1978, esse recurso figurado coincide, num intervalo de um mês, com as aulas no Colégio de França sobre a problematização da polícia no século XVIII; a saber, "a polícia como condição de existência da urbanidade" (FOUCAULT, 2004, p. 344). Assim, talvez o que tenha provocado surpresa foi o contraste com o modo de tematizar a polícia, uma vez que anteriormente o foco da análise era a sua função negativa, por exemplo como sistema antissedicioso que trava o trânsito entre a plebe e o proletariado (FOUCAULT, 1994b, p. 352). Agora, pelo contrário, a liberdade de circulação aparece como uma condição necessária à tranquilidade pública do regime, e a polícia como instrumento da sua "produção". Com efeito, da mesma forma que a polícia tem como propósito assegurar a boa circulação de pessoas e bens, também a crítica visa a boa difusão do saber. Do mesmo modo que a polícia trava o trânsito de produtos contrabandeados e falsificados, também a crítica trava a pretensão de um conhecimento que ultrapassa os limites da experiência possível, e proíbe a fundação moral da conduta nos seus efeitos posteriores. Em suma, se a menoridade é, *prima facie,* o efeito do incumprimento do projecto crítico, ou seja, a incapacidade, por preguiça e cobardia, de exercer por si só a vigilância sobre os limites inultrapassáveis, em termos substantivos ela é a transgressão desses limites. A tese de Foucault é então a de "um vínculo de pertencimento entre a crítica e a *Aufklärung*" (FOUCAULT, 2008, p. 31). Ora, é através do "sistema de ecos" que decorre desse vínculo que é possível mostrar o *modus operandi* da menoridade.

Foucault recorda-nos que a imagem kantiana da menoridade – a criança que teme andar pelos próprios pés e é amparada por um trapézio com rodas –, é "a imagem simétrica e inversa do célebre voo da razão que, indo além dos seus limites, não sabe nem mesmo que nenhuma atmosfera poderá continuar a sustentá-la" (FOUCAULT, 2008, p. 31). O que justifica a simetria e inversão destas duas imagens – o andador para o incumprimento do programa da *Aufklärung,* e o voo no espaço vazio para a inobservância do projecto crítico –, é a relação que ambas têm com a experiência: o primeiro teme o seu contacto, o segundo julga-se temerário porque vai além dela.

Mas se a menoridade é uma certa relação entre autonomia e a autoridade, qual é então a natureza dessa relação? Segundo Foucault, ela tem para Kant duas determinações, o vício e o défice. A menoridade é uma relação viciosa entre o governo de si e o governo dos outros porque este último toma a forma da direcção. Foucault emprega uma imagem curiosa para essa direcção: ele diz que se trata de uma "surimposition".² Em francês o termo tem dois usos correntes: na geologia, significa a sobreposição de camadas na epigênese; no fisco, significa uma sobretaxa. Creio que neste contexto, tanto mais que os exemplos kantianos apontam nessa direcção, Foucault procurou tirar partido dos dois sentidos. A menoridade aparece, assim, como uma relação deficitária, porque sobrecarregada, e viciosa, porque a dívida "não se deve à violência de uma autoridade, deve-se simplesmente a nós mesmos, a uma certa relação com nós mesmos" (FOUCAULT, 2008, p. 32). O paradoxo é evidente: se aparentemente o gesto de se colocar sob a direcção de outrem liberta o sujeito do ónus das decisões, do uso do seu próprio entendimento, em contrapartida ele vê-se obrigado a recorrer sem cessar à autoridade. É essa obrigação de se socorrer por fraqueza que abate o sujeito, como um fardo que ele carrega para todo o lado. O peso que esmaga o sujeito deve-se então à carcaça da sua vontade e ao acatamento que lhe coarcta toda a acção.

O corolário dessa ideia é uma tese fundamental. Foucault sustenta que não obstante os termos empregados para caracterizar essa relação deficitária, essa aceitação do governo dos outros sob a forma de direcção, sejam "emprestados do registo da moral", não são os defeitos morais que Kant visa. Por conseguinte, a preguiça e a covardia aparecem como um transporte figurado para explicitar a relação consigo mesmo. Da mesma forma que a covardia é um défice de coragem que se manifesta como temor, e a preguiça um défice de esforço que se manifesta como indolência, também a menoridade é um défice de resolução que se manifesta como incapacidade de ser autónomo. A originalidade dessa interpretação decorre da possibilidade de ver na menoridade uma mecânica análoga aos defeitos morais, mas que não apela a uma simples censura. Tendo em conta que *Aufklärung* foi definida logo no início do texto como saída da menoridade, e que essa saída é um movimento sempre inacabado, dado que a maioridade é uma ideia reguladora, então entender-se-á que Foucault procure afastar o registo moralista para tornar explícita a mecânica de poder em questão.

Por conseguinte, um dos elementos-chave na interpretação que Foucault propõe do texto de Kant é a tensão entre a dimensão descritiva e a prescritiva da *Aufklärung*. Uma coisa é compreender um momento histórico como uma alteração nas relações de poder, outra coisa é apresentar

---

² O tradutor brasileiro recorre ao neologismo "superimposição" que infelizmente não diz nada (FOUCAULT, 2010, p. 32).

a solução preconizada como um ideal a perseguir. Como um dos focos dessa problematização é o poder pastoral, o que está em causa com o projecto da *Aufklärung* é uma vertente das múltiplas relações de poder que se teciam naquele momento, não a sua totalidade. Da mesma forma, a alternativa preconizada pela *Aufklärung, grosso modo*, a autonomia, não é a única saída possível para o poder pastoral. Uma das preocupações de Foucault no Colégio de França foi precisamente mostrar outras formas de resistência a essa mecânica (FOUCAULT, 2004, p. 207). Um exemplo notório é a mística, já que nessa modalidade o sujeito dispensa o pastor e aventura-se numa relação directa com Deus. Outro exemplo é a ascese anacorética, pois também aqui o pastor é afastado, e o sujeito enfrenta uma justa consigo mesmo. Portanto, a autonomia não é a única saída para a menoridade pastoral nem representa por si mesmo um estilo de vida. Com efeito, em termos formais ela significa, *prima facie*, dar a si mesmo uma norma de vida, mas essa definição é exclusivamente negativa. Logo é a omissão sobre o modo de realizar a autonomia que é problemática. Contudo, é justamente por ser formal ou negativa que a tradição liberal se reconhece nela. A questão crucial é então a seguinte: não é pelo facto do governo se libertar da incumbência de definir a vida boa que os sujeitos passam a persegui-la autonomamente.

As definições apresentadas sobre o modo como funciona o estado de menoridade foram até agora formais. Com efeito, Foucault começou por mostrar que a raiz da menoridade – colocar-se livremente sob a direcção de outrem –, é a cobardia. Depois sustentou que para Kant essa covardia resulta e reforça-se graças ao incumprimento do projecto crítico. Foi assim que ele explorou a imagem kantiana do sujeito que, embora possa andar pelos próprios pés, ou não reconhece nessa experiência a pedra de toque do seu saber, ou se aventura dispensando tudo aquilo que ela lhe pode facultar. O primeiro refugia-se na autoridade, no trapézio, o segundo voa no vácuo. Depois vimos como essa relação viciosa e deficitária entre a autonomia e a autoridade é entendida como uma sujeição. E, finalmente, concluímos que para Foucault a exposição dessa sujeição, dessa mecânica de poder, é considerada por Kant a um só tempo uma descrição e uma prescrição. Em suma, a coerência formal desses quatro passos é necessária, mas não é suficiente para expor substantivamente o funcionamento da menoridade.

Para Foucault, a tese de Kant é que ela resulta da constituição de dois pares indevidos e ilegítimos: o par obediência e ausência de raciocínio, e o par privado e público. Não é redundância Foucault considerar esses pares "indevidos e ilegítimos". O que está subjacente à aparente duplicação é a confusão entre direito e virtude. Com efeito, em Kant, a *Doutrina dos costumes* tem como principal divisão a distinção entre os deveres da liberdade exterior e os deveres da liberdade interior. É isso que explica que os pares se tornem indevidos para uma doutrina do dever e ilegítimos para uma doutrina do direito. Vejamos o argumento de Foucault sobre o modo como essa confusão está subjacente à menoridade e consequentemente se manifesta substantivamente através desses pares.

Segundo Foucault, o argumento de Kant parte da seguinte observação: é uma ideia largamente aceite que "só pode haver obediência onde há ausência de raciocínio" (FOUCAULT, 2008, p. 32). É importante reter que, para Foucault, o sujeito desse enunciado tanto pode ser o governante como o governado. Ao governante é uma alegação que lhe convém se for esse o *telos* do seu regime. Posto que a mecânica pretendida é pastoral, essa vantagem é absolutamente lógica. Com efeito, para este regime, a obediência é incompatível com o raciocínio. Há duas razões maiores para esse antagonismo: por um lado, a obediência é, para o poder pastoral, um fim em si mesmo, logo inquestionável em qualquer circunstância; por outro lado, em todo o raciocínio é necessário admitir a manha do *Adversário*. Como é evidente não se trata aqui de reduzir toda a experiência cristã a essa suspeita hiperbólica, mas tão-somente lembrar a origem dessa forma superlativa. Recorde-se que, para Foucault, a genealogia da *Kadavergehorsam*, a obediência cega, a obediência de cadáver, e do *Opfer des Intellekts*, o sacrifício do intelecto, não se encontra na Contrarreforma, mormente em Inácio de Loyola, mas na Alta Idade Média, com a constituição do poder pastoral nas ordens monásticas.[3]

Mas se a disjunção exclusiva entre obediência e raciocínio satisfaz o governante, ela também convém ao governado cobarde e preguiçoso, porque justifica o seu estatuto de menor. Todavia, é preciso ter aqui presente uma diferença subtil, mas radical. Recorde-se que uma das preocupações de Foucault é mostrar a tensão entre dois planos distintos, o da mecânica de poder e o da ordem ética. Assim, se a disjunção convém ao governante, esse interesse também é independente dele, porque muito mais do que uma atitude, ela é o eixo da mecânica em que ele exerce a sua função. Em relação aos governados essa disjunção é, como vimos, conveniente à sua preguiça e covardiano sentido ético, mas também é uma forma de sujeição própria a esse regime de poder. Desse modo, o que Foucault procura realçar – e que só aparentemente é trivial – é que as determinações de um regime de poder podem ser a um só tempo objeto de descrição política e de condenação. É por essa

---

[3] Sobre este tema, ver o meu artigo "A desrazão, a confissão e a profundidade do homem europeu" (CANDIOTTO, 2012, p. 25-46).

razão que Foucault destaca o paradoxo político: se o regime transcende o governante, isso não significa, porém, que ele não possa procurar outra modalidade. Se esse desafio não estiver presente, a exposição resvala ou para a inevitabilidade (das grandes estruturas) ou para o voluntarismo (dos grandes homens).

Em relação ao segundo par indevido e ilegítimo, o privado e o público, Foucault começa por afastar um equívoco corrente: a distinção não visa nem duas esferas de actividade, nem duas esferas de coisas. Mais uma vez, essa dupla distinção não deve ser tomada como uma redundância, mas sim como duas vertentes que estão presentes na menoridade. Com efeito, se a esfera das coisas remete automaticamente para o direito real, a esfera de actividades remete para o interesse. Por conseguinte, essa dupla distinção é importante porque sustenta que a menoridade distingue o privado e o público a partir do princípio da posse e do egotismo. Há, assim, duas formas de diferenciar o privado e o público. Portanto, se ainda hoje a definição de Kant surpreende, é porque a concepção própria à menoridade continua em vigor.

Segundo Foucault, o que está em causa com a distinção kantiana não é a divisão entre as duas esferas de actividades e de coisas, mas um certo uso das faculdades que pode ser privado ou público. O uso privado das faculdades é o uso que um sujeito faz delas enquanto "elemento de uma sociedade ou de um governo cujos princípios e objectivos são os do bem colectivo" (FOUCAULT, 2008, p. 34). Para reforçar a ideia de que o uso privado da razão é o que um indivíduo faz das suas faculdades no exercício dum cargo – seja enquanto profissional de uma empresa privada, seja enquanto funcionário público –, Foucault cita a metáfora aparentemente kafkiana que Kant emprega para reforçar a ideia de pertença a um colectivo organizado; a saber, no uso privado da razão somos "peças de uma máquina".[4]

Numa primeira abordagem, poder-se-ia dizer que essa imagem "kafkiana" não só corrobora a tese sobre o poder disciplinar, mas principalmente revela um paradoxo que compromete a própria consistência do escrito de Kant e a interpretação que Foucault faz dele. Com efeito, precisamente no momento em que supostamente se advoga a maioridade,

---

[4] Sem prejuízo para a tradição mecanicista, a começar por Thomas Hobbes, trata-se de uma imagem vitoriana *avant la letre*. Com efeito, é em Inglaterra, mormente na segunda metade do século XIX, que a surpresa de ver o homem como parte da maquinaria industrial se populariza. Um bom exemplo deste tema é o artigo *Sobre a autoridade*, de F. Engels, em que a máquina surge como uma autoridade muito mais feroz e impiedosa do que qualquer patrão capitalista. É bom ter presente que o texto de Engels é uma réplica à contestação anarquista da autoridade, e que ele vê nessa nova obediência um prenúncio do regime socialista (ENGELS, 1982, p. 236).

legitima-se uma concepção que reduz o indivíduo ao estatuto de uma ferramenta, de um meio. Em suma, ou haveria um conflito insanável entre as teses expostas em *Vigiar e Punir* e a tematização da *Aufklärung*, ou, pelo contrário, haveria um acordo implícito que deitaria a perder o programa emancipador. Será mesmo assim?

Comecemos por ver a tese sobre o "corpo dócil", isso é, o corpo da aptidão (para o trabalho) e da sujeição (para a política), porque é isso que está em causa com essa aparente incongruência (FOUCAULT, 1975, p. 140).

Para Foucault, um dos momentos decisivos na história da obediência nas sociedades ocidentais é a invenção do poder disciplinar na Idade Clássica. Com efeito, foi nesse período que se secularizou e se generalizou um conjunto de processos disciplinares, que começaram por existir nos conventos, a outros domínios, a saber: os exércitos, os colégios, as oficinas e, finalmente toda a sociedade. Não obstante a proveniência das disciplinas ser monástica, Foucault sublinha-lhes a diferença crucial com o ascetismo: enquanto este tem por fim a renúncia, a nova disciplina visa um aumento das forças (FOUCAULT, 1975, p. 142). Temos assim, com esta mecânica, duas coisas fundamentais: a obediência, que é implantada através do adestramento, e o aumento correlativo da eficácia do corpo. A disciplina é, assim, a um só tempo, uma anatomia política, porque fabrica corpos submissos, e uma mecânica do poder, porque produz corpos exercitados.

A forma de evitar que a metáfora mecanicista seja tomada como justificação do corpo dócil é fazer duas distinções: primeiro entre disciplina e poder disciplinar; depois entre indivíduo e sujeito universal. Se a primeira distinção não for aclarada, a impotência política torna-se inevitável e a constituição do sujeito universal fica comprometida.

O primeiro passo no argumento é ter presente que a definição de uso privado das faculdades está indexada a um bem colectivo. Assim, vejamos: se, por um lado, a condição de funcionário ou profissional implica uma competência disciplinar indispensável à obtenção de um resultado significativo numa organização, pública ou privada, por outro, é preciso reconhecer que há um *ethos* subjacente a esse cargo. Quer dizer que a condição de membro de uma organização não desobriga os indivíduos de questionar se essa actividade obedece aos princípios e objectivos de um bem colectivo. Isto significa que é preciso distinguir subjectivamente a disciplina do poder disciplinar. A primeira pressupõe que a obediência necessária à competência seja instrumental, ou seja, que o sujeito possa avaliar o propósito das suas acções; o segundo implica que a interiorização do exercício disciplinar tenha efeitos de obliteração sobre o sentido da acção a realizar. Com a disciplina é possível uma relação de si a si em que o sujeito avalia o sentido os seus actos; o fim do poder disciplinar é fazer com que essa distância de si a si desapareça para dar lugar ao automatismo cego.

Mas se a diferença entre disciplina e poder disciplinar é necessária ao sujeito universal, ela não é suficiente para a sua constituição. É por essa razão que Foucault reformula essa distinção, opondo agora indivíduo e sujeito universal. Nesse contexto, o indivíduo é o sujeito que desempenha uma função numa organização. É bom realçar o contexto desta definição, porque um dos propósitos da obra *Vigiar e Punir* é justamente mostrar como o poder disciplinar e, consequentemente, a normalização produzem indivíduos. Sem prejuízo para essa forma de sujeição, a noção de indivíduo que está aqui em causa não se esgota nessa mecânica. *Mutatis mutandis*, para Foucault há uma semelhança de família no individualismo que obriga a distinguir três coisas diferentes: a atitude individualista, a valorização da vida privada e a intensidade das relações para consigo mesmo (FOUCAULT, 1984b, p. 56). Seja como for, é o uso que um sujeito faz da sua razão no desempenho de um cargo que o define como indivíduo. Isto é, o uso privado da razão e o indivíduo definem-se reciprocamente. Um implica o outro.

O sujeito universal, ao contrário do indivíduo, constitui-se no momento em que como sujeito racional se dirige ao "conjunto dos seres racionais". Dito de outra forma, na medida em que um sujeito se dirige a um indivíduo, ou seja, ao que no destinatário há de privado, o próprio sujeito é igualmente um indivíduo; mas se na interpelação estiver em jogo a dimensão pública, então o destinatário é um ser racional, e o locutor um sujeito universal. Essas definições têm a sua importância porque estão implícitas justamente no momento em que Foucault distingue três coisas. Primeiro, a genealogia do uso público da razão tem a sua proveniência na parresía socrática. Depois, entre uma e outra há uma diferença radical, a saber, no uso público da razão está em causa a dimensão da universalidade; o que define o discurso parrésico é o risco de se dizer uma verdade que dói a um destinatário particular. Contudo, um discurso pode cumprir os requisitos da parresia, mas ser tolhido de universalidade.[5] Finalmente, essa diferença conduz a duas filosofias distintas: a primeira visa uma racionalidade fundada na acção comunicativa não distorcida; a segunda, uma ética da excelência fundada na vida verdadeira.

Se se tiverem presentes essas distinções, a interpretação que Foucault faz da dimensão privada da política em Kant deixa de ser contraintuitiva:

---

[5] Sobre este tema, ver o meu artigo "Foucault, Arendt e a Parresía". In: *Revista Educação e Filosofia*, Uberlândia, 2013. No prelo.

"Ora, é evidente que nenhuma actividade política, nenhuma função administrativa, nenhuma forma de prática económica nos coloca nessa situação de sujeito universal." (FOUCAULT, 2008, p. 35).

Numa primeira leitura, a tese de Kant, segundo Foucault, significaria que nos três domínios exemplificados – a actividade política, a função administrativa e a prática económica – os papéis são desempenhados exclusivamente por indivíduos, e que estes passam a sujeitos universais somente no momento em que não desempenham um cargo e se dirigem a outros seres racionais. Se suspendermos o problema do angelismo, talvez essa dificuldade possa ser superada analisando o seu ponto mais polémico: a saber, a actividade política circunscrita ao uso privado da razão. Atente-se que a compreensão corrente da actividade política convida justamente a estabelecer uma diferença inalienável entre a actividade política e as outras actividades; ou seja, acredita-se que a política obedece a um princípio de universalidade, ao contrário da função administrativa e da prática económica, que obedecem a uma lógica privada. Como é evidente, há aqui duas ordens de problemas: uma tem a ver com a concepção que Kant tem da política; a outra, mais restrita, tem a ver com a compreensão da actividade política como uso privado da razão.

Vejamos um exemplo conhecido. Em 1919 J. M. Keynes participou como consultor do governo inglês na Conferência de Paz de Paris. Depois de ver malogrados os seus esforços para evitar que as reparações não obedecessem a uma política de retaliação e de destruição das economias alemã e austríaca, mas sim à possibilidade da paz através de uma economia de prosperidade, ele demitiu-se. Depois, ainda nesse ano, publicou o célebre livro *As consequências económicas da paz* (KEYNES, 2007) onde expõe as suas críticas, mormente ao Tratado de Versalhes.

Que a publicação do livro corresponde plenamente à noção de uso público da razão não levanta nenhuma dúvida. Com efeito, trata-se de uma tomada de posição pública que tem por destinatários os seus pares, e em que os argumentos não estão indexados a um interesse específico, por exemplo, o seus país, mas a uma universalidade, concretamente o público europeu que procura a paz na Europa. Em relação à saída da Administração também não há nenhuma dúvida, posto que, como Keynes escreveu, o cumprimento de um cargo que colidia com as suas convicções sobre o bem colectivo era um pesadelo de que se tinha de libertar (SKIDELSKY, 2005, p. 239). Finalmente, quando publicou o livro e expôs o governo, para quem tinha trabalhado, a severas críticas em nome de uma universalidade, concretamente evitar uma guerra futura, esse gesto custoso, já que o afastou da Administração durante algum tempo, corresponde claramente à definição de um uso público da razão. Por conseguinte, podemos ver neste exemplo o desempenho de um cargo político como um exercício privado da razão, e a publicação do livro como um uso público da razão. Se isso não levanta dúvida, o que é importante reter é justamente a ligação entre os dois usos da razão, a saber: se o uso público tem um destinatário mais alargado, o móbil da intervenção resulta do facto da obediência comprometer o bem colectivo. É por essa razão que a distinção entre privado e público não tem a ver com uma esfera das coisas e dos interesses, como a menoridade acredita ser, mas justamente com um uso das faculdades que no uso privado implica uma obediência sob pena de o colectivo se tornar impotente, e no uso público a universalidade emanar da própria autonomia da razão.

Em suma, enquanto indivíduo, o sujeito não só exerce uma função que implica uma disciplina como se constitui a partir desta. Mas essa obediência não tem efeitos de impotência política se a relação de si para consigo for tal que ele se possa constituir como sujeito universal. Naturalmente que a questão inevitável é saber por que razão ele se coloca como sujeito universal. Por que razão o uso que ele faz dos das suas faculdades deixa de ser particular e passa a ser universal? É aqui que se torna claro que a definição de uso privado da razão está indexada a um bem colectivo. Com efeito, é justamente sobre os princípios que norteiam a sua actividade e o bem colectivo que persegue que o sujeito se distancia de si mesmo e se questiona já não como parte de uma máquina, mas como alguém que é membro de um colectivo maior.

Uma vez esclarecidas essas diferenças, Foucault conclui que o corolário da argumentação – isto é, o modo como Kant primeiro desfez o par obediência/ausência de raciocínio, e depois redefiniu o par privado/público – é opor a obediência à tolerância, pois nesta oposição estão contidos os pares anteriores. Desse modo, ele mostra como Kant reformula a ordem tradicional dos conceitos a partir dos quais se pensa a *Aufklärung*. De facto, a visão corrente opõe o valor positivo da "era da tolerância" ao valor negativo da obediência. Ora, é digno de nota que a exposição do artigo procurou justamente mostrar que o filósofo de Königsberg repudia a tolerância e sustenta que a menoridade não sabe obedecer.

O primeiro passo do argumento é recordar o valor positivo da obediência. Como vimos atrás, a má obediência é aquela que exclui o raciocínio em qualquer circunstância, seja no uso privado, seja no uso público da razão. Em oposição a esta obediência cega, há uma obediência própria à maioridade; a saber, aquela que circunscreve obediência ao uso privado da razão. Por exemplo, quando um professor do ensino secundário lecciona um programa liceal instituído pelo Ministério da

Educação, essa tarefa é uma obediência. Porém, esse mesmo professor pode, no uso público da razão, dirigir-se aos seus pares (não aos seus alunos, porque isso seria curto-circuitar a obediência) e mostrar os defeitos desse mesmo programa.

Assim, é a partir da obediência, e consequentemente da relação com a autoridade, que a menoridade é definida. Por um lado, ela é a opressão do uso público da razão, porque há uma obediência cega que não distingue o uso privado do uso público da razão; e por outro, ela é a recusa da obediência, isto é, não saber obedecer.

O corolário da definição positiva da *Aufklärung* – a obediência circunscrita ao uso privado da razão e "a liberdade total e absoluta do raciocínio no uso público" (FOUCAULT, 2008, p. 36) – é, segundo a leitura de Foucault, o oposto da tolerância. Com efeito, a tolerância inverte a relação entre obediência e liberdade de discussão. Obedece-se na esfera pública e pratica-se a liberdade de pensar na esfera pessoal. É bom ter presente que essa definição da tolerância a partir da oposição entre as duas esferas é crucial para se entender a menoridade liberal. A compreensão da diferença entre privado e público como a oposição entre duas esferas e, consequentemente, duas formas de entender a liberdade, a negativa e a positiva, tem duas consequências: primeiro, a liberdade de discussão é tomada como um exercício inócuo e fantasista que concerne apenas um estilo de vida pessoal; depois, a desconexão das duas esferas não só reduz o sujeito à condição de indivíduo incapaz de se distanciar de si mesmo e assim questionar o sentido das suas acções, como impede que ele se constitua como sujeito universal.

*

Para Foucault, o texto de Kant encerra com um nó górdio, isto é, os princípios que suportam a argumentação de Kant conduzem a um impasse que obriga à intervenção de um elemento exterior que rompe com ele. A espada é a revolução; o nó é a covardia e a preguiça. No entanto, é necessário ter presente que essa interpretação obrigou-o a duas conjecturas fortes: a primeira é articular o artigo *Resposta à pergunta: que é a Aufklärung?* com a segunda parte do *Conflito das faculdades*, depois é colocar, no lugar de Frederico da Prússia, a revolução.

Foucault começa por sustentar que o percurso que conduziu da definição inicial de *Aufklärung* como saída da menoridade à sua compreensão como redistribuição do governo de si e do governo dos outros é apresentado como um processo em que o agente está omisso e o *modus operandi* é formal. Trata-se claramente de um nó górdio porque, se a redistribuição do governo de si e dos outros está a acontecer naquele momento histórico, nenhuma razão é dada para esse acontecimento. Por que razão naquele momento e não noutro? Claro está que se poderá responder: porque os homens mudaram. No entanto, essa resposta é uma petição de princípio, porque não apresenta as razões dessa mudança. Assim, perante esse impasse, ou, nas palavras de Foucault, diante de "uma resposta absolutamente tautológica" à pergunta sobre o ponto em que se encontra esse processo de saída, pois Kant responde que nos encontramos na era da *Aufklärung*, é preciso fazer intervir um elemento exterior.

Para Foucault, a solução de Kant tem duas partes: primeiro ele apresenta uma resposta substantiva a essa questão, e só depois faz intervir a revolução. Poder-se-á pensar que estamos perante duas tentativas autónomas, em que a insuficiência da primeira conduz à segunda. A principal razão para esse argumento a dois tempos, em que o segundo radicaliza o primeiro, é a ocorrência entrementes da Revolução Francesa. No entanto, não se trata de descartar o primeiro momento, mas sim de descobrir na revolução a sua consecução. É por isso que o conteúdo do primeiro momento é fundamental.

A primeira solução tem duas determinações: por um lado é constituída por elementos heterogéneos, por outro, estes questionam as alegações expostas no artigo, isto é, "o próprio jogo da sua análise" (FOUCAULT, 2008, p. 36). Dito de outra forma, o nó górdio é atacado em três frentes que contrariam o enlace da argumentação. A primeira frente questiona a noção de obstáculo; a segunda expõe "uma certa maneira de governar" (37); e a terceira enuncia "uma espécie de pacto" fundado nos "efeitos benéficos dessa abertura de uma dimensão pública para o uso da razão" (FOUCAULT, 2008, p. 37).

A primeira razão substantiva para justificar que se está na era da *Aufklärung* é a remoção dos obstáculos que impedem que o homem faça uso próprio da razão. Como é evidente, essa razão contradiz a argumentação anterior que sustentava que nada impede que isso aconteça, porque o homem só não faz uso da razão por covardia e preguiça. Assim, se por um lado os obstáculos são eliminados, por outro, esses obstáculos "exteriores" não são decisivos, porque os cruciais encontram-se na relação que o homem tem consigo mesmo. Portanto, como a primeira frente conduziu a uma insuficiência, é necessário abrir uma nova frente. Porém, ao contrário do que se poderia pensar, essa nova frente retoma a questão dos obstáculos a remover através de uma certa forma de governar. Esta consiste em assegurar a tranquilidade pública e nada prescrever no domínio da religião, das ciências e das artes. Ora, não custa ver que na primeira frente estavam em causa os obstáculos interiores ao homem, a relação de si a si, e agora a nova arte de governar remove os obstáculos à insegurança pública através de um exército disciplinado e os obstáculos à constituição de um público através da liberdade de conduzir o debate. Assim, nessa segunda frente, a remoção dos obstáculos exteriores necessita efectivamente de um agente, a saber, o governante. Mas como essa remoção não é suficiente, a terceira frente retoma a possibilidade de agir sobre os obstáculos interiores, ou seja, a covardia e a preguiça. Dito de outra forma, se na primeira frente estava em causa a relação de si para consigo, e na segunda o papel individual do governante que introduz uma nova arte de governar, agora na terceira trata-se de saber quais são os efeitos da liberdade de discussão. Foucault sustenta que é a abertura ao uso autónomo da razão que vai conduzir à necessidade de obedecer, porque no elemento da universalidade a razão obedece a si mesma. Nas palavras de Foucault, Kant acredita que:

"Quanto mais liberdade para o pensamento vocês deixarem, mais vocês terão certeza de que o espírito do povo será formado para a obediência. E é assim que se vê desenhar uma transferência do benefício político do uso livre da razão para a esfera da obediência privada." (FOUCAULT, 2008, p. 37).

Sem prejuízo para o que esse argumento kantiano deve ao *Contrato social* de J.J. Rousseau, a sua insuficiência é notória, porque está fundada numa antropologia generosa. Mas o argumento também é insuficiente, já que do benefício para o governante do uso público da razão, a obediência dos governados, não decorre que estes passem por isso mesmo a exercer a razão pública. Com efeito, o nó cego permanece, e é por isso que Foucault fará dele o tema-chave dos dois últimos cursos no Colégio de França. Com efeito, não é pelo facto de haver condições formais de liberdade de discussão que as pessoas arriscam dizer a verdade. Portanto, se a coragem é uma virtude rara, como é que se explica que a *Aufklärung* seja possível? Por outras palavras, não obstante os obstáculos exteriores terem sido removidos, a covardia impera.

O segundo momento da argumentação é sobre o papel da revolução. É esse acontecimento que vai cortar o nó górdio da cobardia. A tese de Foucault é então que Kant substitui o agente da *Aufklärung*. No artigo de 1783 era o rei da Prússia, depois passa a ser o entusiasmo pela revolução. No entanto, nesse caso não é o acontecimento em si, a sua "gesticulação", mas a forma como os espectadores se deixam arrastar por aquilo que ele significa: a possibilidade de um povo dar a si mesmo uma constituição e que esta impeça toda a guerra ofensiva.

O argumento de Foucault tem dois passos. No primeiro, ele sustenta que tomar o rei da Prússia como agente da *Aufklärung* representa um incómodo para Kant. Como é evidente, não se trata de um estado de alma, mas de uma solução que faz soçobrar tudo o que foi defendido anteriormente. De facto, tomar o governante como causa eficiente não só é um argumento insuficiente porque, ele só pode remover os obstáculos exteriores, como é indefensável, por duas razões. A primeira, como vimos, é acreditar que o benefício da possibilidade de fazer um uso público da razão, ou seja, a segurança que decorre da obediência, liberta por isso mesmo o homem da cobardia. A segunda porque corrobora a conhecida lei férrea de toda a revolução: aquele que liberta os outros encontra nessa missão a razão para exercer sobre eles uma nova tutela (FOUCAULT, 2008, p. 33). Portanto, se não há nenhuma missão que consiga desfazer o nó górdio da menoridade, então o que pode eventualmente desfazer esse bloqueio é um acontecimento que não releva da vontade do homem, mas tem um efeito determinado sobre ele. Como o espectador de uma revolução não é responsável por esse acontecimento, mas pode reagir com simpatia ao seu significado político, então poder-se-á admitir que essa inclinação exerce sobre ele um efeito transfigurador. É esse acolhimento simpático que exerce uma mudança no governo de si mesmo que Kant designa de entusiasmo pela revolução.

Aqui é preciso fazer uma distinção: uma coisa é o entusiasmo pela revolução como acontecimento que atesta o progresso da humanidade, outra coisa é considerá-lo como agente da *Aufklärung*. Sem prejuízo para a implicação mútua, o interesse de Foucault não tem tanto a ver com a possibilidade do progresso, pois essa questão conduz inevitavelmente à ideia de uma ortogênese, mas sim com a graça eficiente desse acontecimento, ou seja, com aquilo que F. Gros designou como o "jansenismo político" de Foucault (GROS, 1994, p. 79-86). Com efeito, o que começa por interessar Foucault no argumento kantiano é o seu lado mais milagroso, a saber: como é que um povo que assiste resguardado do gesticular revolucionário de outro se entusiasma com o significado político desse acontecimento e começa, graças a ele, a revelar a sua coragem.

Mas existem outros sentidos desse acontecimento que são igualmente importantes. Por um lado, a sua natureza inesquecível; por outro, o modo como nessa dinâmica um sujeito descobre a pertença a um "nós" (FOUCAULT, 2008, p. 14).

Sustento que estas duas últimas dimensões são cruciais para pensar o liberalismo, e não tanto o argumento da graça eficiente. A suspensão do argumento que converte os cobardes em corajosos não se deve, no entanto, à pressuposição da existência de milagres, pois afinal de contas um cobarde revelar-se corajoso é um milagre de que até o mais consequente dos cépticos tem de admitir a possibilidade, mas ao lado irrisório do argumento kantiano. Com efeito, não custa entusiasmar-se quando um povo se dota de uma constituição que impede a guerra ofensiva, pois isso significa, em primeiro lugar que ele deixou de representar uma ameaça. A história, convém recordar, infirmou tal fantasia.

Restam então dois argumentos: o lado inesquecível da revolução e a descoberta de uma pertença a um certo "nós".

O artigo de Kant, *O que é a Aufklärung?* representava para Foucault um fetiche, pois, como ele reconheceu, o texto tinha a ver com os seus temas, e a maneira como eram abordados tinha a ver com o texto (FOUCAULT, 2008, p. 8). Ou seja, ele retornava sem cessar a ele, interrogando-o com novas questões e recebendo, quiçá, respostas a perguntas não formuladas. É digno de nota que em 1983, Foucault tenha retomado justamente o tema da revolução a partir da concepção cerebral que Kant tinha dela. Concepção intelectual porque Foucault expõe detalhadamente o modo tortuoso como Kant, por um lado, repudia a revolução e, por outro, aceita dela apenas o efeito que ela tem na cabeça dos espectadores. Porém, o tema não decorre apenas da lógica da exposição, concretamente o tema da *Aufklärung* e o papel da revolução nessa economia, ele também tem a ver com duas coisas que concorrem para a confirmação de uma terceira. Em primeiro lugar, a insurreição iraniana e o papel do entusiasmo nesse acontecimento. Com efeito, estamos perante um entusiasmo vivido pelos agentes e não pelos espectadores, um entusiasmo muito mais próximo da Revolução Gloriosa do que da Revolução Francesa. Portanto, é o papel da religião, ou melhor, de uma economia da graça, que sustenta a insurreição, que retorna em força na agenda política. Hoje sabemos que o diagnóstico de Foucault se confirmou plenamente. Em segundo lugar, é a reacção de medo que boa parte da França revelou perante a resistência polaca, mormente o movimento Solidariedade, e a forma acanhada, senão mesmo cobarde, dos socialistas franceses reagiram perante os acontecimentos na Polónia (ERIBON, 1989, p. 314-328). Ora, esses dois acontecimentos corroboram no início dos anos 1980 a tese exposta em 1979 a propósito do medo como "correlativo psicológico e cultural interno do liberalismo" (FOUCAULT, 2004, p. 68); ou seja, como a relação de fobia que os sujeitos têm consigo mesmo é a contrapartida da "força tranquila" do regime.

É assim que naqueles anos de redescoberta do estilo de vida, e mormente de uma vida privada próspera, dois acontecimentos alimentam a menoridade: o medo em relação a uma insurreição que não é movida por um modelo de modernidade ocidental, e o medo em relação a um povo que dá a si mesmo um constituição que assegura o uso público da razão.

Perguntar-se-á então: de que tem o liberalismo medo? A resposta de Foucault é conhecida: do Estado (FOUCAULT, 2004, p. 78). Mas se em vez de colocarmos a pergunta a uma entidade tão abstracta como uma arte de governar, o liberalismo, e pensarmos antes na subjectivação que essa técnica induz, então a resposta terá de ser outra. Assim, se perguntarmos o que é que define essencialmente a menoridade liberal, a resposta poderá ser o medo da revolução. Não porque esta possa ocorrer, mas porque ela representa na história da humanidade um momento inesquecível em que a pergunta pela pertença a um certo "nós" não é atirada para um futuro radioso, mas é vivida no próprio presente como uma nova relação de si para consigo.

Referências

CÂMARA LEME, José Luís. Foucault, Kant e a crítica política. *Kant e-Prints*, Campinas, série 2, v. 6, n. 2, p. 100-119, jul.- dez. 2011.

CANDIOTTO, César; SOUSA, Pedro (Orgs.). *Foucault e o cristianismo*. Belo Horizonte: Autêntica, 2012.

ERIBON, Didier, *Michel Foucault*. Paris: Flammarion, 1989.

FOUCAULT, Michel. *Dits et écrits II:* 1970-1975. Paris: Gallimard, 1994.

FOUCAULT, Michel. *L'herméneutique du sujet*. Paris: Gallimard; Le Seuil, 2001.

FOUCAULT, Michel. *Le gouvernement de soi et des autres*. Paris: Gallimard, 2008.

FOUCAULT, Michel. *Naissance de la biopolitique*. Paris: Gallimard; Le Seuil, 2004.

FOUCAULT, Michel. *O governo de si e dos outros*. São Paulo: Martins Fontes, 2010.

FOUCAULT, Michel. Qu'est-ce que la critique? (Critique et Aufklärung). *Bulletin de la société française de philosophie*, Paris, 84 année, n. 2, avril-juin 1990.

FOUCAULT, Michel. *Sécurité, territoire, population*. Paris: Gallimard; Seuil, 2004.

FOUCAULT, Michel. *Surveiller et punir*. Paris: Gallimard, 1975.

GROS, Frédéric. Foucault et la fonction de l'intellectuel, un jansénisme politique. *La Pensée*, Paris, n. 299, juillet, 1994.

KANT, Emmanuel. *Metafísica dos costumes*. Lisboa: Fundação Calouste Gulbenkian, 2005.

KANT, Emmanuel. *Oeuvres philosophiques*, tome 2. Paris: Gallimard, coll. Bibliothèque de la Pléiade, 1985.

KEYNES, John Maynard. *The Economic Consequences of the Peace*. New York: Skyhorse, 2007.

MARX, Karl; ENGELS, Friedrich. *Obras escolhidas*, Tomo II. Lisboa: Avante, 1982.

SKIDELSKY, Robert. *John Maynard Keynes: 1883-1946: Economist, Philosopher, Statesman*. New York: Penguin Books, 2005.

Capítulo 3
Experiência e sujeito

Peter Pál Pelbart

Numa entrevista de 1980, Foucault diz que seus livros são para ele *experiências* no sentido pleno da palavra, já que deles ele próprio saiu transformado (FOUCAULT, 1994b). Uma experiência, portanto, poderia ser definida a partir desse crivo: trata-se de uma transformação do sujeito. Um livro concebido como uma experiência é algo que transforma aquele que o escreve e aquilo que ele pensa, antes mesmo de transformar aquilo de que trata. Foucault confessa que os autores que mais o marcaram não foram os grandes construtores de sistema, mas aqueles que lhe permitiram escapar precisamente a essa formação universitária, isto é, aqueles para quem a escrita era uma experiência de autotransformação, tais como Nietzsche, Bataille, Blanchot. Esse trio volta tantas vezes, não só nos artigos e livros de sua primeira fase, mas nas entrevistas até o final de sua vida, que não podemos deixar de ver aí uma espécie de ritornelo. Ora, o que esses autores deram a Foucault de tão essencial, mesmo sendo marginais no que se costuma entender por história da filosofia? Precisamente uma concepção de experiência concebida como uma metamorfose, uma transformação, na relação com as coisas, com os outros, consigo mesmo, com a verdade. Foi o que ocorreu no estudo dos grandes objetos estudados por Foucault, como a loucura, a delinquência, a sexualidade – todos os livros escritos a respeito resultaram numa transformação profunda na relação que o autor, o leitor, enfim, o próprio tempo de Foucault se viu impelido a ter com esses domínios. A contribuição de Foucault nesses diversos âmbitos não consistiu em reafirmar um progresso do conhecimento, uma acumulação nos saberes constituídos, mas na problematização das verdades produzidas por saberes e poderes, em seu entrelaçamento recíproco, bem como nos efeitos daí resultantes, entre outros, na produção dos sujeitos aí implicados: o sujeito da loucura, o sujeito doente, o sujeito delinquente, o sujeito de uma sexualidade.

No que, contudo, a noção de experiência evocada por Foucault difere daquela formulada pela fenomenologia? Se a experiência do fenomenólogo consiste em pousar um olhar reflexivo sobre um objeto qualquer do vivido, sobre o cotidiano em sua forma transitória, para dele extrair as significações, a experiência à qual Foucault se refere, ao contrário, trata não de atingir um objeto do vivido, mas um ponto da vida que seja o mais próximo do invivível. Não a vida vivida, mas o invivível da vida. Não a experiência possível, mas a experiência impossível. Não a experiência trivial, mas aquela em que a vida atinge o máximo de intensidade, abolindo-se. Em suma, não a experiência cotidiana, mas a experiência-limite. A fenomenologia trata de apreender a significação da experiência cotidiana para reencontrar, através dela, o sujeito fundador dessa experiência e de suas significações, na sua função transcendental. A experiência tal como Foucault a entende, em contrapartida, na linhagem dos autores mencionados, não remete a um sujeito fundador, mas desbanca o sujeito e sua fundação, arranca-o de si, abre-o à própria dissolução. Em suma, a experiência-limite é um empreendimento de dessubjetivação (FOUCAULT, 1994b). Eis o que terá sido decisivo para Foucault na leitura de Nietzsche, Bataille e Blanchot: a experiência que vai ao seu limite, a experimentação que em seu curso prescinde do sujeito ou o abole. É o que permite a Foucault dizer que seus livros, por mais eruditos que tenham sido, foram sempre concebidos como experiências diretas visando arrancá-lo de si mesmo, impedi-lo de continuar a ser si mesmo.

Claro que nos deparamos aqui com uma concepção particular de experiência, já que ela no geral é remetida precisamente a um sujeito que a vive, passiva ou ativamente. Mas a pergunta de Foucault vai a contrapelo dessa suposição: "Não haveria experiências ao longo das quais o sujeito não fosse dado, nas suas relações constitutivas, naquilo que ele tem de idêntico a si mesmo? Não haveria experiências nas quais o sujeito possa se dissociar, quebrar a relação consigo mesmo, perder sua identidade?" (FOUCAULT, 1994d, p. 50). Então, através desses termos como dissociação, dissolução, diluição, perda da identidade, Foucault contesta o estatuto mesmo do sujeito, seja o sujeito psicológico, seja o sujeito do conhecimento, seja o sujeito transcendental.

A experiência (im)pessoal

Num sentido muito prosaico, Foucault diz em outro momento que cada livro seu nasceu de uma "experiência pessoal", uma "experiência direta". No caso da loucura, eis sua observação: "Eu tenho uma relação pessoal, complexa à loucura e à instituição psiquiátrica" (Foucault, 1994d, p. 46). Uma passada de olhos em qualquer biografia sua ou mesmo nas notas biográficas publicadas em *Ditos e escritos*, e insuspeitas de qualquer ambição sensacionalista, a observação se esclarece imediatamente: trata-se das crises pelas quais passou o filósofo na École Normale, acessos de raiva, tentativas de suicídio, até mesmo uma visita a um psiquiatra, levado por seu pai. Num outro plano, seu interesse pelo tema foi incessante, como o atesta seu trajeto acadêmico: formação paralela em Psicologia, estágio no hospital psiquiátrico, tradução do texto *Rêve et existence* e a frequentação pessoal de Binswanger por ocasião dessa tradução, para não falar de todos os postos de trabalho em que foi incumbido da cátedra de psicologia ou psicopatologia, ou mesmo seu interesse pela psicanálise, sua relação ambivalente com Lacan, etc. Contudo, se sua experiência pessoal, nesse sentido trivial, foi decisiva, isso nem remotamente significa que ele tenha transposto experiências pessoais para o plano da escrita numa forma autobiográfica: em nenhum texto publicado por ele há qualquer referência autobiográfica dessa ordem.

Já temos aqui um pequeno paradoxo: como um livro *nasce* de uma experiência pessoal, mas *resulta* precisamente na abolição desse mesmo autor que as viveu, conforme o postulado indicado acima, segundo o qual há experiências, e experiências de pensamento ou de escrita, que justamente colocam em xeque o autor em sua identidade, até mesmo em sua coerência? Todo o desafio está em conciliar o fato de que um livro *parte* de uma experiência pessoal, mas não constitui o *relato* dessa experiência, já que o livro *é em si mesmo* uma experiência num sentido mais radical, a saber, uma *transformação de si*, e não a reprodução da experiência vivida "tal como ela ocorreu" e que estaria na origem dessa escrita, nem sua transposição direta.

O livro-experiência

Além dessas dimensões (im)pessoais, um livro é feito para outros, tendo assim, em última instância, um alcance coletivo, dizendo respeito a uma prática coletiva, a um modo de pensar que extrapola o sujeito individual, e se endereça à experiência daqueles que o leem ou o utilizam. É isso, em última análise, o que Foucault chama de um livro--experiência, por oposição a um livro-verdade, ou livro-demonstração: "Uma experiência é alguma coisa que se faz só, mas que não se pode fazer plenamente senão na medida em que escapará à pura subjetividade e que outros poderão, não digo retomá-la exatamente, porém ao menos cruzá-la e a atravessar de novo" (Foucault, 1994d, p. 47).

É o que se pode mostrar com o destino da *História da loucura* – o uso frequente feito pelos antipsiquiatras se deve menos ao fato de que tenha sido um livro escrito "contra" os psiquiatras do que pela transformação que ele significou na relação histórica, teórica, institucional, ética, jurídica até, em relação à loucura, aos loucos, à instituição psiquiátrica, à verdade do discurso psiquiátrico (FOUCAULT, 1994d, p. 45). É,

> [...] portanto, um livro que funciona como uma experiência, para aquele que escreve e para aquele que o lê, muito mais do que como uma constatação de uma verdade histórica. Para que se possa fazer esta experiência através deste livro, é preciso que o que ele diz seja verdadeiro em termos de verdade acadêmica, historicamente verificável (FOUCAULT, 1994d, p. 45).

E, de fato, Foucault trabalha com um material histórico que não difere essencialmente daquele utilizado pelos historiadores mais clássicos, com demonstrações, provas, remissão a textos, referências, relação entre ideias e fatos, esquemas de inteligibilidade, tipos de explicação – em suma, diz ele, nada de original (FOUCAULT, 1994d). Não obstante, o essencial está justamente na "experiência" que cabe fazer a partir desse material,

> [...] uma experiência de nossa modernidade tal que nós dela saiamos transformados. O que significa que ao final do livro possamos estabelecer relações novas com o que está em questão: que eu que escrevi o livro e aqueles que o leram tenham em relação à loucura, a seu estatuto contemporâneo e à sua história no mundo moderno uma outra relação (FOUCAULT, 1994d, p. 44).

O essencial, portanto, não se encontra na série das constatações verdadeiras ou historicamente verificáveis encontráveis num livro, mas antes na experiência que tal livro permite fazer. Ora, essa experiência, como qualquer experiência, não é nem verdadeira nem falsa. "Uma experiência é sempre uma ficção; é algo que nós mesmos fabricamos, que não existe antes e que não existirá depois." (FOUCAULT, 1994d, p. 45). Daí um dos sentidos possíveis à *boutade* de jamais ter escrito outra coisa senão ficções. Não se trata de mentiras, de fabulações, de inverdades, mas da fabricação de uma "experiência" que, no entanto, está nas antípodas de qualquer remissão a um "vivido", "autêntico", "verdadeiro" ou "real". Um livro é isso. É precisamente uma produção, uma criação, uma singularidade, um acontecimento, com seus efeitos de realidade.

Foucault chegou a definir-se como um pirotécnico, isso é, alguém que fabrica explosivos. O intuito de seus livros, diz ele, é fazer caírem os muros. E quando se refere à *História da Loucura*, diz em 1975: "Eu encarava este livro como uma espécie de vento verdadeiramente material, e continuo a sonhar com ele assim, uma espécie de vento que arrebenta portas e janelas... Meu sonho é que ele fosse um explosivo eficaz como uma bomba, e belo como fogos de artifício" (Droit, 2006, p. 75). Não podemos negar que foi esse o destino desse livro seminal.

A fabricação da experiência

Se isso poderia ser facilmente admitido para a experiência de escrever um livro, que é, afinal, uma produção, uma criação, uma construção, um acontecimento inventado, como colocar nessa chave da fabricação aquilo que disparou o livro? Como entender aquela primeira "experiência" da qual parte o autor como uma *fabricação*? Nossa intuição diria o contrário, o vivido como o original, autêntico, natural, o livro como cópia, imitação, fabricação. Contudo, Foucault abole essa diferença, ao subtrair do vivido seu caráter de original. Mas como, se não se trata de circunstâncias de vida pessoais, vicissitudes de uma história singular e portanto vividas, originais? Como imaginar que isso é fabricado? Mas precisamente, isso que é pessoal, a ser bem considerado, nada tem de natural, muito menos de exclusivamente pessoal, já que as tentativas suicidas de um jovem homossexual no interior de uma instituição de excelência onde essa opção sexual, nos anos 1950, com a hegemonia conservadora do partido comunista, ainda era vista como uma aberração pessoal, uma anomalia ou uma enfermidade, em todo caso como um desvio de conduta, é tudo menos algo de "natural" ou "pessoal", porém fruto de uma fabricação histórica, social, médica, psicológica, psiquiátrica, institucional, discursiva. Portanto, o "pessoal" é aí fruto de uma fabricação inteiramente histórica. A forma dessa experiência de "loucura", num sentido restrito da palavra, só pode ser compreendida se não for reduzida a seu aspecto privado, mas devolvida à sua historicidade, que é justamente o que o livro-experiência se encarregará de elucidar, pôr em xeque, revirar, arrebentar. A experiência, nesse caso, por mais vivida e autêntica que pareça ser, não pode ser naturalizada. Ela deve ser historicizada, devolvida à rede de saberes e poderes, para dizê-lo de maneira simplificada, que a elucidem e que, para formulá-lo de maneira ainda mais paradoxal, digam a "verdade" dessa experiência.

Claro que todo o problema, nesse tipo de postura, é a do estatuto da verdade no interior dessa fabricação, dessa experiência, e do estatuto da verdade embutida no livro que prolonga essa experiência. Se um livro, ou mesmo um livro concebido como uma experiência, se submetesse a uma verdade previamente suposta e a ser revelada, tudo se resolveria facilmente. Mas, diz Foucault, um livro-experiência tem uma relação difícil com "a verdade", já que essa verdade, implicada num livro-experiência que não depende dela, mas antes tende a destruí-la, é ela mesmo problemática (FOUCAULT, 1994d). Portanto, se o livro faz uso de documentos verdadeiros, é para, através deles, não só realizar uma constatação de verdade, mas também e sobretudo uma "experiência que autorize uma alteração, uma transformação da relação que temos com nós mesmo e com o mundo onde, até aí, nos reconhecíamos sem problemas (numa palavra, com nosso saber)" (FOUCAULT, 1994d, p. 46). Poderíamos, ou deveríamos, pois, ler a *História da loucura* nessa chave, como um livro-experiência, que subverte nossa relação com a verdade que até aí parecia impor-se. Ora, insistamos, ele não é o relato de uma experiência pessoal, ele não é um romance, ele não pode fazer a economia de um certo regime de veridicção, científico, acadêmico, histórico, sob pena de perder todo efeito e eficácia no campo dos saberes e poderes vigentes, porém se ele o faz é com o intuito muito mais de destruir as verdades que regem esse domínio do que de submeter-se a elas. Daí porque o trabalho de Foucault não pode enfeixar-se numa tradição epistemológica que vê no estudo das ciências um progresso, ou o progresso de uma racionalidade, e pode-se presumir que a *História da loucura* foi escrita precisamente no contrafluxo dessa tradição, mostrando, no caso de uma ciência menos "dura", digamos, como a psiquiatria, a que ponto a racionalidade que ela ostentava era problemática. É um método que opera desde dentro, cavando no interior de um regime de circulação de saber, no interior de um regime de enunciação, a revelação de uma engrenagem que problematiza aquilo mesmo que parecia constituir o objeto da análise, e por que não dizê-lo, também o sujeito dessa análise. Não é o que constatamos na *História da loucura*? Com o apoio de documentação abundante, e toda uma economia da demonstração histórica, o objeto loucura se vê pulverizado, remetido à sua heteróclita "construção", despojado de sua naturalidade e necessidade, não de sua realidade, mas de sua inevitabilidade, concebível, portanto, não como um dado ou mesmo um possível, mas antes como um "impossível", construído com elementos provenientes dos registros os mais heterogêneos, jurídicos, policiais, institucionais, literários ou iconográficos. A preocupação consiste em restituir a gênese de uma percepção social produzida num momento histórico determinado, e acompanhar seus efeitos de segregação, expulsão, confinamento, na distância em relação aos discursos e saberes médicos vigentes naquele mesmo momento. Portanto, não só o objeto é remetido às condições discursivas e institucionais, arqueológicas, para dizê-lo rapidamente, de sua emergência, mas também o sujeito desse discurso "competente" surgido ulteriormente, o sujeito de conhecimento, o sujeito que pouco a pouco foi construído mas também incumbido de ocupar-se da loucura, de sobre ela fazer incidir sua competência, eventualmente de a liberar dos grilhões, de a tratar, de a disciplinar, de a silenciar ou de fazê-la falar, também ele é como que remetido às múltiplas operações que o engendraram. Assim, nesse recuo, é toda uma engrenagem que vai sendo revelada como tendo dado origem a tal objeto e tal sujeito (de conhecimento e de intervenção), que na sua acoplagem presumivelmente natural vai sendo como que "desparafusada". É o que se pode chamar, pois, de uma história crítica do pensamento, onde o estatuto de um sujeito e de um objeto devem não ser tomados como dados, mas devem ser remetidos à sua constituição histórica, aos modos de subjetivação e de objetivação e sua relação recíproca, conforme certas regras e jogos de verdade. Recusar, portanto, não apenas qualquer universal antropológico, o homem, o louco, o delinquente, o sujeito de uma sexualidade, mas igualmente a exigência de fazer a análise recuar até o sujeito constituinte, pressuposto e condição últimos de toda a análise. E Foucault explicita:

> [...] recusar o recurso filosófico a um sujeito constituinte não significa fazer como se o sujeito não existisse e se abstrair dele em benefício de uma objetividade pura; essa recusa visa a fazer aparecer os processos próprios a uma experiência em que o sujeito e o objeto "se formam e se transformam" um em relação ao outro e em função do outro. Os discursos da doença mental, da delinquência ou da sexualidade só dizem o que é o sujeito dentro de um certo jogo muito particular de verdade; mas esses jogos não são impostos de fora para o sujeito, de acordo com uma causalidade necessária ou determinações estruturais [crítica velada ao marxismo ou ao estruturalismo]; eles abrem um campo de experiência em que sujeito e objeto são ambos constituídos apenas em certas condições simultâneas, mas que não param de se modificar um em relação ao outro, e, portanto, de modificar esse mesmo campo de experiência (FOUCAULT, 1994e, p. 631).

Ao se referir ao seu projeto de uma história da sexualidade, ele insiste: "trata-se de analisar a 'sexualidade' como um modo de experiência historicamente singular, no qual o sujeito é objetivado por ele próprio e para os outros, através de certos procedimentos precisos de 'governo'" (FOUCAULT, 1994e, p. 633).

Deslocamentos

Como se vê, nessas formulações mais tardias, pois aqui já estamos de volta aos textos dos anos 1980, temos ainda e novamente o tema da experiência, mas já bastante reformulado. Como se, ao pensar as modalidades de experiência, as formas de experiência, os campos de experiência, cada vez mais Foucault precisasse articulá-los aos processos de subjetivação e de objetivação, e sua relação recíproca, no interior de jogos de verdade singulares, tendo por desafio uma perpétua reproblematização, sem pressupor que ela permaneça inalterada.

> O que bloqueia o pensamento é admitir implicitamente ou explicitamente uma forma de problematização, e de buscar uma solução que possa substituir aquela que se aceita. Ora, se o trabalho do pensamento tem um sentido – diferente daquele que consiste em reformar as instituições e os códigos – é o de retomar na raiz o modo pelo qual os homens problematizam seu comportamento (sua atividade sexual, sua prática punitiva, sua atitude em relação à loucura, etc.) [...] O trabalho do pensamento não consiste em denunciar o mal que habitaria secretamente tudo o que existe, mas pressentir o perigo que ameaça em tudo o que é habitual, de tornar problemático tudo o que é sólido (FOUCAULT, 1994f, p. 612).

E um dos desafios mais difíceis, nessa tarefa de incessante problematização que mais e mais ocupa Foucault, consiste em se desfazer da ideia humanista de um sujeito tomado como origem ou destino. Como ele o nota: "nosso futuro comporta mais segredos, liberdades possíveis e invenções do que nos deixa imaginar o humanismo" (FOUCAULT, 1994g, p. 782).

Ao comentar a ideia de Marx de que o homem produz o homem, ele esclarece que isso não pode ser entendido como se coubesse ao homem reencontrar sua essência fundamental, equívoco no qual incorre todo humanismo centrado na ideia de repressão e alienação, racionalidade e exploração, brandindo a imagem de um homem afinal liberado. No seu ensaio sobre a escrita de Blanchot, já em 1966, Foucault concebia a linguagem como murmúrio incessante, que destituía a fonte subjetiva de enunciação bem como a verdade do enunciado, ressaltando a emergência de um anônimo, livre de qualquer centro ou pátria, capaz de ecoar a morte de Deus e do homem. "Ali onde 'isso fala', o homem não existe mais" (FOUCAULT, 1994a, p. 544). Num texto muito posterior, Foucault reitera essa posição: não se trata de reencontrar o homem, mesmo através de um processo dito de liberação, mas "de produzir algo que ainda não existe e que não podemos saber o que será" (FOUCAULT, 1994d, p. 74). E mais: essa produção do homem pelo homem é ao mesmo tempo "a destruição do que somos e a criação de alguma coisa totalmente diferente, de uma total inovação" (FOUCAULT, 1994b, p. 74). Ou ainda, mais concretamente: "Será que o sujeito, idêntico a si mesmo, com sua historicidade própria, sua gênese, suas continuidades, os efeitos de sua infância prolongados até o último dia de sua vida, etc., não seria o produto de um certo tipo de poder que se exerce sobre nós nas formas jurídicas antigas e nas formas policiais recentes?" (DROIT, 2006, p. 84).

Como se pode notar por esse pequeno recorrido, por mais ziguezagueante que seja, o sentido da palavra experiência sofre algumas inflexões importantes. É como se ele fosse ganhando, ao longo do percurso teórico de Foucault, novas variáveis que antes não estavam explicitadas ou sequer tinham sido pensadas inicialmente, tais como processos de subjetivação e objetivação, jogos de verdade, problematização, procedimentos de governo, para não falar do próprio enfoque genealógico ou do enquadre ético, tal como eles foram sendo explicitados a cada momento. Mas o que mais surpreende quem se dispõe a enfrentar a lógica desse desenvolvimento é constatar que aquela nota presente no início do percurso de Foucault, sobre a experiência-limite, que parecia um balbucio literário ou lírico próprio dos anos 1960, depois soterrado pelos estudos mais "sérios" do período subsequente, reaparece no final do seu trajeto, mas com um sentido inteiramente outro. Numa entrevista a Rabinow, em 1983, portanto no ano anterior à sua morte, é nos seguintes termos que ele compara o último lance de sua trajetória ao primeiro momento de sua obra:

> Estudar assim formas de experiência em sua história é um tema que me veio de um projeto mais antigo: o de fazer uso dos métodos da análise existencial no campo da psiquiatria e na área da doença mental. Por duas razões que não eram independentes uma da outra, esse projeto me deixava insatisfeito: sua insuficiência teórica na elaboração da noção de experiência e a ambiguidade da sua ligação com uma prática psiquiátrica que ao mesmo tempo ele ignorava e supunha. Podia-se procurar resolver a primeira dificuldade referindo-se a uma teoria geral do ser humano, e tratar de forma completamente diferente o segundo problema, pelo recurso tantas vezes repetido do "contexto econômico e social"; podia-se aceitar assim o dilema dominante de uma antropologia filosófica e de uma história social. Mas perguntei-me se não era possível, ao invés de jogar com essa alternativa, pensar a própria historicidade das formas de experiência (FOUCAULT, 1994h, p. 579).

Detenhamo-nos por um segundo nessa elaboração. Desde o início, portanto, confessa ele, teve em mente estudar a questão da experiência. Num primeiro momento, tratava-se de estudar a experiência no interior do campo psiquiátrico. Ou seja, deu-se por tarefa estudar a experiência da loucura, ou da doença mental, ou da psiquiatria. E de fato tome-se a introdução ao texto de Binswanger, *Le rêve et l'existence*, e se terá aí um retrato pungente desse momento – é um comentário sobre a experiência do sonho e da loucura, incluindo as piruetas fenomenológicas correntes, numa descrição totalmente pré-foucaultiana, por assim dizer, onde a experiência da loucura é tomada como uma vivência dada, autônoma, fechada em si mesma, sem que essa vivência, essa experiência, fosse relacionada com a prática psiquiátrica, da qual ela é indissociável, ou com os saberes vigentes, muito menos com os poderes vigentes – portanto, trata-se de uma experiência naturalizada, não historicizada, em que a própria noção de experiência não é elaborada, ou problematizada. É o que o deixava insatisfeito, como diz o texto. Ele evoca duas maneiras de resolver essa dificuldade: seja remetendo a experiência a uma "teoria do ser humano", por um lado, seja evocando as "determinações econômicas ou sociais" que marcaram essa experiência, por outro. Percebe-se a alternativa. Ou se invoca uma universalidade de fundo, "o ser humano" (fenomenologia, heideggerianismo, em todo caso, uma antropologia), ou uma exterioridade de determinação, "condições econômicas" (marxismo). Em todo o caso, nessa cisão, as duas vias permanecem apartadas. Preserva-se uma antropologia, um humanismo, uma universalidade, ou sociologiza-se. É a antropologia filosófica, por um lado, e a história social, por outro. Ora, a antropologia filosófica é aquilo que o primeiro texto de Foucault, em torno de Kant (FOUCAULT, 2009), põe em xeque, prenunciando *As palavras e as coisas*. E a sociologia de cunho marxista é aquilo que ele recusa, mesmo que tenha bebido nessa fonte, já que ela deixa intacta, no fundo, a ideia de homem, visto que ela a pressupõe por inteiro. Quando perguntado sobre como essa dupla influência, da fenomenologia e do marxismo, operaram no seu trajeto ao modo de um obstáculo, ele responde que as pessoas de sua geração, quando estudantes, se nutriam dessas duas formas de análise: uma que remetia ao sujeito constituinte, e outra que remetia ao econômico em última instância, à ideologia e ao jogo das superestruturas.

É onde ele menciona como saiu do impasse. Em vez de recorrer ao sujeito constituinte, remonta à trama histórica.

> Mas essa trama histórica não deveria ser a simples relativização do sujeito fenomenológico. Eu não creio que o problema se resolva historicizando o sujeito ao qual se referiam os fenomenólogos e dando-se, por conseguinte, uma consciência que se transforma ao longo da história. É preciso, ao se livrar do sujeito constituinte, livrar-se do próprio sujeito, isso é, chegar a uma análise que possa dar conta da constituição do sujeito na trama histórica. É o que eu chamaria de genealogia, isso é, uma forma de história que dê

conta da constituição dos saberes, dos discursos, dos domínios de objeto, etc., sem ter que se referir a um sujeito, seja ele transcendente em relação ao campo dos acontecimentos, ou que ele corra na sua identidade vazia, ao longo da história (FOUCAULT, 1994b, p. 147).

Experimentação

Em alguns textos laterais, Foucault vai ainda mais longe, sob pretexto de permitir-se exprimir não propriamente "o que ele pensa", mas "o que seria possível pensar". Por exemplo, ao responder a uma pergunta sobre a função da teoria como caixa de ferramentas, como instrumento, inclusive de luta, mais do que como sistema, na entrevista intitulada *Poderes e estratégias*, e ao dizer que respondeu por escrito às questões feitas também por escrito, mas como que num jorro primeiro, sem revisá-los, não por confiar na virtude da espontaneidade, mas para nelas deixar o caráter de problemático, voluntariamente incerto, ele acrescenta essa frase deliciosa: "O que eu disse aqui não é 'o que eu penso', mas com frequência é aquilo que eu me pergunto se não poderia ser pensado" (FOUCAULT, 1994c, p. 429). Talvez tenhamos aí algo extensível a vários textos dos *Ditos e escritos*. Serão eles expressão do que Foucault pensa, ou uma experimentação daquilo que poderia ser pensado, naquele limite entre o pensável e o impensável? Não, portanto, expressão de um eu, sequer a formulação de uma perspectiva consolidada, mas uma experimentação, como Nietzsche, que tantas vezes pulava de perspectiva para experimentar, digamos assim, o que pode o pensamento, para parafrasear um autor conhecido?

Ao descrever os anos de sua formação, Foucault insiste:

> Nietzsche, Blanchot e Bataille são os autores que me permitiram liberar-me daqueles que dominaram minha formação universitária, no início dos anos 1950: Hegel e a fenomenologia. Fazer filosofia, então, como ainda hoje, significava principalmente fazer história da filosofia; e esta procedia, por um lado, delimitada pela teoria dos sistemas de Hegel, e por outro, pela filosofia do sujeito, sob a forma da fenomenologia e do existencialismo. Em substância, era Hegel que prevalecia. Tratava-se, de algum modo, para a França, de uma descoberta recente, depois dos trabalhos de Jean Wahl e as aulas de Hyppolite. Era um hegelianismo fortemente penetrado de fenomenologia e de existencialismo, centrado no tema da consciência infeliz. E era, no fundo, o que a Universidade francesa podia oferecer de melhor como forma de compreensão, a mais vasta possível, do mundo contemporâneo, apenas saído da

> tragédia da Segunda Guerra mundial e das grandes reviravoltas que a haviam precedido: a revolução russa, o nazismo, etc. Se o hegelianismo se apresentava como a maneira de pensar racionalmente o trágico, vivido pela geração que nos havia imediatamente precedido, e sempre ameaçador, fora da Universidade, era Sartre que estava em voga com sua filosofia do sujeito. Ponto de encontro entre a tradição filosófica universitária e a fenomenologia, Merleau Ponty desenvolvia o discurso existencial num domínio particular como o da inteligibilidade do mundo, do real. É nesse panorama intelectual que amadureceram minhas escolhas: por um lado, não ser um historiador da filosofia como meus professores, e por outro, buscar alguma coisa de totalmente diferente do existencialismo: foi a leitura de Bataille e de Blanchot e, através deles, de Nietzsche. O que eles representaram para mim?
>
> Primeiro, um convite para colocar em questão a categoria do sujeito, sua supremacia, sua função fundadora. Em seguida, a convicção que uma tal operação não teria sentido se ela ficasse limitada às especulações; recolocar em questão o sujeito significava experimentar alguma coisa que desembocaria na sua destruição real, na sua dissociação, na sua explosão, na sua virada em algo totalmente diferente [...] A experiência da guerra nos tinha demonstrado a necessidade e a urgência de uma sociedade radicalmente diferente daquela em que vivíamos. Essa sociedade que tinha permitido o nazismo, que tinha se deitado diante dele, e que tinha passado em bloco para o lado de De Gaulle. Diante de tudo isso, uma grande parte da juventude francesa tinha tido uma reação de repugnância total. Desejávamos um mundo e uma sociedade não somente diferentes [...] desejávamos ser completamente outros num mundo completamente outro. Tanto o hegelianismo que nos era proposto na universidade com seu modelo de inteligibilidade contínua da história [...] quanto [...] a fenomenologia e o existencialismo, que mantinham o primado do sujeito e seu valor fundamental [...] não tinham condições de nos satisfazer. Ao passo que, em contrapartida, o tema nietzschiano da descontinuidade, do além do homem que seria totalmente diferente em relação ao homem, pois em Bataille o tema das experiências-limite pelas quais o sujeito sai de si mesmo, se decompõe como sujeito, nos limites de sua própria impossibilidade, tinham um valor essencial. Foi para mim uma espécie de saída entre o hegelianismo e a identidade filosófica do sujeito (FOUCAULT, 1994d, p. 49).

Cabe notar o deslocamento ocorrido desde os anos 1960. De uma ontologia da linguagem passou-se para uma ontologia crítica do presente, onde a dissolução do sujeito era menos tributária da aventura literária (ali onde a linguagem aparece, o homem desaparece, como ele dizia na época) do que remetida a todo um jogo de forças, apto a reinventar a relação entre sujeito e experiência. Como diz a sequência: "Numa filosofia como a de Sartre, o sujeito dá sentido ao mundo. Esse ponto não era colocado em questão. O sujeito atribui as significações. A questão era: pode-se dizer que o sujeito seja a única forma de existência possível?" (FOUCAULT, 1994d, p. 49). Como se nesse momento Foucault se perguntasse, fazendo eco a uma questão que estava posta desde o início de sua trajetória, mas de outro modo, se não seria possível dissociar a noção de experiência da noção de sujeito.

Referências

DROIT, Roger-Pol. *Michel Foucault. Entrevistas*. Coordenação Roberto Machado. Rio de Janeiro: Graal, 2006.

FOUCAULT, Michel. L'homme est-il mort? In: FOUCAULT. *Dits et écrits I* (1954-1975). Édition Daniel Defert, François Ewald et Jacques Lagrange. Paris: Gallimard, 1994a.

FOUCAULT, Michel. Entretien avec Michel Foucault (realizada por A. Fontana e P. Pasquino, em 1976). In: FOUCAULT, Michel. *Dits et écrits*, 1954-1988 *III* (1976-1979). Édition Daniel Defert, François Ewald et Jacques Lagrange. Paris: Gallimard, 1994b.

FOUCAULT, Michel. Pouvoirs et stratégies (entrevista a J. Rancière, realizada em 1977. In: FOUCAULT, Michel. *Dits et écrits*, 1954-1988, tome III (1976-1979). Édition Daniel Defert, François Ewald et Jacques Lagrange. Paris: Gallimard, 1994c.

FOUCAULT, Michel. Entretien avec Michel Foucault (realizada por D. Trombadori, em 1978). In: FOUCAULT, Michel. *Dits et écrits* 1954-1988, tome IV (1980-1988). Édition Daniel Defert, François Ewald et Jacques Lagrange. Paris: Gallimard, 1994d.

FOUCAULT, Michel. *Dits et Écrits*. 1954-1988, tome IV (1980-1988). Édition Daniel Defert, François Ewald et Jacques Lagrange. Paris: Gallimard, 1994e.

FOUCAULT, Michel. À propos de la généalogie de l'ethique: un aperçu du travail en cours. In: FOUCAULT, Michel. *Dits et Écrits IV*, (1980-1988). Édition Daniel Defert, François Ewald et Jacques Lagrange. Paris: Gallimard, 1994f.

FOUCAULT, Michel. Verité, pouvoir et soi. In: FOUCAULT, Michel. *Dits et écrits IV* (1980-1988). Édition Daniel Defert, François Ewald et Jacques Lagrange. Paris: Gallimard, 1994g.

FOUCAULT, Michel. Préface à l'Histoire de la sexualité. In: FOUCAULT, Michel. *Dits et écrits* IV (1980-1988). Édition Daniel Defert, François Ewald et Jacques Lagrange. Paris: Gallimard, 1994h.

FOUCAULT, Michel. Introduction à *l'Anthropologie*. In: KANT, Emmanuel. *Anthropologie du point de vue pragmatique*. Traduction et introduction M. Foucault. Présentation Daniel Defert, François Ewald et Frédéric Gros. Paris: Vrin, 2009. p. 1-128.

Capítulo 4
El Dispositivo *Psi*. Locos, Psicólogos y Empresarios

Rodrigo Castro Orellana

En el último capítulo de *Histoire de la folie à l'âge classique,* Foucault señala lo siguiente: "Il n'est pas question de conclure. L'œuvre de Pinel et celle de Tuke ne sont points d'arrivée" (1972, p. 633). De esta manera describe una escena en que la denominada *arqueología del silencio*[1] interrumpiría su relato, sin establecer en ningún caso algo equivalente a un desenlace o una conclusión. Dicha escena, que no puede considerarse como "punto de llegada", correspondería a un momento en que "la folie ne parlera plus du non-être, mais de l'être de l'homme" (FOUCAULT, 1972, p. 637), una época en que la locura se inscribe dentro del "sueño antropológico" del siglo XIX.

Pinel, al liberar a los locos de sus cadenas de inhumanidad, les habría encadenado a la verdad del hombre (p. 653), es decir, habría hecho del insensato una fuente de verdad acerca de lo humano. El individuo loco se presentaría, entonces, como el lugar en que se borra o suprime la verdadera naturaleza del sujeto, y el hombre normal como aquél que posee en su interioridad la virtualidad de estar loco. La locura ya no es la experiencia trágica que navega en un exilio ritual, ni la sombra in-nombrada de la sinrazón encerrada en el hospital. Ahora, ella ingresa en el círculo antropológico, se ve sometida al imperio de la interioridad psicológica del ser humano. Así nacería el *Homo psychologicus*, un modo de ser en relación con la verdad en que al sujeto le pertenece una verdad manifiesta y oculta, una verdad que remite a la locura, que anuda la identidad y a la que se exigirá ser discurso, convertirse en saber.

Ésta es la escena que se describe en el capítulo final de la *Histoire de la folie,* un momento que – como el propio Foucault sugiere – nos sorprende

---

[1] La expresión "arqueología del silencio" aparece en el prefacio de la edición original de *Histoire de la folie* del año 1961. Dicho prefacio desaparecerá en las ediciones posteriores al año 1972.

mostrándonos que la *arqueología del silencio* no ha realizado solamente una historia del sujeto-loco, sino también una historia del nacimiento del dispositivo psicológico en nuestra cultura (1972, p. 653). Pero: ¿por qué no puede calificarse a esta escena como un final, una conclusión o un punto de llegada? ¿Quiere decir esto que la *Histoire de la folie* fue comprendida por su autor como una obra inconclusa?

Continuidades y discontinuidades

En una entrevista de 1978 recientemente publicada, encontramos una respuesta de Foucault a estas preguntas: "Cuando escribí la *Historia de la locura*, realmente estaba escribiendo un libro de historia, y era en tal medida un libro de historia que tenía la intención de que fuera el primer capítulo o el comienzo de un estudio que debía llegar hasta el presente" (2012, p. 113).[2] Desde esta perspectiva, adquieren una particular relevancia los diversos ejercicios de reescritura de la *Histoire de la folie* que Foucault realizó a lo largo de su obra, puesto que podrían entenderse como formas de dar continuidad a los problemas allí analizados.[3] Dentro de tales ejercicios, quizás el más relevante sea el curso del Collège de France del año 1973-1974: *Le pouvoir psychiatrique*, que el propio Foucault presenta como directamente vinculado al "point d' arrivée ou, en tout cas, d'interruption du travail que j'avais fait autrefois dans l'*Histoire de la folie*" (2003, p. 14). Hay un expreso propósito, por tanto, de retomar un análisis que se califica de interrumpido o inconcluso, lo cual implicaría avanzar en la dirección de una historia de la locura en los siglos XIX y XX.

Sin embargo, ese desplazamiento que contiene una voluntad de dar continuidad al proyecto de investigación originario, se ve afectado por una serie de transformaciones y nuevas inquietudes. Es decir, corresponde

---

[2] Se trata de la entrevista que Colin Gordon y Paul Patton realizaron a Foucault el 3 de abril de 1978 y que permaneció inédita hasta hace algunos meses. El documento se encontraba depositado en los Archivos Foucault de la Biblioteca Bancroft de la Universidad de California, en Berkeley, y no se incluyó en la edición de los *Dits et écrits*. Finalmente se ha publicado en septiembre de 2012 en *Foucault Studies*. La traducción al español es mía.

[3] En la década de 1970, por ejemplo, Foucault insiste en varias oportunidades en que, aunque él no lo advirtiese, la *Histoire de la folie* no habla de otra cosa más que del problema del poder. Luego, en la década de 1980, cuando describe su proyecto filosófico agrupa esta obra junto con *Naissance de la clinique* y *Surveiller et punir* como partes de una tarea común que consistiría en analizar "la constitución del sujeto tal como puede aparecer del otro lado de una partición normativa y llegar a ser objeto de conocimiento" (1994, p. 633). Todas estas reescrituras, en ningún caso operan desacreditando el planteamiento original, sino que evidencian una nueva mirada que descubre acentos o subraya ciertas perspectivas.

advertir lo que ya se ha hecho desde una nueva perspectiva, identificar las diferencias que subyacen en la obra y que permiten convertirla en algo otro, entender el problema desde una lógica distinta. En la clase del 7 de noviembre de 1973, Foucault establece la naturaleza de la discontinuidad del curso *Le pouvoir psychiatrique* con respecto a la *Histoire de la folie*. Se trataría principalmente de tres sustituciones que determinan la configuración de un nuevo campo de análisis en que formular el problema de la locura, el saber y la práctica psiquiátrica, la cuestión asilar, etcétera.

La primera discontinuidad tendría que ver con la sustitución del problema de las representaciones por el análisis de los dispositivos de poder (2003, p. 14). En efecto, Foucault considera que *Histoire de la folie* privilegiaba el estudio de las imágenes o las percepciones acerca de la locura en los siglos XVII y XVIII. Cabe recordar que esta crítica a la noción de "percepción" y a su articulación como historia del pensamiento o de las mentalidades, el pensador francés ya la había anticipado en *L'archeologie du savoir*.[4] Como es sabido, esta ruptura con el supuesto de la existencia de un orden discursivo inmanente, conduce a una identificación del dispositivo de poder como instancia productora de la práctica discursiva. Estamos, entonces, ante un cambio muy significativo de las herramientas conceptuales que se resume en la irrupción de la palabra "poder".

La segunda discontinuidad o diferencia correspondería a una sustitución de la noción de violencia (importante en *Histoire de la folie*), por una descripción del ejercicio racional del poder como una física política que tiene su punto de aplicación en el cuerpo. Así, por ejemplo, la célebre escena reformista de la liberación de los locos de Pinel no tendría que ser desenmascarada como el gesto de un falso humanismo que esconde la violencia concreta de una nueva forma de encadenamiento.[5] En el gesto de Pinel, se desenvolvería más bien una *anatomopolítica* y como todo poder, incluso en su desmesura o en su desequilibrio, poseería la coherencia de una maniobra o una estrategia.

La tercera discontinuidad supondría reemplazar la centralidad del problema de la institución por las redes de dispositivos de poder que constituyen al individuo y a la colectividad (2003, p. 16). Es decir, se plantearía el problema de la "exterioridad" de la institución asilar, describiendo las modalidades de articulación y funcionamiento de este aparato en el interior de una tecnología de poder característica de la sociedad en

---

[4] Es el argumento que se desarrolla en los capítulos 3 y 4 de *L'archeologie du savoir*.

[5] Foucault estudia la ambigüedad del gesto de Pinel en el capítulo 4 de la tercera parte de *Histoire de la folie*, titulado: Naissance de l'asile.

su conjunto. Observar, más allá de las regularidades institucionales, la red de relaciones de fuerza que atraviesan a dichas instituciones.

En suma, como resulta evidente, el filósofo francés sugiere que estas tres discontinuidades pueden sintetizarse en el criterio básico de que el mecanismo psiquiátrico, en cuanto discurso y práctica, debe explicarse desde el funcionamiento del poder disciplinario (p. 43). La analítica del poder, en su formulación de los sistemas disciplinarios, constituiría el telón de fondo de este ejercicio de reescritura de *Histoire de la folie*.

Ahora bien, el poder disciplinario se caracteriza por una serie de elementos que habría que tener en consideración para describir una específica práctica con respecto a la locura. El primero de tales aspectos se refiere a que no involucra una sustracción del producto o de una parte del tiempo del individuo, sino que más bien constituye un sistema de ocupación total o exhaustiva del cuerpo en sus gestos, sus ritmos y sus comportamientos (p. 48). Se trata, en tal sentido, de un proceder constante, continuo y orientado hacia una meta o un fin. No obstante, esta sistematicidad del poder disciplinario implicaría necesariamente un residuo, algo que interrumpe o transgrede la continuidad, algo inasimilable que escapa al proceso de distribución. Podríamos calificar a ese punto residual como una resistencia, una contra-conducta que obliga a la creación de mecanismos disciplinarios suplementarios que hagan más eficaz la captura de los cuerpos (p. 56). Esto último explicaría que el poder disciplinario tenga una historicidad, es decir: un momento de formación y una trayectoria diagonal e inagotable de creación de estrategias y de tácticas complementarias.

Todos estos elementos (individualización, continuidad, efecto residual e historicidad) operarían en las prácticas acerca de la locura que emergen desde principios del siglo XIX, de tal manera que podría hablarse de una específica modalidad dentro del poder disciplinario en que se lleva a cabo la captura del cuerpo del individuo-loco. Esto sería "el poder psiquiátrico": una forma determinada y específica de manejar, administrar y dominar (p. 171). Se trataría de un régimen de dirección de los cuerpos y sólo como tal, desde esta centralidad de sus rendimientos disciplinarios, cabe considerar aspectos tales como la intervención terapéutica o las pretensiones de verdad del discurso psiquiátrico.

Las tres edades psiquiátricas

Foucault expone las líneas generales de la historicidad del poder psiquiátrico durante el curso del Collège de France del año 1973-1974 (FOUCAULT, 2003). El corte histórico que propone establece un marco que va desde 1773, momento de la designación de Philippe Pinel en el Hospicio de Bicêtre, hasta la década de 1880 cuando Hippolyte Bernheim[6] comienza a formular las primeras críticas a las experiencias de Charcot con las enfermas de histeria.

Dentro de esta historia del poder psiquiátrico a lo largo del siglo XIX, el curso permite identificar con claridad la existencia de tres momentos. Habría una primera escena que Foucault denomina proto--psiquiatría (*proto-psychiatrie*) y que iría desde el año 1793 hasta las primeras dos o tres décadas del 1800 (con "héroes" como Pinel, Esquirol o Georget); un segundo momento que correspondería a una evolución de la protopsiquiatría hacia formas de tratamiento moral, entre 1840 y 1870 aproximadamente (con figuras como Leuret o Seguin); y finalmente, una tercera escena en que se produciría la irrupción de la hipnosis, el análisis de los fenómenos histéricos y la noción neurológica del cuerpo. En esta tercera época, que podría denominarse la edad de la psiquiatría neurológica y que va desde 1870 hasta finales del siglo XIX, se encontraría la decisiva figura de Charcot.

Lo que me interesa destacar con este esquema de las tres edades del poder psiquiátrico son ciertos procesos transversales, algunas dinámicas que se reiteran con sus específicas modificaciones en cada uno de estos momentos. En concreto, me refiero a la comprensión de los diversos procedimientos de curación como estrategias de administración de los cuerpos; al análisis de las formas en que la verdad o el saber se han insertado en el sistema psiquiátrico-disciplinario; y al estudio de las distintas instancias de multiplicación y reforzamiento del poder psiquiátrico que han conducido a una difusión de lo que podría llamarse el *dispositivo psi*.

Veamos todo esto con mayor detalle, comenzando por lo que podría entenderse como una escena fundacional: la destitución de la ley soberana en el tratamiento de la locura a través de la acción de un poder disciplinario. En este momento inicial, Foucault sostiene que no se trataría de la imposición de un modelo familiar a la práctica psiquiátrica, ni del nacimiento de un discurso de verdad (FOUCAULT, 2003, p. 27-28) sino del desarrollo de una microfísica del poder ligada a la institución asilar. Frente al principio soberano de la familia y su poder ilimitado sobre el loco, irrumpe el asilo como un espacio diferente que captura completamente

---

[6] Hippolyte Bernheim (1840-1919) es considerado uno de los fundadores de la psicoterapia moderna. Su crítica a Charcot se centra en el uso que debería otorgársele a la hipnosis. Para Bernheim la hipnosis no se vincula a un estado patológico ni es una forma de provocar crisis convulsivas, sino que representa exclusivamente un método terapéutico.

al individuo en tanto que lo designa como enemigo social. Ese espacio asilar – que conquistará en Francia su primacía sobre la familia gracias a la ley de 1838[7] – va a adquirir un poder curativo por sí mismo, es decir, por la propia organización y disposición interna que lo caracteriza.

El procedimiento de la curación dependerá, por tanto, de una visibilidad permanente y jerarquizada, del aislamiento y la individualización de los cuerpos, y de una distribución de los castigos. Según Foucault, en estas maniobras terapéuticas que se implementan, nunca se teoriza ni se recurre a explicaciones fundadas en una etiología de la enfermedad mental, una fisiología del sistema nervioso o una psicología de la locura (p. 145). No hay un saber que actúe como guía de la formación de la práctica psiquiátrica. De hecho, esa práctica habría carecido durante mucho tiempo de un discurso teórico, operando exclusivamente como un conjunto de tácticas o protocolos de actuación (p. 164). Entre todos esos procedimientos, el elemento básico sería la atribución al médico de un rol decisivo como personaje que debe imponer su autoridad al paciente y asegurar el estado de docilidad del mismo.

En este contexto, la verdad es definida como lo ausente en la locura porque ésta sería una falsa creencia o un error (p. 130). De ahí que todas las maniobras del poder protopsiquiátrico vayan orientadas a reducir el error, cosa que evidentemente no puede llevarse a cabo por la vía de la demostración racional y que exige, en ciertos casos, la utilización de la propia realidad para desactivar el juicio insano.[8] La reducción del error se consumaría, entonces, no a través de la conquista de una percepción real en el loco sino, más bien, por el mero hecho de que éste llegue a decir aquello que es lo verdadero (p. 158).

Como podrá observarse, esta estrategia persigue una coacción del cuerpo hasta que éste enuncie una verdad que viene definida desde afuera (la verdad de lo real o de una biografía: "usted es tal, no Napoleón"). La verdad no surgiría internamente de la propia locura ni tampoco se produciría desde un saber científico. Por el contrario, la locura se vería

---

[7] Foucault se refiere a la ley sobre los alienados, promulgada el 30 de junio de 1838. Robert Castel estudia la importancia de esta normativa en *L'Ordre psychiatrique. L' âge d'or de l'aliénisme*. París: Minuit, 1976, p. 316- 324.

[8] La protopsiquiatría no intenta oponerse al juicio erróneo, sino que utiliza la realidad incorporándola al propio delirio. De este modo, la confirmación teatral del contenido de la locura se convierte en el mecanismo para su interrupción, es decir, la demencia desaparecería cuando se simula su propia realización. Un paciente, por ejemplo, cree estar afectado por una especie de sarna reincidente que no puede observarse y que, sin embargo, supuestamente le ataca hasta la desesperación. La estrategia médica consistirá en hacer que aparezcan algunos síntomas epidérmicos y luego tratarlos como tales.

conducida a enunciar la verdad y reconocerse en la realidad administrativa y disciplinaria del poder asilar (p. 160).

Estos rasgos generales de la escena protopsiquiátrica sufrirán una transformación hacia 1840-1850 que tiene por telón de fondo una nueva correlación entre el principio de la soberanía y el mecanismo disciplinario. Aquí está en juego un supuesto metodológico importante del trabajo de Foucault: la relación entre el dispositivo de soberanía y el dispositivo disciplinario no debe interpretarse como un esquema histórico evolutivo, sino que existiría una correlación y mutua implicación entre ambos mecanismos (FOUCAULT, 2006, p. 21-23).

Desde este criterio, la escena protopsiquiátrica evidencia un momento de enfrentamiento en que lo disciplinario adquiere un papel preponderante sobre el modelo jurídico, como puede observarse, por ejemplo, en la pérdida de poder de la familia frente al individuo loco. Sin embargo, hacia 1840 habría una modificación de esta relación entre la familia y el asilo, por la cual se comienza a legitimar la idea de que el loco es como un niño que necesitaría de un medio terapéutico análogo a la familia (FOUCAULT, 2003, p. 109). Estaríamos, entonces, ante una nueva escena del poder psiquiátrico en la cual se va a recurrir a factores morales y supuestos sentimientos de humanidad mediante una organización y utilización funcional del modelo familiar.

La manifestación más importante de esta nueva lógica la encontramos en la irrupción de las casas de salud privadas, que proliferaran de una forma paralela a los hospitales y las instituciones públicas. Estos espacios se regirán por un sistema de "familiarización", el cual se hallaría directamente ligado a la producción residual del poder disciplinario. Es decir, el intento de los dispositivos disciplinarios de insertar una multiplicidad en los aparatos de producción capitalista originará un cuerpo residual de ilegalidades e irregularidades que será capturado por estos dispositivos complementarios que cumplen la doble función de obtener un lucro, como consecuencia de la administración de lo residual, y de fortalecer al poder disciplinario.

Las casas de salud privadas serían sistemas complementarios, inscritos en una lógica de rentabilización económica de la patología, que configura un medio terapéutico familiarizado. Cabe aclarar que esto último no significa que aquí estemos ante una inversión de la escena protopsiquiátrica mediante un juego de fuerzas que ahora favorecería al dispositivo de soberanía. Por el contrario, lo que se produciría – en opinión de Foucault – es una *disciplinarización interna de la familia* o lo que sería lo mismo: una transferencia al núcleo mismo de la soberanía familiar de esquemas disciplinarios (p. 115-116).

En pocas palabras, el poder disciplinario parasita de la soberanía familiar, utiliza a ésta como una pieza estratégica altamente eficaz en la delimitación de lo normal y anormal. Este procedimiento de instrumentalización convierte a la familia en un contexto de producción de la "materia prima" del poder psiquiátrico (la familia solicita la internación del loco), para a continuación someter al individuo a una disciplina psiquiátrica que se sirve de códigos familiares (la curación se convierte, de hecho, en una re-familiarización). Todo esto involucra, además, una "imputation à la carence familiale de toutes les insuffisances disciplinaires de l'individu" (p. 87), un tema que será central en la segunda mitad del siglo XIX y que explica el desarrollo del "dispositivo tutelar".[9]

Por otro lado, en esta segunda escena del poder psiquiátrico, Foucault registra nuevamente la singular relación que se establece entre la práctica psiquiátrica y los discursos de verdad. Si bien durante buena parte del siglo XIX existen por lo menos dos tipos de discursos científicos a propósito de la locura: un saber nosológico que describe la serie de las enfermedades mentales y un saber anatomopatológico que plantea la cuestión del soporte orgánico de la locura (p. 133); estos saberes nunca habrían jugado un papel importante en la práctica psiquiátrica, puesto que las formas de organización de la vida asilar, el modo de clasificar a los enfermos, los criterios de imposición de tareas, los elementos que decidían el logro o no de una curación, no eran establecidos por estos discursos sino por las reglas del régimen disciplinario.

Esta primacía del poder disciplinario sobre cualquier discurso científico, no significa que la cuestión de la verdad no sea relevante en este contexto o que deje de resultar decisiva. De hecho, el problema principal de la práctica psiquiátrica no consistiría en la especificación de la enfermedad, en saber cuál es su naturaleza o cómo suprimirla; sino en decidir si un individuo realmente está loco (p. 250-251). En esto consiste lo que Foucault denomina "el diagnóstico absoluto" (*diagnostic absolu*) (p. 307-308): una serie de maniobras para que la locura se muestre como algo real o se esfume como un engaño que fabrica el propio individuo.

En el curso *Le pouvoir psychiatrique*, el pensador francés identifica tres maniobras que operarían como pruebas de verdad en un diagnóstico absoluto y que son, al mismo tiempo, procedimientos de evidente connotación disciplinaria. Primero: el interrogatorio, que busca los antecedentes de la anomalía, la responsabilidad en el síntoma y la confesión por parte del sujeto (p. 272-279). Segundo: las drogas. En este caso, se trataría de

---

[9] Un amplio estudio sobre el complejo tutelar durante el siglo XIX en Francia se encuentra en la obra de Jacques Donzelot: *La police des familles*. Paris: Minuit, 1977.

una utilización de las mismas (el opio, por ejemplo) con el propósito de discernir entre la locura y la simulación (p. 279), bajo el supuesto de que existiría una identidad entre el estado alucinatorio y la demencia que le otorga al médico la posibilidad de experimentar la enfermedad a través de las sustancias psicotrópicas. Tercero: la hipnosis, un mecanismo que superaría las insuficiencias de las dos maniobras anteriores puesto que aquí el enfermo ya no es quien produce la verdad médica (en el acto de la confesión o como portador de una experiencia alucinatoria), sino que se convierte en una superficie neutra sobre la cual el psiquiatra puede imprimir su voluntad y ordenar que la locura salga a la superficie. En tal sentido, por lo menos en un principio, la hipnosis ofrecería la posibilidad al médico de restaurar su autoridad sobre la locura.

Según Foucault, va a ser precisamente en este momento cuando se llegará a definir la noción de "cuerpo neurológico". Este concepto difiere de la idea de un cuerpo anatomopatológico, el cual establece la verdad de la locura como un signo que se descubre en el cadáver. Pero también se contrapone a la articulación del cuerpo disciplinario, es decir, a ese blanco de la vigilancia y los castigos que pronuncia una verdad opaca y saturada de residuos.

La emergencia de este cuerpo neurológico nos sitúa en una tercera escena del poder psiquiátrico. En este contexto, habría que considerar especialmente dos circunstancias. Por una parte, el desarrollo durante las últimas décadas del siglo XIX, del concepto de anomalía, que convierte a la psiquiatría en un poder que va más allá del problema de la locura y que se inscribe en el amplio campo de lo anormal. Y, por otro lado, la incorporación que realiza este poder psiquiátrico de amplias prerrogativas, de la nueva noción de cuerpo neurológico. Este último concepto posibilita un análisis de las diferentes correlaciones existentes entre tal o cual músculo, que garantiza la comprensión del sistema estímulo--respuesta de acuerdo al eje voluntario-automático (p. 303). La idea de cuerpo neurológico introduciría el análisis de la intención, esto es: el estudio de la actitud del sujeto.

Así, el poder psiquiátrico parece ganar terreno frente al juego de la simulación y las dificultades del diagnóstico absoluto. El médico conquista una fuerza suplementaria ya que deja de depender de la confesión o de la experiencia autónoma del individuo loco. Ahora existe, a través de la hipnosis, un cuerpo que responderá por sí mismo (aunque el individuo guarde silencio) y una técnica que promete la obediencia de dicho cuerpo. En este contexto, cabría situar la experiencia de Charcot con las enfermas de histeria, que Foucault describe como un escenario de enfrentamiento y lucha entre médicos y pacientes (p. 310) que nace de la intención de construir un diagnóstico diferencial en el marco de la clínica neurológica.[10]

Este último objetivo plantea la necesidad de organizar una sintomatología estable y regular en la histeria, que Charcot elaborará a partir del concepto de "estigmas" (*stigmates*) y del supuesto de que habría un orden encubierto en las crisis de las enfermas. No obstante, el poder de la histérica sobre el médico (su contra-conducta o efecto residual) va a concretizarse en una producción incesante e infinita de crisis. Esta primera maniobra y su consiguiente respuesta, conducirá a Charcot a una segunda estrategia que consistirá en el uso de la hipnosis como una técnica que hace posible desencadenar, en el tiempo preciso, fenómenos exclusivamente histéricos.

A través del procedimiento hipnótico, Charcot aseguraba ser capaz de producir síntomas o aislarlos para la observación clínica, podía afirmar en la lección médica: ahí tienen una parálisis, un temblor, una imposibilidad de hablar, etcétera. Sin embargo, como es lógico, era precisa aun una explicación que permitiese fundamentar de algún modo esta correlación sorprendente entre el estado hipnótico y el cuadro histérico. ¿Qué ocurriría si todo este complejo fenómeno no fuese más que un gran juego de la simulación, una fabricación artificial de síntomas que lleva a cabo la enferma?

Frente a esta inquietud, Charcot desarrolla una tercera maniobra: la elaboración del concepto de trauma (*traumatisme*). Esta nueva noción le permite establecer un esquema patológico similar para explicar el hecho de que alguien sea hipnotizable y la circunstancia de que alguien puede ser una enferma de histeria. El trauma sería un acontecimiento violento que está en la raíz del cuadro histérico y que la hipnosis puede reactivar como consecuencia de la acción del médico (p. 319). De lo que se trataría, entonces, es de explorar, buscar y recuperar el trauma como principio causal de la enfermedad.

Esta empresa fue llevada a cabo por Charcot, pero se encontró nuevamente con algo inesperado, una respuesta de la enferma que consistía en relatar su vida sexual (p. 320).[11] Es decir, en el contexto de las pretensiones

---

[10] La idea de una construcción de la histeria, en un contexto de enfrentamiento de las histéricas con el poder médico de Charcot, puede ilustrarse también a través de la importancia que se le otorgó a la fotografía en la Salpêtrière. El Hospital funcionó, en tiempos de Charcot, como una verdadera máquina óptica, animada por la ilusión de verlo todo con detalle y de registrar la regularidad de las imágenes de los rostros y los cuerpos. Didi-Huberman estudia la relación entre Charcot y la fotografía en: *La invención de la histeria. Charcot y la iconografía fotográfica de la Salpêtrière*. Madrid: Cátedra, 2007.

[11] Foucault menciona en el curso *Le pouvoir psychiatrique* una nota de un estudiante de Charcot en que se relata la siguiente situación: "El señor Charcot hace acudir a Geneviève, afectada de

de la clínica, bajo la superficie del cuerpo neurológico, emergería una nueva articulación del cuerpo como una naturaleza saturada de sexualidad. Esta realidad será precisamente aquello que hará posible la articulación médica del psicoanálisis. Así pues, si Charcot finalmente fue sordo al cuerpo sexual de la histérica procediendo a la manipulación directa del cuerpo neurológico, Freud − por el contrario − diseñó un dispositivo que se caracteriza por escuchar esos cuerpos histéricos sin que éstos sean tocados (p. 325).

Biopolítica y poder psiquiátrico

El curso *Le pouvoir psychiatrique* (FOUCAULT, 2003) concluye con una alusión al nacimiento del psicoanálisis freudiano. Este sería su punto de llegada o quizás, mejor dicho, el lugar en que se interrumpe la investigación. A partir de ahí, resulta posible ensayar una continuidad de la interpretación foucaultiana del poder psiquiátrico si se tiene en consideración la específica transformación que sufrirá la analítica del poder durante la década de 1970. Como es sabido, durante dicho período, Foucault se desplaza desde un modelo bélico-nietzscheano de comprensión de las relaciones de poder, a un modelo en que la noción de gobierno adquiere un lugar central. El foco del problema, entonces, ya no va a residir en los mecanismos legales o jurídicos distribuidos en la sociedad ni tampoco en los aparatos disciplinarios, sino en lo que el pensador francés va a denominar "mecanismos reguladores" o "dispositivos de seguridad".[12] Estos últimos conformarían un conjunto de controles dirigidos a la población que operarían acondicionando un medio para la circulación

---

una contractura histérica. La mujer está sobre una camilla; los residentes y los jefes de clínica la han hipnotizado previamente. Hace su gran crisis histérica. Charcot, según su técnica, muestra que la hipnosis puede no sólo provocar, inducir fenómenos histéricos, sino también detenerlos; toma su bastón, lo apoya sobre el vientre de la enferma, exactamente sobre el ovario, y la crisis, de acuerdo con la tradición del argumento, queda en efecto suspendida. Charcot retira el bastón; la crisis recomienza; período tónico, período clónico, delirio y, en medio de éste, Geneviève exclama: ¡Camille! ¡Camille! ¡Bésame! ¡Dame tu rabo! El profesor Charcot despacha a la mujer, cuyo delirio prosigue" (FOUCAULT, 2003, p. 324). Se trata de un episodio que Foucault cita nuevamente en *La volonté de savoir* cuando se refiere a la clínica de Charcot como un aparato de incitación al discurso y a la verdad, donde se inscribirían los mecanismos del desconocimiento. En este punto comenta cómo la consulta pública de Charcot se interrumpe cuando demasiado manifiestamente comenzaba a tratarse de "eso". De hecho, el asunto del sexo no se plantea de forma explícita en los textos publicados, sino en documentos inéditos sobre las lecciones de Charcot que permanecen en la Salpêtrière (1998, p. 70-71).

[12] Uno de los primeros análisis que Foucault realiza de los denominados "mecanismos reguladores" se produce en la clase del 17 de marzo de 1976 en el curso del Collège de France: *Il faut défendre la société*.

de sus procesos naturales, haciendo interactuar unos elementos de la realidad con otros, etcétera.

Dado este desplazamiento de la analítica del poder, la pregunta que podría formularse sería la siguiente: si la soberanía y la disciplina han cumplido un rol determinante en la configuración del poder psiquiátrico, ¿cuál sería el papel que podría atribuírsele a estos dispositivos de seguridad? Si el poder psiquiátrico ha sido una pieza estratégica en la historia de los dispositivos disciplinarios, ¿qué función le podría corresponder a dicho poder en la genealogía de la *gubernamentalidad*?

Solamente existe un pasaje en el curso *Le pouvoir psychiatrique* que podría darnos alguna pista acerca de esta cuestión. Me refiero a la correlación que establece Foucault en la clase del 6 de febrero de 1974 entre la clínica neurológica de Charcot y el problema de los enfermos asegurados. Esta conexión se explica por el desarrollo de un conjunto de procedimientos reguladores sobre la salud de la población hacia finales del siglo XIX, lo cual supuso la construcción de un sistema estatal de administración y protección de los riesgos. Como resultado de dicho sistema, emergió la categoría de "enfermo asegurado" y, al mismo tiempo, la posibilidad de obtener una cierta rentabilidad económica de la propia enfermedad (p. 315). Ambas circunstancias adquieren un perfil problemático en el caso de los enfermos que presentan trastornos post-traumáticos (por ejemplo: parálisis o convulsiones), en razón de la sospecha de que se pueda tratar de una simulación.

De aquí se desprende la necesidad de conocer la verdad respecto a esos cuerpos, una demanda que procede de intereses económicos y que será satisfecha, entre otros, por Charcot mediante la utilización del cuerpo histérico. Dicho cuerpo funcionaría como un "maniquí funcional" (*mannequin fonctionel*), al que se le dictan los síntomas (p. 313). Es decir, Charcot intentará reproducir en el cuerpo histérico el tipo de parálisis que sufre el enfermo asegurado. Si el cuerpo de la histérica adquiría la misma forma del paciente post-traumático, era posible establecer la verdad del síntoma y, en el caso contrario, si el cuerpo maniquí no reproducía dicha figura, se desenmascaraba al sujeto simulador. De este modo, el diagnóstico diferencial de la psiquiatría neurológica habría logrado expandirse más allá de las fronteras de la institución-hospital y constituirse como una técnica del dispositivo de seguridad. El poder psiquiátrico, entonces, no se limitaría a un rendimiento como mecanismo disciplinario, sino que se reproduce e intensifica mediante su vinculación a una racionalidad de poder históricamente más reciente: la *gubernamentalidad*.

Esto significaría que, desde el siglo XIX hasta nuestro presente, existe un proceso incesante de difusión del poder psiquiátrico al que contribuirían una serie de factores heterogéneos que derivan de la distribución desigual y del solapamiento de los dispositivos de soberanía, disciplina y seguridad. En tal sentido, cabría afirmar que si la genealogía de los dispositivos disciplinarios y de seguridad acredita el rol decisivo que ha cumplido – desde finales del siglo XVIII – el problema de la acumulación de los hombres, tendríamos que concluir que el primer factor de difusión del poder psiquiátrico no es otro que la *racionalidad biopolítica moderna*. Es decir, el poder psiquiátrico habría intervenido en el proceso de maximización de la utilidad de los individuos, en la minimización del potencial político de los cuerpos, en la medicalización extensiva de la sociedad o en el reforzamiento de una economía de los riesgos.

Esta hipótesis se inspira en uno de los temas principales que Foucault formula en el curso del año 1973-1974: la expansión del poder psiquiátrico durante el siglo XIX (FOUCAULT, 2003). El primer factor de dicha expansión sería la "familiarización" de los sistemas disciplinarios y el desarrollo de un complejo tutelar en el cual la psiquiatría conquistará un poder que va más allá de los individuos-locos y del espacio asilar. El segundo factor, directamente ligado al anterior, corresponde a la psiquiatrización de la infancia (p. 199), es decir, a la configuración de la categoría de anomalía (p. 208). En este último caso, la identificación entre el niño débil-mental, el individuo peligroso y el sujeto perverso convertirá al poder psiquiátrico en una fuerza de control de un campo mucho más amplio que la locura: el territorio de lo anormal (p. 219-220). El siglo XIX, por ende, contendría un proceso de diseminación del poder psiquiátrico que esquemáticamente podría resumirse como el tránsito del problema del diagnóstico acerca de si un individuo está o no está loco, al problema de la delimitación normal/anormal.

No obstante, si elevamos la mirada un poco más allá podremos constatar la continuidad del proceso de difusión del poder psiquiátrico a lo largo del siglo XX, hasta convertirse en un dispositivo específico de gestión de la normalidad. Esta afirmación puede ser acreditada a partir de algunas observaciones generales sobre tres agentes básicos de propagación del poder psiquiátrico. Estos tres elementos pueden inferirse de diversos análisis realizados por Foucault, aunque éste nunca abordó propiamente la problemática contemporánea del poder psiquiátrico. En concreto, nos referimos al saber y la práctica psicoanalítica, a la crítica institucional de la psiquiatría que se inicia en la década de 1930 del siglo XX y, finalmente, a la *gubernamentalidad neoliberal*.

La difusión del poder psiquiátrico

A lo largo del curso del Collège de France del año 1973-1974, Foucault realiza varias observaciones sobre el psicoanálisis (FOUCAULT, 2003). Todas ellas cuestionan la representación que éste ha hecho de su historia como crítica del "saber psiquiátrico" y punto de ruptura con respecto a una tradición médica característica del siglo XIX. El psicoanálisis puede haber discutido aspectos del discurso psiquiátrico y la práctica hospitalaria, pero no ha supuesto una efectiva negación del poder psiquiátrico en sus principios operativos más elementales.

Cuando el dispositivo de la clínica neurológica se vio seriamente interpelado por el juego de la simulación de la enferma histérica y su relato de la vida sexual, la terapia psicoanalítica habría funcionado como un dispositivo complementario que intentaba capturar ese elemento residual a través del registro médico del cuerpo sexual. De esta manera, el psicoanálisis funcionaría como una respuesta a esa derrota inicial del poder psiquiátrico recuperando el problema de la verdad, restaurando el poder del médico, re-codificando la exigencia de confesión de la locura e insistiendo en la asignación externa de una identidad.

Además, como plantea Foucault, no es posible oponer como crítica a la acción de la institución disciplinaria, una verdad cuya referencia sea la familia (lo que podríamos entender como la "edipización" del inconsciente) (p. 88) porque la soberanía familiar finalmente se encuentra incorporada al mecanismo de la disciplina y refuerza el poder psiquiátrico. Soberanía y disciplina se entrecruzan, entonces, en el psicoanálisis pero en una combinación que introduce por lo menos dos discontinuidades significativas. En primer término, un desdoblamiento cada vez más importante entre medicina privada y hospitalaria, lo cual garantizaría una des-institucionalización de los mecanismos disciplinarios y la posibilidad de compatibilizar la relación terapéutica (médico-enfermo) con la vida cotidiana. En segundo lugar, como ha señalado Robert Castel (1980, p. 244), se produciría aquí una disolución creciente de la frontera que separa lo "normal" de "lo patológico". Así, por ejemplo, en la escena psicoanalítica, la vida cotidiana se convertirá en una fuente de materiales para el análisis y ésta, a su vez, producirá toda una serie de esquemas de interpretación para desenmascarar la verdad de la vida social.

El psicoanálisis cumpliría, entonces, una función decisiva en la difusión del poder psiquiátrico mediante una promoción de la terapia privada. En este sentido, se halla ligado al desarrollo de la crítica institucional de la psiquiatría característica del siglo XX. Sobre esta crítica sería posible abrir todo un capítulo de distinciones y formas de la misma.

Se podría mencionar, por ejemplo, la corriente crítica de la década de 1930 (autores como Édouard Toulouse[13]) que pretendía disociar la idea de enfermedad mental de la práctica del encierro asilar y estudiar cambios en la organización del hospital en función de otras modalidades de atención (supervisión posterior a la "cura", servicios abiertos, etcétera).

También podría considerarse, en este contexto, una radicalización posterior de esta primera crítica en los trabajos que desarrollan psiquiatras como Balvet[14] o Bonnafé,[15] los cuales denuncian la alienación constitutiva del hospital psiquiátrico. Bonnafé lo expone del siguiente modo: "El eje del servicio ya no es el asilo sino la ciudad, en el corazón del territorio donde se ejerce la función del psiquiatra, ampliada a la protección de la salud mental" (BONNAFÉ, 1960, p. 580). Esta imagen de una ciudad terapéutica, como podrá observarse, entronca perfectamente con el privatismo psicoanalítico. De hecho, esta crítica de la institución asilar demanda de algún modo disponer de técnicas psiquiátricas extra--hospitalarias, que precisamente son las que proporcionaría el psicoanálisis. Por eso podría hablarse – como lo hace Jacques Lagrange – de una sublimación de la institución que subyace en esta crítica (2003, p. 364), una suerte de recodificación de los problemas involucrados en la vida asilar mediante el lenguaje terapéutico del inconsciente.

Sin lugar a dudas, la posibilidad de llevar a cabo esta sublimación explica que la corriente de crítica institucional de la posguerra, refuerce el supuesto de que el psicoanálisis posee un carácter subversivo respecto

---

[13] Édouard Toulouse (1865- 1947), psiquiatra y periodista francés. Autor, entre otras obras, de: *Comment conserver sa santé*. París: Hachette, 1914.

[14] Paul Balvet (1907-2001) fue el director del Hospital de Saint-Alban. Es autor de una célebre comunicación en el *Congrès des médecins aliénistes et neurologistes de France* del año 1942, en Montpellier. Allí, además de denunciar el alienismo, anunció lo que la nueva psiquiatría defendería: "el establecimiento que deseamos no es solamente un hospital para enfermedades del cerebro o para problemas nerviosos de origen biliar. Si el hospital general para enfermos agudos puede ser considerado tal vez, como un 'taller de reparación' aquí, por el contrario, estamos obligados a considerar la totalidad de la persona" ("Asile et hôpital psychiatrique. L'expérience d'un établissement rural"). Junto con Balvet trabajó el psicoanalista catalán François Tosquelles, defensor de la denominada psicoterapia colectiva de Hermann Simon, un enfoque que considera el tratamiento de la enfermedad como un tratamiento simultáneo de la institución del asilo.

[15] Lucien Bonnafé (1912-2003), célebre psiquiatra desalienista. En 1942 sustituye a Balvet en Saint-Alban y empieza a ocuparse del tema de la renovación de los centros hospitalarios. Después de la guerra fue nombrado asesor del ministro de Sanidad y promovió la divulgación de nuevas corrientes psicológicas y del psicoanálisis en Francia. Creó una serie de grupos de trabajo y tuvo un rol importante en la reapropiación por parte del marxismo de las teorías freudianas. Autor, entre otras obras, de: *Désaliéner: folie(s) et société(s)* (1992) y *Psychanalyse de la connaissance* (2002).

a los mecanismos coercitivos de la administración psiquiátrica (CASTEL, 1984, p. 26-27). Si la práctica psiquiátrica asilar es denunciada como un factor de alienación ligado al aparato de Estado, el psicoanálisis se ve revestido – por otra parte – de un manto de neutralidad, de una supuesta inocencia política y de una capacidad emancipadora. Sin embargo, tal como sugiere Foucault, la descalificación de las prácticas psiquiátricas, o la negación del asilo, no implican una problematización o neutralización efectiva del poder psiquiátrico. Incluso ocurriría lo contrario: el poder psiquiátrico parece multiplicarse en la des-institucionalización y en el recurso a la terapia psicoanalítica.

No obstante, existe un movimiento de negación de la institución psiquiátrica que apuntaría más allá de la crítica asilar, en la dirección de una invalidación de las relaciones de poder que capturan la enfermedad mental. Se trata del "movimiento antipsiquiátrico", representado por los trabajos de Basaglia, Cooper, Esterson, Laing o Szasz.[16] Un movimiento al cual Foucault le reconoce el mérito de haber des-medicalizado el espacio donde se produce la locura (FOUCAULT, 201, p. 105).[17] Ronald Laing, en *La politique de l'expérience*, lo explica así: "En lugar de hospitales psiquiátricos, que son como fábricas de reparación, necesitaríamos sitios donde la gente que ha viajado más lejos que los psiquiatras y los seres reputados sanos de espíritu tuviera la posibilidad de ir aún más lejos en el espacio y el tiempo interiores, y regresar de ellos" (LAING, 1969, p. 88).

En palabras de Castel, la antipsiquiatría inglesa presentaría a la locura como portadora de una verdad misteriosa, reprimida y degradada a

---

[16] A continuación menciono algunos de los trabajos más importantes del llamado movimiento antipsiquiátrico. Franco Basaglia: *L'istituzione negata* (1968), *A psiquiatria alternativa: contra o pessimismo da razão, o otimismo da prática: conferências no Brasil* (1979), *Scritti I, 1953-1968. Dalla psichiatria fenomenologica all'esperienza di Gorizia* (1981), *Scritti II, 1968-1980. Dall'apertura del manicomio alla nuova legge sull'assistenza psichiatrica* (1982); David Cooper: *Psiquiatría y antipsiquiatría* (1967), *La muerte de la familia* (1971), *El lenguaje de la locura* (1978); Aaron Esterson: Leaves of Spring: Study in the Dialectics of Madness (1970); Ronald Laing: *The Divided Self: An Existential Study in Sanity and Madness* (1960), *The Politics of Experience and the Bird of Paradise* (1967), *The Politics of the Family and Other Essays* (1972), *The Voice of Experience: Experience, Science and Psychiatry* (1982); Thomas Szasz: *El mito de la enfermedad mental* (1961), *The Manufacture of Madness: A Comparative Study of the Inquisition and the Mental Health Movement* (1970).

[17] Dicho reconocimiento, Foucault lo realiza en 1973 durante un Coloquio en Montreal titulado: "Faut-il interner les psychiatres?". Recientemente se ha publicado en la revista italiana *Aut Aut* una transcripción de la conferencia que presentó Foucault en dicha oportunidad y que no había sido incluida en los *Dits et écrits*, aunque sí existe una mención a este Coloquio en la entrevista de Stephen Riggins del año 1982 (1994: 536-537). La publicación en italiano de la conferencia corresponde a una traducción del original francés titulado "Histoire de la folie et antipsychiatrique" que se incluye en: *Cahier Foucault*, editado por Philippe Artières, Jean-François Bert, Frédéric Gros y Judith Revel (París: L'Herne, 2011, p. 95-102).

través de la categoría de enfermedad mental, una experiencia que debe ser acompañada en su desenvolvimiento – como si se tratase de un viaje – y que no debe ser objeto de la coacción de la cura (CASTEL, 1984, p. 22). Evidentemente, podrían discutirse los resultados, las aportaciones e insuficiencias de la antipsiquiatría. Castel, por ejemplo, en *La Gestión de los Riesgos* destaca el valor de la antipsiquiatría como síntoma y detonador del estallido de la unilateralidad de la razón accidental (p. 29). Pero, al mismo tiempo, expone los resultados decepcionantes que esta crítica de la psiquiatría habría arrojado en el plano de la reestructuración o desestructuración del medio profesional (p. 30).

Sin el ánimo de agotar este debate, quisiera subrayar un problema que está contenido en el enfoque de la antipsiquiatría y que, de algún modo, Foucault ha sabido advertir al plantear que antes de vérselas con las instituciones, es necesario ocuparse de las relaciones de fuerza que las atraviesan. El problema de la antipsiquiatría, entonces, residiría en que no ha podido reconocer que la desactivación de estas relaciones de fuerza o la des-medicalización de la locura no se agota en la referencia exclusiva a las tecnologías de gobierno estatal. Lo que habría que reconsiderar es la fijación de la crítica sobre el modelo de una especie de Estado-Leviatán.

De este modo, arribamos a lo que supondría un tercer factor fundamental de la difusión del poder psiquiátrico en nuestra actualidad, un proceso que podría describirse como la irrupción de un nuevo arte de gobernar, crítico de las formas estatales, y que Foucault denomina: *gubernamentalidad liberal*. Este concepto es utilizado por el autor francés, en el curso del año 1978-1979: *Naissance de la biopolitique*, para caracterizar una técnica específica de gobierno que se enmarca dentro de un principio de autolimitación, una lógica de poder "discreta" orientada a la gestión de procesos.

Para esta *gubernamentalidad* su problema principal sería cómo limitar la acción estatal para permitir la libertad económica, es decir, le atribuye al desenvolvimiento libre del mercado, el estatuto de regla o criterio de la práctica del gobierno. El mercado, por su parte, resulta definido como un espacio de competencia y de desigualdad entre los actores económicos. Una competencia que no es un dato natural, sino un elemento formal que corresponde producir (FOUCAULT, 2007, p. 153). La *razón de gobierno neoliberal*, por lo tanto, desarrollaría un proceso incesante de intervención social dirigido a crear las condiciones de expansión y multiplicación de la dinámica competitiva y las lógicas empresariales. En este sentido, representa una modalidad de producción, organización y administración de la libertad de empresa y de consumo.

Ahora bien, como se puede sospechar, el campo de la acción sanitaria no escapa a esta nueva racionalidad neoliberal y la salud mental también va a ser re-codificada como un bien de mercado. Se configura, entonces, un espacio de medicalización que ya no tiene su soporte en la *gubernamentalidad estatal* sino en la expansión intensiva del sistema empresa-consumo. Por esta razón, la psiquiatría incorpora un nuevo poder regulador que se complementa con los dispositivos de soberanía y disciplina, y que consiste – como explica Robert Castel – en la gestión de destinos y no en la coacción directa, es decir, en "un proceso de distribución de las poblaciones en circuitos especiales" (CASTEL, 1984, p. 135).

Sin embargo, la función del poder psiquiátrico en las sociedades neoliberales avanzadas no se limita exclusivamente a la asignación de itinerarios dentro del complejo tutelar. Su ámbito de operatividad excede el espacio de la patología o la anormalidad, como consecuencia de una serie de exigencias que impone la *razón de gobierno neoliberal*. Para comprender esto último, es importante recordar que las *tecnologías del yo* tienen una importancia primordial dentro de esta forma de *gubernamentalidad*. El análisis sobre la teoría del capital humano – que expone Foucault en *Naissance de la biopolitique* – así lo acredita (FOUCAULT, 2007, p. 255-274). La tecnología del gobierno neoliberal promovería un modo de relación del individuo consigo mismo, en el cual éste se considera como portador de un capital o de una cierta idoneidad máquina que se ve impelido a autogestionar eficientemente.

Como ha descrito Nikolas Rose, se trataría de la fabricación de un sujeto auto-responsable, capaz de tomar decisiones por sí mismo y de obtener el máximo rendimiento de sus recursos personales en la producción de un estilo de vida propio. Este individuo se encontraría entregado al imperativo de ser "empresario de sí mismo" (ROSE, 1996, p. 154-158; ROSE, 1999, p. 230). Dicha circunstancia, que la empresa se convierta en modelo de racionalidad para estructurar la propia vida, evidenciaría el nacimiento de una íntima y profunda imbricación entre modalidades de autosubjetivación y las diversas formas del mercado.

Todo esto pone de manifiesto, además, que existe una correlación entre la fabricación del individuo como sujeto auto-responsable, consumidor eficiente o empresario de sí y la expansiva cultura psicoterapéutica actual. Rose lo explica de este modo: "El nacimiento de las psicoterapias, en tanto que técnicas de guía espiritual, está íntimamente ligado con esta visión de que el yo debe constituirse en sujeto de elección en su vida cotidiana" (ROSE, 2007, p. 110). Pero no se trataría solamente del nexo local entre *gubernamental neoliberal* y psicoterapia, sino de un efecto global de dicho vínculo que se traduciría en una distribución sin límite del lenguaje y las técnicas "psi" a través de todo el tejido social.

Los individuos se convierten en "expertos de sí mismos" (ROSE, 1997, p. 38), establecen una relación de autocuidado con respecto a sus cuerpos, sus mentes, sus conductas y sus relaciones, la cual incorpora todo un arsenal de conceptos terapéuticos y que resulta inseparable de una proliferación de ofertas de consumo y mercado del "sí mismo". En suma, estaríamos ante un proceso de psicologización de la vida cotidiana directamente reforzado por las formas de gobierno neoliberal.

Este fenómeno ya había sido advertido por Robert Castel en sus trabajos de principios de la década de 1980, cuando se refería a un proceso de colonización psicológica de la vida como característica de la sociedad norteamericana (CASTEL, 1980, p. 245). Un proceso que estaría relacionado con la aparición, a finales de la década de 1960, de una serie de nuevas técnicas terapéuticas como las terapias familiares y sexuales, la *gestalt therapy*, el análisis transaccional, etcétera. Estas nuevas terapias, según Castel, se van a inscribir en una tradición de relativización de las nociones de "normal" y "patológico", que concibe a la normalidad como un estado que nunca se encuentra completamente garantizado y sobre el cual siempre corresponde intervenir (p. 177). La normalidad funcionaría como un síntoma que debe ser objeto de una aproximación terapéutica dirigida al desarrollo del potencial individual o personal, la autonomía y la capacidad de goce.

Estas técnicas, por ende, aparecen como piezas estratégicas de la racionalidad neoliberal, en tanto que promueven una visión del sujeto como poseedor de un capital que debe ser intensificado. En este sentido, contribuyen al despliegue de un amplio sistema terapéutico de la normalidad que fomenta el valor de la formación permanente y del "hacerse a sí mismo" como trabajador competente. Habría toda una industria del refuerzo, la reparación o la transformación del capital humano, en la cual el poder psiquiátrico se desliza y se reinventa. Podría decirse, entonces, que la "terapia para normales" constituye algo así como el punto de culminación del proceso de difusión del poder psiquiátrico, que finalmente consigue capturar la totalidad de las dimensiones de la experiencia humana y convertirlas en objeto de manipulación tecnológica (CASTEL, 1980, p. 288). La lógica de la reparación o la prevención son desplazadas a un lugar secundario, frente a este nuevo gobierno psiquiátrico de la normalidad.

Cabe agregar aquí que Castel relaciona este auge de la "terapia para normales", a partir de la década de 1970, con lo que él describe como una escena *post-psicoanalítica*. El *post-psicoanálisis* no debe comprenderse como el fin del psicoanálisis, sino como el fin del control que el psicoanálisis ejercía sobre la difusión de la cultura psicológica en la sociedad

(Castel, 1984, p. 163). En efecto, el diván ya no constituiría el epicentro básico de la difusión psicoanalítica, sino que se configuraría un nuevo foco de irradiación en torno de las nuevas técnicas psicológicas y su terapéutica de la normalidad (p. 173). Dicho de otro modo: estas técnicas se autonomizan de la ortodoxia freudiana y circulan transversalmente por la sociedad, reteniendo parcialmente los postulados psicoanalíticos o sencillamente banalizando su contenido.

En esa difusión independiente, se reformula e instrumentaliza, por ejemplo, la idea psicoanalítica de un trabajo con la normalidad y se pretende transgredir los límites de aplicación terapéutica del psicoanálisis. Si la formulación tradicional del psicoanálisis enfrentaba una tensión entre la vocación universalista de su interpretación y el inevitable carácter elitista de sus condiciones de aplicación, las nuevas técnicas terapéuticas resuelven este conflicto garantizando una aplicación social generalizada. De este modo se hace realidad el mito psicoanalítico de una democratización de su práctica (Castel, 1984, p. 178-179). Se constata nuevamente, por tanto, que el psicoanálisis ha sido uno de los vectores más importantes dentro del proceso contemporáneo de difusión del poder psiquiátrico.

Epílogo

En suma, los trabajos de Michel Foucault nos permiten identificar un proceso de generalización del poder psiquiátrico a lo largo del siglo XIX, directamente vinculado con la correlación entre los dispositivos de soberanía y disciplina. Dicho análisis tendría una continuidad si se exploran los nexos entre el poder psiquiátrico y un tercer mecanismo: los dispositivos de seguridad o los controles reguladores. Esta última perspectiva permitiría reconocer una nueva deriva de difusión del poder psiquiátrico hasta convertirlo en un rasgo constitutivo de las sociedades liberales avanzadas.

Podría afirmarse, entonces, que el resultado de todo este complejo proceso ha consistido en la instauración de un *dispositivo psi* en nuestra civilización, el cual puede definirse como un sistema heterogéneo de psicologización de la vida. En este contexto, se genera una recodificación de aspectos esenciales del dispositivo de soberanía. Por ejemplo: la familia se convierte en un espacio de gestión de su propio capital relacional, afectivo o emocional (Castel, 1984, p. 195). Asimismo, se produce también una recodificación de algunos principios del dispositivo disciplinario, en tanto la alienación o la anormalidad dejan de ser el objeto privilegiado de la coacción para reducirse a un problema personal que demanda una estrategia individual (Castel, 1984, p. 189).

Sin embargo, este imperio contemporáneo del *dispositivo psi* no implica un primado individualista de negación de lo social, sino una metamorfosis en la conducción de la sociedad (VÁZQUEZ, 2002, p. 212). No se trata de una huida de lo político puesto que el *dispositivo psi* constituye una estrategia política con innumerables rendimientos. En efecto, a partir de la promoción de la individualización se privatizan o personalizan las contradicciones estructurales del orden capitalista y se invisibilizan los conflictos inherentes al mismo. Toda negatividad, insuficiencia, residuo o resistencia se convierten en una cuestión personal, en algo que solamente existiría en el territorio de la autogestión individual.

De hecho, los sujetos que evidencian de algún modo su incapacidad de ajustarse al imperativo de la libertad empresarial de la gestión de uno mismo, no llegan a articularse como una fuente de contestación o interpelación del *dispositivo psi*, sino todo lo contrario. Allí, en esos individuos deficitarios del "cuidado de sí", se encuentra un amplio espacio de demanda y consumo de productos terapéuticos. Cualquier anomalía ingresa en una lógica de estímulo e intensificación del espacio mercantil neoliberal. Se hace difícil, por lo tanto, identificar las zonas de resistencia a esta nueva modalidad des-regulada y des-estatizada del poder psiquiátrico.

La producción de una subjetividad ligada estrechamente al consumo puede hacer pensar en la precariedad como un efecto residual de esta lógica. Si el individuo no tiene la solvencia mínima que le permita participar del sistema de oferta y demanda de productos psicológicos, se podría convertir en una realidad deficitaria que no tiene posibilidad alguna de generar rentabilidad. Sin embargo, la aparente exterioridad del "consumidor defectuoso" tiende cada vez más a disolverse, en el contexto de la creciente neoliberalización de las sociedades contemporáneas. El imperativo de ser empresario de uno mismo se combina perfectamente con una exposición intensiva a la incertidumbre, de tal manera que la autogestión puede convertirse en el correlato ineludible de la pobreza, la carencia y la falta de dignidad en la propia vida.

Quizás esta última escena que he descrito tampoco sea un punto de llegada y constituya simplemente un lugar en que interrumpir el análisis. Pero eso ya es otro asunto, nuestra esperanza secreta.

Referências

BONNAFÉ, Lucien. De la doctrine post-esquirolienne. II Exemples apliques. *L'Information Psychiatrique*, v. I, n. 5, mai, 1960.

CASTEL, Robert. *L'ordre psychiatrique. L'âge d'or de l'aliénisme*. Paris: Minuit, 1976.

CASTEL, Robert. *La gestión de los riesgos: de la anti-psiquiatría al post-análisis*. Barcelona: Anagrama, 1984.

CASTEL, Robert; CASTEL, Françoise; LOWELL, Anne. *La sociedad psiquiátrica avanzada: el modelo norteamericano*. Barcelona: Anagrama, 1980.

FOUCAULT, Michel. *Histoire de la folie à l'âge classique*. Paris: Gallimard, 1972.

FOUCAULT, Michel. Foucault. In: FOUCAULT, Michel. *Dits et écrits, IV*. Paris: Gallimard, 1994.

FOUCAULT, Michel. *Le pouvoir psychiatrique. Cours au Collège de France, 1973-1974*. Paris: Seuil; Gallimard, 2003.

FOUCAULT, Michel. *Seguridad, territorio, población*. Curso en el Collège de France, 1977-1978. Buenos Aires: Fondo de Cultura Económica, 2006.

FOUCAULT, Michel. *Nacimiento de la biopolítica*. Curso en el Collège de France, 1978-1979. Buenos Aires: Fondo de Cultura Económica, 2007.

FOUCAULT, Michel. Storia della follia e antipsichiatria. *Rivista Aut Aut*, n. 351, 2011. p. 91-107.

FOUCAULT, Michel. Considerations on Marxism, Phenomenology and Power. Interview with Michel Foucault. *Foucault Studies*, n. 14, September 2012, p. 98-114.

LAGRANGE, Jacques. Situación del curso. In: FOUCAULT, Michel. *Le pouvoir psychiatrique. Cours au Collège de France, 1973-1974*. Paris: Seuil/Gallimard, 2003.

LAING, Ronald. *La politique de l'expérience*. Paris: Stock, 1969.

ROSE, Nikolas. *Inventing Ourselves. Psychology, Power and Personhood*. New York: Cambridge University, 1996.

ROSE, Nikolas. El gobierno en las democracias liberales "avanzadas": del liberalismo al neoliberalismo. *Archipiélago. Cuadernos de crítica de la cultura*, n. 29, 1997.

ROSE, Nikolas. ROSE, Nikolas. *Governing the Soul. The Shaping of the Private Self*. London: Free Books, 1999.

ROSE, Nikolas. ROSE, Nikolas. Terapia y poder: Techné y ethos. *Archipiélago. Cuadernos de crítica de la cultura*, n. 76, 2007.

VÁZQUEZ, Francisco. *Variaciones sobre el yo expresivo en la modernidad tardía*. Donostia: Tercera Prensa, 2002.

Capítulo 5
Loucura, dor e sofrimento

Sergio Adorno

Este ensaio trata justamente de pensar o lugar – se é que ele existe – da dor e do sofrimento em alguns textos de Foucault, em particular em *História da loucura* ([1961] 2010). Não se trata de um trabalho exaustivo, fruto de uma compulsão de textos, de uma tentativa (sempre perigosa em Foucault) de percorrer a exegese de seus escritos. Abordei inicialmente o tema anos atrás (ADORNO, 2000). Àquela época, fiquei convencido de que tal objeto mereceria uma incursão mais detida em outros territórios da obra de Foucault, em especial aqueles nos quais a construção de subjetividades assujeitadas se colocava com toda sua força e evidências históricas. Este pequeno ensaio é mais uma tentativa de dar prosseguimento à reflexão embora seja inevitável reconhecer seu caráter mais especulativo do que densamente reflexivo.

Em verdade, esta preocupação partiu de um desconforto pessoal. Certa vez, participando de um seminário sobre direitos humanos, fiz menção ao esquartejamento de Damiens, minuciosamente descrito nas páginas introdutórias de *Vigiar e punir* (1977a) como ilustração de sociedades nas quais a violência não conhece interditos. Durante o debate, houve mesmo quem sugerisse que a descrição era de mau gosto, parecia que Foucault se insensibilizara completamente com os oprimidos, que tinha, para com o sofrimento e a dor – e, nesse caso, dor e sofrimento lidos como tortura física que leva à morte – certa complacência, certo sorriso tolerante como se isso fosse a ordem dos acontecimentos, o curso histórico inevitável de uma sociedade desigual, hierarquizada, fundada nos privilégios e na apropriação do poder como forma exclusiva de dominação de uma classe sobre a outra.

É pouco provável que os escritos de Foucault ofereçam caução a comentários dessa ordem. De fato, o que parece estar concentrando a atenção de Foucault, naquela descrição não são a dor e o sofrimento do supliciado. Não se tratava, evidentemente, de adotar uma postura "humanista" diante de tanta brutalidade "incivilizatória". Não se cuidava de condenar a tortura e o sofrimento, nos termos que nossas sociedades modernas se habituaram a fazê-lo. Não havia, naquelas sociedades tradicionais que condenam o corpo dos condenados ao banimento do mundo dos vivos, nenhum pudor em relatar suas atrocidades. A dor e o sofrimento não escondiam suas caras, ao contrário do que se passa em nossa sociedade contemporânea, que dissimula sua vergonha. Se Foucault não cuidou de julgar a dor e o sofrimento, na sociedade onde Damiens foi esquartejado, não foi por insensibilidade ou pudor, todavia pelo "cuidado com a verdade" (GROS, 2002).

Pelas mesmas razões, Foucault não parece ter dirigido, ao menos nesse domínio, suas inquietações intelectuais para discussões conceituais ou para o seu eventual diálogo com os "legionários intelectuais" da dor e do sofrimento. Qual a eventual relação dos escritos de Foucault com os escritos de H. Arendt, Primo Levi, Benjamin, Adorno e Horkheimer e tantos outros que se debruçaram sobre os horrores do holocausto? Nunca é demais lembrar que, em *Vigiar e punir* (1977a), Foucault afirma que o campo de concentração nazi é a forma mais acabada do funcionamento contemporâneo das disciplinas. Certamente questões dessa ordem e natureza não lhe são descabidas ou irrelevantes. Foucault, contemporâneo de todos eles, soube bem "apropriar-se", à sua moda, das questões que compunham sua contemporaneidade, inclusive o inventário da guerra, com seus mortos e suas histórias sem fim. Não sem razão, o tema do racismo, objeto de um de seus mais notáveis cursos (FOUCAULT, 1999), foi certamente inspirado no auge das discussões sobre a guerra e suas motivações raciais.

Esta breve e sumária reflexão está organizada em três sessões. Na primeira, procura-se identificar algumas passagens – a maior parte delas já bastante conhecidas do leitor familiarizado com a obra desse pensador – nas quais Foucault insinua dor e sofrimento como efeitos de discurso ou de práticas institucionais. Esta primeira parte sugere questão inquietante: considerando as démarches epistemológicas e teóricas promovidas pelo pensamento foucaultiano, é possível falar em dor e sofrimento anônimos? Em dor e sofrimento sem a menção ao sujeito? Não se tem respostas claras para essa instigante questão, talvez apenas algumas pistas para amenizar essa sorte de dor/inquietação. A segunda parte volta-se para a dor e sofrimento do louco e de sua loucura. Por fim, cuida-se, na terceira e última sessão, de apresentar, sob a forma de conclusão, uma hipótese: é impossível dissociar, em Foucault, dor e sofrimento de opressão e das diferentes formas de assujeitamento a que nossa subjetividade contemporânea tem sido capturada?

Dor e sofrimento, discurso e instituição

Em célebre passagem d' *A vontade de saber*, volume I, da *História da sexualidade*, referindo-se aos propósitos dessa obra, Foucault afirma:

> Trata-se, em suma, de interrogar o caso de uma sociedade que desde há mais de um século se fustiga ruidosamente por sua hipocrisia, fala prolixamente, de seu próprio silêncio, obstina-se em detalhar o que não diz, denuncia os poderes que exerce e promete liberar-se das leis que a fazem funcionar. Gostaria de passar em revista não somente esses discursos, mais ainda a vontade que os conduz e a intenção estratégica que os sustenta. A questão que gostaria de colocar não é por que dizemos com tanta paixão, tanto rancor contra nosso passado mais próximo, contra nosso presente e contra nós mesmos, que somos reprimidos? Através de que hipérbole conseguimos chegar a afirmar que o sexo é negado, a mostrar ostensivamente que o escondemos, a dizer que o calamos – e isso formulando-o através de palavras explícitas, procurando mostrá-lo em sua realidade mais crua, afirmando-o da positividade de seu poder e de seus efeitos? (FOUCAULT, 1977b, p. 14)

Afinal, que sociedade é essa que se fustiga, há longo tempo, por sua dor e por seu sofrimento? De que sofrimento e dor se trata? Foucault não teria expulsado a dor e o sofrimento de suas análises, embora lhes tinha atribuído um estatuto muito peculiar. O extrato de texto acima transcrito remete, em certa medida, ao discurso psicanalítico. A sociedade moderna estaria no divã foucaultiano, num jogo entre consciente e inconsciente: de um lado, se diz vítima de um sexo reprimido; de outro, fala de seu sexo com tamanha liberalidade que mal parece reprimida. Disso resultaria o sofrimento e a dor: do conflito entre a exterioridade das formas de vida social e da interioridade da existência subjetiva.

Pois a sociedade moderna é justamente aquela que coloca o sexo em discurso, que constitui em torno dele uma rede infindável de discursos, práticas e instituições (de diversas natureza, origem e alcance) e que deixa entrever uma forma singular de subjetividade, o sujeito do desejo, cuja dor é potencializada pelo detalhamento com que é incitado a escancarar sua sexualidade.[1]

---

[1] A relação de Foucault com a psicanálise e o lugar e estatuto desta disciplina na arquitetura da obra foucaultiana – e sobretudo o diálogo do filósofo com seus titãs: Freud e Lacan – compreendem um conjunto de questões hoje razoavelmente tratado pela literatura especializada e por inúmeros comentaristas. Conforme afirma Maurice Blanchot (1986), "Foucault, la psychanalyse ne l'a jamais passionné". Não obstante, Miller (1989) sublinha que a psicanálise atravessa o coração de um dos temas que mais seduziram Foucault: o tema da sexualidade. Ver ainda Derrida (1992).

Bem, estamos, portanto, diante de um problema teórico delicadíssimo. É possível falar de um sujeito desejante, sem dor ou sofrimento? Seguramente, a psicanálise buscou responder de diversos modos a esta questão. Não é propósito deste pequeno ensaio repertoriar tais respostas, seus impasses e seus alcances. Cuida-se, no entanto, de inverter a questão. É possível falar de dor e sofrimento sem um sujeito que os suporte? É possível falar em sofrimento anônimo e em dor independentemente do sujeito que a expressa e a torna significativa no interior de um universo simbólico?

A crítica da tradição kantiana do sujeito do conhecimento foi um grande divisor de águas entre Foucault e os filósofos que lhe foram contemporâneos. Embora resumidamente, tratei desta questão em dois ensaios anteriores (Adorno, 2000; Adorno, 2012). Não é o caso de retomar os argumentos já explorados; todavia, convém lembrar que, em *Les mots et les choses* (Foucault, 1966), Foucault pretendeu perturbar o sólido edifício intelectual e de saber constituído desde mais um século às voltas dos axiomas e princípios kantianos do conhecimento, em especial a centralidade da razão em sua arquitetura argumentativa e o lugar do homem – esse ser universal – como sede desse atributo "natural". Foucault denunciou a circularidade desse sujeito que atravessava a si mesmo, como a um deus apocalíptico: tudo nasce no homem, tudo passa pelo homem, tudo remete ao homem. Qual seria então o papel da crítica e de seus interlocutores – filósofos, historiadores, sociólogos –, esses arautos da verdade? Fazer o homem encontrar-se com o próprio homem, fazer com que a essência obscurecia pela ignorância pudesse ser dissipada pelo próprio homem em seu afã racional de voltar-se reflexivamente sobre si.

Em *As palavras e as coisas* há, portanto, a mais contundente expressão de dor e sofrimento: o do sujeito na sua eterna busca infindável da verdade, na sua eterna perquirição para dissipar a aparência e imergir na essência de seu ser, na sua eterna epopeia por vencer o conhecimento de si, dominar a si e libertar finalmente o destino trágico do qual parecia jamais desvencilhar-se (Adorno, 2000, p. 26). Nessa obra e nas que se seguiram, Foucault teria cogitado libertar o homem de seu eterno sofrimento a que se havia condenado, talvez por seu pecado original, o de ser homem humano. Mais do que isso, estava colocando em causa uma leitura convencional e habitual da subjetividade humana, consolidada anos a fio de história evolutiva do pensamento filosófico. Mais propriamente, para além da crítica ao primado do sujeito transcendental, cuidou de examinar as operações de construção de subjetividades tuteladas e assujeitadas no interior de um campo de forças e de saberes. Por isso, faz sentido tentar deslocar a discussão do campo do sujeito para o campo da subjetividade. É ela que me introduz a possibilidade de pensar algo como um sofrimento anônimo ou uma dor "sem sujeito".[2] Se tudo isso é plausível, o que se diria então das agruras do espaço asilar, focalizados em *História da loucura*?

As agruras do espaço asilar: da loucura livre à terapêutica científica

Como se sabe, *História da loucura* ([1961] 2010) focaliza a domesticação da loucura pela razão – sob sua forma mais insidiosa, a ciência médica, mais propriamente psiquiátrica – tanto quanto a constituição de uma subjetividade que faz do louco um doente mental. Nessa obra, Foucault detém-se (talvez mais do que nenhuma outra) nas condições históricas concretas pelas quais, desde o Renascimento se constituíram simultaneamente os discursos e as práticas institucionais que convergiram para a integração, em nossa Era Moderna, da loucura à ordem da razão e para a patologização do louco. Nessa medida, não é uma história da psiquiatria, em sua versão ufanista ou heroica, como frequentemente é narrada nas escolas de formação médica. É uma história de como distintos saberes, procedentes das mais distintas origens e matrizes, inclusive os saberes médicos, fixam lugares de reclusão, técnicas de enclausuramento (FARGE, 1992) e modos de narrar o triunfo da razão sobre a natureza.

Dor e sofrimento não parecem se manifestar na *Nau dos loucos*, esse artifício literário e estético através do qual, no Renascimento (porém não apenas nessa época) principiaram as inquietações (uma forma proto-histórica de problematização) em torno da emergência do louco no cenário social e da loucura no horizonte da razão e da verdade. Os loucos vagavam "sãos" pelas ruas e cidades, nus pela imaginação social. Nada havia que lhes conferisse uma unidade, uma sorte de padrão ou características externas definidas. Sua essência e natureza restavam secretas e mesmo indecifráveis, como sugerem as pinturas de Bosch e Brueghel, por exemplo. Nelas estão inscritas a loucura como experiência trágica. Em contrapartida, nos escritos de Erasmo

---

[2] No ensaio mencionado (ADORNO, 2000), tratei de outros exemplos nos quais a questão da dor e do sofrimento comparecem à obra de Foucault: o esquartejamento de Damiens, a análise do panoptismo, o confisco dos ilegalismos populares, a interdição às "classes populares" do direito de cantar livremente seus feitos heroicos inclusive seus ilegalismos sobre o poder dos poderosos. A estes se poderia agregar o sofrimento de Herculine Barbin, as memórias de Pierre Rivière, a vida dos homens infames e até mesmo as práticas ascéticas do cuidado de si.

ou Montaigne emerge outra faceta, a da loucura como experiência crítica. Sob essa perspectiva, as inquietações não gravitam em torno do mundo secreto da loucura, de sua profundidade inacessível. Com a experiência crítica, se dá outra inscrição da loucura no território do saber: a loucura está situada no território do erro, da ignorância, da transgressão, da injustiça. O louco é o que se deixa enganar e iludir ao tomar o erro por verdade. Mas, essa dualidade que alia ao confinamento geográfico, representado pela nau e seus movimentos, uma sensibilidade social terá duração curta.

Na longa noite que se instaura com o enclausuramento dos loucos tem início o progressivo privilégio do julgamento crítico sobre a experiência trágica, da domesticação da loucura pela razão. A loucura se insinua pelos labirintos da moral e dos saberes racionais. Simultaneamente à configuração dessa sensibilidade social que confere novo estatuto à loucura, outra configuração – na ordem do conhecimento – está igualmente presente. Trata-se da elaboração teórica da loucura, produzida pela medicina classificatória que transforma a loucura como parte do quadro geral de doenças, todavia divorciada da observação empírica dos loucos e das supostas virtudes terapêuticas do confinamento no espaço asilar, como viria a ocorrer mais à frente. Seu marco institucional é a criação do Hospital Geral, em 1656, por obra de Louis XIV, cujas razões econômicas e sociais foram largamente exploradas em *História da loucura* e são bastante conhecidas (como também criticadas na economia arqueológica do método foucaultiano). Basta, contudo, reter os efeitos políticos do grande enclausuramento: para além de sua utilidade econômica em épocas de retração ou abundância de oferta de mão de obra, o que parece estar no centro da reflexão foucaultiana são seus efeitos positivos, a constituição de uma nova ética do trabalho através da qual se produz uma nova partilha entre ordem e desordem, entre a pobreza vista como celeiro de virtude moral e a loucura que se apresenta como estrangeira aos olhos da razão.

Hoje, pode-se dizer que no grande enclausuramento pós-Renascimento, na Era Clássica, já estavam se constituindo os elementos daquilo que, mais tarde, Foucault viria nomear biopoder (FOUCAULT, 2004), uma política de controle das populações em torno de suas virtualidades e de seus perigos. A despeito de sua análise sugerir as mutações demográficas que operam nas populações e nas percepções sociais, Foucault insiste em descrever a mecânica dessa política de controle das populações: a indiferenciação entre doentes venéreos, os doentes do espírito (cujos sintomas residem na blasfêmia, no suicídio, na feitiçaria ou na alquimia), os libertinos (esses doentes que não subordinam seus desejos inconfessáveis do coração à razão, como em *Don Giovanni*) e os loucos. Por isso, o hospital geral não pode ser tomado como a origem remota do hospital terapêutico – pois não há aqui nenhuma inclinação às práticas futuras de individualização da dor e do sofrimento sobre as quais futuramente a loucura será patologizada como doença mental. O louco não é percebido em sua individualidade – nas singularidades de sua dor e do seu sofrimento que ensejam terapêuticas próprias e individualizadas, porém como parte de uma massa indistinta de toda sorte de desgarrados da ética virtuosa do trabalho e da disciplina social.

Daí por que no hospital geral se colocaram, desde sua criação, dois obstáculos. Primeiramente, como isolar essa sorte de doentes que, ao contrário dos demais, se apresenta como a expressão mais radicalizada, porque impenetrável, da desrazão?[3] Entre todos os enclausurados – sodomitas, libertinos, alquimistas, feiticeiros –, o louco é justamente aquele que enseja maior curiosidade e desafio: sua dor é impenetrável, pois que se apresenta como destituída de qualquer razão. Em segundo lugar, o outro obstáculo diz respeito à ordem do conhecimento científico. Trata-se dos limites ditados pelo saber médico, pela medicina taxinômica incapaz de estabelecer nexos e comunicações entre a classificação nosográfica da doença e a observação do louco. Por isso, não se estabeleceram igualmente comunicações entre as práticas hospitalares e o tratamento terapêutico. Na internação, o que estava em causa era o louco, seus delírios, suas agitações. Na medicina classificatória, o foco se dirige para a loucura como parte do quadro geral de doenças, conhecimento que jamais se apoia na observação do comportamento e da conduta dos loucos. Não sem razão, diz Foucault: "O século XVIII percebe o louco, mas deduz a loucura" (FOUCAULT, 2010, p. 203).

Nesse domínio, Foucault ainda descreve os três grandes obstáculos à assimilação do conhecimento da loucura à clínica médica: o trânsito da desordem moral para os sintomas de ordem física que localizam a dor e o sofrimento no corpo e na mente; a existência de figuras conceituais que encerram o pensamento nosográfico, como o delírio febril, a demência, a mania e a monomania; o surgimento, nos fins do século XVII, da teoria dos "vapores" ou das doenças dos nervos (não dependem de uma afecção local, física, nos órgãos, contudo de afecções mais gerais do sistema nervoso). O que importa ressaltar nesse processo: dor

---

[3] Conforme aponta Tardits, a noção de desrazão comporta, nesta obra, uma utilização singular. "Ainsi, Foucault use-t-il abondamment di terme 'déraison' hors usage dans la langue de l´âge classique. Il en use moins pour nommer et fixer un objet, devenu perceptible parce que localisé, que pour faire chanter et scintiller les significations de ce mot" (TARDITS, 1992, p. 37).

e sofrimento físico e mental já são percebidos, na ordem médica, como desafios a serem explicados; sua natureza precisa ser conhecida e dominada e em decorrência sua terapêutica desenvolvida. No entanto, não se está ainda em condições de libertar o louco de sua loucura, de extrair-lhe as razões patológicas de seu sofrimento. Não se está no final dessa longa história, porém em seus começos.

Repentinamente, na segunda metade do século XVIII, de forma abrupta e inesperada, uma série de deslocamentos na ordem dos saberes introduz nova consciência histórica da loucura. A loucura deixa de habitar o território da desrazão. Estabelecem-se novos nexos e negociações, agora entre loucura, o mundo e a natureza. A loucura passa a ser percebida como afastamento progressivo da natureza. O que é próprio da natureza do homem? Sua harmonia com a natureza física e social que lhe é circundante. A loucura deixa de ser considerada por referência exclusiva à razão, contudo relacionada à sociedade (e a seus efeitos) significa progressiva perda da natureza. A doença mental converte-se em alienação. Trata-se de deslocamentos que, uma vez mais, produzem efeitos tanto na sensibilidade social quanto no plano do conhecimento.

Tais deslocamentos levam a identificar singularidades no louco. A individualização da loucura requer, por sua vez, espaços asilares para confinamento e tratamento da loucura. Nesse domínio Foucault, uma vez mais se inclina a identificar as razões, externas e internas ao espaço asilar, que explicam esses deslocamentos e mudanças. Externamente essas razões estão remetidas às transformações da economia capitalista e à natureza do Estado moderno. Localiza-as não somente na esfera do mercado, mas sobretudo na esfera da assistência pública à pobreza e das novas funções atribuídas à polícia e aos tribunais de justiça, mais tarde detalhadas em *Vigiar e punir* e que conduzem a psicologização do desviante (introdução do conhecimento do indivíduo, seu passado, suas motivações, sua consciência). Internamente, localiza-as nas inconformidades, protestos e resistências dos aristocratas e burgueses em associar seus criminosos aos loucos. Esse é o momento que prepara a revolução psiquiátrica que ocorrerá no século XIX.

É esse movimento que força atravessar fronteiras, isto é, fazer da loucura objeto próprio de conhecimento científico. Ele foi possível a partir incorporação do espaço asilar ao saber médico. Nessas novas configurações de saberes e poderes, o espaço asilar se transformou em espaço de vigilância minuciosa, de interrogação por parte de um olhar que se apresenta como neutro e objetivo, porém profundamente interessado no domínio, o mais radical que possível, da loucura pela razão.

É também este movimento que coincidiu com o nascimento da reflexão antropológica sobre o homem, inclusive sua loucura e sua verdade, sua interioridade e sua dor. A loucura passa a se inscrever em um corpo, em um corpo doente que encontra na sua dor e sofrimento tanto sua própria culpa (razão de ser) quanto sua punição, vale dizer seu tratamento, sua cura, sua terapêutica. A história do "progresso" da psiquiatria no século XIX é a história da sucessão de experimentos que, em nome de libertar a loucura de suas indeterminações, dissocia dor e sofrimento do sujeito doente. Faz da cura um experimento doloroso, porém universal, independente de quem sofre.

Sujeitos da dor e do sofrimento

Em suma, é possível, no interior do pensamento foucaultiano, liberar sofrimento e a dor do sujeito/autor, seja na condição daquele sujeito que sofre (como o sujeito do desejo), seja na condição do sujeito que faz sofrer (como o esquartejador de Damien). Assim como o sacrifício, atributo da escrita moderna (ADORNO, 2012), a dor e o sofrimento constituem formas de subjetividade que, em nossa contemporaneidade, parecem estar associadas, entre outras coisas, a essa forma de sociedade – a nossa – que "se fustiga ruidosamente por sua hipocrisia, que promete denunciar e liberar-se dos poderes e das leis que a fazem funcionar" (FOUCAULT, 1977b, p. 14). Dor e sofrimento constituem portanto, formas de subjetividade do sujeito do desejo, assim como do louco no espaço asilar, dos perseguidos políticos nos ainda existentes campos de concentração, dos presos nas prisões, das mulheres em seu confinamento doméstico, das crianças e adolescentes com problemas de "desvio de conduta" nos reformatórios e institutos de reparação de comportamentos.

Ao que tudo indica, o modo como Foucault adentrou a questão da dor e do sofrimento constitui, sem dúvida, um de seus mais renhidos enfrentamentos com a psicanálise. Não se trata de negar a dor e o sofrimento; não se nega a existência de indivíduos que sofrem e manifestam dor, nas mais distintas situações da vida moderna e contemporânea. A novidade de Foucault está justamente em haver dissociado esses termos: autor/sofrimento e sujeito/dor. Ao fazê-lo, retirou a dor e o sofrimento da interioridade do homem, esse sujeito universal que compulsa permanentemente a experiência exterior e a vivência interior. Foucault parece colocar-se em dúvida diante desse sujeito que originalmente é portador de um sofrimento e de uma dor autóctones, alojadas desde sempre no "ser do próprio ser". Em Foucault, tudo indica que dor e sofrimento são práticas discursivas e não discursivas que remetem a relações determinadas, em uma cultura, entre "campos de saber, tipos de normatividade e formas de subjetividade" (FOUCAULT, 1984a, v. II, p. 10).

Em um dos capítulos que compõem a coletânea *Microfísica do poder* (1979), ele sugere que a sociedade moderna deslocou o problema da dominação em direção ao problema da sujeição.[4] Para ele, o problema da dominação remete ao clássico problema da dominação de classe, ao eixo ordem/obediência, às hierarquias onde uns comandam, e outros são comandados. Já o problema da sujeição remete à problemática da constituição de subjetividades assujeitadas. Não se trata de negar a existência daqueles que comandam e daqueles que obedecem, mas de situar essa configuração no contexto do regime de poder e verdade que faz com que todos estejam atravessados por uma rede infindável, onipresente de poder e de relações de força.

Sob essa perspectiva, o problema de Foucault é menos o problema "abstrato" da ameaça de punição, da repressão, da restrição de direitos, porém as formas infinitesimais pelas quais os indivíduos estão cotidianamente oprimidos nos mais distintos espaços de sua existência social: desde os grandes aparelhos de fabricação da dor e do sofrimento, como a fábrica, o escritório, o hospital, a prisão, a escola – com suas maquinarias próprias e incessantes – mas, também e sobretudo, os pequenos e quase anônimos espaços também de fabricação da dor e o sofrimento: as sutis opressões do assédio sexual, do preconceito étnico e sexual, da ausência de qualidade de vida, do medo e insegurança das ruas, do futuro de nossas crianças e adolescentes, do destino dos velhos, do contato do cidadão com o poder e os poderosos, da permanência de violações de direitos humanos, em especial o mais importante deles: o direito à vida. Parece-me que, em Foucault, sofrimento e dor aparecem também sob a forma de opressão e sujeição, menos como sofrimento psíquico, físico ou moral.

Referências

ADORNO, Sérgio. Dor e sofrimento, presenças ou ausências na obra de Foucault? *Cadernos da FFC*, Marília: Faculdade de Filosofia e Ciências, UNESP, v. 9, n. 1, 2000, p. 11-33.

ADORNO, Sérgio. O autor nos escritos de Foucault: entre o discurso e a morte. *Jornal de psicanálise*, São Paulo, v. 45, n. 82, 2012, p. 113-128.

BLANCHOT, Maurice. *Michel Foucault tel que j'imagine*. Montpellier: Fata Morgana, 1986.

---

[4] Ver, a respeito, *Microfísica do poder* (1979), capítulo XII, Soberania e disciplina, p. 179-191.

DERRIDA, Jacques. Être juste avec Freud. L'histoire de la folie et l'âge de la psychanalyse. In: *Penser la folie*. Essais sur Michel Foucault. Paris: Galilée, 1992. p. 141-195.

FARGE, A. Michel Foucault et les archives de l'exclusion. In: *Penser la folie*. Essais sur Michel Foucault. Paris: Galilée, 1992. p. 65-78.

FOUCAULT, Michel. *Em defesa da sociedade*. Curso no Collège de France (1975-1976). São Paulo: Martins Fontes, 1999.

FOUCAULT, Michel. *História da loucura: na Idade Clássica*. São Paulo: Perspectiva, 2010.

FOUCAULT, Michel. *História da sexualidade, I. A vontade de saber*. Rio de Janeiro: Graal, 1977b.

FOUCAULT, Michel. *Les mots et les choses*. Paris: Gallimard, 1966.

FOUCAULT, Michel. *Microfísica do poder*. Rio de Janeiro: Graal, 1979.

FOUCAULT, Michel. *Sécurité, territoire, population*. Cours au Collège de France, 1977-1978. Paris: Gallimard; Seuil, 2004.

FOUCAULT, Michel. *Vigiar e punir*. Petrópolis: Vozes, 1977a.

MILLER, James. Michel Foucault et la psychanalyse. In: *Michel Foucault philosophe*. Reencontre Internationale. Paris, 9, 10, 11 janvier 1988. Paris: Seuil, 1989.

TARDITS, A. Partage, séparation, aliénation. In: GIARD, L. *Michel Foucault*. Lire l'oeuvre. Grenoble: Jérôme Million, 2012. p. 35-40.

Capítulo 6

Quebrar o olho, furar o ovo, fazer o corte: a *História da loucura na Idade Clássica* como a história de um silêncio e de uma obscenidade

Durval Muniz de Albuquerque Júnior

> *Nasci de um pai sifilítico (tabético). Ficou cego (já o era ao me conceber) e, quando eu tinha uns dois ou três anos, a mesma doença o tornou paralítico. Em menino, adorava aquele pai. Ora, a paralisia e a cegueira tinham, entre outras, estas consequências: ele não podia, como nós, urinar no banheiro; urinava em sua poltrona, tinha um recipiente para esse fim. Mijava na minha frente, debaixo de um cobertor que ele, sendo cego, não conseguia arrumar. O mais constrangedor, aliás, era o modo como me olhava. Não vendo nada, sua pupila, numa noite, perdia-se no alto, sob a pálpebra: esse movimento acontecia geralmente no momento de urinar. Ele tinha uns olhos grandes, muito abertos, num rosto magro, em forma de bico de águia. Normalmente quando urinava, seus olhos ficavam quase brancos; ganhavam então uma expressão fugidia; tinham por único objeto um mundo que só ele podia ver e cuja visão provocava um riso ausente. Assim, é a imagem desses olhos brancos que eu associo à dos ovos; quando no decorrer da narrativa, falo do olho ou dos ovos, a urina geralmente aparece.*
>
> *[...]*
>
> *Uma noite, minha mãe e eu fomos acordados por um discurso que o doente produzia aos urros, no seu quarto: tinha enlouquecido de repente. O médico, chamado por mim, veio imediatamente. Em sua eloquência, meu pai imaginava os acontecimentos mais felizes. Tendo o médico se retirado com minha mãe para o quarto ao lado, o demente berrou com uma voz retumbante:*
> *– Doutor, avise quando acabar de foder a minha mulher!*
> *Ele ria. Essa frase arruinando os efeitos de uma educação severa, provocou-me, numa terrível hilaridade, a constante obrigação, acatada de forma inconsciente, de encontrar seus equivalentes em minha vida e em meus pensamentos. Isso talvez esclareça a "história do olho"*
>
> (BATAILLE, 2003, p. 86-87).

Nessa narrativa inquietante, que faz parte do primeiro livro de Georges Bataille, publicado em 1928, vemos a loucura irromper na forma do riso e da obscenidade, precedida pela cegueira, pela paralisia e pelo despudor. Fazendo parte do último capítulo do livro, intitulado *Reminiscências*, apresenta-se como uma chave autobiográfica para o entendimento de toda a narrativa que o precede. Escrito a conselho de seu psicanalista, Adrian Borel, *História do olho*, apresenta-se como uma escrita curativa para um homem também ameaçado pela loucura, acutilado por permanentes fantasias sexuais e obsessões infantis. Ela descreve o que seria a cena primitiva, fundante de seus desejos, fantasias e alucinações. O olho branco do pai, associado aos seus testículos pendentes, no ato de urinar. Olho, ovo e urina, como apontará Roland Barthes, em texto em que comenta essa obra, são significantes que estruturam toda a narrativa, num jogo de permutas e deslizamentos, em que associações muitas vezes aberrantes, produzem novos e surpreendentes significados; produzem cenas e figuras que parecem dar origem a um mundo presidido pela insânia e pelo desatino, embora escrito num estilo marcado pelo realismo. Há na obra não apenas a presença do olho como mero objeto, arrancado, manipulado, devorado, introduzido em diversas cavidades, mas há o olho artefato de vidro, o simulacro do olho, o olho de gato, os assemelhados ao olho, o prato de leite, a arena de touros, o testículo do boi, a hóstia, o sol, a lua, e principalmente, o olho cego por onde saem nossos excrementos, objeto erótico por excelência, em toda a narrativa. Mas além dessa presença do olho, há a onipresença do olhar, tudo se vê e quer se ver, tudo e todos estão sempre se desnudando, busca-se tudo descrever, tudo deve ser retirado das sombras: os desejos, as vontades, as fantasias mais íntimas e insólitas, tudo deve vir à cena. Aquilo que é tido socialmente como obsceno, ou seja, algo que está ou deve estar fora da cena, fora da vista, longe dos olhos, é trazido para primeiro plano, expondo-se como num teatro elisabetano.

Georges Bataille foi, como sabemos, um autor de predileção de Michel Foucault, para o qual escreveu, em 1963, o texto "Prefácio à transgressão", onde comenta a presença do olho como uma constante em sua narrativa, olho que não possui mais uma ligação necessária com a verdade, com a contemplação ou com o absoluto. Olho que girando para o interior do homem o descobre como noite, como crânio vazio, como o oposto da luz que os olhos emitem. Olho que se vela e revela a finitude do ser, o momento limite do pensamento antropológico. Diz Foucault:

> Na verdade, o olho revirado em Bataille, nada significa em sua linguagem, pela única razão de que ele lhe marca o limite. Indica

> o momento em que a linguagem chegada aos seus confins irrompe fora de si mesma, explode e se contesta radicalmente no rir, nas lágrimas, nos olhos perturbados do êxtase, no horror mudo e exorbitado do sacrifício, e permanece assim no limite desse vazio, falando de si mesma em uma linguagem segunda em que a ausência de um sujeito soberano determina seu vazio essencial e fratura sem descanso a unidade do discurso (FOUCAULT, 2001, p. 43).

O último capítulo do livro de Michel Foucault, *História da loucura na Idade Clássica*, se chama "O Círculo Antropológico", onde apresenta as conclusões daquela que foi sua tese de doutoramento. Nele, a loucura, presença ameaçadora ou incontornável, na vida e na obra de Georges Bataille, também irá aparecer como esse lugar vazio onde o rosto do homem moderno não cessa de se projetar e se desvanecer. A loucura é para Foucault, assim como o erotismo para Bataille, uma das formas do limite do homem, o arrombamento, o ultrapassamento das fronteiras de um rosto traçado por e em nome da razão, lugar em que o homem como sujeito soberano revela seu vazio essencial e vê sem descanso a unidade de seu discurso fraturado. Aprisionado pelo círculo antropológico, cercado pela interrogação em torno do ser do homem, o louco, o desarrazoado, torna-se o doente mental, aquele que apenas sofre de um desvio na razão, que nele permanece, nas sombras, à espreita, pronta para ressurgir a partir das intervenções terapêuticas da psiquiatria e do manicômio. Mas, ao mesmo tempo, a descoberta da verdade do louco como doente mental não pode vencer a angústia trazida pela certeza de que se no louco é a razão que permanece adormecida, pronta a retomar as rédeas sobre o sujeito insano, no sujeito razoável, no sujeito sob o domínio da razão, a loucura não deixa de espreitar, não deixa de se fazer presente como uma ameaça constante, como um devir perigoso e incontrolável. Assim como o pai de Bataille enlouqueceu em uma dada noite, sem nenhum aviso prévio, assim como a sua mãe perdeu num dia o juízo, roída pelo remorso de ter abandonado o marido cego e paralítico, para fugir com o filho da invasão dos nazistas a sua pequena vila, Bataille e também Foucault sentiram a sombra da loucura os rondar muito de perto, sentiram sua presença ameaçadora, fazendo da escrita, da produção da obra, a forma de lidar com o seu fantasma. Talvez, por isso, quem sabe, deixando emergir reminiscências autobiográficas, Foucault escreva uma espécie de justificativa para o que acaba de escrever, dedicando os últimos parágrafos de seu livro monumental à reflexão sobre a relação entre loucura e obra, dizendo ser a loucura o espaço de seu próprio trabalho. Diz ele:

A loucura em que a obra soçobra é o espaço de nosso trabalho, é o caminho infinito para triunfar sobre ela, é nossa vocação, misto de apóstolo e de exegeta. É por isso que pouco importa saber quando se insinuou no orgulho de Nietzsche, na humildade de Van Gogh, a voz primeira da loucura. Só há loucura como instante último da obra – esta a empurra indefinidamente para seus confins; *ali onde há obra, não há loucura;* e, no entanto, a loucura é contemporânea da obra, dado que ela inaugura o tempo de sua verdade. No instante em que, juntas, nascem e se realizam a obra e a loucura, tem-se o começo do tempo em que o mundo se vê determinado por essa obra e responsável diante dela (FOUCAULT, 1978, p. 530).

Para além dessa presença ameaçadora da loucura como espaço da obra mesma, há outra proximidade entre as obras de Bataille e Foucault, que me interessa particularmente aqui, notadamente num texto que irá refletir sobre as novidades trazidas pela obra pioneira de Foucault no que tange à escrita da história. Se Bataille escreveu uma *História do olho*, Foucault pensou em colocar em seu segundo livro, *O nascimento da clínica*, publicado no mesmo ano do texto que escreveu sobre Bataille, o subtítulo: "uma arqueologia do olhar". Ora, creio que uma das grandes novidades trazidas pelo livro *História da loucura*, é justamente a realização de uma dada arqueologia do olhar sobre a loucura. O livro que se inicia pela imagem da *Nau dos loucos*, com a exploração dos quadros de Bosch e Brueghel, se encerra com a remissão às pinturas de Goya e a loucura de Van Gogh, pintor que num acesso de loucura teria cortado a própria orelha para favorecer a perspectiva em um autorretrato. Tratando de fazer história de um tema até então não explorado pelos historiadores, fazendo a história daquilo que ele mesmo denominou de um silêncio, de seres cujas vozes, ao longo do tempo, tornaram-se inaudíveis, caladas, emudecidas, desqualificadas; tendo que fazer a história daqueles que quase não deixaram testemunhos de si mesmos e de suas vidas e ações, de suas formas de pensar e sentir, que quase sempre foram ditos pelos outros, alienados, portanto, de sua própria fala, podemos dizer que a *História da loucura* é ao mesmo tempo a história da produção desse silêncio da desrazão, da loucura trágica, por parte do discurso verborrágico e dominador da razão – embora sua linguagem ainda lampeje em determinadas obras de loucura –, e a história das diversas figuras, dos diversos rostos, das diversas máscaras, das diversas cenas em que a loucura veio a se alojar e se fazer visível. Como dirá Deleuze, em *História da loucura* trata-se da análise histórica de dados regimes de dizibilidade e de visibilidade que deram contornos a diferentes figuras da experiência da loucura. Mas a prevalência do visível sobre o dizível é inequívoca nessa obra que, podemos dizer, é escrita sob o império do olhar, da presença do olho. Ela é, de certo modo, um capítulo de uma história do olhar e do olho.

Num pequeno texto, escrito na Tunísia, em 1967, intitulado, *Outros espaços*, podemos encontrar o que poderia ser uma chave para a leitura e interpretação de toda a obra de Foucault e de modo especial a sua obra publicada em 1961. Mais do que isso, ele nos ajudaria a compreender o aporte do pensamento e da prática escriturística de Foucault para a historiografia. Diz ele:

> A grande mania que obcecou o século XIX foi, como se sabe, a história: temas do desenvolvimento e da estagnação, temas da crise e do ciclo, temas da acumulação do passado, grande sobrecarga de mortos, resfriamento ameaçador do mundo. É no segundo princípio da termodinâmica que o século XIX encontrou o essencial de seus recursos mitológicos. A época atual seria de preferência a época dos espaços. Estamos na época do simultâneo, estamos na época da justaposição, do próximo e do longínquo, do lado a lado, do disperso. Estamos num momento em que o mundo se experimenta, acredito, menos como uma grande via que se desenvolveria através dos tempos do que como uma rede que religa pontos e que entrecruza sua trama. Talvez se pudesse dizer que certos conflitos ideológicos que animam as polêmicas de hoje em dia se desencadeiam entre os piedosos descendentes do tempo e os habitantes encarniçados do espaço. O estruturalismo, ou pelo menos o que se reúne sob esse nome em geral, é o esforço para estabelecer, entre elementos que podem ter sido dispersos através do tempo, um conjunto de relações que os faz aparecer como justapostos, opostos, comprometidos um com outro, em suma, o que os faz aparecer como uma espécie de configuração; na verdade, não se trata de com isso se negar o tempo; é uma certa maneira de tratar o que se chama tempo e o que se chama história (FOUCAULT, 2001, p. 411).

História da loucura realiza essa tarefa de tratar de uma nova maneira o tempo e a história, pois se inspira nesses procedimentos que Foucault diz estarem reunidos sob o nome genérico de estruturalismo. Ele procura mapear o que chama de diferentes configurações ou diferentes estruturas da experiência da loucura. Ainda não estamos diante da noção de *episteme*, mas o Renascimento, a Idade Clássica e a Modernidade já surgem como temporalidades distintas, como momentos em que a experiência da desrazão ou o que chama de experiência trágica da loucura foi dita e figurada de distintas maneiras. Noções como configuração e estrutura remetem, ao mesmo tempo, a uma espacialização da temporalidade histórica e a uma dimensão visual da historicidade e da temporalidade. As metáforas visuais espalham-se por toda a obra, os conceitos e a noções mais importantes na análise remetem ao império do visível, até porque, como defenderá mais tarde no livro *As palavras e as coisas*, a Idade Clássica se notabiliza pelo predomínio do visível sobre o invisível, nesse momento o mundo é uma grande superfície, um grande quadro onde as taxonomias dos seres vêm se alojar. A verdade ainda se mostra na epiderme do mundo. Só com a Modernidade ela se esconde sob a superfície das coisas e dos seres, ela ganha verticalidade e profundidade. Agora, o olho que apenas se comprazia em contemplar a diversidade do mundo, se obstina em procurar em suas sombras e em seus desvãos a verdade que se esconde e lhe escapa, até talvez, terminar por descobrir, como fará o olho de Bataille, que ele próprio em seu interior não passa de negror e de vazio. Ao empreender uma jornada em busca da luz, da claridade plena, o olho termina por encontrar os seus limites, a sua noite estrelada e mijada em lágrimas.

Destaca-se em toda a análise a noção de forma que reverbera a genealogia formalista dos estruturalismos. A loucura, seja como objeto, seja como sujeito, adquire distintas formas ao longo do tempo. Foucault propõe que os historiadores façam uma história das formas, da emergência das formas de objetos e de sujeitos. Os objetos e os sujeitos não estão formados fora do processo histórico que os conformou e da própria escrita da história que volta a refigurá-los. A loucura é o conjunto das suas figuras literárias, pictóricas, médicas, jurídicas, teológicas, etc. Ela não tem existência exterior as suas figurações. A história, como aprendera com Nietzsche, é o carnaval dos tempos, o desfilar de suas máscaras. Se a *História da loucura* começa por colocar em cena a figura do louco errante, o habitante dos barcos, que no texto de 1967 serão nomeados de heterotopias, ou seja, um lugar ao mesmo tempo real e imaginário, um lugar dentro e fora da ordem, começa por figurar loucos que podiam estar em todos os lugares, mas não pertenciam a lugar algum, esse ser nômade, ser do meio, que, embora ainda livre, embora ainda não enclausurado, era excluído das cidades e vagavam e viviam presos ao próprio limiar, ao próprio limbo, corporificando aquilo que Bataille chamará de experiência do limite ou experiência limite; para em seguida figurar o louco submetido à grande internação, enclausurado, acorrentado, aproximado e misturado com criminosos, vadios, trapaceiros, sodomitas, prostitutas, vagabundos, como parte da pobreza, ao mesmo tempo merecedora da caridade e da punição; e terminará por fazer aparecer o louco sozinho, individualizado pelo esvaziamento dos hospitais, objeto de um novo olhar, atento, próximo, que procurará desvendar a sua verdade mais íntima. Libertado das correntes, será definitivamente aprisionado em sua própria loucura. Se antes louco e loucura não coincidiam, eram figuras distintas, agora se justapõem, coexistem, se entrelaçam para fazer o louco ser a manifestação de sua loucura e esta a verdade do próprio louco. O louco das pinturas de Bosch, partícipe da própria insanidade geral da humanidade, difere da loucura que, mergulhada na própria natureza, possui uma dimensão cósmica. Em Goya, no entanto, o cenário se esvaziou, o louco aparece solitário, individualizado, entregue à sua própria loucura, nada mais ele comunica, e nada mais com ele se comunica. Se antes o olhar lançado sobre a loucura era, ao mesmo tempo, um olhar lançado sobre o mundo, sobre o próprio sentido da vida humana e sobre si mesmo, o olhar moderno é um olhar que objetiva o louco, que o distancia. Ele é pretensamente um olhar seguro de si, que isola o louco e a loucura que ele é daquele que o observa, que está do outro lado, o lado da razão, dos demais seres do mundo, da própria vida social. Individualizado como objeto nosográfico cabe agora apenas interrogá-lo, fazê-lo saber-se culpado de sua própria loucura e induzi-lo e responsabilizá-lo por sua própria cura apresentada como possível. Loucura e razão já não mais jogam, outra metáfora que diz muito da forma como Foucault pensa a história, um jogo de possível reversibilidade e coexistência, mas de distanciamento e recusa, exclusão e invisibilização.

Quando digo que, assim como a literatura de Bataille, a historiografia de Foucault é da ordem do obsceno, quero dizer que o filósofo e historiador francês, assim como o escritor, trata de expor aos olhos, trata de trazer à cena, de fazer visível aquilo que antes não se devia mostrar, que antes estivera escondido, aquilo que nomeia de *a priori* da experiência, as estruturas que regulariam muitas vezes de maneira inconsciente nossas ações e nossos discursos, nossas formas de ver e dizer dados sujeitos ou objetos. História obscena por desnudar essa região de sombras onde se alojam camadas de saber e as relações de poder que conformam e configuram a nossa própria experiência do presente. Escrever a história, coerente com a sua visão espacializante do tempo, requer a escavação das camadas de discursos, de imagens e de práticas que em seu jogo muitas vezes aleatório produziu as formas do passado e do presente. É isso que nomeou de uma arqueologia do saber. Inventariar as diferentes formações culturais, os distintos estratos de sentido que constituem a experiência histórica da qual somos herdeiros. Usando termos de conotação espacial e visual como deslocamentos, deslizamentos, inversões, acoplamentos, disjunções, viradas, rupturas, fazer da historiografia uma analítica dos blocos, estratos, figuras que cristalizaram, deram sentido e estabilizaram através de dadas formações discursivas, de determinadas configurações práticas, determinados diagramas de forças, determinadas relações, o conjunto dos elementos humanos e inumanos que entraram em conexão, que formaram a trama, o fio, as séries que vieram constituir o que ele mesmo nomeia de espaço puro da nossa experiência da loucura. A temporalidade e a história seriam dadas pelos movimentos de aproximação, justaposição, separação, dissociação, articulação, coexistência de elementos dispersos, de figuras, de cenas, de imagens e lugares, que ao se arrumarem ou se rearrumarem em dado contexto dariam forma a uma figura de conjunto, o que nomearia de configuração. Descrever configurações e os movimentos de ruptura entre elas seria a tarefa dos historiadores, mapeando as forças que lhes dão sustentação e movimento, os afrontamentos, alianças, contradições, os comprometimentos, os disfarces, emergências, invenções e afloramentos que as constituem, enformam e deformam.

A historiografia com Foucault adquire uma dimensão teatral. Trata-se da construção de cenas e, ao mesmo tempo, da exploração dos bastidores, das ações e das enunciações que fizeram possível, se constituíram em condições de possibilidade de uma dada aparição e de uma dada aparência. Como no campo do fotográfico, as figuras da loucura são interrogadas na relação entre o negativo e positivo. A loucura não se define por si mesma, não possui uma espessura própria. Ainda no século XVIII, ela se define apenas pelo negativo, por ser o outro da razão. Ela é a não razão, mantendo, assim, o seu mistério essencial. Aparecendo em dado momento como mais uma flor no jardim das espécies, em outro como delírio transcendente, a loucura se desdobra na Modernidade em múltiplas figuras; uma nova divisão permite, ao mesmo tempo, individualizá-la e domesticá-la, embora, ao se desdobrar, possa se tornar mais inquietante, convocando o olhar atento e vigilante do médico e a constituição de um espaço próprio para sua observação e controle.

No capítulo que Bataille nomeia especificamente de "Olho", ele vai falar do horror que esse órgão inspira a todos os homens civilizados. Embora seja o que de mais atraente possa haver no rosto de um homem ou de uma mulher, o olho quase sempre é rejeitado quando se trata da alimentação. Ele seria apenas uma guloseima canibal. Nesse passo vai aproximar esse horror ao olho ao que seria o horror, a aversão acompanhada de fascínio que sentimos pelo corte. Refere-se, então, ao primeiro filme de Luis Buñuel, feito em parceria com Salvador Dali, *Um cão andaluz*. Em uma das cenas mais impactantes uma lâmina corta a sangue frio o fascinante olho de uma mulher jovem e bela e torna-se o objeto de admiração insana de um rapaz que, observando um gatinho deitado e tendo por acaso uma colher de café na mão, tem um desejo súbito de apanhar o olho dela. Creio que essa cena, ou a cena em que o touro arranca o olho do toureiro, vazando-o com seu chifre como lâmina pontiaguda, no mesmo momento em que Simone quer alojar um testículo de boi no interior de suas carnes, podem nos servir para pensar que o livro *História da loucura,* escrito dois anos antes do texto sobre Bataille, que há muito acompanhava Foucault em suas leituras, parece se alojar também nesse espaço aberto pela relação batailliana entre o olho, o ovo e o corte.

Ao se propor a fazer uma história das diversas figuras da loucura no Ocidente, podemos dizer que ele queria deslocar a nossa forma de ver o louco e sua pretensa doença mental. Realizando os mesmos jogos de significantes encontrados na obra de Bataille, Foucault faz emergir diferentes rostos para o louco, ao mesmo tempo que os faz se deformar, deslizar, borrar-se, aparecer em seu riso triste de *clowns.* Seu livro opera como uma lâmina que dilacera nossos olhos, que produz o arrombamento de nossas certezas, que embaralha nossas figurações cristalizadas sobre o louco e a loucura. Por estes jogos o Mesmo se faz Outro, assim como acontecera com o próprio ser da desrazão. Em toda a historiografia de Foucault impera o gesto do corte, da separação dos tempos, das figuras, das configurações, das formas, dos estratos, das estruturas, dos esquemas, das séries, dos temas, dos conceitos, das estratégias. Fazer arqueologia implica cortar o solo das experiências que nos constituiu no tempo, para fazer emergir outras configurações, outras formas, outras figuras desse mesmo do pensamento ocidental, o homem, que devém, assim, distinto de si mesmo, dissolvido em sua inteireza, liquefeito em uma espécie de mijada cósmica batailliana. O homem, invenção do pensamento antropológico ocidental, o ovo da história, a sua essência branca e esférica, o círculo antropológico fechado em si mesmo, o tempo contido no eterno retorno do mesmo, é arrebentado, vazado, deixando escorrer a diversidade de matérias que entraram em sua composição, deixando aparecer o retalhado, o chamalotado de seu rosto de arlequim, deixando emergir as diferenças negadas em sua identidade, da qual as diversas figuras do louco, da loucura em suas diversas aparições, é apenas um capítulo, embora renegadas e fadadas ao silêncio e a escuridão. Por isso, Foucault faz uma história que em vez de se propor a romper o silêncio do louco ou da loucura, historia como esse silêncio se constituiu, pondo, ao mesmo tempo, em cena seus diferentes rostos enigmáticos e amedrontadores, rostos dos quais nos protegemos escondendo-os atrás dos muros dos asilos.

Com Foucault aprendemos a importância do corte, do inventário e delineamento das figuras e configurações, dos desenhos que eles vêm fazer aparecer. Se fez uma história das visibilidades foi para, numa atitude irônica e paródica e ao mesmo tempo profanadora e dessacralizadora *à la* Bataille, quebrar os nossos olhos, furar o nosso olhar mesmificado, mumificado, nosso olhar adestrado para ver só determinadas coisas e de determinadas formas. Ele fez história para nos abrir os olhos para outras formas, para outras figuras, para outras figurações, para o outro que sempre nos habita como indivíduos ou espécie. Ele escreveu história para furar o ovo de nossas essências enfatuadas, para fazer retornar a dispersão, para fazer estalar e estrelar todas aquelas figuras fechadas em si mesmas e com pretensões a núcleos de certeza e de verdade, tudo aquilo dito e visto em dado momento e por dadas forças como referentes fixos, como motores ou centros de nossa experiência. Ele como um touro miúra, avança para nós com suas histórias-lâminas na mão para fazer nossos olhos saltarem de suas órbitas, podendo ver o próprio oco onde se apoiavam nossas iluminações. Seus últimos livros podem ser vistos como esse olho que, ao girar em torno de si mesmo, se interroga sobre o negror da cabeça que o suporta, ela sempre pensada como lócus de todas as nossas luzes. Não sairá a loucura dessas sombras e dessas brumas que povoam nossa cabeça, não seria essa a experiência trágica da loucura, a certeza de que ela habita o mesmo lugar ocupado pela razão? Por levar a essas indagações, podemos dizer que ele coloca a prática historiográfica no campo do obsceno, ao propô-la como a prática de dizer e fazer ver mundos que não eram vistos, mundos cuja visão provoca uma espécie de riso ausente, hilaridade que arruína nossas certezas sobre aquilo sobre o qual disserta. Ele faz da história a relação diferencial e cortante com o não dito, o não visto, o entredito, o entrevisto, o interdito. Apesar de todo horror que nos causa, aprendemos com ele que é preciso quebrar o olho, furar o ovo e fazer o corte. Isso talvez esclareça o porquê de uma "história da loucura".

Referências

BATAILLE, Georges. *História do olho*. São Paulo: Cosac Naify, 2003.

FOUCAULT, Michel. Outros espaços. In: FOUCAULT, Michel. *Ditos e Escritos*. Rio de Janeiro: Forense Universitária, 2001. V. III.

FOUCAULT, Michel. Prefácio à transgressão. In: FOUCAULT, Michel. *Ditos e escritos*. Rio de Janeiro: Forense Universitária, 2001. V. III

FOUCAULT, Michel. *História da loucura na idade clássica*. São Paulo: Perspectiva, 1978.

Capítulo 7

Rebatimentos: a inclusão como dominação do outro pelo mesmo*

Alfredo Veiga-Neto
Maura Corcini Lopes

> *A crítica consiste em desentocar o pensamento e em ensaiar a mudança; mostrar que as coisas não são tão evidentes quanto se crê, fazer de forma que isso que se aceita como vigente em si não o seja mais em si. Fazer a crítica é tornar difíceis os gestos fáceis demais. Nessas condições, a crítica – e a crítica radical – é absolutamente indispensável para qualquer transformação.*
> (FOUCAULT 2006, p. 180)

Este texto tem duas faces assimétricas. Na face menor, ele tem um pouco de velho; do outro lado, na face maior, ele é bastante novo. O que há um pouco de velho é a retomada de questões que já esboçamos e discutimos nas edições anteriores desses nossos *Colóquios Internacionais Michel Foucault*. O que há de novo aqui é a retomada de tais questões, agora a partir tanto das recentes publicações dos cursos que o filósofo ministrou no Collège de France quanto da ampliação das políticas e práticas de inclusão em nosso país. Tudo a seguir deriva das investigações que vimos desenvolvendo, há vários anos, junto aos nossos grupos de pesquisa, na Universidade Federal do Rio Grande do Sul e na Universidade do Vale do Rio dos Sinos.[1]

Nosso objetivo é, além de contribuir para um entendimento mais ampliado e acurado do atual estado de coisas no Brasil, no que concerne às articulações entre a racionalidade neoliberal e a inclusão social, nos

---

[1] Referimo-nos ao GEPCPós/UFRGS (*Grupo de Estudos e Pesquisas em Currículo e Pós-Modernidade*), ligado ao Programa de Pós-Graduação em Educação da Universidade Federal do Rio Grande do Sul, e ao GEPI/UNISINOS/CNPq (*Grupo de Estudos e Pesquisas em Inclusão*), ligado ao Programa de Pós-Graduação em Educação da Universidade do Vale do Rio dos Sinos.

municiarmos no sentido de mostrar que aquilo "que se aceita como vigente em si não o seja mais em si" (FOUCAULT, 2006, p. 180). Nesse sentido, esperamos continuar contribuindo para uma crítica que seja útil para eventuais transformações.

Uma última palavra introdutória: pedimos escusas se, em algumas passagens, nos concentrarmos em detalhes e explicarmos demais alguns conceitos já bem conhecidos por quem nos lê e escuta.

★

Comecemos com um rápido inventário, com uma curta história sobre a posição deste nosso texto nos *Colóquios Internacionais Michel Foucault*. É um inventário importante para que fique claro de onde saímos, por onde andamos e onde se situa este nosso trabalho agora apresentado à consideração e à crítica de quem nos lê e nos escuta.

Já em 1999, a discussão que trouxemos para o *I Colóquio Internacional Michel Foucault*, realizado na UERJ, tratava especificamente das relações entre a governamentalidade neoliberal e a Educação (VEIGA-NETO, 2000). Pelos finais da década de 1990, estávamos centrados nos dispositivos e processos de subjetivação colocados em funcionamento pela educação em cenários neoliberais. Mas naquela época ainda não tínhamos acesso aos dois cursos nos quais Foucault havia discutido a fundo o liberalismo e o neoliberalismo – a saber: *Segurança, território, população* e *Nascimento da biopolítica*. Contávamos apenas com os resumos dos seus cursos no Collège de France e algumas entrevistas sobre o assunto e com os trabalhos de alguns estudiosos (poucos, é verdade) que já se interessavam por tais questões, como Nikolas Rose, Michael Peters e James Marshall.

No entanto, os estudos na esfera dos processos de subjetivação envolvem, necessariamente, algum afastamento de modo que se amplie o olhar e se incluam outros elementos que compõem a cena onde eles se desenrolam; no nosso caso, isso significou examinar as novas tecnologias educacionais e os novos dispositivos disciplinares e de controle, bem como as complexas articulações entre a lógica do Império e os estudos foucaultianos. Eis aí uma síntese daquilo que – um tanto ambiciosamente, é verdade – se pode chamar "frentes de trabalho acadêmico".

Naquela época estávamos tentando aplainar o terreno nomenclatural. Parecia-nos que era preciso minimamente calibrar as palavras, tornar mais claros os sempre deslizantes conceitos foucaultianos. Isso nada tem a ver, é claro, com a busca de supostos sentidos originais, nem deve ser entendido como a tentativa de fixar algum suposto sentido mais verdadeiro para os conceitos-ferramenta foucaultianos. Tem a ver, sim, com saber, o mais claramente possível e sempre que possível for, do que estamos falando.

A parte inicial desses nossos esforços de aplainamento deu origem às discussões acerca dos usos das palavras governo, governamento, governabilidade e governamentalidade. Eram os tempos do *II Colóquio Internacional Michel Foucault*, na UNICAMP, no ano 2000 (VEIGA-NETO, 2002). Ainda nas trilhas dos estudos conceituais, no *III Colóquio*, já no ano 2004, mas ainda na UNICAMP, discutimos as relações entre dominação, violência e poder; como mais adiante explicaremos, em alguns pontos caminhamos, atrevidamente, na contramão de Michel Foucault. (VEIGA-NETO, 2006).

A partir do *IV Colóquio*, realizado na UFRN, em 2007, retomamos o tema do neoliberalismo, problematizando suas relações com a lógica do Império. Tratamos das possíveis e frutíferas aproximações entre os estudos foucaultianos e as teorizações desenvolvidas principalmente por Hardt, Negri, Harvey e Lazzarato. Foi assim que, no *V Colóquio*, em 2008 e mais uma vez na UNICAMP, problematizamos as relações entre a performatividade neoliberal e a Educação, pelo viés da "curriculofilia", uma doença que assola nossas vidas e molda fascistamente nossas subjetividades. Há dois anos, no VI Colóquio, na UFRJ, entramos em cheio nas discussões sobre as relações entre a governamentalidade, o neoliberalismo e a Educação (VEIGA-NETO, 2011a).

E agora, aqui estamos todos nós de novo. Cada vez mais adentrando nas discussões sobre "o mesmo e o outro" de modo a botar em movimento o *leitmotiv* deste *VII Colóquio Internacional Michel Foucault*. Todos fazemos votos para que, passados esses poucos dias, saiamos daqui energizados e mais capacitados a "tornar difíceis os gestos fáceis demais".

★

Passemos à noção de *rebatimento*. Para a geometria descritiva, chama-se de *rebatimento* o processo no qual um plano se desloca, tomando como eixo de deslocamento a linha em que esse plano intercede com qualquer outro plano, de modo a coincidirem um com o outro. Feito o rebatimento, ambos os planos se fundem, se confundem, tornam-se um só plano. Costuma-se dizer, então, que um plano (principal) sofreu o rebatimento de um outro plano (secundário, rebatido), de modo que todos os pontos de um coincidem com todos os pontos do outro.

Se aqui lançamos mão dessa noção é porque ela nos serve; ela funciona como uma boa analogia em relação a vários processos que acontecem nas sociedades humanas. Assim, por exemplo, no âmbito dos estudos foucaultianos, podemos entender os processos de normação e normalização como exercícios de rebatimento – ou de tentativas de rebatimento – de uns sobre outros, dos (assim considerados) anormais sobre os (assim considerados) normais. Seja em termos da cultura e da educação, seja em termos da medicina e da justiça, o rebatimento se manifesta quase sempre, senão sempre, como tentativas de trazer para os planos da normalidade aqueles que se situam fora de tais planos.

Lembremos que Foucault (2008, p. 75) chama de *normação* a situação disciplinar, na qual a norma precede ao normal e ao anormal, de modo que o "fundamental e primeiro na normalização disciplinar não é o normal e o anormal, é a norma". Assim, é pelas disciplinas que se "estabelece a demarcação entre os que serão considerados inaptos, incapazes e os outros. Ou seja, é a partir daí que se faz a demarcação entre o normal e o anormal" (FOUCAULT, 2008, p. 75). A normalização disciplinar – que, a partir desse ponto, o filósofo passa a denominar simplesmente *normação* – parte de um modelo construído, considerado ótimo segundo determinados critérios e fins que se quer alcançar. Em seguida, a normalização disciplinar procura enquadrar as pessoas em tal modelo. Quem se submete ao enquadramento, de modo a formatar seus gestos, atos, traços físicos segundo o modelo, é chamado de normal. Ao contrário e em termos do rebatimento, será considerado anormal aquele que, por variadas razões, não for rebatido segundo o que preceitua a norma. O gradiente de anormalidade varia em função do quanto varia a efetividade do rebatimento.

Mas no caso dos dispositivos de segurança, "nos encontramos com um funcionamento inverso: a norma é fixada a partir das normalidades diferenciadas, isso é, do estabelecimento das diferentes curvas de normalidade" (CASTRO, 2011a, p. 176). A partir da observação e da classificação dos fenômenos populacionais, constroem-se curvas de normalidade, "e a operação de normalização vai consistir em fazer essas diferentes distribuições de normalidade funcionarem umas em relação às outras e em fazer de sorte que as mais desfavoráveis sejam trazidas às que são mais favoráveis" (FOUCAULT, 2008, p. 83). É para essas situações nas quais a norma é construída a partir das distribuições em determinadas populações, que Foucault propõe o uso da palavra *normalização*.

No que diz respeito à nomenclatura em torno da norma, em outro lugar já levamos adiante essas distinções assumidas pelo filósofo e sugerimos "acrescentar a palavra *normatizar* e suas derivadas para designar as operações de criar, estabelecer ou sistematizar as normas. Assim, por exemplo, podemos entender que os dispositivos *normatizadores* são aqueles envolvidos com o estabelecimento das normas" (VEIGA-NETO; LOPES,

2011, p. 119-120). Diríamos, então, que se pode usar o verbo *normatizar* no sentido de estabelecer, codificada e formalmente, as normas.

Ainda que aqui o nosso interesse se concentre sobre a *normação* e a *normalização* e suas relações com a racionalidade neoliberal e com o imperativo da inclusão como tópos a serviço do neoliberalismo, comecemos pela analogia dos rebatimentos, aplicada aos âmbitos da cultura e da educação. Como logo veremos, tomar tal analogia como porta de entrada é útil até para, talvez um tanto ambiciosamente, nos contrapormos a um dos entendimentos que os estudos foucaultianos assumiram sobre os processos de dominação. Já antecipando: seguindo o que um de nós já desenvolveu por ocasião do *III Colóquio Internacional Michel Foucault*, em 2004, na UNICAMP (VEIGA-NETO, 2006), propomos deslocar o sentidos que Foucault deu à palavra *dominação*, passando a entendê-la apenas como um gênero das relações sociais em que uns agem sobre outros no sentido de trazê-los para o seu domínio, seu domicílio, sua morada. Tal deslocamento mostrou-se muito produtivo para, por exemplo, compreendermos mais refinadamente as atuais práticas que se desenvolvem na educação escolar. Mais adiante voltaremos a essa questão.

*

Vamos aos rebatimentos nos âmbitos da cultura e da educação.

No âmbito da cultura, temos um bom exemplo nas relações interculturais. O que torna possível um grupo se identificar com algum outro grupo é o fato de ambos partilharem atributos comuns, aos quais podemos denominar *marcadores identitários* (LOPES; VEIGA-NETO, 2006). Pensando em termos do rebatimento, é como se os marcadores identitários de um grupo (situados num plano) acabassem rebatidos no outro grupo (situados no outro plano). É claro que determinar quais são os marcadores que valem, quais devem ser levados em conta, é sempre uma questão arbitrária, dependente de negociações políticas, seja explícitas, seja implícitas.

Numa situação pensada como ideal – e, enquanto ideal, ela nunca é mais do que apenas pensada, imaginada... –, a cada marcador cultural (ou ponto) situado em um plano corresponderia o seu correspondente marcador cultural (ou ponto) no outro plano. Isso em termos geométricos. Em termos temporais, tal situação seria ideal na medida em que tudo se mantivesse estático ou, no caso de acontecer qualquer mudança num plano, por menor que fosse, tal mudança logo se rebatesse sobre o outro plano.

Na prática, entretanto, a situação é bem menos simples. Como sabemos, a perfeita simetria não passa de um mito, o tempo não para, e o mundo teima em não ser estável... Assim, o estabelecimento de quais são os marcadores identitários que interessam – bem como quais são os valores atribuídos a cada marcador em relação aos demais – se dá em situações assimétricas de lutas por significação; desse modo, quais são e quanto valem os marcadores a serem partilhados é uma questão sempre contingente e, por isso mesmo, provisória, móvel, instável. Desse estado de coisas, resulta que as identidades nunca serão perfeitamente rebatidas nem jamais se manterão estáveis. Independentemente dos esforços que se possa fazer para estabilizar as identidades, tudo será sempre cambiante, mutável, inacabado e imprevisível. Bem sabemos que todas as tentativas totalitárias de estabelecer um mundo cujo pensamento fosse único e as identidades fossem idênticas a si mesmas acabaram frustradas pela contingência. É preciso não esquecer que o *a priori* histórico está antes e acima disso tudo.

No âmbito da educação, a analogia do rebatimento também funciona bastante bem. Concordando com Hannah Arendt, entendemos a educação como o conjunto de ações pelas quais os outros – os recém-chegados, os estrangeiros, as crianças, os que não estavam aí, os anormais etc. – são trazidos para o interior de um grupo que já estava aí. Esse grupo que já estava aí partilhava um domínio em que as práticas culturais, os saberes, os valores e as formas de vida eram comuns, muito semelhantes. Chamamos de educadores, professores, instrutores e mestres aqueles que promovem e forçam o rebatimento, trazendo os outros para o mais próximo de si possível, para a sua morada, para o seu domínio. Chamamos de educandos, alunos, aprendizes e discípulos a esses outros sobre os quais se promove e força o rebatimento, a esses outros que são trazidos para o domínio daqueles que comandam a ação do rebatimento. Em suma, pensando em termos do rebatimento é como se, no processo de educar, os *outros*, aqueles que se situam num plano, fossem rebatidos para o plano onde já se situavam os *mesmos*.

Também no âmbito da educação podemos pensar numa situação ideal na qual haveria coincidência, ponto a ponto, entre os dois planos. Desde Comenius, a Modernidade envidou imensas energias no sentido de que tudo fosse ensinado a todos e de que todos aprendessem tudo aquilo que lhes é ensinado. O imperativo comeniano da pampédia, segundo o qual é preciso "ensinar tudo, a todos, em todas as coisas e totalmente" (NOGUERA-RAMÍREZ, 2011, p. 112), pode ser visto como a manifestação da ideia cristã da necessidade de uma restauração humana, de modo a "garantir o maior esplendor ao Homem, imagem de Deus [...] porque todos são homens e todos têm diante de si a mesma verdade eterna". Se isso foi assim na vertente reformadora da Igreja, não foi diferente também no lado da Contrarreforma. Ainda que sem o apelo direto a Deus, o mesmo aconteceu e vem acontecendo no lado do Iluminismo, dos marxismos, dos fascismos e das muitas formas de fundamentalismos contemporâneos. Em todos os casos, nota-se sempre um notável esforço no sentido de encaixar, o mais ajustadamente possível, todos os recém-chegados segundo determinados saberes, práticas, classificações e padrões estabelecidos por aqueles que já estavam aí.

Na prática, também aqui a situação é bem menos simples. Jamais os encaixes são bem ajustados; jamais os que já estavam aí conseguem efetivamente trazer para a sua morada os recém-chegados. Seja porque a morada daqueles que já estavam aí não é, de nenhuma maneira, única e homogênea, seja porque os processos educativos jamais são efetivos, o fato é que a educação nunca consegue repor, para todos os recém-chegados e da mesma maneira, tudo aquilo que já estava aí. O imperativo pampédico não passou, afinal, de um ideal não realizado. Não só a mesmidade não passa de uma representação, como também no mundo as coisas acontecem como acontecem e não propriamente como gostaríamos que acontecessem.

O resultado final de tudo isso é que nos fica sempre a sensação de descompasso, de desencaixe entre aquilo que se quer ter e aquilo que se consegue ter, entre aquilo que se pretende fazer e aquilo que se consegue fazer. É principalmente do diferencial entre o *ideal moderno* de uma grande e única identidade universal e uma *realidade* que é pura diferença que se alimenta a sensação de crise que nos assombra ao longo da Modernidade e que hoje assume proporções gigantescas. Afinal, o que há é apenas diferença, e a diferença sempre se dá como pura diferença. Para usar de novo a analogia dos rebatimentos: no mundo da vida, os planos jamais se rebatem mesmo; os pontos de um plano jamais se encaixam com os pontos de outro plano. Aliás, mesmo em termos geométricos, ao se projetarem de um plano para outro plano, os pontos e as formas projetadas já não são mais o que eram e até mesmo acabam por alterar o que já havia no plano que os recebeu *qua* projeções.

★

Falemos um pouco mais sobre a dominação como rebatimento.

Conforme já referimos, entendemos que qualquer operação que busca trazer o(s) outro(s) para o domínio do mesmo pode ser chamada de *dominação*. Em termos etimológicos isso é bem fácil de compreender:

dominação, domicílio, domínio, domo, dono, domingo e suas variantes derivam do mesmo radical latino *dom-* que, por sua vez, deriva do radical indo-europeu *dem-*, cujo sentido principal é casa, morada e, por extensão, denota também aquele que habita a casa e que manda nela (PICKETT, 2000).

Mas como explica Castro (2011, p. 118), o entendimento de Foucault vai num sentido um pouco diferente, um pouco mais restritivo; ele chama de dominação as "relações de poder que, em lugar de serem móveis e permitirem aos parceiros uma estratégia que as modifique, estão bloqueadas e congeladas". Nas próprias palavras de Foucault (2006a, p. 711): "Quando um indivíduo ou um grupo social chega a bloquear um campo de relações de poder, a torná-las imóveis e fixas e a impedir qualquer reversibilidade de movimento – por instrumentos que podem ser tanto econômicos quanto políticos ou militares – se está diante do que se pode chamar de estado de dominação". Vê-se, aí, que o filósofo ainda se mantém estranhamente preso ao sentido tradicionalmente atribuído a essa palavra que, como se sabe, carrega um peso mais ou menos pejorativo. Seja para a psicologia, seja para a ciência política, seja para a antropologia, dominação parece sempre apontar para algo indesejável, negativo, ligado à repressão ou à subjugação e exploração do(s) outro(s).

Por ocasião do *III Colóquio Internacional Michel Foucault*, levado a efeito na UNICAMP, em 2004, propusemos atribuir um sentido para dominação que não seguisse nem o senso comum nem o entendimento foucaultiano acima explicitado, mas que, partindo da etimologia, entendêssemos a dominação como o conjunto de ações estratégicas e práticas que buscam trazer os outros para o domínio do mesmo, sem que isso implique, *per se*, algum juízo de valor. A partir de Foucault, mas também nos afastando dele, optamos, desde então, usar a palavra dominação e suas derivadas para designar simplesmente toda e qualquer ação em que uns procuram trazer os outros para o seu domínio, para a sua morada. Em continuidade, propusemos que o *poder* e a *violência* sejam entendidos como diferentes formas de dominação (VEIGA-NETO, 2006). Mais recentemente, um de nós acrescentou a *tutela* ao poder e à violência (LOPES, 2010). Na realidade educacional configurada nos meandros das políticas de educação inclusiva, são evidentes os muitos casos onde a inclusão se articula sobre o sujeito por meio de uma trama discursiva que o posiciona ora como um anormal a ser contido, ora como um anormal a ser conduzido e ora como um anormal a ser tutelado. A dominação por tutela não reconhece desejo e, tampouco, capacidade de autonomia moral do outro.

Em resumo: de uns anos para cá, passamos a considerar o poder, a violência e a tutela como três formas de dominação, como três espécies qualitativamente diferentes de um mesmo gênero: enquanto o poder é uma ação sobre ações (e não sobre coisas), a violência é uma ação sobre um corpo, sobre as coisas e a tutela é uma forma de proteção de uns sobre outros, considerados mais frágeis e ainda incapazes de decidirem sobre suas próprias vidas. A dominação por violência e por tutela não reconhecem o desejo nem a racionalidade naqueles que toma como objeto: respectivamente, o violentado e o tutelado.

É fácil ver que, ao mesmo tempo que estão em sintonia com Foucault, tais entendimentos se afastam de suas propostas nesse campo. Concentremo-nos mais nessas três espécies do gênero dominação: a *violência*, o *poder* e a *tutela*. No nosso entendimento, não se trata de diferenciá-los em função de suas intensidades, mas em função dos seus modos de ação.

O *poder* funda-se numa racionalidade que lhe é necessária e que o transcende; ele está sempre entrelaçado com os saberes. Na perspectiva foucaultiana, os poderes exigem saberes que lhes são intrínsecos e imanentes; há, pode-se dizer, uma imbricação entre poder e saber.

A *violência* pode ter lá suas razões e pode até mesmo exigir saberes para se colocar em movimento; mas, nas ações violentas, a eventual racionalidade e os eventuais saberes mobilizados não são imanentes à própria ação. A ação violenta não se dá imbricada a saberes.

A *tutela*, por sua vez, segue uma racionalidade determinada por aqueles que a colocam em movimento. Mas os tutelados não precisam participar ativamente de tal racionalidade; no fundo, nem mesmo se espera que eles conheçam as razões que movem seus tuteladores e os saberes sobre os quais esses se apoiam.

Conforme um de nós argumentou naquele *III Colóquio* de 2004,

> [...] enquanto o poder dobra – porque se autojustifica e negocia e, com isso, se autolegitima –, a violência quebra – porque se impõe por si mesma. Enquanto aquele se dá agonisticamente, essa se dá antagonicamente. Um se dá com algum consentimento ou até mesmo com sentimento das partes envolvidas; a outra se dá sem o consentimento e contra o sentimento da parte que o sofre (VEIGA-NETO, 2006, p. 29).

Se agora quisermos manter alguma simetria com a citação acima, poderemos dizer que a tutela não envolve nem o sentimento nem o consentimento daqueles sobre os quais ela atua. Ela não negocia, pois se admite, em princípio, uma neutralidade por parte do tutelado. A tutela não dobra nem quebra o outro, mas apenas o conduz, pois ele é visto como um indivíduo incompleto, incapaz de decidir por si mesmo e até mesmo, muitas vezes, de compreender minimamente o mundo.

Pode-se pensar que uma ação poderosa ideal seria aquela a tal ponto racionalizada e negociada que nenhuma resistência se geraria no processo. De modo similar, uma ação violenta que fosse pura violência geraria uma resistência cujo limite seria dado pela própria "carga" de violência implicada inicialmente no processo. No caso da tutela, não se espera nenhuma forma de resistência. Também não se espera alguma contraconduta por parte dos tutelados.

Aqui, é preciso esclarecer o sentido que, no campo dos estudos foucaultianos se pode dar a contraconduta, diferenciando-a da dissidência e da resistência. Na aula de 1º de março de 1978, do curso *Segurança, território e população*, Foucault (2008) referiu-se à contraconduta como a forma de uma população se conduzir sem obedecer ao condutor mas também sem romper com ele; não se trata de ser contra uma conduta, mas sim de lutar para ser conduzido de outras formas. Também não se trata de uma dissidência, isso é, não se trata do desdobramento de algum movimento ou tendência contra a dominação. A contraconduta é inventiva e ativa; funciona como uma alternativa que também não é da ordem da resistência, se essa for entendida como um contrapoder e que, por ser um contrapoder, inscreve-se nos mesmos vasos capilares do poder. Como explicamos em outro lugar (VEIGA-NETO; LOPES, 2011, p. 111), o uso do conceito de contraconduta tem, entre outras, a vantagem de dar "uma visibilidade diferenciada para o louco, o enfermo, o deficiente, o militante, o diferente etc.". Além disso, "as contracondutas permitem emergir novas formas de condução ou outros rumos para a história das populações e para a história das dominações" (VEIGA-NETO; LOPES, 2011, p. 111).

É claro que não se deve pensar que as três espécies do gênero dominação atuem isoladamente, sozinhas em cada caso. Nas situações concretas do cotidiano nem o poder, nem a violência, nem a tutela se manifestam como formas puras de dominação; ao contrário, essas três espécies se combinam, como que alternando suas ênfases. Os processos de dominação costumam ser muito complexos e dinâmicos, em que ora é o poder que se mostra mais evidente, ora é a dominação, ora é a tutela.

Voltando à analogia dos rebatimentos, é como se, nas ações violentas o plano do outro fosse forçado a rebater sobre o plano do mesmo. Nas ações em que é o poder que está em jogo – chamemo-las de ações poderosas –, o plano do outro rebate sobre o plano do mesmo por ação do mesmo e até do próprio outro. Nas ações tutelares, o mesmo traz para o seu próprio plano o plano do outro, sem que esse outro nem mesmo precise se dar conta do que está acontecendo e por que está acontecendo.

Basta examinarmos um pouco as políticas de inclusão para nos darmos conta de que elas atuam tanto como ações poderosas quanto, e principalmente, como ações tutelares. Os mesmos, que já estão num plano comum, decidem trazer/rebater para esse seu plano os outros que se situam em outros quaisquer planos. De modo a facilitar os processos de rebatimento, inventam-se biopolíticas e principalmente noopolíticas[2] que, apelando para certos princípios universais – de que os direitos humanos e a cidadania são os melhores exemplos –, acabam por efetivar o rebatimento a custos mínimos, garantindo maiores níveis de segurança para a população.

Além de diminuir os riscos sociais, as biopolíticas e noopolíticas de inclusão colocam-se a serviço do neoliberalismo. Com isso, queremos dizer que elas tanto são produzidas pela racionalidade neoliberal quanto contribuem para o aprofundamento e a estabilidade do próprio neoliberalismo, na medida em que, no âmbito da economia, da cultura e do imaginário, moldam o *millieu* social para um melhor "funcionamento" do neoliberalismo (VEIGA-NETO, 2010, 2011; VEIGA-NETO; LOPES, 2011). Para quem estiver menos familiarizado com os entendimentos de Foucault sobre o liberalismo e o neoliberalismo, nunca é demais lembrar que o filósofo não os entendeu como uma representação, teoria ou ideologia, mas como uma forma de vida, como uma "autolimitação da razão governamental" (FOUCAULT, 2008a, p. 28), como uma "prática, como uma 'maneira de fazer' orientada para objetivos e se regulando através de uma reflexão contínua" (FOUCAULT, 2008, p. 432). Nesse sentido, "o liberalismo deve ser analisado como princípio e método de racionalização do exercício do governo – racionalização que obedece, e aí está a sua especificidade, à regra interna da economia máxima" (FOUCAULT, 2008, p. 28).

É nesse ponto, então, que podemos entrar com o governamento e a governamentalidade.

*

De início, um breve alerta metodológico. Ao usar a palavra *governamento* – e não governo –, pretendemos marcar uma diferenciação que nos parece importante. Conforme um de nós já argumentou – por ocasião do *II Colóquio Internacional Michel Foucault*, realizado na UNICAMP, no final do ano de 2000 –, em vez da palavra *governo*, a palavra *governamento*, atualmente em desuso na língua portuguesa, nos parece mais apropriada

---

[2] Estamos usando *noopolítica* no sentido dado a essa palavra por Lazzarato (2006).

para designar a ação, ato ou efeito de governar (VEIGA-NETO, 2002). Desse modo, evita-se a ambiguidade que resulta do uso de uma mesma palavra – *governo* – para designar duas instâncias que, para as teorizações foucaultianas, são distintas: de um lado, as instâncias centrais do Estado (órgãos, instituições, autoridades, etc.), pensadas ampla e maciçamente; de outro lado, as instâncias microscópicas (subjetividades, sujeitos, partilhamento de identidades etc.) onde se desenrola o poder microfísico.

É bem conhecida a formulação de Foucault (1995, p. 244): podemos compreender o verbo *governar* como os "modos de ação mais ou menos refletidos e calculados, porém todos destinados a agir sobre as possibilidades de ação dos outros indivíduos" e que, estruturando "o eventual campo de ação dos outros", tem por objetivo "dirigir a conduta dos indivíduos ou dos grupos". Conforme sublinha Castro (2011a, p. 176), estamos aí no eixo do coletivo, no eixo do "governamento como relação entre sujeitos". Mas há um outro eixo; trata-se do eixo do individual, isso é, do "governamento como relação consigo mesmo" (CASTRO, 2011a, p. 176). Nunca é demais insistir: no primeiro eixo, o governamento é uma ação sobre as ações alheias; no segundo eixo, o governamento é uma ação sobre as próprias ações, na "relação que alguém pode estabelecer consigo mesmo, na medida em que, por exemplo, se trata de dominar os prazeres ou os desejos" (CASTRO, 2011a, p. 176).

Para Foucault, é exatamente no cruzamento entre esses dois eixos que se situam tanto os modos de objetivação e subjetivação quanto a possibilidade de um agir político ao mesmo tempo ético e poderoso (mas não violento). Parafraseando o discurso de Isócrates a Nicocles,[3] Foucault (1994, p. 76) pergunta: "como pretender obter a obediência dos outros se [Nicocles] não pudesse assegurar a obediência de seus próprios desejos?". Também no debate entre Sócrates e Cálicles fica claro que quem governa é, ao mesmo tempo, "governante e governado" (*archontas ē archomenous*). Nas palavras de Foucault (1994, p. 76), para aquele que governa é "o seu domínio de si [que] modera seu domínio sobre outrem". Como sabemos, na tradição clássica, a palavra *enkrateia* designava uma

---

[3] Nicocles foi rei de Salamis, cidade da costa leste de Chipre, no século IV a. C. O retórico ateniense Isócrates escreveu uma carta a Nicocles (*A Nicocles*, 376 a.C.) e proferiu um discurso em homenagem ao rei (*Nicocles* ou *Os cipriotas*, 372 a.C.). Na passagem 37 desse discurso, ao se referir à possibilidade de ser infiel à esposa, Isócrates (sd) diz: "eu desejo, uma vez por todas, afastar-me tanto quanto possível da suspeita desse tipo de coisa, e fazer de minha conduta um exemplo para os meus compatriotas, sabendo que as pessoas estão acostumadas a levar suas vidas seguindo aquelas práticas que eles veem seus próprios governantes seguirem". E, logo adiante: "Seria uma conduta monstruosa para os homens obrigar os outros a viverem de um modo ordenado enquanto eles próprios não mostram mais temperança do que aqueles a quem dirigem".

forma deliberada, ativa e combativa de alguém dominar a si mesmo.[4] É pela *enkrateia*, então, que alguém pode atingir a temperança – *sōphrosynē* ou, em língua portuguesa, sofrósina – e ser capaz de conduzir os outros com a menor violência possível. Aliás, é bom lembrar que, a rigor, *conduzir* já denota uma ação necessariamente não impositiva, não violenta: quem conduz *cum ducĕre*, ou seja, "vai junto com" ou "dentro de algo", que deve ir de um lugar a outro.

Essas são questões centrais para compreendermos, em termos do governamento, a articulação entre o indivíduo e o grupo de que ele faz parte. Na Modernidade, podemos dizer que os modos pelos quais alguém conduz os outros e a si mesmo situam-se no ponto em que o sujeito se articula com a população.

Foucault criou a palavra *governamentalidade* para, entre outras coisas, designar esse ponto de articulação entre o sujeito e a população a que pertence. Recordemos um pouco esse importante conceito proposto e desenvolvido principalmente a partir do curso *Segurança, território população*, no inverno de 1978 (FOUCAULT, 2008). Desde então, a governamentalidade – como o objeto de estudo das maneiras de governar (CASTRO, 2011, p. 177) – tornou-se um conceito central para o pensamento foucaultiano (CASTRO, 2011a). Para esse autor, a governamentalidade pode ser entendida como uma grade de inteligibilidade que abriga dois domínios: um, na esfera do político; o outro, na esfera das artes de governar. Na esfera do político estão os procedimentos, saberes, instituições, instrumentos envolvidos com o governamento. Na esfera das artes de governar, está a governamentalidade como o "encontro entre as técnicas de dominação exercidas sobre os outros e as técnicas de si" (FOUCAULT, p. 785).

A governamentalidade moderna marca "a ruptura que se produziu entre o final do século XVI e o início do século XVII [...] na passagem de uma arte de governar herdada da Idade Média [...] para uma arte de governar cuja racionalidade tem por princípio o campo de aplicação o funcionamento do Estado" (REVEL, 2005, p. 54). A nova racionalidade, chamada de "Razão do Estado", não afastou de todo as regras anteriores – baseadas em princípios de justiça, sabedoria e respeito a Deus –, mas instituiu modos de governar que não apelam para o modelo do soberano de justiça nem para o modelo do Príncipe. O que conta cada vez mais, a partir de então, é a população, pensada não como um conjunto de indivíduos, mas como um corpo vivo cuja sobrevivência deve ser

---

[4] Lembramos que o encratismo foi a doutrina que, entre o grupo cristão primitivo dos encratistas, exortava o autocontrole e o rigor sobre si mesmo, proibindo o vinho, a carne, os prazeres sexuais e até mesmo o casamento.

mantida por todo um conjunto de ações políticas governamentalizadas. Na medida em que tais ações governamentalizadas destinam-se à vida da e na população, Foucault tomou de empréstimo ao sueco Rudolf Kjellén a palavra *biopolítica* (CASTRO, 2011a), para designar as políticas envolvidas com o *biopoder*: "o conjunto dos mecanismos pelos quais aquilo que, na espécie humana, constitui suas características biológicas fundamentais para poder entrar numa política, numa estratégia política, numa estratégia geral de poder" (FOUCAULT, 2008, p. 3).

Mas logo Foucault se dá conta de que uma análise da biopolítica só pode ser feita a partir de uma melhor compreensão da governamentalidade em termos do seus conteúdos de verdade; ou talvez seja melhor dizer: em termos daquilo que se considera seus conteúdos de verdade. Nas palavras do filósofo: "só depois que soubermos o que era esse regime governamental chamado liberalismo é que poderemos, parece-me, apreender o que é a biopolítica" (FOUCAULT, 2008a, p. 30). Foi, então, a partir dessa necessidade que o filósofo redirecionou o curso que, tendo por título *O nascimento da biopolítica*, no final das contas acabou tratando mesmo foi do liberalismo e do neoliberalismo.

Não vem tanto ao caso entrar, aqui, em detalhes sobre os interessantes *insights* foucaultianos acerca do liberalismo e do neoliberalismo. Além do que já referimos antes, cabe fazer mais alguns comentários.

Em primeiro lugar, lembremos o desenvolvimento detalhado que Foucault faz acerca das duas formas nas quais o liberalismo tradicional se transmuta, a partir da década de 1930: o ordoliberalismo (ou neoliberalismo alemão) e o neoliberalismo estado-unidense (que logo adquirirá a face do anarcoliberalismo da Escola de Chicago). Para dizer de modo bem simplificado, mas que parece suficiente para os nossos propósitos neste texto: se, para os neoliberais, o essencial do mercado está na competição e não mais na simples liberdade de intercâmbio – como pensavam os economistas liberais do século XVIII – ou no consumo – como pensavam os liberais do século XX –, para os neoliberais o essencial está na competição. Isso significou passar da *lógica da equivalência* – em que o dinheiro funciona como o grande equivalente – para a *lógica da desigualdade* – a partir da qual se estabelece um jogo nada natural, mas econômica e politicamente inventado e alimentado.

Em segundo lugar, a competição exige que o maior número possível de indivíduos participe do jogo econômico. Como jogo, a competição tem de ser continuamente alimentada com bons jogadores; grande ou pequenos, ricos ou pobres, todos são bem-vindos para competir no mercado de apostas. É preciso, então, que as artes de governar estejam atentas, intervindo positiva e continuamente nos cenários sociais onde

o jogo se desenrola, seja fornecendo novos jogadores, seja capacitando-
-os para o jogo, seja estimulando-os a jogar. Como explicou Foucault
(2008a, p. 164-165), "o mercado, ou antes, a concorrência pura, que é a
própria essência do mercado, só pode aparecer se for produzida, e produzida por uma governamentalidade ativa". Sendo assim, inverte-se a
lógica do liberalismo clássico do século XVIII: "deve-se governar para o
mercado, em vez de governar por causa do mercado" (FOUCAULT, 2008a,
p. 164-165). Sendo assim, a governamentalidade neoliberal coloca-se
definitivamente a serviço do mercado. Não mais a ingenuidade naturalista do *laissez-faire*, não mais o horror ao Estado, mas um Estado cuja
governamentalidade, muito ativa e cuidadosa, garanta o melhor cenário
para o mercado.

Argumentamos (VEIGA-NETO, 2011a, p. 39) que, enquanto "o princípio de inteligibilidade do liberalismo enfatizava a troca de mercadorias",
o "princípio de inteligibilidade do neoliberalismo passa a ser a competição". Enquanto o ambiente socioeconômico liberal deve ser livre e
espontâneo, o ambiente neoliberal deve ser dirigido e modelado pelo
Estado, ao qual caberá produzir a liberdade. Por isso, "o neoliberalismo
constantemente produz e consome liberdade. O que equivale a dizer
que a própria liberdade transforma-se em mais um objeto de consumo"
(VEIGA-NETO, 2011a, p. 39).

A essa altura, já está claro por que e como as políticas de inclusão,
principalmente educacionais, ajustam-se sob medida à racionalidade
neoliberal. Como dissemos há dois anos, durante o *VI Colóquio*, aqui
reiteramos:

> [...] enquanto no liberalismo a liberdade do mercado era entendida
> como algo natural, espontâneo, no sistema neoliberal a liberdade
> deve ser continuamente produzida e exercitada sob a forma de
> competição. Eis aí o ponto fulcral que irá fazer da escola uma
> instituição do maior interesse para o neoliberalismo. Na medida
> em que, para o neoliberalismo, os processos econômicos não são
> naturais, eles não devem ser deixados livres, ao acaso, nas mãos
> de Deus; ao contrário, tais processos devem ser continuamente
> ensinados, governados, regulados, dirigidos, controlados (VEIGA-
> -NETO, 2011a, p. 38).

Encaminhando-nos para o final deste texto, vejamos tudo isso mais
de perto.

*

Como já referimos no início deste texto, em decorrência da necessidade de ampliar, numa perspectiva foucaultiana, o escopo analítico

das relações entre os processos de subjetivação e a Educação, voltamos nossas atenções, nos últimos três ou quatro anos, para as políticas e práticas educacionais que dão sustentação à racionalidade neoliberal. Estudando os preceitos e tentativas de rebatimento dos outros sobre os mesmos no campo da Educação, conseguimos mostrar a face neoliberal dos governos brasileiros nas últimas duas décadas. Foi por aí que, desde então, enveredamos. É por aí que nos movimentaremos nesta última seção.

Desde aquele *III Colóquio Internacional Michel Foucault* de 2004, o sentido que vimos atribuindo à dominação – como explicamos, um sentido não valorativo, mas enraizado na etimologia – tem se mostrado muito útil para descrevermos e problematizarmos várias práticas sociais contemporâneas, especialmente aquelas que se dão nos espaços educacionais; e, no nosso caso, mais especialmente ainda, no âmbito da educação escolar. Da mesma forma, o entendimento do poder, da violência e da tutela como formas distintas de dominação estão funcionando como ferramentas potentes e sutis para compreendermos melhor, no nível microfísico, muitas práticas pedagógicas em suas manifestações nos cotidianos escolares.

Além desse nível microfísico, a distinção entre poder, violência e tutela como modos de dominação manifesta-se também de modo muito explícito nos mais variados documentos educacionais. Seja no âmbito restrito das avaliações da aprendizagem, pareceres descritivos e normações disciplinares, seja no âmbito mais amplo das avaliações dos sistemas educativos, políticas públicas e programas educacionais, o que parece estar sempre presente é a *exorcização* da violência, a simétrica *exortação* da disciplina e a *presença* da tutela como um imperativo. Ao usarmos a palavra *imperativo*, estamos registrando o caráter natural e necessário que é atribuído à tutela, na medida em que os discursos educacionais primam em acentuar a menoridade cognitiva, moral e comportamental dos educandos.

Em todos esses casos, a exortação da disciplina pode ser lida foucaultianamente como a necessidade de se promover o poder disciplinar. A propalada necessidade de restaurar, nos ambientes escolares, convívios menos violentos e mais respeitosos no que se refere àquilo que cada um pode fazer, em termos dos usos e ocupações dos seus tempos e espaços corporais, parece querer recolocar o preceito pedagógico kantiano segundo o qual "enviam-se, em primeiro lugar, as cianças à escola não com a intenção de que elas lá aprendam algo, mas com o fim de que elas se habituem a permanecer tranquilamente *sentadas* e a observar *pontualmente* o que se lhes ordena" (KANT, 1962, p. 71). Note-se que o próprio uso do verbo *restaurar* (uma suposta harmonia perdida) – um verbo cada vez mais presente nos discursos educacionais – parece manifestar um sentimento de esmaecimento e perda de determinadas formas de convivência passadas que são tidas e lembradas como melhores do que as que temos hoje.

Em tudo isso, cabe lembrar as palavras de Foucault, na entrevista com Leo Löwenthal, Paul Rabinow, Richard Rorty e outros, em 1984, sobre as relações entre a política e a ética. Indo explicitamente na contramão de Hanna Arendt – para quem as relações de poder se dissociavam das relações de dominação –, Foucault (2006b, p. 589) reconhece que não é possível separar a dominação do poder, mas "é preciso ser, ao mesmo tempo, extremamente prudente e empírico". Logo a seguir, o filósofo refere-se à relação pedagógica como um exemplo da necessidade de examinar detalhadamente, caso a caso, as práticas sociais. Como sempre, para Foucault não se trata de fazer "isso que seria uma Teoria Geral do Poder (com todas as iniciais maiúsculas) ou das explicações acerca da Dominação em geral", mas sim de "tentar fazer valer a história e a análise dos procedimentos e tecnologias de governamentalidade" (FOUCAULT, 2008, p. 41).

Ainda que a educação não tenha se configurado como um campo central para as investigações de Foucault suas teorizações nos permitem problematizar os *focos de experiência* e as *dramáticas discursivas* que, tendo o sujeito como articulador da experiência, agenciam a educação e a própria pedagogia como campos produtivos para a análise social, principalmente no que concerne à instituição escolar. É no viés do conceito de *focos de experiência* que iremos nos interessar pela inclusão, exclusão e in/exclusão contemporâneas.

Tomar a inclusão como um foco de experiência significa, nos termos de Foucault (2008b, p. 4-5), entendê-la como a região onde se articulam três fluxos: "primeiro, as formas de um saber possível; segundo, as matrizes normativas de comportamentos para os indivíduos; e, por último, os modos virtuais de existência para sujeitos possíveis". Assim como fez o filósofo em suas análises sobre a loucura, analisar a inclusão como um foco de experiência implica três cuidados metodológicos.

Em primeiro lugar, implica não considerar a inclusão uma invariante ao longo da história. Não há uma inclusão nem há processos inclusivos que estivessem desde sempre aí, ainda que pouco notados, pouco praticados, pouco visíveis ou em estado latente. Não há nem mesmo saberes nesse campo que estivessem desde sempre aí, senão aqueles que historicamente se formam e continuam se formando, enredados em práticas discursivas e não discursivas, em complexas relações de poder.

Em segundo lugar, trata-se de ver a inclusão como um conjunto de saberes e normas às quais todos devem obedecer – ou, pelo menos se espera que obedeçam. Aí desempenha papel importante o apagamento dos caminhos ao longo dos quais determinadas condições de possibilidade se engendraram num silencioso processo de proveniência a partir do qual se deu a emergência das normas. Resulta daí a naturalização das normas e a sua promoção ao *status* de necessidade.

Em terceiro lugar, trata-se de estudar a inclusão como uma tecnologia definidora dos sujeitos, isso é, como uma fonte capaz de dizer (ou representar) quem se é, quem é o quê – incluído, em processo de inclusão, excluído etc. Ninguém é, em si mesmo, um excluído. Cada um passa a ser (visto e considerado) um excluído ou incluído como resultado das diferentes tecnologias que se colocam em movimento nas e pelas práticas e políticas inclusivas.

Dizer que ninguém é, *per se*, um incluído ou excluído significa duas coisas que se superpõem. A primeira na relação que mantém com os demais é que alguém poderá ser considerado um excluído ou um incluído. A segunda, tão importante quanto a anterior: a inclusão não é uma "coisa" que exista por si mesma; do mesmo modo, ser um incluído ou excluído não é definido por alguma condição ou princípio que preexista às próprias práticas que definem a inclusão.

Assim, ao tomarmos a inclusão como um foco de experiência, vamos para além dos entendimentos tradicionais que a tomam como uma estratégia política brasileira que objetiva prover condições para o atendimento do princípio universal "educação para todos", levantado em Jontiem (Tailândia), no ano 1990. Bem mais do que isso, a inclusão, como foco de experiência, acaba funcionando como um imperativo que ordena a todos para a abertura frente ao outro (LOPES, 2009). Tal abertura pressupõe a criação de diretrizes institucionais e de Estado que orientem a todos como agir em distintas situações e diante de qualquer sujeito; pressupõe também a constituição de *subjetividades inclusivas* (MENEZES, 2011). Com *subjetividades inclusivas* queremos dizer que hoje o princípio categórico da inclusão opera sobre qualquer sujeito e não mais somente sobre alguns sujeitos considerados anormais, excluídos, delinquentes, deficientes, etc.

No Brasil, de uns anos para cá, os discursos sobre inclusão têm sido categóricos: todos devem estar abertos para o outro, todos devem ter consciência de suas fragilidades, todos devem ser capazes, em alguma medida, de conduzir e orientar o outro. Em síntese, todos somos parceiros e corresponsáveis, juntamente com o Estado, pela inclusão, pela educação, pela saúde, pela empregabilidade e pela permanência de todos nos fluxos sociais e econômicos.

Ainda que na maior parte das vezes esses discursos se apresentem em nome dos direitos humanos e em prol da cidadania, bem como mais ou menos blindados numa linguagem plena de circunlóquios e que se pretende politicamente correta, eles deixam transparecer o caráter arrogante dos mesmos diante dos outros.

No caso dos discursos que tratam da inclusão dos surdos, por exemplo, quase sempre eles parecem ignorar a vontade do outro e concedem uma mínima possibilidade para o seu exercício de liberdade. Em nossos estudos, temos encontrado situações em que os ouvintes posicionam-se como os únicos capazes de dizer o que é melhor para a educação dos surdos. Não raro, é como se a racionalidade fosse uma faculdade ausente nos surdos, vistos como incapazes de se autoconduzir; consequentemente, o ouvintismo é assumido – pelos ouvintes, é claro – como salvo-conduto para ações tutelares.

A condição de menoridade colocada àquele que se mantém alienado ao outro é condição necessária para que a dominação por tutela se estabeleça. Alienado em relação aos mesmos, o outro deixa de lutar por outras formas de ser visto, definido e posicionado. Na educação dos surdos, são comuns os processos tutelares usados na tutela do louco, do deficiente mental, do autista, etc. Muitos responsáveis pelo planejamento e pela implementação das políticas públicas não conseguem distinguir minimamente as diferenças entre uns e outros, de modo que impõem os mesmos critérios e as mesmas técnicas de rebatimento sobre toda e qualquer diferença que encontram pela frente.

Na educação dos surdos, a tutela pode ser assumida por qualquer pessoa (surda ou ouvinte) que se coloque em posição de poder responder pelo outro ou que possua o domínio de uma língua, seja ela na modalidade auditiva-oral, seja na modalidade visual-gestual. Assim, um surdo pode ser tutelado por um ouvinte, mas também por outro surdo que possui domínio de um código comunicativo que o possibilite determinar e decidir sobre a vida do outro.

Enfim, em um emaranhado de forças e discursos, a experiência da inclusão gera uma agonística capaz de fazer aparecer verdades que criam e mobilizam outras formas de vida dentro dos espaços destinados aos coletivos. O campo empírico, mobilizado pelas lutas geradas nas relações sociais, sempre tem algum espaço para o movimento do outro, dos outros. Ressignificar os movimentos desses outros e entender suas manifestações reativas frente a diferentes tipos de dominação possibilita novas formas de vida para eles e para os mesmos.

Referências

CASTRO, Edgardo. *Diccionário Foucault: temas, conceptos, autores*. Buenos Aires: Siglo Veintiuno, UNIPE, 2011.

CASTRO, Edgardo. *Lecturas foucaultianas: uma historia conceptual de la biopolítica*. Buenos Aires: UNIPE, 2011a.

FOUCAULT, Michel. *História da sexualidade 2: o uso dos prazeres*. Rio de Janeiro: Graal, 1994.

FOUCAULT, Michel. O sujeito e o poder. In: DREYFUS, Hubert; RABINOW, Paul. *Michel Foucault: uma trajetória filosófica*. Rio de Janeiro: Forense Universitária, 1995. p. 231-249.

FOUCAULT, Michel. "Est-il donc important de penser?" (entretien avec D. Éribon). In: FOUCAULT, Michel. *Dits et écrits IV.* Paris: Gallimard, 2006. p. 178-182.

FOUCAULT, Michel. L'éthique du souci de soi comme pratique de la liberté. In: FOUCAULT, Michel. *Dits et Écrits, IV.* Paris: Gallimard, 2006a. p. 708-730.

FOUCAULT, Michel. Politique et éthique: une interview. In: FOUCAULT, Michel. *Dits et Écrits, IV.* Paris: Gallimard, 2006b. p. 584-591.

FOUCAULT, Michel. Les techniques de soi. In: FOUCAULT, Michel. *Dits et Écrits, IV.* Paris: Gallimard, 2006b. p. 783-813.

FOUCAULT, Michel. *Segurança, território, população*. São Paulo: Martins Fontes, 2008.

FOUCAULT, Michel. *Nascimento da biopolítica*. São Paulo: Martins Fontes, 2008a.

FOUCAULT, Michel. *Le gouvernement de soi et des autres*. Paris: Gallimard, Seuil, 2008.

ISÓCRATES. Nicocles. In: BURNET, John. *Early Greek Philosophy*. London: A&C Black, 1920. Acessível em Peithô's Web: http://www.classicpersuasion.org/pw/isocrates/pwisoc3.htm. Acessado em 10/11/2011.

KANT, Immanuel. *Réflexion sur l'Éducation*. Paris: Vrin, 1962.

LAZZARATO, Maurizio. *As revoluções do capitalismo*. Rio de Janeiro: Civilização Brasileira, 2006.

MENEZES, Eliana C. P. A fabricação de subjetividades inclusivas: efeitos da aliança entre a racionalidade política neoliberal e a escola. *Anais do XI Simpósio Internacional IHU – O (des)governo biopolítico da vida humana*, São Leopoldo: UNISINOS, 2010.

LOPES, Maura Corcini. Narrativas surdas: a condução da conduta dos escolares. *Anais do XV ENDIPE – Encontro Nacional de Didática e Prática de Ensino*. Belo Horizonte: ENDIPE/UFMG, 2010.

LOPES, Maura Corcini; VEIGA-NETO, Alfredo. Marcadores culturais surdos: quando eles se constituem no espaço escolar. Florianópolis: *Perspectiva*, v. 24, n. especial, jul/dez 2006. p. 81-100.

NOGUERA-RAMÍREZ, Carlos. *Pedagogia e governamentalidade*. Belo Horizonte: Autêntica, 2011.

PICKETT, Joseph (ed.). *The American Heritage Dictionary of the English Language*. Boston: Houghton Mifflin Company, 2000.

REVEL, Judith. *Foucault: conceitos essenciais*. São Carlos: Claraluz, 2005.

VEIGA-NETO, Alfredo. Educação e governamentalidade neoliberal: novos dispositivos, novas subjetividades. In: PORTOCARRERO, Vera; CASTELO BRANCO, Guilherme (org.). *Retratos de Foucault*. Rio de Janeiro: NAU, 2000. p. 179-217.

VEIGA-NETO, Alfredo. Coisas do governo... In: RAGO, Margareth; ORLANDI, Luiz B.; VEIGA-NETO, Alfredo (org.). *Imagens de Foucault e Deleuze: ressonâncias nietzschianas*. Rio de Janeiro: DP&A, 2002. p. 13-34.

VEIGA-NETO, Alfredo. Dominação, violência, poder e educação escolar em tempos de Império. In: RAGO, Margareth; VEIGA-NETO, Alfredo (org.). *Figuras de Foucault*. Belo Horizonte: Autêntica, 2006. p. 13-38.

VEIGA-NETO, Alfredo. Biopolítica, normalización y educación. *Anales del III Coloquio Latino-americano de biopolítica*. Buenos Aires: UNIPE, 2011.

VEIGA-NETO, Alfredo. Governamentalidades, neoliberalismo e educação. In: CASTELO BRANCO, Guilherme; VEIGA-NETO, Alfredo. *Foucault: filosofia & política*. Belo Horizonte: Autêntica. 2011a. p. 37-52.

VEIGA-NETO, Alfredo; LOPES, Maura Corcini. Gubernamentalidad, biopolítica y inclusión. In: CORTEZ-SALCEDO, Ruth; MARÍN-DÍAZ, Dora (comp.). *Gubernamentalidad y educación: discusiones contemporâneas*. Bogotá: IDEP, 2011. p. 105-122.

Capítulo 8

Da arqueologia da loucura à genealogia da psiquiatria

André Constantino Yazbek

A loucura, objeto de meus estudos, era até agora uma ilha perdida no oceano da razão; começo a suspeitar que é um continente.
(SIMÃO BACAMARTE, *O alienista*)

Comecemos por *História da loucura*, obra cujo cinquentenário pretende-se aqui comemorar. Como se sabe, a tese doutoral de Michel Foucault não é uma história social da loucura nem uma história das mentalidades. Não se trata de abordar a loucura simplesmente do ângulo relativo a certas instituições, profissões, atribuições e indivíduos que teriam sido os precursores da ciência da psiquiatria. Portanto, *História da loucura* tampouco é uma história da psiquiatria. Também não se trata de uma tentativa de desqualificar a medicina psiquiátrica *per si*, como se fosse o caso, ingenuamente, de "abandoná-la".[1] De que se trata, então? É possível que uma boa ilustração do caráter singular da obra possa ser recolhida nas palavras de Gaston Bachelard: "o objeto [da ciência] nos designa mais do que nós o designamos" (BACHELARD, 1949, p. 11). No caso de Foucault, não se trata propriamente da *ciência*, mas do *saber*;[2] e

---

[1] Já em sua obra subsequente, intitulada *O nascimento da clínica*, e provavelmente como resposta às recepções demasiado apressadas de *História loucura*, Foucault advertirá seu leitor acerca dessas ingenuidades: "De uma vez por todas, este livro não é escrito por uma medicina contra uma outra, ou contra a medicina, por uma ausência de medicina. Aqui, como em outros lugares, trata-se de um estudo que tenta extrair da espessura do discurso [médico] as condições de sua história" (FOUCAULT, 2003, p. XVIII).

[2] Compreenda-se por "*saber*" um nível particular de discursos que se situam entre a "opinião" e o "conhecimento científico"; discursos "cujo corpo visível não é o discurso teórico ou científico, nem tampouco a literatura, mas uma prática cotidiana e regrada" (FOUCAULT *apud* ERIBON, 1989, p. 183). Nessa medida, enquanto "prática cotidiana e regrada", o *saber* é o campo de um ordenamento discursivo da experiência.

o objeto de *História da loucura* – o progressivo domínio da razão *sobre* a loucura, e sua conformação como doença mental –, nos designa (mais que nós a ele) na medida em que

> A loucura é a forma mais pura, a forma principal e primeira do movimento pelo qual a verdade do homem passa para o lado do objeto e se torna acessível a uma percepção científica. O homem só se torna natureza para si mesmo na medida em que é capaz de loucura. Esta, enquanto passagem espontânea para a objetividade, é um momento constitutivo no devir objeto do homem (FOUCAULT, 2007, p. 648).

Ao saber sobre a loucura corresponderá a prática e a instituição psiquiátrica. Mas não se trata aqui de uma instituição qualquer, senão de uma *instituição limite* (CASTEL, 2009). Assim, Foucault nos acena com a possibilidade de "fazer uma história dos limites", dos "gestos obscuros, necessariamente esquecidos assim que se cumprem, através dos quais uma cultura rejeita algo que será para ela o *Exterior*" e, em assim o fazendo, forja para si a sua própria identidade (FOUCAULT, 2001, p. 189). Da perspectiva da arqueologia desenvolvida em *História da loucura*, a constituição da loucura como doença mental, em fins do século XVIII, longe de representar a desejada conquista da objetividade para a ciência da psiquiatria, representou o momento de um diálogo interrompido, ponto de clivagem no qual a racionalidade ocidental mergulhou "no esquecimento todas essas palavras imperfeitas, sem sintaxe fixa, um pouco balbuciantes, com as quais se fazia o comércio da loucura com a razão [no Renascimento]" (FOUCAULT, 2001, p. 189). O que significa, talvez, que o "fato de a loucura pertencer à patologia deva ser considerado antes como um confisco", isso é, captura do desatino pela razão (FOUCAULT, 2007, p. 208). Em consequência, pode-se dizer que a linguagem da psiquiatria só pôde estabelecer-se *sobre* o silêncio imposto à loucura (FOUCAULT, 2001, p. 188).

História da loucura, portanto, não é uma história da ciência, mas uma história do *Outro*, do avesso da razão, ou seja, uma investigação dedicada à "cisão originária" que estabeleceu, no curso da experiência histórica de nosso pensamento, a distância entre razão e loucura, bem como os esforços da primeira para arrancar da segunda a sua *verdade*. Uma outra forma de dizer a mesma coisa seria afirmar que se tratava, para Foucault, de estabelecer os marcos arqueológicos da progressiva medicalização da loucura na experiência de nossa cultura e nas práticas sociais que lhe são correlatas – horizonte que tornou possível o território da psiquiatria e seu objeto: a doença mental. Nesse sentido, valeria a pena revisitar as linhas escritas por Georges Canguilhem em seu relatório de apresentação da tese doutoral de Foucault, datado de abril de 1960:

> Toda história dos inícios da psiquiatria moderna se revela falseada por uma ilusão retroativa segundo a qual a loucura já estava dada – ainda que de maneira imperceptível – na natureza humana. A verdade, segundo M. Foucault, é que a loucura precisou ser inicialmente constituída como uma forma de desrazão, mantida à distância pela razão, condição necessária para que ela enfim pudesse se colocar ao olhar como um objeto de estudo (CANGUILHEM apud ERIBON, 1989, p. 359).

Em síntese, pode-se dizer que *História da loucura* tem como um de seus temas a ideia segundo a qual as maneiras de categorizar o que chamamos de loucura na Modernidade foram elaboradas pelo mesmo movimento histórico que constituiu a psiquiatria como domínio de saber que designa e rege essas mesmas maneiras e modos de categorização.

*

Para além de uma arqueologia dedicada a circunscrever o ordenamento discursivo que tornou possível a captura da loucura pelo saber médico – e seus antecedentes históricos –, *História da loucura* também nos apresenta o que se poderia chamar de um estudo do controle social dos comportamentos desviantes.

Assim, para efetivamente compreender a tese doutoral de Foucault em seus desdobramentos é necessário ter em vista que a loucura não é apenas uma categorização pura, utilizada em certo momento das sociedades ocidentais, em certos contextos e formações científicas; antes disso, a loucura é uma *violação das normas* do pensamento e das emoções por processos similares de desvio, contranormas, transgressão manifesta da racionalidade, experiências limite e, em registro literário, "ausência de obra" (FOUCAULT, 2007).[3] E é essa captura da contranorma que estaria na raiz do diálogo rompido entre razão e loucura já na chamada *Idade Clássica* (séculos XVII/XVIII): preparada pelo cartesianismo,[4] a linha divisória

---

[3] "A loucura de Artaud não se esgueira nos interstícios da obra; ela é precisamente a *ausência da obra*, a presença repetida dessa ausência, seu vazio central experimentado e medido em todas as suas dimensões, que não acabam mais" (FOUCAULT, 2007, p. 662).

[4] Descartes representaria o momento em que o *"pensamento, como exercício de soberania de um sujeito que se atribui o dever de perceber o verdadeiro, não pode [jamais] ser insensato"* (FOUCAULT, 2007, p. 70). Aliás, Foucault oporá Montaigne a Descartes, citando, entre outras, esta passagem dos *Essais*: "Não nos lembramos, a pouco, o quanto sentimos a presença da contradição em nosso próprio julgamento?" (MONTAIGNE apud FOUCAULT, 2007, p. 69).

que logo tornará impossível a experiência renascentista de uma "razão irrazoável", de um "razoável desatino", demarca justamente o advento dessa racionalidade para a qual a loucura será conjurada, "colocada fora do domínio no qual o sujeito detém seus direitos à verdade" (FOUCAULT, 2007, p. 70). Trata-se do advento, portanto, da *ratio* própria ao classicismo: o golpe de força realizado por Descartes localiza, no caminho da dúvida metódica, a loucura ao lado do sonho de todas as formas do erro; no entanto, a considera em um registro específico, tomando-a como condição de uma impossibilidade do pensamento. O que significa que o controle social é o correlato indispensável do ordenamento discursivo da medicalização da loucura.

Sabemos que a arqueologia traçada em *História da loucura* também mapeia os pontos-chave da constituição institucional e das práticas da racionalidade clássica e moderna com relação à loucura: com efeito, é preciso reconhecer a criação do Hospital Geral em Paris, em 1656, como marco institucional da formação do espaço do internamento que torna cativa uma loucura percebida no horizonte moral da condenação da "pobreza, da incapacidade para o trabalho, da impossibilidade de integrar-se ao grupo" (FOUCAULT, 2007, p. 108). Igualmente, é preciso fazer notar, já no perímetro da Idade Moderna (séculos XIX e XX), a maneira como a instituição dos asilos opera uma reestruturação da experiência clássica a partir da transformação do internamento em ato terapêutico (FOUCAULT, 2007). Desde então, a loucura se individualizará, adquirirá traços próprios, quer dizer, sua forma propriamente *positiva* de doença mental, passando a ocupar, de maneira exclusiva, o espaço de reclusão da instituição asilar (FOUCAULT, 2007).[5] Desse modo, é a individualização da loucura como doença mental que exigirá a reorganização do espaço asilar como espaço de reclusão destinado exclusivamente aos doentes mentais: a loucura constituirá uma categoria social própria, cujos traços devem ser – de direito – objetiváveis para um *saber*. Na Idade Moderna, a "loucura fecha o homem na objetividade" (FOUCAULT, 2007, p. 646). Isto é, a loucura torna-se um fenômeno interior ao próprio indivíduo; um fenômeno que, dizendo respeito à verdade do homem, se "psicologiza" para se tornar fenômeno antropológico: é aqui que se joga a possibilidade de uma ciência positiva do homem.

---

[5] Afinal, como Foucault pretende demonstrar em sua tese doutoral, para o classicismo tudo o que escapa aos limites da normalidade deve ser banido para esta "terra do internamento": pobres, vagabundos, correcionários, desempregados, devassos, enfermos, libertinos, onanistas, etc., de sorte que a loucura, no registro próprio ao classicismo, ainda não possui seus traços individualizantes de "doença mental" (FOUCAULT, 2007, p. 445).

Feitas todas as contas, portanto, caberá à psiquiatria a tarefa de enunciar a *verdade essencial* do humano a partir de experiências que configuram precisamente a perda das verdades humanas, o que significa, dirá Foucault, que para a cultura europeia o "pensamento médico implica de pleno direito o estatuto filosófico do homem" (FOUCAULT, 2003, p. 202). A psiquiatria não é apenas um corpus de técnicas de cura e do saber que elas requerem, mas, em sua raiz mesma, um conhecimento do homem saudável, ou seja, ao mesmo tempo uma experiência do homem não doente e uma definição do homem modelo (FOUCAULT, 2003).[6] Em poucas palavras: do "homem ao homem verdadeiro, o caminho passa pelo homem louco" (FOUCAULT, 2007, p. 649).

Nesse sentido, seria importante sublinhar o horizonte mais amplo que orienta as análises das instituições e dos ordenamentos discursivos em *História da loucura*: em última instância, trata-se de fazer ver que *loucura e civilização* estão em uma relação constituinte fundamental; isto é, a loucura está intrinsecamente implicada (como o seu *avesso*, o seu *negativo*) no cerne da constituição da racionalidade do pensamento e da conduta. Implicada no sentido em que a loucura constitui (como perigo que é preciso conjurar, manter a distância) o *outro* indispensável para os programas, projetos de lei e normas que formam a reunião específica de conhecimentos positivos sobre a alma e o social que ordenam nossas sociedades modernas. Esses conhecimentos informam e são informados por práticas institucionais de controle de condutas e regras de gestão dos indivíduos. Daqui uma passagem significativa de *História da loucura*:

> A psicopatologia do século XIX (e talvez ainda a nossa) acredita situar-se e tomar suas medidas com referência a um *homo natura* ou a um homem normal considerado como dado anterior a toda experiência da doença. Na verdade, esse homem normal é uma criação. E se é preciso situá-lo, não é em um espaço natural, mas sim em um sistema que identifique o *socius* ao sujeito de direito; e, por conseguinte, o louco não é reconhecido como tal pelo fato da doença tê-lo afastado para as margens do normal, mas sim porque nossa cultura situou-o no ponto de encontro entre o decreto social do internamento e o conhecimento jurídico que discerne a capacidade dos sujeitos de direito (FOUCAULT, 2007, p. 176).

---

[6] Tratando da formação da clínica em *Nascimento da clínica*, é esse o registro no qual Foucault apreenderá a formação da medicina moderna, pano de fundo geral a partir do qual a própria ciência da psiquiatria se erguerá: "A medicina não deve ser mais apenas o *corpus* de técnicas de cura e do saber que elas requerem; envolverá [...] um conhecimento do homem saudável, quer dizer, ao mesmo tempo uma experiência do homem *não doente* e uma definição do *homem modelo*" (FOUCAULT, 2003, p. 35).

É nessa medida que Foucault localizará, na centralidade que o personagem do médico assumirá no interior da instituição asilar no século XIX, "poderes que, por natureza, são de ordem moral e social", e não propriamente médicos ou científicos: "Se a profissão médica é requisitada, é como garantia jurídica e moral, e não sob o título de ciência", pois o "trabalho do médico é apenas parte de uma imensa tarefa moral que deve ser realizada no asilo" (FOUCAULT, 2007, p. 624-625). Ora, se a transferência do fenômeno da loucura para o campo clínico – aquele que repousa sobre a individualização, o diagnóstico e as técnicas de normalização – constitui um momento fundamental da medicalização da loucura, ela também engendra, por consequência, um novo papel social do médico: o estatuto do médico como instância moral exige, como sua contraparte, a objetivação da loucura a partir da alienação do louco na pessoa do médico.

Em conclusão, afirmará Foucault, "se a personagem do médico pode delimitar a loucura, não é porque a conhece, é porque a domina" (FOUCAULT, 2007, p. 626); uma breve afirmação que talvez nos permita compreender o quanto as análises desenvolvidas em *História da loucura* já representam, em alguma medida, o sentido geral da tarefa foucaultiana (ainda que reparos metodológicos sejam feitos pelo autor em momentos subsequentes de sua obra): o desnudamento da *inserção social do discurso* é a antessala para uma denúncia do *olhar objetivante* e *examinador* de saberes e práticas institucionais no interior dos quais o sujeito-louco é capturado na qualidade de *objeto* para uma observação impassível.

★

Como se sabe, nos anos 1970 Foucault retornará aos temas da doença mental e da psiquiatria, bem como aos problemas políticos, legais, sociais, éticos e filosóficos que eles implicam. O que nos interessa aqui é pensar a possibilidade de certa relação (não apenas temática, mas relativa à economia interna do pensamento foucaultiano) entre *História da loucura* e a fase genealógica do percurso de Foucault.

Em *O poder psiquiátrico*, curso ministrado por Foucault no *Collège de France* durante o ano letivo de 1973-1974, é o próprio autor quem estabelece uma relação (à primeira vista paradoxal) entre o conteúdo programático de suas aulas e as linhas de força de *História da loucura*: (1) de uma parte, o conjunto de problemas aos quais Foucault pretende se ater no curso mencionado constituem, em certa medida, o "ponto de chegada ou, em todo caso, de interrupção do trabalho [...] feito antes em *História da loucura*"; (2) de outra parte, o curso também se apresenta em uma relação de descontinuidade com a tese doutoral foucaultiana, e isso na medida em que também é preciso apontar os deslocamentos que se pretende operar: "É nesse ponto de chegada [de *História da loucura*] que eu gostaria de retomar as coisas; só que com certo número de diferenças" (FOUCAULT, 2006, p. 16).

Revisitando a figura de Pinel – citado por Foucault a propósito da importância da ordem e da disciplina nos hospícios como fatores fundamentais para um resultado terapêutico satisfatório[7] –, já a primeira aula de *O poder psiquiátrico* se apressa em sublinhar a maneira como "certa ordem, certa disciplina, certa regularidade que se aplica no próprio interior dos corpos [afinal, trata-se de distribuí-los no espaço para uma observação impassível] são necessárias a duas coisas":

> Por um lado, [são necessárias] à própria constituição do saber médico, já que, sem essa disciplina, sem essa ordem, sem esse esquema prescritivo de regularidades não é possível ter uma observação exata. A condição do olhar médico, sua neutralidade, a possibilidade de ele ter acesso ao objeto [...], a própria relação de objetividade, constitutiva do saber médico e critério de sua validade, tem por condição efetiva de possibilidade certa relação de ordem, certa distribuição do tempo, do espaço, dos indivíduos. [...] Em segundo lugar, essa ordem disciplinar, que aparece nesse texto de Pinel como condição para uma observação exata é, ao mesmo tempo, condição de cura permanente; ou seja, a própria operação terapêutica, essa transformação a partir da qual alguém considerado doente deixa de ser doente, só pode ser realizado no interior dessa distribuição regrada do poder (FOUCAULT, 2006, p. 4-5).

Portanto, é precisamente a ordem disciplinar que articula as duas condições basilares do saber psiquiátrico (considerado tanto como prática institucional quanto como saber *sobre* a loucura): a objetividade do saber médico (sua relação com o objeto) e a operação terapêutica propriamente dita conjugam-se na distribuição dos corpos, dos gestos, dos comportamentos segundo um ordenamento que se inscreve no registro de uma disciplinarização dos indivíduos (FOUCAULT, 2006). Ora, o que Foucault encontra na psiquiatria a partir do enfoque genealógico é uma tecnologia de poder relativa às formas de normalização

---

[7] "Não há por que se espantar muito [...] com importância que dou à manutenção da calma e da ordem num hospício de alienados, e às qualidades físicas e morais que essa vigilância requer, uma vez que essa é uma das bases fundamentais do tratamento da mania e que sem ela não obtemos nem observações exatas, nem uma cura permanente, não importando quanto se insista, de resto, com os medicamentos mais elogiados" (PINEL *apud* FOUCAULT, 2006, p. 4).

dos indivíduos, um mecanismo que se exerce por um jogo de alianças pontuais e descontinuas articuladas entre diferentes instâncias que, em sua articulação efetiva, produzem um efeito de sujeição. Assim, as continuidades e os deslocamentos demarcados em *O poder psiquiátrico* com relação à *História da loucura* têm por objetivo: (1º) reconhecer em sua tese doutoral uma "abertura para pesquisas vindoura" (pesquisas cujo enfoque não é tanto aquele relativo ao saber como regramento, mas antes ao poder como exercício de tipo normativo); (2º) a constituição de uma perspectiva e um instrumental conceitual que favoreça a delimitação da formação histórica de constituição dos dispositivos de poder que regem as formas de intervenção médica na Psiquiatria, principalmente no tocante à questão do "poder asilar", ou, neste caso, "poder psiquiátrico" (FOUCAULT, 2006).

Se tivermos em vista apenas as aulas iniciais de Foucault, será possível resumir os deslocamentos operados em *O poder psiquiátrico* face à *História da loucura* segundo dois conjuntos tópicos.

O primeiro deles diz respeito à substituição de uma análise das representações por uma abordagem realizada em termos do *dispositivo de poder* que estaria na origem mesma das formas de representação (FOUCAULT, 2006, p. 17). *História da loucura* teria restringido seu enfoque a um "núcleo de representações", comprometendo-se, a partir do privilégio conferido à "percepção da loucura", com "algo como a representação, o sujeito, etc." (FOUCAULT, 2006, p. 16-17). Em *O poder psiquiátrico*, por seu turno, Foucault procura tomar como ponto de partida da análise o "dispositivo de poder como instância produtora da prática discursiva" (FOUCAULT, 2006, p. 17). Trata-se de remeter a investigação arqueológica a um nível mais "originário", um nível que permitiria apreender a prática discursiva precisamente no ponto exato em que ela se forma (FOUCAULT, 2006). (Como sabemos, ao menos desde a *Ordem do discurso* a prática discursiva se apresenta como um espaço de lutas e enfrentamentos (FOUCAULT, 2004).[8]

O segundo tópico corresponde à crítica das noções de *violência*, *instituição* e *modelo familiar*. Posto que o poder, segundo o Foucault de *O poder psiquiátrico*, é exercício meticuloso e calculado cujo ponto de aplicação, em última instância, é o corpo ("Todo poder é físico"), a noção de violência se torna insatisfatória uma vez que nos faz supor que um poder "legítimo", calculado e racional, pelo fato de aparentemente não ser violento, não é um poder físico (FOUCAULT, 2006,

---

[8] Segundo Foucault (2004, p. 10), "o discurso não é simplesmente aquilo que traduz as lutas ou os sistemas de dominação, mas aquilo por que, pelo que se luta, *o poder do qual nos queremos nos apoderar*".

p. 18-19).[9] No caso da noção de instituição, sua crítica se deve ao fato de ela nos entregar objetos já constituídos: nela, "nós nos damos já o indivíduo, a coletividade e as regras que as regem", em lugar de, invertendo a perspectiva, dar-nos como ponto de partida as relações de força sobre as quais se assentam as práticas, os regramentos institucionais e, no limite, o próprio indivíduo ("o indivíduo, parece-me, não é mais do que o efeito do poder, na medida em que o poder é um procedimento de individualização" (FOUCAULT, 2006, p. 19-20)).[10] Quanto à crítica ao modelo familiar – que em *História da loucura* nos é apresentado como tendo papel fundamental na reorganização das relações entre loucura e razão e, portanto, na própria constituição do asilo –, trata-se de, corrigindo sua tese doutoral, fazer ver que não é da família que o asilo retira o seu modelo ("o hospital não é, de modo algum, a família ideal"), mas, ao contrário, é o modelo familiar que, a certa altura, "transfere-se para o interior dos sistemas disciplinares" (FOUCAULT, 2006, p. 99); e ele o faz na medida em que há "técnicas disciplinares que vêm enxertar-se no interior da família" (FOUCAULT, 2006, p. 100).

A essa altura, contudo, não basta apenas fazer a crítica das noções presentes em *História da loucura*. Seguir-se-á também uma substituição das noções de violência, instituição e modelo familiar, de modo a afinar o aparatado conceitual para dar conta de uma *démarche* cujo objetivo é o de identificar *objetos de luta* (ambiência geral na qual se poderia inscrever a genealogia foucaultiana): a primeira noção deve ser substituída pela noção de *microfísica do poder*; a segunda, pela de noção de *tática*; a terceira, enfim, deve dar lugar à noção de *estratégia* (FOUCAULT, 2006, p. 21). E Foucault se perguntará se esta substituição do vocabulário "psicossociológico" para o vocabulário "pseudomilitar" constitui algum avanço para a análise o poder psiquiátrico (FOUCAULT, 2006, p. 21). Afinal – este é o ponto – o que se ganha com isso? Veremos.

*

Tomemos como guia geral a noção *de microfísica do poder*. Essa noção deve evocar uma concepção de poder que supõe que ele não seja concebido

---

[9] Assim, a noção de violência "deixa supor que o exercício físico de uma força desequilibrada não faz parte de um jogo, calculado, administrado, do exercício do poder" (FOUCAULT, 2006, p. 18-19).

[10] Note-se que se trata de uma tese que será sistematicamente desenvolvida em *Vigiar e punir*: "Sem dúvida o indivíduo é o átomo fictício de uma representação 'ideológica' da sociedade; mas ele é também uma realidade fabricada por esta tecnologia específica de poder que chamamos de 'disciplina'" (FOUCAULT, 1975, p. 195-196).

como uma propriedade, mas sim como exercício. Neste sentido, os efeitos de dominação do poder se exercem por meio de manobras, táticas e estratégias, técnicas e dispositivos que devem ser compreendidos como uma rede de relações em permanente tensão, em permanente atividade, e não como um privilégio adquirido ou conservado, exercido de modo unilateral, prerrogativa ou instância circunscrita ao aparelho de Estado (característico do *poder soberano*).

É nessa chave que se deve compreender a maneira como a temática da psiquiatria será desenvolvida em *O poder psiquiátrico*: se os deslocamentos propostos por Foucault em relação à *História da loucura* são necessários, é porque se trata agora de empreender um conjunto de análises que visam à formação histórica dos dispositivos de poder que regem as formas de intervenção médica na psiquiatria. Daí a aplicação, no curso de 1973-1974, da noção de microfísica como *microfísica do poder psiquiátrico*: a questão é localizar uma relação de domínio disciplinar do psiquiatra – "que está acima dele [do doente]" – sobre o louco, de modo a fazer ver como o primeiro domina o segundo, sobrepujando-o e, por fim, absorvendo-o: vítima da doença mental, o sujeito se vê "desqualificado como louco – isso é, despojado de todo o poder e de todo o saber quanto à sua doença" (FOUCAULT, 2006, p. 452).

Talvez a melhor ilustração dessa *microfísica do poder psiquiátrico* (um poder que incide sobre a física dos corpos) esteja no modo como Foucault distingue o poder soberano do poder disciplinar a propósito da figura de Jorge III, rei da Grã-Bretanha e Irlanda. O que importa a Foucault, especificamente em sua aula de 14 de novembro de 1973, é fazer emergir a prática psiquiátrica como "manipulação regrada e concertada das relações de poder". Um mecanismo de poder que, tenho como figura exemplar o rei, ilustra o deslocamento do poder soberano para o poder disciplinar em razão de um controle e um regramento minucioso do corpo doente.

Entre 1765 até 1810, ano de sua morte, Jorge III apresentou uma série de episódios de distúrbios mentais. Foucault recorre ao *Tratado médico-filosófico sobre a alienação mental e mania*, publicada por Pinel em 1800, para retraçar a cena "inaugural" de uma prática psiquiátrica cujo ponto de aplicação revela uma transformação nas relações de poder. A citação de Pinel por Foucault é a seguinte:

> Um monarca [Jorge III] entra em mania e, para tornar sua cura mais pronta e mais sólida, não se faz nenhuma restrição às medidas de prudência daquele que o dirige [notem a palavra: é o médico]; por conseguinte, todo o aparato da realeza se desvanece, o alienado, afastado da família e de tudo o que o rodeia, é relegado a um palácio isolado e encerrado sozinho num quarto cujo chão e

cujas paredes são forradas de colchões para que ele fique impossibilitado de se ferir. Aquele que dirige o tratamento lhe declara que ele não é mais soberano [...]. Dois de seus antigos pajens, da estatura de Hércules, são encarregados [...] de convencê-lo de que ele está sob inteira dependência deles e que doravante deve obedecer-lhes. Eles observam com ele um tranquilo silêncio, mas em todas as ocasiões fazem com que sinta o quanto eles lhe são superiores em força (PINEL *apud* FOUCAULT, 2006, p. 26).

O aparato da realeza se desvanece; o rei não é mais soberano. São essas as expressões que mais interessam a Foucault. Trata-se aqui de uma "cerimônia" não de sagração, mas de destituição do poder real: ao médico – aquele que doravante *dirige o rei* –, cabe operar essa "descoroação", essa "dessagração". Todos os elementos veiculados pela cena descrita por Pinel indicam o esvaziamento das funções reais da monarquia. Foucault nos faz notar que essa destituição do poder real, esse esvaziamento de suas funções, não é do mesmo tipo daquela que se verifica, por exemplo, no teatro dramático de Shakespeare: "a loucura do rei [Jorge III], ao contrário da do rei Lear, que o fazia errar pelo mundo, fixa-o num ponto preciso e [...] o faz cair sob um poder que não é um outro poder soberano" (FOUCAULT, 2006, p. 27). Essa relação a que é submetido Jorge III tem uma natureza diversa daquela do poder soberano:

> É um poder anônimo, sem nome, sem rosto, é um poder que é repartido entre diferentes pessoas; é um poder, sobretudo, que se manifesta pela implacabilidade de um regulamento, que nem sequer se formula, já que, no fundo, nada é dito, e está bem escrito no texto que todos os agentes podem ficar calados. É um mutismo do regulamento que vem de certo modo ocupar o lugar deixado vazio pela descoroação do rei (FOUCAULT, 2006, p. 27-28).

Estamos aqui diante de um deslizamento – no interior mesmo da instituição psiquiátrica – do *poder soberano* para o *poder disciplinar*: se o poder soberano se manifesta na figura unívoca do indivíduo que o detém, apresentando-se em autoridade fundadora, o poder disciplinar, de sua parte, é um poder discreto, repartido, um poder cuja manifestação não se encontra em sua consagração a um indivíduo soberano, mas antes em seus efeitos (FOUCAULT, 2006). E seus efeitos incidem sobre a "junção poder-corpo": trata-se de tornar dócil e submisso – em seu corpo mesmo – aquele sobre o qual o mecanismo do poder disciplinar se exerce (FOUCAULT, 2006, p. 28). Assim, o caso ilustrativo de Jorge III é tão mais exemplar quanto mais se considere que estamos diante da submissão do próprio *poder soberano* ao *poder disciplinar*: aqueles que vigiam o soberano não estão mais a serviço de sua vontade (como era de se esperar); eles estão a serviço da *condição do rei* em sua situação de doente mental. E é esta condição que autoriza a incidência do poder disciplinarizador como uma força muda, sem voz nem lugar certos. É notável, portanto, que a oposição ao rei, em seu estado de força selvagem, seja feita pela força contida e serena, disciplinada e discreta de seus próprios pajens (FOUCAULT, 2006, p. 29). Também é notável que no relato de Pinel a própria figura do médico – "aquele que é [...] o núcleo desse sistema disciplinar" – não esteja presente explicitamente em nenhum momento (FOUCAULT, 2006, p. 28). Mas se o ponto focal do poder disciplinar (o médico) está ausente, sua manifestação, no entanto, carrega o caráter panóptico de uma visibilidade absoluta e constante sobre os corpos dos indivíduos.[11] Neste sentido, o dispositivo disciplinar é um poder que deve ser visível mas inverificável (FOUCAULT, 2006, p. 96). No presente caso, àquele do rei Jorge III, a disciplina intervém sob a forma da tarefa de vigilância confiada aos pajens – figuras que devem "dominar, abater, desnudar, limpar, tornar o corpo ao mesmo tempo limpo e verdadeiro" (FOUCAULT, 2006, p. 32). O poder disciplinar é uma *política dos corpos* – fabrica corpos sujeitados e, com efeito, os veicula no ponto de encontro da função-sujeito com o corpo (FOUCAULT, 2006).

*

Notemos que a distância e a proximidade que circunscrevem a relação de *História da loucura* com *O poder psiquiátrico* deita raízes na relação ambígua e pendular que Foucault estabelece com a própria psiquiatria em seus escritos; relação pendular porque, como vimos, o centro de interesse do pensamento foucaultiano se desloca entre a arqueologia e a genealogia: a inscrição dos poderes (microfísicos) nos corpos – no sentido

---

[11] Como se sabe, Foucault faz uso do termo "panóptico" tendo em vista o modelo arquitetônico proposto por Jeremy Bentham (1748-1832) para o encarceramento – o *Panóptico*. O *Panóptico*, de Bentham, pode ser descrito como uma construção periférica, em forma de anel, com uma torre de vigilância em seu centro. O edifício é dividido em celas, cada qual com duas janelas – uma para o exterior, por onde entra a luz, e uma para o interior, de frente para a torre central. A torre central, por sua vez, tem janelas que permitem olhar através das janelas interiores das próprias celas. Sendo assim, basta situar o vigilante na torre central para assegurar a vigilância daqueles que estão presos nas celas. O jogo de luminosidade – que emana das janelas que dão para o exterior das celas – permite que o vigilante veja sem ser visto. Ora, é sobre esta distribuição da visibilidade do espaço que repousa o funcionamento do *Panóptico*; esse é o seu efeito mais importante: trata-se de tornar o "poder [...] tão visível em seu centro invisível quanto às pessoas em suas celas; e, por isso mesmo, o poder *vigiado por qualquer um é a própria democratização do exercício do poder*" (FOUCAULT, 2006, p. 96).

de sua docilização, disciplinarização –, constituem agora a forma geral das análises foucaultianas. Assim, se Foucault concluía sua *História da loucura* a partir da figura modelar de Pinel, bem como da instituição dos asilos e da constituição da alienação mental como captura da loucura, em *O poder psiquiátrico* trata-se de compreender como um saber médico relativamente marginal e incerto pôde se impor como um espaço fundamental de emergência do poder disciplinar.

Mas se relação que nos leva de *História da loucura* a *O poder psiquiátrico* é de fato pendular, isso significa que o trânsito de uma *arqueologia da loucura* a uma *genealogia da psiquiatria* não implica um rompimento entre uma e outra perspectivas, mas antes uma reorientação da primeira pela segunda; uma reorientação que responde também às exigências de um contexto no qual as questões relativas aos efeitos de poder da Psiquiatria ou do funcionamento político da medicina ganham o registro da luta política local e pontual, de um "sistema regional de luta contra o poder" (LE BLANC; TERREL, 2003, p. 11).

Presente desde *História da loucura*, a vocação foucaultiana para reenviar a análise discursiva às práticas sociais e institucionais de sua realização desdobra-se na genealogia da Psiquiatria: se já em *História da loucura* encontramos a tese de que os poderes conferidos ao médico no interior da instituição asilar respondem primeiramente a uma exigência de ordem moral e social, em *O poder psiquiátrico*, por sua vez, encontramos a tese segundo a qual o discurso psiquiátrico extrapolou os limites da instituição asilar para se generalizar sob a forma de dispositivos disciplinares, de modo a colonizar espaços que até então lhe eram estranhos.

Para concluir, digamos que tanto em *O poder psiquiátrico* quanto em *História da loucura* tratava-se, *mutatis mutandis*, de levar adiante uma única e mesma tarefa: *desestabilizar a objetividade alienante*. E é essa mesma tarefa que nos permite chegar à questão diretriz do curso de 1973-1974: como o saber que cura é já um poder, um poder que pôde se estender a outros saberes e práticas que constituem o tecido disciplinar? (KECK; LEGRAND, 2003, p. 61).

Se *História da loucura* estava atenta à sensibilidade histórica que formou as condições de possibilidade dos saberes que objetivaram a loucura como doença mental, em *O poder psiquiátrico* o olhar se desloca do tema da exclusão para o próprio procedimento dessa exclusão. E é significativo que o Foucault de o *Nascimento da clínica* já aponte para a gestão da existência humana pela medicina como uma forma de saber normativo que "não apenas a autoriza a distribuir conselhos de vida equilibrada, mas também a reger as relações físicas e morais do indivíduo e da sociedade em que vive" (FOUCAULT, 2003, p. 35). No que concerne à psiquiatria

– mas não apenas a ela –, estamos diante de um *saber-poder* que *incide (disciplinarmente) sobre os corpos*. Arqueologia genealógica, portanto. Ou genealogia arqueológica.

Referências

BACHELARD, Gaston. *La psychanalyse du feu*. Paris: Gallimard, 1949.

CASTEL, Pierre-Henry. Le psychiatrie aut-elle déterminer une norme objective de la folie? In: *Incidence, 4-5*. Paris: Félin, 2009. p. 159-198.

ERIBON, Didier. *Michel Foucault, 1926-1984*. Paris: Flammarion, 1989.

FOUCAULT, Michel. *A ordem do discurso*. Tradução de Laura Fraga de Almeida Sampaio. São Paulo: Loyola, 2004.

FOUCAULT, Michel. FOUCAULT, Michel. Préface. In: *Dits et écrits I. 1954-1975*. Paris: Quarto Gallimard, 2001. p. 187-195.

FOUCAULT, Michel. *Histoire de la folie à l'âge classique*. Paris: Gallimard, 2007. (Collection Tel.).

FOUCAULT, Michel. *Naissance de la clinique*. Paris: Quadrige; PUF, 2003.

FOUCAULT, Michel. *O poder psiquiátrico*. Edição estabelecida sob a direção de François Ewald e Alessandro Fontana, por Jacques Lagrange. Tradução de Márcio Alves da Fonseca e Salma Tannus Muchail. São Paulo: Martins Fontes, 2006.

FOUCAULT, Michel. *Surveiller et punir: naissance de la prison*. Paris: Gallimard, 1975.

KECK, Fréderic; LÉGRAND, Stéphane. Les épreuves de la psychiatrie. In: LE BLANC, Guillaume; TERREL, Jean (Org.). *Foucault au Collège de France: un itinéraire*. Histoire des Pensées. Bordeaux: Presses Universitaires de Bordeaux, 2003. p. 59-100.

LE BLANC, Guillaume; TERREL, Jean (Org.). *Foucault au Collège de France: un itinéraire*. Bordeaux: Presses Universitaires de Bourdeaux, 2003. p. 7-26.

CAPÍTULO 9
A *Tese complementar* na trajetória de Foucault. Parte I – Uma "imagem concreta do homem"

Salma Tannus Muchail

Em maio de 1961, na Escola Normal Superior de Paris, Michel Foucault apresentara, como era regra, duas teses para a obtenção do título de doutor em filosofia. A tese principal, o volumoso estudo *História da loucura*, foi publicado no mesmo ano. A pequena tese, uma tradução francesa da *Antropologia do ponto de vista pragmático* de Kant, acompanhada de notas e precedida de um texto introdutório, foi desmembrada, e a edição da tradução do texto de Kant com as notas saiu pouco tempo depois, em 1964. O comentário introdutório, porém, preservado em arquivo até recentemente e de acesso restrito aos estudiosos, que o chamam familiarmente de *Tese complementar*, só veio a público em 2008. Um artigo de F. Gros e J. Dávila sintetiza, em curta frase, a relação entre as duas teses. Pode-se ler a *tese complementar*, escrevem eles, "como a reflexão mais puramente filosófica que acompanha a tese exposta na primeira grande arqueologia do saber das ciências humanas: a *História da loucura*" (DÁVILA; GROS, 1996).

A publicação da tradução brasileira da *Tese complementar* ocorre precisamente quando as duas teses de doutorado perfazem 50 anos (FOUCAULT, 2011). E posto que foi realizada em parceria pelo Prof. Márcio Alves da Fonseca e por mim, julgamos oportuno apresentar um mesmo estudo organizado em duas comunicações. O estudo consiste na aproximação entre, por um lado, aspectos colhidos na *Tese complementar* e, por outro, temas e textos posteriores de Foucault. Não é, evidentemente, a primeira vez que isso é feito. Existem não poucos estudos cuidadosamente elaborados sobre esta temática.[1] Além de estabelecer aproximações entre a

---

[1] Para indicar alguns: GROS, F.; DÁVILA, J. *Michel Foucault, lector de Kant*. Biblioteca Digital Andina, Universidad de los Andes, Venezuela, 1996 (artigo); LEBRUN, G. *Transgredir a finitude*. In: RIBEIRO, Renato Janine (Org.). *Recordar Foucault*, São Paulo: Brasiliense, 1985 (artigo).

tese inicial e os textos posteriores de Foucault, também desenvolvem as diferenças das posições de Foucault, ao longo da sua trajetória, relativamente ao pensamento de Kant e, a partir desses paralelos, suscitam novas reflexões. Nesse contexto, o estudo que apresentaremos é despretensioso: menos que cruzamentos entre textos e temas, indicaremos pistas para que os encontros se façam.

Entre representação e empiricidade

À época em que ficou decidido não publicar a *Tese complementar*, "o que Foucault fez então – escrevem os apresentadores da edição francesa – com o brilho que conhecemos, foi *As palavras e as coisas* (DEFERT; EWALD; GROS, 2008, p. 7). É consenso, podemos dizer, que o breve texto de 1961 desembocará, desdobrado e robusto, no livro de 1966, muito especialmente nos seus capítulos finais. Destaquemos algumas considerações extraídas desses capítulos.

Na Idade Clássica, quando a verdade do homem é alojada no espaço da representação – *cogito*, substância pensante, a-histórica e imutável – a *finitude* só podia ser compreendida à luz de uma metafísica do *infinito*. Por um lado, a ideia do infinito carregava e acarretava necessariamente sua real existência; por outro e correlatamente, a finitude humana só podia ser reconhecida como o negativo da infinitude divina – nas mutações do corpo, nas imperfeições do empírico, nas limitações da razão. O homem era definido como aquele que é capaz de elaborar representações e somente como representação se poderia conhecê-lo.

Quando tem início a Idade Moderna, a partir do final do século XVIII, são os conteúdos empíricos que, desligados do espaço epistêmico da representação, fornecem, como que autonomamente, independentes de uma ontologia do infinito, os conteúdos positivos de saberes possíveis. É também a empiricidade que define a natureza do homem, ou seu modo próprio de ser.

Na descrição da passagem da Idade Clássica à moderna Foucault retoma, ao final de *As palavras e as coisas*, a conhecida referência ao quadro

---

FIMIANI, M. *Foucault e Kant - crítica, clínica e ética*. Nápoles: Città Del Sole, 1997 (livro); HAN, B. *L'ontologie manquée de Michel Foucault - entre l'historique et le transcendental*. Grenoble: Jerome Millon, 1998 (livro); KRAEMER, C. *Ética e liberdade em Michel Foucault: uma leitura de Kant*. São Paulo: EDUC; FAPESP, 2011 (livro). TERRA, R. Foucault, leitor de Kant. In: TERRA, R. *Passagens - estudos sobre a filosofia de Kant*. Rio de Janeiro: UFRJ, 2003 (ensaio). Revista *Lumières*, n. 8, Foucault et les lumières, Bordeaux, P.U.B, 2006 e *Lumières*, n. 16, Foucault, lecteur de Kant: le champ anthropologique, Bordeaux, P.U.B., 2010. DEFERT, D.; EWALD, F.; GROS, F. Apresentação da edição francesa da *Tese complementar*. Paris: Vrin, 2008. CASTRO, E. Prefácio à tradução castelhana da tese de Foucault. Buenos Aires: Siglo Veintiuno, 2009.

de Velásquez, *Las meninas*, cuja contemplação fora assunto do primeiro capítulo do livro. Agora, porém, no penúltimo capítulo, contempla-o como que sob dois olhares.

Por um lado, sob o olhar da Idade Clássica,

> [...] todas as linhas interiores do quadro e sobretudo aquelas que vêm do reflexo central apontam para aquilo mesmo que é representado mas que está ausente. Ao mesmo tempo objeto – por ser o que o artista representado está em via de recopiar sobre a tela – e sujeito –, visto que o que o pintor tinha diante dos olhos ao se representar no seu trabalho era ele próprio, visto que os olhares figurados no quadro estão dirigidos para esse lugar fictício da personagem régia que é o lugar real do pintor, visto finalmente que o hóspede desse lugar ambíguo, onde se alternam, como que num pestanejar sem limite, o pintor e o soberano, é o espectador cujo olhar transforma o quadro num objeto, pura representação dessa ausência essencial. [...] No pensamento clássico, aquele para quem a representação existe, e que nela se representa a si mesmo, aí se reconhecendo por imagem ou reflexo, aquele que trama todos os fios entrecruzados da 'representação em quadro'–, esse jamais se encontra lá presente. Antes do fim do século XVIII, o homem não existia (FOUCAULT, 1981, p. 324).

E, sob o olhar da Modernidade,

> [...] soberano submisso, espectador olhado, surge ele (o homem) aí, nesse lugar do Rei que, antecipadamente, lhe designavam Las meninas, mas donde, durante longo tempo, sua presença real foi excluída. Como se nesse espaço vacante, em cuja direção estava voltado todo o quadro de Velásquez, mas que ele, contudo, só refletia pelo acaso de um espelho e como que por violação, todas as figuras de que se suspeitava a alternância, a exclusão recíproca, o entrelaçamento e a oscilação (o modelo, o pintor, o rei, o espectador) cessassem de súbito sua imperceptível dança, se imobilizassem numa figura plena e exigissem que fosse enfim reportado a um olhar de carne todo o espaço da representação (FOUCAULT, 1981, p. 328).

É quando o homem aparece na história do pensamento como o "duplo empírico-transcendental" (FOUCAULT, 1981, p. 334 e seg.), objeto e sujeito do conhecimento. A partir de então, a finitude tornar-se-á tema das novas filosofias e as experiências da finitude (finitude da vida, do trabalho, da linguagem) gerarão novos objetos para novos conhecimentos, os das chamadas ciências do homem.

À luz dessas observações, consideremos agora o comentário de Foucault à *Antropologia* de Kant na *Tese complementar*. Com Kant inaugura-se o pensamento da finitude sem referência a uma ontologia do infinito, como a que era estabelecida, por exemplo, no pensamento cartesiano. A afirmação de Foucault na *Tese complementar* dizendo que Kant "torna inútil a hipótese de um infinito atual" (FOUCAULT, 2011, p. 107), é reafirmada, quase literalmente em *As Palavras e as coisas*, ao escrever que "a metafísica do infinito tornou-se inútil" (FOUCAULT, 1981, p. 333). Entretanto, isso não significa que Kant tenha instituído o pensamento antropológico como fundamento de todo conhecimento sobre o homem ao mesmo tempo que como conhecimento das condições de possibilidade deste conhecimento – e, ao cabo, como fundamento de todo conhecimento possível. São os rumos posteriores do pensamento moderno e contemporâneo, mostra Foucault, que instituirão a finitude como origem dos conteúdos empíricos dos conhecimentos sobre o homem e como fonte de todo conhecimento possível. Com isso, o homem é reduzido às limitações dos conteúdos positivos e empíricos do conhecimento e, ao mesmo tempo, erguido à alçada transcendental de "sujeito constituinte", origem e portador da verdade de todo e qualquer conhecimento. É nisso que os rumos novos do pensamento moderno se enganam, quase "misturando", diríamos, Locke e Descartes (FOUCAULT, 2011, p. 104-105; DÁVILA; GROS, 1996, p. 21). A *Antropologia* de Kant, ao contrário, mantém, numa ambiguidade irredutível, a tensão entre o empírico e o transcendental, "e é essa tensão – escreve Ricardo Terra – que será desfeita nas antropologias contemporâneas" (TERRA, 2003, p. 173). O que em Kant é tensão será depois confundido, confusão recoberta, aliás, pelo "duplo sentido do genitivo na expressão 'conhecimento do homem'" (DÁVILA; GROS, 1996, p. 21). É aí que residem as "ilusões" (FOUCAULT, 2011, p. 108-109) e, para usar outra expressão que Foucault repetirá em *As palavras e as coisas*, é aí que se expõe o "discurso ingênuo" (FOUCAULT, 1981, p. 336) ou a "ingenuidade de nossos contemporâneos": "celebrar na antropologia a superação enfim garantida das dissociações em que teria se perdido a aridez do racionalismo – alma e corpo, sujeito e objeto" (FOUCAULT, 2011, p. 105).

Estas poucas pistas permitem dizer que, em *As Palavras e as coisas*, a *Tese complementar* será conduzida às suas radicais consequências.

Entre natureza e liberdade

Da noção de "duplo empírico-transcendental", façamos uma ponte para outro cruzamento. Agora, com o breve texto "Foucault", escrito em 1980, sob o pseudônimo de Maurice Florence, como verbete para o

Dicionário de filósofos, de Denis Huisman, publicado em 1984 (FOUCAULT, 2001, p. 388-391).

Lê-se no início do verbete que se quisermos inscrever Foucault na tradição filosófica, devemos situá-lo na esteira kantiana da tradição *crítica*, e nomear seu trabalho de *História crítica do pensamento*, a ser assim entendida:

> Uma história crítica do pensamento será uma análise das condições em que são formadas ou modificadas certas relações entre sujeito e objeto, na medida em que estas são constitutivas de um saber possível (FOUCAULT, 2001, p. 388-389).

Isso significa, duplamente: por um lado, analisar as condições históricas de "subjetivação" do sujeito, isso é, capazes de qualificá-lo, em um momento dado e em determinada sociedade, como sujeito do conhecimento; e, por outro, analisar as condições históricas de "objetivação" de um objeto, capazes de qualificá-lo, naquele dado momento e naquela determinada sociedade, como objeto de um conhecimento possível. Do "vinculo recíproco" entre subjetivação e objetivação nascem os "jogos de verdade" (FOUCAULT, 2001, p. 389), isso é, as regras segundo as quais um sujeito qualificado pode produzir sobre um objeto qualificado um conhecimento qualificável como verdadeiro. Mas não interessa a Foucault colocar estas questões a propósito de quaisquer modalidades de subjetivação e de objetivação para a constituição de quaisquer saberes: importam-lhe aqueles saberes em que o próprio *sujeito* é também *objeto*.

A partir daí, na retrospectiva de sua trajetória, Foucault identifica o que ele denomina de "fio condutor" ou "projeto geral" (FOUCAULT, 2001, p. 389-391) assim descrito: "estudo da constituição do sujeito como objeto para si mesmo", ou "análises de relações entre sujeito e verdade" (FOUCAULT, 2001, p. 389-390).[2] Para acompanhar esse fio e executar esse projeto, são necessárias, segundo Foucault, "certas opções de método" (FOUCAULT, 2001, p. 390). Trata-se de três princípios metodológicos e é principalmente na sua descrição que identificaremos pontos de encontro com questões já presentes na *Tese complementar*.

1º – A primeira "opção de método" consiste em afastar "todos os universais antropológicos", isso é, tudo o que se propõe como "validade

---

[2] FOUCAULT, 2001, p. 389-390. Observemos que a indicação das relações entre "sujeito e verdade" como preocupação central – tão repetida nos textos mais tardios de Foucault – já aparece, explicitamente embora não explorada, em *História da loucura*. Veja-se, por exemplo, no início do capítulo 2, A grande internação, o uso – ainda pouco comum em Foucault – de expressões como "relações da subjetividade e da verdade", o "sujeito" e seus direitos relativamente à "verdade". Cf. FOUCAULT, 1997, p. 47, FOUCAULT, 2001, p. 389-390.

universal" sobre a "natureza humana" em geral assim como sobre as categorias aplicáveis ao sujeito (a loucura como "objeto" universal, a delinquência como "objeto" universal, a sexualidade como "objeto" universal, etc.). Em contrapartida, buscar as condições históricas de variações desses "objetos" na sua pluralidade e nas suas diferenças.

2º – Afastar o procedimento filosófico "de subida em direção ao sujeito *constituinte*" (FOUCAULT, 2001, p. 390), ou seja, à *transcendência* de um sujeito cognoscente que deteria as chaves da verdade de todo e qualquer conhecimento. Em contrapartida, buscar "as práticas concretas nas quais o sujeito é *constituído* na *imanência* de um domínio de conhecimento" (FOUCAULT, 2001, p. 390).

3º – Dirigir as análises não ao que o sujeito *é*, mas às *práticas*, isto é, ao que "se fazia" (ou se faz) do ou com o sujeito (do ou com o louco, o doente, o delinquente, etc.).

Voltemos à *Tese complementar* sobre a *Antropologia do ponto de vista pragmático* de Kant. Desde as primeiras páginas, Foucault sugere a hipótese de que no texto de Kant talvez já se formule "certa imagem concreta do homem" (FOUCAULT, 2011, p. 17) que viria modificar, se assim pudermos dizer, a formulação do homem como "imagem representada". Entretanto, isto não significa que o pensamento antropológico kantiano tenha rejeitado a imagem clássica do sujeito da representação para imobilizá-la na concretude de uma "natureza humana" cujo modo de ser e cuja verdade seriam essencialmente inalteráveis. Ao contrário, segundo Foucault, é questão fundamental da *Antropologia* saber "como articular uma análise do que é o *homo natura* com uma definição do homem como sujeito de liberdade" (FOUCAULT, 2011, p. 43). Nem puramente "homem da natureza" nem "sujeito puro de liberdade", o homem da *Antropologia* é "habitante do mundo" (*Weltbürger*) (FOUCAULT, 2011, p. 48), historicamente em transformação. "Tem-se – escreve Ricardo Terra – uma articulação peculiar de natureza, liberdade, cultura e mundo" (TERRA, 2003, p. 165).

Essas observações da tese de 1961 apontam, como já anunciamos, para aquelas três "opções de método" que Foucault formulará muito depois: recusa da direção das análises aos universais antropológicos, ao sujeito constituinte e à estática definição do que o homem *é*. Confirmemos com mais duas curtas passagens da *Tese complementar:* "O pensamento antropológico não proporá encerrar a definição, em termos naturalistas, de um *Wesen* (ser) humano" (FOUCAULT, 2011, p. 44). E logo a seguir: o tema que constitui "o próprio núcleo da reflexão antropológica e o índice de sua singularidade" consiste em "descrever não o que o homem é, mas o que ele pode fazer de si mesmo" (FOUCAULT, 2011, p. 45).

Com tais indicações, retomemos nossa sugestão inicial de propor aproximações. E poderemos talvez parafrasear o próprio Foucault. Primeiro, dizendo sobre seu texto acerca da *Antropologia* o que ele diz do texto de Kant: "tão arcaico em suas preocupações, tão longinquamente enraizado em sua obra..." (FOUCAULT, 2011, p. 28). E segundo, devolvendo à *Tese complementar* inserida na trajetória de seus escritos, o que ele diz da *Antropologia* inserida na trajetória da obra kantiana.

Lê-se na *Tese complementar*:

> Na outra extremidade da obra kantiana, a Antropologia é contemporânea de alguns outros textos que, juntos, permitem como que demarcar o ponto de chegada ou pelo menos as contribuições mais recentes. Sustentando assim as duas pontas da corda, estaremos talvez menos desarmados para abordar este fato [...] que é a contemporaneidade entre o pensamento crítico e a reflexão antropológica (FOUCAULT, 2011, p. 28).

Parafraseando, esta passagem pode assim ser lida:

> Na outra extremidade da obra foucaultiana, a Tese complementar é contemporânea de alguns outros textos que, juntos, permitem como que demarcar o ponto de chegada ou pelo menos as contribuições mais recentes. Sustentando assim as duas pontas da corda, estaremos talvez menos desarmados para abordar este fato [...] que é uma certa cumplicidade a circular entre o pensamento inicial e o da maturidade.

Referências

DÁVILA, Jorge; GROS, Frédéric. *Michel Foucault, lector de Kant*. Caracas: Biblioteca Digital Andina, Universidad de los Andes, 1996.

DEFERT, Daniel; EWALD, François; GROS, Frédéric. Présentation. In: KANT, Emmanuel. *Anthropologie du point de vue pragmatique*. FOUCAULT, Michel. *Introduction à l'* Anthropologie. Paris: Vrin, 2008. p. 7-9.

FOUCAULT, Michel. *As palavras e as coisas*. Tradução de Salma Muchail. São Paulo: Martins Fontes, 1981.

FOUCAULT, Michel. Foucault. In: HUISMAN, Denis. *Dicionário de filósofos*. Tradução de C. Berliner, E. Brandão, I. C. Benedetti, M. E. Galvão. São Paulo: Martins Fontes, 2001. p. 388-391.

FOUCAULT, Michel. *Gênese e estrutura da antropologia de Kant*. Tradução de Márcio A. da Fonseca e Salma Muchail. São Paulo: Loyola, 2011.

FOUCAULT, Michel. *História da loucura*. 5. ed. Tradução de José Teixeira Coelho Netto. São Paulo: Perspectiva, 1997.

TERRA, Ricardo. Foucault, leitor de Kant. In: TERRA, Ricardo. *Passagens - estudos sobre a filosofia de Kant*. Rio de Janeiro: UFRJ, 2003.

Capítulo 10
A *Tese complementar* na trajetória de Foucault. Parte II – O que o homem pode e deve fazer de si mesmo?

Márcio Alves da Fonseca

Ler a *Tese complementar*, de Michel Foucault (2011) segundo a perspectiva que procura indicar pistas para que alguns encontros entre este livro e outros escritos do pensador se façam, permite que a retomemos de modo relativamente livre.

Este procedimento aparentemente conflita com o próprio caráter do texto. Com efeito, a *Tese complementar*, originariamente intitulada *Gênese e estrutura da Antropologia de Kant*,[1] caracteriza-se por apresentar uma leitura particular do texto kantiano, que permitirá a Foucault já esboçar a ideia de uma historicidade fundamental sobre a qual se apoiariam os modernos saberes das Ciências Humanas. Trata-se, porém, de uma leitura particular que, ao mesmo tempo, se ancora em abordagem rigorosa – genética e estrutural – da *Antropologia* de Kant. Leitura que, em seu conjunto, recupera desde a precisão de aspectos cronológicos da redação da *Antropologia*, seus vínculos com escritos do período pré-crítico, seus ecos relativamente aos outros escritos do último Kant, até o significado da *Antropologia* relativamente à *Crítica*.

Contudo, o caráter rigoroso desta leitura genética e estrutural não dilui a interpretação peculiar que Foucault faz do texto de Kant. Isto nos autoriza a considerar a *Tese complementar* a partir de possíveis aberturas que o pensamento kantiano sugerirá a Foucault e que reaparecerão com forma própria ao longo de sua trajetória filosófica.

Indicaremos a seguir alguns encontros entre textos e temas que esboçam certa circularidade entre a leitura que Foucault realiza da *Antropologia* de Kant e aspectos de seu pensamento sobre a ética e sobre a filosofia como ontologia de nós mesmos.

---

[1] O título faz referência ao texto de Jean Hyppolite, orientador de Foucault, *Gênese e estrutura da* Fenomenologia do Espírito, *de Hegel*.

Jogo, uso e práticas de si

Após a abordar as "circunstâncias de redação, composição e edição do último texto publicado em vida de Kant", segundo as palavras de Frédéric Gros e Jorge Dávila (DÁVILA; GROS, 1996) e após considerar as relações da *Antropologia* com os escritos kantianos do chamado período pré-crítico,[2] Foucault situa a *Antropologia* em relação a escritos – considerados menores – que são contemporâneos à sua redação. Este recurso lhe permitirá, de um lado, caracterizar as principais preocupações da reflexão kantiana no momento em que o filósofo redige e edita a sua *Antropologia*, e de outro, ao identificar estas preocupações no interior da própria *Antropologia*, recuperar aspectos essenciais de seu conteúdo.

A caracterização do contexto que corresponde ao momento da revisão e da redação da *Antropologia* é realizada, então, a partir da referência às correspondências trocadas entre Kant e três interlocutores. Em primeiro lugar, a correspondência com Jakob Beck, sobre a temática do "eu-objeto"; em seguida, a discussão com Christian Schültz, sobre a metafísica do direito; e por fim, a correspondência com Hufeland, acerca da terceira parte de *O conflito das faculdades*.

É no âmbito da discussão sobre o direito, isso é, na correspondência com Schültz, que Foucault explicitará o significado daquilo que entende ser o "ponto de vista pragmático" da *Antropologia* de Kant. E é justamente a partir dessa explicitação que sugeriremos um encontro da *Tese complementar* com elementos do pensamento foucaultiano acerca da ética.

A discussão com Schültz acerca do direito se formula em torno da distinção entre o pensamento jurídico do século XVI e o pensamento jurídico da segunda metade do século XVIII. O primeiro caracteriza-se, *grosso modo*, por definir a relação do indivíduo com a forma geral do Estado, ou a relação do indivíduo com a forma abstrata da propriedade. O segundo caracteriza-se, também *grosso modo*, por dirigir suas interrogações para as relações de pertencimento dos indivíduos entre si na forma concreta e particular do casal, do grupo familiar, do lar, em termos gerais, da sociedade civil (FOUCAULT, 2011, p. 34). Para Schültz, nem o "direito das pessoas" nem o "direito das coisas" conseguiriam dar conta das formas concretas assumidas pelas relações entre os indivíduos em sociedade (FOUCAULT, 2011, p. 35). Como sabemos, Kant faz uma distinção rigorosa entre o sujeito jurídico (sujeito de direito) e a pessoa moral (pessoa humana), de modo que para o filósofo iluminista,

---

[2] Cf. KANT, I. *Observações sobre o belo e o sublime*; KANT, I. *Ensaio sobre as doenças do espírito*; KANT, I. *Ensaio sobre as raças*.

segundo Foucault, Schültz confundia o ponto de vista moral e o ponto de vista jurídico.

Ora, esta distinção entre pessoa humana e sujeito de direito estabelecida por Kant está, para Foucault, no cerne da preocupação antropológica e será ocasião para se explicitar o caráter pragmático da *Antropologia*. Segundo as palavras de Foucault na *Tese complementar*:

> A *Antropologia* é *pragmática* no sentido de que não vê o homem enquanto pertencente à cidade moral dos espíritos (ela seria chamada prática), nem à sociedade civil dos sujeitos de direito (ela seria então jurídica); considera-o "cidadão do mundo", isso é, enquanto pertencente ao domínio do universal concreto, no qual o sujeito de direito, determinado pelas regras jurídicas e submetido a elas, é ao mesmo tempo uma pessoa humana que traz, em sua liberdade, a lei moral universal (FOUCAULT, 2011, p. 36).

É por isso que a *Antropologia* – enquanto pragmática, ou seja, ao apreender o homem como cidadão do mundo – seria capaz de mostrar "de que modo uma relação jurídica que é da ordem da posse [...], pode preservar o núcleo moral da pessoa tomada como sujeito de liberdade" (FOUCAULT, 2011, p. 36).

Com efeito, no "Prefácio" de sua *Antropologia*, Kant afirmará que uma doutrina do conhecimento do ser humano sistematicamente composta pode constituir-se segundo um ponto de vista *fisiológico*, que investigaria o que a natureza faz do homem, ou pode constituir-se segundo um ponto de vista *pragmático*, que investigaria, por sua vez, o que ele, homem, faz de si mesmo, ou pode e deve fazer enquanto ser que age livremente (Cf. KANT, 2009, p. 21).

Esta precisão do caráter pragmático da *Antropologia* permitirá a Foucault desenvolver as temáticas – a que atribuirá grande importância – do jogo (*Spiel*) e do uso (*Gebrauch*) na *Antropologia* de Kant.

Na perspectiva da *Antropologia* pragmática, em suas relações concretas com o mundo e com os outros, o homem nem se encontra inteiramente determinado, nem se configura como senhor absoluto de determinação. Nas relações concretas do homem com o mundo se estabeleceria, portanto, uma "rede em que nem o direito nem a moral jamais são dados em estado puro, mas em que seu entrecruzamento oferece à ação humana seu espaço de jogo, sua latitude concreta" (FOUCAULT, 2011, p. 37), dirá Foucault.

Não se estaria, portanto, nem no nível da liberdade fundadora nem no nível da regra do direito, mas no ambiente de "certa liberdade pragmática", na qual estão em causa pretensões, astúcias, intenções dúbias, compromissos entre paciências (FOUCAULT, 2011, p. 37-38). É assim que, segundo Foucault, tratando o homem como "ser de livre ação", a *Antropologia* abriria um campo de "livre troca" onde o homem faz circular suas liberdades como que de mão a mão, ligando-se aos outros por um comércio que lhe constituiria uma residência no mundo (FOUCAULT, 2011, p. 38).

Um pouco mais adiante em seu texto, Foucault esclarece ainda mais seu entendimento sobre o núcleo da reflexão antropológica de Kant: não se trata ali de descrever o que o homem é, mas propor a questão do que ele (homem) pode fazer de si mesmo (FOUCAULT, 2011, p. 45).

É por isso que, para Foucault, o "pragmático" torna-se, na *Antropologia*, certo modo de ligação entre o poder (*Können*) e o dever (*Sollen*). Relação entre o poder e o dever para o homem que a razão prática assegurava *a priori* no Imperativo moral e que a reflexão antropológica asseguraria no movimento concreto do exercício cotidiano, no jogo que o próprio homem joga no mundo e com o mundo (FOUCAULT, 2011, p. 46).

Se, em certo sentido, dirá Foucault, o homem é "joguete" da natureza, se lhe acontece de ser jogado, como na ilusão dos sentidos, é porque ele próprio jogou-se como vítima deste jogo, ao passo que lhe compete ser dono do jogo, retomá-lo por sua conta no artifício de uma intenção (FOUCAULT, 2011, p. 46).

Ao mesmo tempo, na *Tese complementar*, Foucault afirma que o sentido da *Antropologia* é ser "exploração de um conjunto jamais dado em sua totalidade, jamais em repouso em si mesmo, porque situado em um movimento em que natureza e liberdade estão intricadas no *Gebrauch*, do qual a palavra 'uso' recobre alguns sentidos" (FOUCAULT, 2011, p. 45).

É, pois, com as noções de jogo e de uso, nessa dimensão do exercício humano entre o que o homem pode e deve fazer de si mesmo como ser no mundo, que repousa o caráter pragmático da *Antropologia*.

Assim, a leitura que a *Tese complementar* faz da *Antropologia* de Kant, em especial sua interpretação sobre o significado do caráter pragmático da *Antropologia* – que recorre às noções de jogo e de uso, articuladas em torno da questão acerca do que o homem pode e deve fazer de si mesmo – nos sugere possíveis encontros com o núcleo da reflexão foucaultiana sobre a ética, tal como esta será desenvolvida nos seus últimos escritos e cursos.[3]

Trata-se de notar que as ideias presentes na leitura que faz Foucault da *Antropologia*, de certo modo reaparecem em sua reflexão sobre a ética, ainda que recolocadas a partir de outro quadro de referência. Como

---

[3] Especialmente nos dois últimos volumes da *História da sexualidade* (*O uso dos prazeres* e *O cuidado de si*) e nos cursos do *Collège de France* dos anos 1980 (*A hermenêutica do sujeito*, *O governo de si e dos outros* e *A coragem da verdade*).

sabemos, Foucault fará sua abordagem sobre a ética tendo como horizonte as injunções filosófico-morais da estética da existência e do cuidado de si nas culturas clássica e helenística. De certo modo, encontra-se nessa abordagem um eco daquelas noções de jogo e uso, na medida em que o filósofo compreende o campo da ética como o domínio das *práticas* que o sujeito histórico concreto estabelece consigo mesmo a fim de se constituir como sujeito de ação no mundo, em suas relações com os outros.

Nesse sentido, valeria retomar, por exemplo, alguns momentos da análise realizada por Foucault do princípio do cuidado de si, no curso *A hermenêutica do sujeito* (FOUCAULT, 2004).

Nesse curso, Foucault reconstituirá parte da história da formulação filosófica complexa que consiste no cuidado de si, à qual atribuirá um significado central na compreensão da constituição ética do sujeito antigo. Para Foucault, o cuidado de si é um princípio filosófico-moral que designaria, ao mesmo tempo, uma *atitude* (atitude enquanto certo modo de encarar as coisas e de se estar no mundo), designaria também uma forma de *atenção* ou de *olhar* (olhar que iria do exterior do mundo para o interior de si) e designaria ainda um conjunto de *práticas* (práticas ou ações que são exercidas de si para consigo, constituindo-se como exercícios concretos de existência).

A história dessa forma de atitude, de atenção e de prática terá como primeira etapa, o estudo do diálogo *Alcibíades* de Platão, momento em que Foucault se deterá no significado da expressão "ocupar-se consigo" ou "cuidar de si".

Ora, no imperativo cuidar de si, caberá determinar o que é o "eu" (si), objeto do cuidado, e o que é o "cuidar", a ação aí realizada. Interessa-nos aqui retomar o entendimento de Foucault acerca do "eu" que integra o imperativo cuidar de si.

Para sermos breves, segundo a análise que Foucault propõe do *Alcibíades*, esse elemento idêntico ao sujeito e, ao mesmo tempo, ao objeto do cuidado, é a "alma". Mas não a alma prisioneira do corpo e que seria preciso libertar (do *Fédon*), não a alma assentada em dois cavalos alados que seria preciso conduzir à boa direção (como no *Fedro*), não a alma tripartite cuja composição as funções da cidade reproduzem (da *República*). Para Foucault, no *Alcibíades*, a alma que corresponde ao "eu", objeto do cuidado é a alma como sujeito irredutível de todas as ações, a alma como sujeito da ação, que se serve do corpo, da linguagem, dos instrumentos do corpo para agir (FOUCAULT, 2004, p. 65-71). No imperativo cuidar de si, trata-se de "ocupar-se consigo mesmo enquanto se é sujeito da *khrêsis* (com toda a polissemia da palavra [*khrêsis*]: sujeito de ações, de comportamentos, de relações, de atitudes)" (FOUCAULT, 2004, p. 71-72).

Desse modo, o "eu" que compõe o cuidado de si e que constituirá o núcleo da sua reflexão sobre a ética, não é nem o sujeito de conhecimento, nem o *homo natura*, nem o "sujeito puro de liberdade", mas o "sujeito de ações".

Esta referência à análise foucaultiana acerca do princípio do cuidado de si antigo e do significado do "eu" que o compõe, enquanto sujeito e objeto da ética sugere um cruzamento entre o pensamento de Foucault acerca da ética e a leitura que faz da *Antropologia* de Kant.

De certo modo, a compreensão do campo da ética como domínio das práticas de si, pelas quais o sujeito – enquanto sujeito de ações que se utiliza do corpo, da linguagem, dos objetos de que dispõe – constitui para si mesmo um modo de vida, um estilo de existência que caracteriza a maneira pela qual se insere no mundo e se relaciona com os outros, isso é, esta compreensão acerca do âmbito da ética, reencontra a importância atribuída por Foucault, em sua leitura da *Antropologia*, às noções de uso e de jogo que mediam o modo pelo qual o homem – o homem da *Antropologia* segundo um *ponto de vista pragmático*, portanto, o homem como cidadão do mundo – insere-se no mundo, e aí, nessa sua residência, age sobre si mesmo, se transforma, se determina, num jogo incessante entre o que pode e o que deve fazer.

Trata-se aqui de um entendimento semelhante àquele proposto por Oulc'hen, em seu artigo *As técnicas de si sob o fio condutor do uso* (OULC'HEN, 2010). Para esse autor:

> O tema do uso [tal como Foucault o recupera em sua *Tese complementar*] desfaz a fronteira estabelecida entre natureza e liberdade: não estamos mais diante de dois domínios rigorosamente circunscritos, aquele do sujeito de conhecimento e aquele do sujeito prático, mas diante de um movimento incessante, no qual surge precisamente a questão daquilo que será tematizado vinte anos mais tarde sob o nome de *ethopoïesis*: aquilo que o homem pode (natureza) e deve (liberdade) fazer de si mesmo, isso é, a maneira pela qual ele se transforma livremente a si mesmo, em virtude do modo de ligação entre o *Können* (poder) e o *Sollen* (dever) (OULC'HEN, 2010, p. 66).

A partir da compreensão do âmbito da ética para Foucault, somos conduzidos ao sentido por ele atribuído à filosofia. E assim, passamos ao segundo encontro que pretendemos sugerir.

A) A questão acerca do homem

É no âmbito da reflexão sobre a ética que Foucault formulará uma das explicitações mais claras acerca do sentido de sua filosofia, a partir de seu enraizamento em uma tradição crítica que ele faz remontar também ao pensamento kantiano.

Pensamos aqui no conhecido comentário de Foucault ao opúsculo *O que são as Luzes?*, publicado por Kant em 1784. Como sabemos, há duas versões deste comentário de Foucault. Uma delas foi publicada originariamente em inglês por Rabinow (1984) e comporta uma discussão sobre a "atitude de modernidade", apoiada nas referências a Baudelaire e ao aquarelista Constantin Guys, referências que estão ausentes da outra versão. Esta outra consiste na aula de 5 de janeiro do curso *O governo de si e dos outros* (FOUCAULT, 2010).

Nesta versão, na qualidade de primeira aula do curso de 1983, a utilização do texto kantiano possui uma função precisa. Tratava-se, para Foucault, de referir seu trabalho investigativo, inclusive aquele que consistia no estudo do sujeito ético antigo, à forma crítica do pensamento configurada como uma interrogação acerca do presente histórico, ou ainda, como uma ontologia de nós mesmos.

Foucault situa, então, em Kant (nos escritos *O que são as Luzes?* e *O conflito das faculdades*), o momento inicial de uma forma de interrogação fundamental, que poderia ser traduzida nas perguntas: "o que é, precisamente, este presente a que pertenço?"; "o que, no presente, faz sentido atualmente, para uma reflexão filosófica?"; "qual é o campo atual das nossas experiências?"; "qual é o campo atual das experiências possíveis?" (FOUCAULT, 2010, p. 13, 21).

A formulação destas questões constitui o núcleo para o qual converge a análise de Foucault do artigo kantiano sobre a *Aufklärung*. Ele entenderá que, ao perguntar pelo lugar ocupado por seu presente histórico relativamente ao projeto de emancipação das Luzes (em *O que são as Luzes?*) e ao perguntar pelo valor atual da Revolução como sinal deste processo de emancipação (tal como o faz em *O conflito das faculdades*), Kant teria podido "verticalizar" a maneira de se colocar a questão da modernidade. Se na cultura clássica ela tinha sido posta segundo um eixo "longitudinal" (ou seja, a modernidade encontrava-se referida à polaridade entre o que ela – Modernidade – significava relativamente à Antiguidade), com Kant a questão da modernidade seria colocada, não numa relação longitudinal com os antigos, mas numa relação "sagital" ou "vertical" do discurso filosófico com sua própria atualidade (FOUCAULT, 2010, p. 14-15).

Ora, é claro o vínculo entre esta maneira de colocar a questão sobre o presente histórico, identificada por Foucault no pensamento kantiano, e o tipo de investigação por ele próprio empreendida: a investigação em que explicitamente procura problematizar as condições de possibilidade históricas dos saberes que concernem ao homem moderno (em especial os saberes das Ciências Humanas); a investigação em que problematiza os mecanismos de objetivação e de subjetivação do homem a partir dos modos de atuação concretos sobre seu corpo e sobre o corpo vivo da espécie; e também a investigação sobre a ética, em especial no momento de sua elaboração tal como se configura no curso de 1983.

Com efeito, o que está em jogo nos trabalhos de Foucault, inclusive em sua reflexão sobre a ética, é este modo de interrogação vertical sobre a atualidade, sobre aquilo que somos enquanto pertencemos ao presente histórico, ou mais precisamente, sobre aquilo que podemos e devemos fazer de nós mesmos enquanto pertencemos ao presente histórico.

É esta interrogação que se configurará segundo uma forma particularmente interessante no curso *O governo de si e dos outros*. Neste curso, a reconstituição histórica da noção de parresia, possibilitará a Foucault discutir a vinculação – necessária e reversível – entre o "governo político dos outros" e o "governo de si mesmo". O que está em questão no curso, portanto, é a contínua implicação entre as práticas através das quais o indivíduo dá forma à sua existência e o modo pelo qual esta existência se estabelece em suas relações concretas com o mundo e com os outros. No ponto de articulação entre estas duas formas de governo (de si mesmo e dos outros) situa-se justamente a pergunta por aquilo que somos e aquilo que podemos e devemos fazer de nós mesmos.

Segundo esta perspectiva não há, para a filosofia, pergunta mais essencial. Nesse sentido, não são ocasionais as ideias sobre a filosofia com as quais Foucault conclui o curso de 1983. Relendo Platão, poderá concluir que a prova de realidade da filosofia, aquilo que faz com que o discurso filosófico não seja somente *logos*, não seja somente uma "palavra dada em sonho", mas possa efetivamente tocar a realidade, consistiria precisamente em seu confronto ativo com a política. Esta tarefa, ao lado daquela que se traduziria pelo exercício contínuo da alma, é que definiria o ser próprio da filosofia (FOUCAULT, 2010, p. 259 e seg.). A nosso ver, trata-se aqui, mais uma vez, daquela mesma interrogação que se volta para o que é o homem naquilo que ele pode e deve fazer de si mesmo enquanto habitante do mundo.

Este modo de ser da filosofia – assim como Foucault o assume enquanto significado maior de suas investigações – parece ecoar então alguns aspectos que procuramos ressaltar da leitura realizada por Foucault da *Antropologia* de Kant, na *Tese complementar*.

Reencontramos aqui aquilo que, para Foucault, constitui o essencial da *Antropologia* e que consistiria no fato de ela encontrar o seu equilíbrio na unidade admitida entre a natureza e o homem, entre a liberdade e a utilidade, entre a cultura como escola do mundo e o próprio mundo (Cf. FOUCAULT, 2011, p. 47). Nas palavras de Foucault:

> Ela [a Antropologia] explora uma região onde liberdade e utilização já estão atadas na reciprocidade do uso, onde o poder e o dever se pertencem na unidade de um jogo que os mede um pelo outro, onde o mundo torna-se escola nas prescrições de uma cultura (FOUCAULT, 2011, p. 47-48).

Desse modo, vemos esboçar-se como que uma circularidade descrita entre os textos que procuramos destacar: na *Tese complementar*, as noções de jogo, uso e "o que é o homem"; nos escritos éticos, as práticas de si e o sujeito moral; no comentário sobre *O que são as Luzes?*, o sentido da filosofia na atualidade.

Circunscrita pela circularidade desses encontros, uma pergunta tende a se destacar. É a questão acerca do homem. Mas para fazer sentido, ao menos nos limites definidos por estas aproximações, ela assumirá não o ponto de vista que consiste em perguntar por uma essência ou natureza, mas o *ponto de vista pragmático,* que consiste em perguntar o que o homem, enquanto cidadão do mundo, pode e deve fazer de si mesmo.

Referências

DÁVILA, Jorge; GROS, Frédéric. *Michel Foucault, lector de Kant*. Caracas: Biblioteca Digital Andina, Universidad de los Andes, 1996. Disponível em: <http://www.saber.ula.ve>. Acesso em 9 out. 2013.

DEFERT, Daniel; EWALD, François; GROS, Frédéric. Présentation. In: KANT, Emmanuel. *Anthropologie du point de vue pragmatique*. FOUCAULT, Michel. *Introduction à l'Anthropologie*. Paris: Vrin, 2008. p. 7-9.

Dossier L'homme après sa mort, Kant après Foucault. *Rue Descartes*, 2013, 3, n. 75. Disponível em: <www.ruedescartes.org>. Acesso em: 9 out. 2013.

FOUCAULT, Michel. *A hermenêutica do sujeito*. Tradução de Márcio Alves da Fonseca e Salma Tannus Muchail. São Paulo: Martins Fontes, 2004.

FOUCAULT, Michel. *Gênese e estrutura da Antropologia de Kant*. Tradução de Márcio Alves da Fonseca e Salma Tannus Muchail. São Paulo: Loyola, 2011.

FOUCAULT, Michel. *O governo de si e dos outros*. Curso no Collège de France (1982-1983). Tradução de Eduardo Brandão. São Paulo: WMF Martins fontes, 2010.

KANT, Immanuel. *Antropologia de um ponto de vista pragmático*. Tradução de Clélia Aparecida Martins. São Paulo: Iluminuras, 2009.

OULC'HEN, Hervé. Des techniques de soi au fil conducteur de l'usage. In: Foucault lecteur de Kant: le champ anthropologique. *Lumières*, n. 16, Bordeaux p. 53-80, 2010.

RABINOW, Paul (Ed.). *The Foucault Reader*. New York: Pantheon Books, 1984. p. 32-50.

TERRA, Ricardo. Foucault, leitor de Kant. In: TERRA, R. *Passagens - estudos sobre a filosofia de Kant*. Rio de Janeiro: UFRJ, 2003.

Capítulo 11
A antropologia filosófica desarmada pela filosofia antropológica[1]

Diogo Sardinha

A frase com que Foucault termina *Gênese e estrutura da* Antropologia *de Kant* é doravante conhecida: "A trajetória da questão *Was ist der Mensch?* no campo da filosofia se completa na resposta que a recusa e a desarma: *der Übermensch*" (FOUCAULT, 2011, p. 111). Julgamos exprimir seu sentido fundamental nos contentando com a ideia de que ela representa, por parte de seu autor, a recusa da filosofia kantiana do ser humano e a adesão ao pensamento nietzschiano do sobrumano.[2] Essa forma de esclarecer a coisa, porém, quase nada diz acerca do sentido último da frase, ao menos por dois motivos: primeiro, ela menospreza cada um dos elementos que a dita frase põe em jogo e aos quais ela deve sua consistência, visto não tomar em conta nem a forma da pergunta "que é o ser humano?", nem o quadro no interior do qual Kant a formula, nem o contexto no qual Nietzsche anuncia o ser sobrumano, nem o que significa "desarmar"

---

[1] Este texto foi escrito graças a uma bolsa de pós-doutorado da Fundação para a Ciência e a Tecnologia (Portugal), no quadro do seu Programa MCTES.

[2] A tradução de *Mensch* em português é tão problemática quanto a de *Übermensch* é controversa. Para a primeira palavra, tentarei sempre usar "ser humano" em vez de "homem", pois o original alemão abarca, sem distinção, homens, mulheres e crianças. Aproveito, desse modo, as vantagens da tradição de língua portuguesa, mais conveniente nesse aspecto do que, por exemplo, a francesa, que há muito entronizou a expressão "direitos *humanos*" em vez de "direitos *do homem*" ("*droits de l'homme*", como ainda hoje se utiliza na França). Quanto a *Übermensch*, alguns autores se servem da palavra "super-homem", por exemplo, Mário da Silva e Roberto Machado, ao passo que outros preferem "além-do-homem", como Rubens Torres Filho, além de Márcio Alves da Fonseca e Salma Tannus Muchail em sua tradução do ensaio de Foucault, *Gênese e estrutura da* Antropologia *de Kant*. Insatisfeito com ambas as soluções, que por diversos motivos não me parecem condensar, em uma só palavra simples, a pujança e a sobriedade simultâneas do termo alemão (e nietzschiano) de *Übermensch*, radicalizarei uma outra tradução existente, *Sobre-humano*, usada notadamente por Leonel Ribeiro dos Santos (2007), e me servirei de "ser sobrumano" como equivalente desse substantivo, usando simplesmente "sobrumano" para dar o sentido do adjectivo *übermenschlich*. Para uma rápida visão de conjunto de como o problema do *Übermensch* se apresenta em língua portuguesa, ver Paschoal (2007).

uma interrogação filosófica; segundo, a interpretação apressada que julga resumir todo esse emaranhado de significados por meio de uma indicação cênica como "sai Kant, entra Nietzsche" induz em erro acerca da importância, quantas vezes central, que a obra do primeiro desempenhará para Foucault, e isso até seus últimos escritos sobre a *Aufklärung*.

Indo de encontro a tal tendência, defenderei aqui a seguinte tese: a derradeira frase de *Gênese e estrutura* sobre o ser humano e o ser sobrumano exprime em primeiro lugar *um fato*, para o qual ele fornece, logo de seguida, *uma explicação*. O *fato* é simultaneamente simples – uma vez que o tenhamos reconhecido – e temível – posto representar uma ferida narcísica para todos quantos acreditam na sobrepujança da razão –: ele consiste em que nunca seremos capazes de estabelecer, de maneira definitiva, o que é o ser humano. A *explicação* desse fato pode ser encontrada na própria constituição da palavra *Übermensch*, que indica que o ser humano é indefinível em última instância *porque* está marcado em parte pela constante *necessidade* de tornar-se diferente daquilo que é, e noutra parte pelo *esforço* permanente para suplantar seu estado presente, indo a cada vez em direção a um novo estado, que ele espera seja ora "mais adaptado", ora "mais perfeito", "mais são", "mais forte" e por aí vai, mas que por seu turno será provisório e destinado a mudar. Por esse motivo, a pergunta "que é o ser humano?" é desarmada pela resposta sobrumana: ela perde sua pertinência assim que percebemos que o ser humano é, a cada momento, tendência para a ultrapassagem de si; que esse ser não *é*, mas sim que ele *devém*. A *necessidade* e o *esforço* aludidos explicam a instabilidade de uma parte das determinações do humano, que mudam pelo fato de este último exercer sobre si mesmo ações formadoras e transformadoras. Desse jeito, o sobrumano de Nietzsche é o nome que, em um dado momento da história do pensamento, traduz o fato de que o humano não é um ser estável, e logo tão-pouco penetrável por meio a uma pesquisa da essência, quer dizer de um "o que é?". Em vez de designar o ser humano num estado mais sublime, o nome *sobrumano* aponta para a tendência humana a sempre se transformar, e é somente nessa medida que ele recusa a interrogação kantiana: não é que o sobrumano traga por fim à pergunta a tão ansiada resposta, pois neste caso ela não a recusaria nem a desarmaria; é, simplesmente, que ele revela o quanto a dita pergunta é vã.

Para bem estabelecer essa tese e explorar suas consequências é preciso voltar a certos momentos-chave da elaboração antropológica kantiana, como Foucault fez em *Gênese e estrutura*. O primeiro momento do meu estudo visará, assim, distinguir duas perguntas antropológicas em Kant, uma que trata do ser do humano (o *"was ist der Mensch?"*), e outra que concerne ao que o ser humano faz de si mesmo, e que a *Antropologia de um ponto de vista pragmático* se propõe pensar. Uma vez estabelecida essa distinção, se tornará necessário penetrar a razão pela qual é o sobrumano que vem eliminar a primeira pergunta kantiana. Com esse objectivo, uma referência ao livro no qual Nietzsche, pela voz Zaratustra, anuncia o *Übermensch*, aparecerá como inevitável. Enfim, analisaremos as vantagens de uma concepção antropológica que seja a da transcendência imanente do humano por ele mesmo, em vez da concepção fundada numa transcendência transcendente, que privilegia a essência em detrimento da ação.

Duas perguntas kantianas sobre o ser humano: o que ele é, o que ele faz

A obra de Kant comporta duas possibilidades maiores para pensar o ser humano: a primeira adota o ponto de vista do que *é* esse ser; a segunda, a do que ele *faz* de si mesmo. Cada uma está condensada em uma interrogação diferente: assim, o ponto de vista do ser orienta a pergunta *"was ist der Mensch?"*, "que é o ser humano?", sem dúvida a mais conhecida, muitas vezes tomada como a pergunta antropológica (para não dizer a pergunta filosófica) por excelência. A sua formulação mais célebre é extraída da *Lógica*, mais exatamente da terceira seção da introdução da *Lógica*, consagrada ao *Conceito da filosofia em geral* (KANT, *Logik*, p. 21), onde ela sucede a três outras interrogações não menos citadas (que posso saber? que devo fazer? que me é permitido esperar?), interrogações que ela unifica, pois como Kant explica, poderíamos colocar as disciplinas que lhes respondem (recordemo-las: metafísica, moral e religião) "por conta da antropologia", disciplina que responde à pergunta "que é o ser humano?".

Inteiramente diferente, o ponto de vista do "fazer" é adotado pela *Antropologia de um ponto de vista pragmático* quando pergunta o que o ser humano, "enquanto ser de livre ação, faz ou pode e deve fazer de si mesmo" (KANT, *Antropologia*, p. 119). Defendi num escrito intitulado *O paradoxo da antropologia* (SARDINHA, 2010) que as interrogações acerca do ser e do fazer estabelecem, no âmago da reflexão kantiana, duas vias divergentes – para não dizer opostas – para a pesquisa antropológica, a que chamei respectivamente "a via do ser" e "a via da ação". Na medida em que Kant nunca tenta pô-las em relação, diremos que ele não as confunde, e até que as separa com cuidado. Uma prova de sua heterogeneidade é dada pelos organizadores das lições de Kant sobre a antropologia, R. Brandt e W. Stark, que, com respeito ao *"was ist der Mensch?"*, escrevem: "esta pergunta nunca é designada nas notas das lições de antropologia como pergunta diretora. [...] A pergunta por uma definição – já formulada por Platão [*Teeteto*, 174b; nota dos autores] – relaciona-se com a natureza imutável do ser humano; porém, a antropologia não pode encontrar uma essência a-histórica de tal espécie. Quando se busca um equivalente da pergunta: '*was ist der Mensch?*', encontra-se uma evolutiva 'vocação (*Bestimmung*) do ser humano', que o curso de Kant trata como conclusão da antropologia pragmática" (BRANDT; STARK, 1997, p. LI). Em "O paradoxo da antropologia" dou provas complementares desta diferença entre as duas vias, na esteira de R. Brandt que, também ele, insiste fortemente sobre este ponto (BRANDT, 1999 e 2003).

Acabamos de ver que uma das perguntas é típica da *Antropologia de um ponto de vista pragmático*, razão pela qual ninguém se surpreenderá se a designarmos com este nome – *pragmática*. Agora, que designação convirá à pergunta que não trata do fazer do humano sobre si mesmo, mas sim de seu ser? Para encontrar uma resposta, é necessário fazer um breve desvio pelo interior da obra de Kant.

Já o dissemos, o *was ist der Mensch?* aparece na introdução da *Lógica*, texto preparado por Kant, mas estabelecido em sua forma definitiva por seu aluno Gottlob Benjamin Jäsche. Com respeito às incertezas que o trabalho deste último poderia provocar, os responsáveis pela edição científica da *Lógica* afirmam que, "para a Introdução da obra no seu conjunto, ele respeitou a declaração explícita de Kant (HEINZE, 1923, p. 504), o que dissipa qualquer problema de fidelidade do texto às intenções do seu autor. Todavia, esse livro trata das regras do pensar, e não do que o homem é, motivo pelo qual não estamos autorizados a chamar ao "*was ist der Mensch?*" uma pergunta *lógica* para distingui-la da pergunta *pragmática*.

Agora, se recuarmos no tempo, encontraremos duas outras ocorrências da mesma pergunta "que é o ser humano?", com mais ou menos o mesmo sentido que o reconhecido na *Lógica*. A primeira pode ser lida na carta de Kant a Carl Friedrich Stäudlin, de 4 de maio de 1793 (KANT, *Briefe*, n° 574, p. 429). A segunda, um pouco mais antiga, encontra-se nas *Lições de metafísica* designadas na edição das *Obras de Kant* (Academia) como "Metaphysik L_2: 1. Einleitung, Prolegomena und Ontologie nach Pölitz" (KANT, *Pölitz*, p. 533-534). É preciso fazer aqui, com respeito ao conteúdo das *Lições*, uma observação um pouco formal, todavia indispensável para aquilatar o seu alcance.

Durante muito tempo, os leitores foram induzidos em erro por uma escolha desajeitada de Pölitz, primeiro editor dessas lições (que as publicou em 1821), consistindo em dar a transcrição, em um único volume e como se se tratassem de notas relativas ao mesmo período da docência de Kant, dois manuscritos saídos na realidade de períodos distintos. De acordo com a descrição feita pelo próprio Pölitz no Prefácio, um tratava da cosmologia, da psicologia e da teologia racional, ao passo que, do outro, ele extraía a ontologia e a Introdução geral (PÖLITZ, "Vorrede...", p. 1511-1512). Esse amálgama de dois conjuntos de notas gerou confusão. Na realidade, como explica o histórico detalhado que faz Gehard Lehmann, responsável científico dos volumes das *Lições de metafísica* na atual edição da Academia, a cosmologia e a psicologia datam da segunda metade da década de 1770, mais provavelmente de 1778/79 ou 1779/80, em todo o caso de antes da publicação da primeira *Crítica*, em 1781. Contudo, esta datação não é válida nem para a ontologia, nem para a introdução, na qual precisamente se lê pela primeira vez o *"was ist der Mensch?"* (antigamente, p. 6 da edição Pölitz; agora p. 534 do v. 28, 2.1 das *Obras* de KANT).[3] A retoma de documentos históricos, associada a intensos exames filológicos, permitiu aos editores científicos determinar que todo o texto L_2 pelo qual começa a edição Pölitz, e no qual sobrevém a passagem importante para nossa análise, provém realmente do semestre de inverno de 1790-1791: *ele é logo muito posterior à Crítica*. Esse esclarecimento dissipa uma ambiguidade: a interrogação "que é o ser humano?", enquanto segue as três outras perguntas e as relaciona a si, não ascende aos anos 1770, como certos leitores parecem ter crido; ela nem sequer é contemporânea da descoberta crítica; pelo contrário, só surge mais tarde, e estaríamos mesmo tentados a escrever que *ela apenas se teria tornado possível depois de cumprida a Crítica*. Com efeito, se a formulação do problema antropológico nos termos que já conhecemos ascendesse aos anos 1770, isso significaria que a questão do ser do humano teria permanecido sem modificação durante duas décadas nem sequer teria sido transformada pela evolução do trabalho crítico ou por mudanças sobrevindas nas lições de antropologia. Porém, visto que esse arranjo das quatro perguntas e das disciplinas que em princípio lhes respondem não apenas não é contemporâneo da descoberta crítica, mas ainda lhe é claramente ulterior, diremos que ele é, em toda a força da palavra, *pós-crítico*.

Tal ideia inspira-se diretamente da leitura foucaultiana, ainda que ela aí não se encontre com esta forma. Para bem o entender, é preciso lembrar brevemente dois aspectos de *Gênese e estrutura*: primeiro aquela que é talvez sua tese central, a da *"repetição antropológico-crítica"* (FOUCAULT, 2011, p. 73); e segundo, a insistência com que ela recorda a relação que a Crítica estabelece com a filosofia, esta sendo uma fase preparatória

---

[3] Claude Piché alertou-me para este ponto, acerca da qual veremos já em seguida por que ele é capital. Sobre todo o problema de estabelecimentos dos textos, ver Lehmann (1972, p. 1340-1347).

daquela. Detalhemos cada um destes dois pontos. Em primeiro lugar, Foucault considera que a *Antropologia de um ponto de vista pragmático* repete a Crítica, as frases que vão neste sentido sucedendo-se ao longo de todo o escrito, por exemplo quando explica que "a *Antropologia* nada disse de diferente daquilo que é dito na *Crítica*; e basta percorrer o texto de 1798 para constatar que ele recobre exatamente o domínio da empresa crítica" (FOUCAULT, 2011, p. 73); ou, ainda, que a *Antropologia* é "somente o momento transitório, mas necessário da repetição" da Crítica (FOUCAULT, 2011, p. 93). Em segundo lugar, e como Foucault repete bastas vezes, para Kant a Crítica não é um fim em si, mas antes uma propedêutica à filosofia (FOUCAULT, 2011, p. 18, 60, 64 e 76). Assim, se consideramos conjuntamente estes dois aspectos, isso é, a tese de Foucault sobre a repetição da Crítica pela *Antropologia de um ponto de vista pragmático* e a compreensão kantiana da Crítica como uma propedêutica, então esta *Antropologia de um ponto de vista pragmático*, na medida em que mais não faz que repetir a Crítica com os meios que são os seus, aparece como pertencendo também ela à fase propedêutica e, logo, como não dominando inteiramente seu próprio sentido, que apenas se torna acessível a partir do que a Crítica e a própria *Antropologia* preparam e que só chegará mais tarde. É de resto o que declara Foucault, ao escrever que

> [...] a *Antropologia* tal como a conhecemos não se oferece em nenhum momento como a resposta à quarta pergunta, nem mesmo como a mais ampla exploração empírica desta mesma questão; mas [...] esta só é colocada bem mais tarde ainda, do exterior da *Antropologia*, e em uma perspectiva que não lhe pertence propriamente, no momento em que se totaliza no pensamento kantiano a organização do *Philosophieren*, isso é, na *Lógica* e no *Opus postumum*" (FOUCAULT, 2011, p 67).

Podemos, a partir daí, captar a ideia de uma *filosofia pós-crítica*: em parte, a Crítica não é uma filosofia propriamente dita, uma filosofia transcendental cumprida; com relação a esta última, ela não é mais do que um momento negativo. Daqui resulta que toda filosofia constitutiva é necessariamente pós-crítica: ela sucede à Crítica. Em outra parte, uma vez concluída a fase propedêutica, Kant pode finalmente formular, pela primeira vez, de forma explícita e diante do "conjunto do público dos leitores", a sequência de perguntas que o *"was ist der Mensch?"* vem coroar. Ele se apresenta então, na introdução da *Lógica*, como um pensador do ser do humano, e encara a filosofia como o campo de pesquisa desse ser (para mais desenvolvimentos sobre esta análise, ver SARDINHA, 2011a, 2012).

Assistimos aqui ao cumprimento de uma tendência que faz lembrar, sob um certo ângulo, aquela que deu dinamizou a *Crítica da razão pura*: tal como a cadeia de intuições e descobertas que levou a esse livro requereu uma década para alcançar sua forma definitiva, também a tendência oriunda das *Lições de metafísica* amadurece durante dez anos, até cristalizar-se na introdução da *Lógica*. Ao mesmo tempo, encontramos o nome que convém para designar a pergunta "que é o ser humano?": do mesmo jeito que chamamos a pergunta que visa o fazer do humano sobre si mesmo, e que aparece na *Antropologia de um ponto de vista pragmático*, de *pergunta pragmática*; chamaremos doravante à pergunta que busca o ser do humano, e que surge nas *Lições de metafísica*, de *pergunta metafísica*. Entendamo-nos: ambas as perguntas são antropológicas; todavia, elas visam objetivos diferentes e conferem à pesquisa orientações divergentes. Foucault sabe disso (não obstante ele escolher um outro caminho hermenêutico),[4] razão pela qual escreve a dada altura: "Descrever não o que o homem é, mas o que ele pode fazer de si mesmo. Este tema sem dúvida foi, desde a origem, o próprio núcleo da reflexão antropológica e o índice de sua singularidade (FOUCAULT, 2011, p. 45). Mais ainda, como ele também registra, não se trata apenas do que o ser humano faz efetivamente, mas também do que "pode e deve fazer" (KANT, *Antropologia*, p. 119; os comentários de FOUCAULT, 2011, p. 44-45, 56 e 63.). De um ponto de vista pragmático, o poder fazer e o dever fazer são solidários do fazer efetivo; juntos, eles se opõem ao *ser*, gravado no "que é o homem?". Então, dar conta das duas grandes antropologias kantianas implica levar ao limite essa divergência entre *ser* e *fazer*.

A transcendência imanente do ser sobrumano desarma a pergunta metafísica

Sabemos agora o que significa o *"was ist der Mensch?"* evocado pela derradeira frase de *Gênese e estrutura*, e não o confundimos mais com a outra via antropológica kantiana, o que ao mesmo tempo nos permite perceber claramente que desarmar essa pergunta e recusá-la não é o mesmo que recusar "todo o Kant", mas tão só sua parte metafísica. Fica, no entanto, por conhecer o destino reservado por Foucault à parte pragmática.

---

[4] A estratégia de Foucault em *Gênese e estrutura* é diferente. Ele tenta acordar as duas antropologias, inserindo-as numa espécie de desenvolvimento teleológico que vai das preocupações pré-críticas até as últimas notas de Kant concernentes ao humano, reunidas no *Opus postumum*. Por isso, ele não pode deixar de considerar a *Antropologia de um ponto de vista pragmático* como "o momento transitório, mas necessário da repetição" da Crítica (FOUCAULT, 2011, p. 93), ou ainda "aquilo em que se anunciava a passagem" da Crítica à *lógica* e ao *Opus postumum* (FOUCAULT, 2011, p. 108). Mas, dessa forma, o sentido propriamente pragmático da antropologia permanece velado (ver SARDINHA, 2011a, 2012).

A esse respeito, não podemos deixar de explorar a ideia segundo a qual o que desarma e recusa a pergunta metafísica é o *Übermensch*. A fim de melhor captar a relação que Foucault estabelece entre o *Mensch* kantiano e o *Übermensch* nietzschiano, voltemos brevemente ao livro que anuncia a iminência do segundo e o carácter provisório, em breve ultrapassado, do primeiro. Desde o princípio de *Assim falou Zaratustra*, Nietzsche apresenta o *Mensch* como "algo que deve ser suplantado" para que, em seu lugar, surja o *Übermensch* (NIETZSCHE, 1976, p. 14), ideia que interpretamos da seguinte forma: o humano traz em si a necessidade de se ultrapassar, necessidade que não é orientada para aquilo a que habitualmente chamamos "transcendência" (pois Zaratustra declara que "Deus está morto"; NIETZSCHE, 1976, p. 13), mas sim para uma imanência singular, que na realidade representa um outro tipo de transcendência – a transcendência do humano *por ele mesmo*. Por isso, chamarei esta última de *transcendência imanente*. Reinterpretado desse ponto de vista, o ser sobrumano não é um ser por vir: ele é o ser humano *enquanto este se dirige já* para um estado mais avançado e que, ao fazer isso, *ultrapassa já* seu estado atual. Tentemos compreender melhor esta transcendência imanente sobrumana.

Distinguimos mais atrás duas vias para a pesquisa antropológica: a do ser, que se determina como *metafísica*, e a da ação, que recebe o nome de *pragmática*. A primeira, posto que parte à descoberta do que *é* o humano, pode justamente ser chamada de via da essência, e é precisamente porquanto aspira a uma definição dessa essência que ela estabelece uma relação privilegiada com a transcendência. Um desvio pelo modelo de investigação socrático-platônico permitirá que nos demos conta disso. De fato, é sabido que esse modelo se funda sobre interrogações do tipo "que é...?", que visam as formas imutáveis existentes em um mundo supraceleste. Ora, é impactante ver, nas expressões que ressalta Zaratustra quando define o ser sobrumano em contraste com a conduta questionante dos "últimos seres humanos", que é a esse modelo que ele se opõe com firmeza e com o qual quer romper. Eis um exemplo. Quando, diante de seu público, Zaratustra fala de amor e desejo, e incita à criação, ao parto de estrelas dançantes, os últimos seres humanos retorquem de acordo com o modelo socrático: "Que é amor? Que é criação? Que é desejo? Que é estrela?" (NIETZSCHE, 1976, p. 18). É impossível não notar a ressonância platônica dessas perguntas, dessa série de *"was ist?"*, tampouco é impossível não ver que a interrogação kantiana *"was ist der Mensch?"* é construída sobre a mesma base. Este tipo de questionamento que visa as essências é, ao mesmo tempo, o mais antigo, pois o herdamos dos gregos na era de seu apogeu, e um dos mais recentes com relação a

Nietzsche, visto ser relançado pelo kantismo antropológico-metafísico e logo retomado pela Modernidade, a tal ponto que, de Platão a Kant e mais além, é com uma sequência de "últimos seres humanos" que Zaratustra tem que lidar. Na recusa sobrumana da interrogação "que é o ser humano?", trata-se ainda e sempre de inverter o platonismo, dessa feita na sua nova roupagem kantiana de uma busca da essência do ser humano. Compreendemos afinal que, se o ser sobrumano que Zaratustra anuncia desarma a pesquisa antropológico-metafísica, é na exata medida em que se ergue contra esse modelo, abandona a demanda das essências transcendentes e faz "descer à terra" o exame antropológico, para doravante o instalar no plano da imanência.

O conceito de "transcendência imanente do sobrumano" pode se aclarado com o auxílio de uma referência ao livro de Ernst Tugendhat, *Anthropologie statt Metaphysik*, que penetra de forma explícita nos domínios de que estamos tratamos. Poderíamos traduzir esse título, com estilo de título de manifesto, como *Antropologia em vez de metafísica*. O livro começa por distinguir dois sentidos da palavra "transcendência" – um sentido ontológico e, outro, antropológico –, na intenção de valorizar este último. O primeiro pode ser detectado, por exemplo, na afirmação segundo a qual "os seres humanos têm uma relação essencial com algo de sobrenatural, com algo como as Ideias platônicas ou como um Deus, algo que está para lá do espaço" (TUGENDHAT, 2007, p. 13.) Nesse quadro, a transcendência se determina como sobrenatural ou supraespacial. O segundo sentido, mais importante para Tugendhat, é ilustrado pela frase seguinte: "os seres humanos não se relacionam somente com o mundo espaçotemporal, mas também com algo que transcende este mundo. Nesse segundo sentido, transcender adquire um sentido dinâmico; a palavra se relaciona agora com a atividade dos seres humanos que consiste em transcender (rumo ao transcendente)" (TUGENDHAT, 2007, p. 13). Começamos assim a melhor captar o programa condensado no título da obra: para seu autor, o afastamento da metafísica, que ele defende, se opera pelo abandono da posição ontológica em benefício da posição antropológica. É verdade que Tugendhat não se engana completamente ao chamar de *metafísica* a reflexão que trata do ser humano enquanto essencialmente ligado a uma transcendência supraespacial; porém, ele negligencia o fato de que essa reflexão, apresentada nesses termos, não é menos *antropológica*, embora a pergunta que ela faz seja aquela que desvia o inquérito para conduzi-lo rumo à transcendência transcendente (por exemplo, Deus ou as Formas). Se nos voltamos agora para o que ele chama de posição *antropológica*, veremos que, a partir do instante em que ela minimiza a presença de um plano supraespacial e acentua a ação do ser humano, ela pode talvez estar mais próxima da via pragmática. No entanto, a ação humana a que ele faz alusão só adquire inteiramente seu sentido na medida em que visa uma transcendência transcendente ou, como diz a citação de Tugendhat, vai rumo a "algo que transcende este mundo". De tal forma que ela não concebe uma formação e uma transformação do ser humano por si mesmo e para si mesmo.

Para resumir tudo isso em uma frase, a abordagem de Tugendhat sofre de dois defeitos: primeiro, ele crê que a metafísica à qual ele se refere não é antropológica, quando na realidade ela é o nome do caminho errado para o inquérito filosófico acerca do humano; noutra parte, ligando a uma transcendência supraespacial a ação humana que consiste em transcender, ele faz desta ação uma função ora do plano das Essências (ou das Ideias ou das Formas), ora do plano de Deus. Quanto ao primeiro ponto, Tugendhat almeja desenvencilhar-se da metafísica antes de fazer dela a crítica consequente; quanto ao segundo, e ao mesmo tempo, ele não vê que a ação humana consiste antes de mais em *transcender-se na imanência*, e não em *transcender rumo à transcendência*. Talvez pudesse dizer-se que a ação humana que se dirige à transcendência transcendente é ainda um meio pelo qual os humanos se esforçam por se transformarem, por se tornarem outros, diferentes do que são, acreditando que, fazendo isso, abandonam o plano da imanência e acedem ao dos deuses e das formas. Sublinhemos de passagem que, evidentemente, a relação com as divindades e as formas foi, ao longo dos séculos, um ponto de apoio para a transformação de si, tanto individual quanto coletiva, como de resto Foucault lembrou constantemente durante os últimos anos de sua vida, pelo menos desde o estudo da pastoral cristã e das contracondutas que suscita, em seu curso de 1977-1978, *Segurança, território, população*, até sua leitura de Platão, do ser do amor e do amor da verdade, nas páginas conclusivas de *O uso dos prazeres*, de 1984. Mas para voltar a Tugendhat, a antropologia de que ele faz o elogio é ainda demasiado dependente de uma transcendência sobrenatural, na direção da qual vai a ação humana que lhe interessa em sua análise. Em comparação com esta antropologia da transcendência sobrenatural, a pergunta pragmática é a única capaz de orientar a pesquisa para a transcendência imanente, essa expressão designando, então, o movimento pelo qual o humano não transcende o plano natural e espacial que é o seu, mas cada um de seus estados presentes (e por conseguinte sucessivos). Por isso, seria mais rigoroso dizer que a atividade dos humanos pela qual Nietzsche (através do sobrhomem) e Foucault (com a recusa do *"was ist der Mensch?"*) se interessam consiste não em transcender, mais em transcender-se, em ir rumo à transcendência humana do ser humano. A distinção entre as vias do ser e da ação que aqui defendemos, bem como o afastamento da primeira via em benefício da segunda, inscreve-se precisamente nesta tradição.

Captamos, assim, e cada vez melhor, o sentido da última frase de *Gênese e estrutura*, e uma referência final a Tugendhat concorre ainda mais para esse fim. Quando ele se pronuncia pela antropologia em detrimento da metafísica, nós o traduzimos assim: é preciso repensar o humano fora do agenciamento metafísico, isto é, nos libertando dessa grelha que o essencializa e logo o trava, uma grelha que é necessário quebrar se quisermos colocar o humano novamente no elemento de sua atividade formadora de si e transformadora de si. Com esse propósito, encontramos um incentivo no livro que dispensa a antropologia metafísica e que é a *Antropologia de um ponto de vista pragmático*, o qual, ao instalar seu inquérito na via da ação, fornece uma alternativa ao "*was ist der Mensch?*". Isso não significa de modo algum que sejam satisfatórias as repostas dadas por este livro à pergunta que ele próprio apresenta como diretora. Muito provavelmente, foram-no "por um tempo (o seu)", visto o sucesso alcançado pelas aulas de antropologia durante os anos de ensino de Kant e, logo em seguida, pelo livro de 1798 que as condensa. Mas o fato de que elas tenham, pelo menos em parte, perdido em atualidade, não muda nada à pertinência da pergunta que as precede.

O humano não é mais, no seu estado presente, do que aquilo em que *se tornou*

Escrevemos ao início que, recorrendo ao sobrumano, Foucault denuncia a vacuidade do "*was ist der Mensch?*". Está agora claro que essa nossa frase não diz o suficiente. De fato, a fórmula foucaltiana nos lembra que, em filosofia, uma pergunta vã não é somente uma pergunta supérflua, mas é também uma pergunta insidiosa, que pondo no centro das atenções o que não é essencial, dá à pesquisa uma finalidade errônea. Por esse motivo, é secundário que a inquietação filosófica com respeito a "o que é o ser humano" seja antiga, como recordam R. Brandt, W. Stark e E. Tugendhat, e que ela esteja até presente já em Platão. Essencial para o tratamento de nosso problema é que ela reaparece, em um momento preciso da história do pensar (entre o final do Esclarecimento e o princípio da Modernidade, mais exatamente no Kant pós-crítico) e no interior do agenciamento metafísico (ele próprio nascido no seio dos cursos de metafísica e que se desenvolve até a introdução da *Lógica*), sob uma forma determinada, a do "*was ist der Mensch?*". Sob esse ângulo, Foucault tem razão ao escrever, em *As Paravras e as coisas*, que "o homem não é o mais velho problema nem o mais constante que se tenha colocado ao saber humano. [...] O homem é uma invenção cuja recente data a arqueologia de nosso pensamento mostra facilmente" (FOUCAULT, 2002, p. 404). É que, por "homem", entendemos, com Foucault, o *Mensch* acerca do qual se trata de saber o que ele é enquanto sabe o que pode saber, o que deve fazer e o que lhe é permitido esperar. Com efeito, a época do *Teeteto,* à qual aludem tanto Brandt e Stark quanto Tugendhat, desconhece esse agenciamento, e desse ponto de vista, é Kant e não Platão quem faz do ser humano o alvo e o cume de todo um sistema teórico complexo.

Além do mais, a viragem que Kant opera no problema antropológico informa uma parte importante da filosofia que se seguiu a ele, como recorda Foucault em *Gênese e estrutura*, na esteira de Cassirer, Scheler, Heidegger e outros. É verdade que tal influência é notória no que concerne à tendência moderna para relançar a pergunta metafísica, mas ela o é também na tendência para retomar as preocupações pragmáticas, que conheceram uma fortuna prodigiosa, como mostra, a título de exemplo, a passagem seguinte de Simone de Beauvoir. Inspirada em *O ser e o nada*, de Sartre, publicado em 1943, ela escreve um ano mais tarde, em *Pyrrhus et Cinéas*: "o ser do homem não é o ser fixo das coisas: o homem tem de ser o seu ser" (BEAUVOIR, 1974, p. 300.) Nessa ideia, assistimos a um verdadeiro prolongamento e modificação da interrogação sobre o que o humano, enquanto ser de livre atividade, faz ou pode e deve fazer de si próprio. É uma outra forma de escapar à pergunta metafísica, uma forma que ao insistir que o humano não *é*, lembra uma outra fórmula célebre, também ela de Beauvoir: "não nascemos mulheres: nos tornamos mulheres".

Uma prova adicional do destino fecundo da inquietação pragmática, distinta da fornecida por Beauvoir, vem de Foucault, que reserva um lugar, sobretudo em seus trabalhos finais, à ação autotransformadora dos sujeitos.[5] Não obstante *Gênese e estrutura* ser um escrito intimamente anti-humanista e, nessa perspectiva, oposto ao existencialismo sartriano – tanto ele se inspira em Nietzsche, bebe em Heidegger (ver sobre este ponto DÁVILA; GROS, 1998) e se inscreve, como resume brilhantemente a sua última frase, na escola do "fim do homem" –, é verdade que Foucault relança aí também a possibilidade de uma certa antropologia, ao mesmo tempo que critica outra, se é verdade, como escreve, que "haveria uma falsa antropologia – e a conhecemos demasiado bem: é aquela que tentaria deslocar em direção a um começo, em direção a um arcaísmo de fato ou de direito as estruturas do *a priori*. A *Antropologia* de

---

[5] Sobre algumas diferenças entre Sartre e Foucault com respeito ao trabalho sobre si próprio, ver SARDINHA (2011b).

Kant nos dá outra lição: repetir o *a priori* da *Crítica* no originário, isso é, em uma dimensão verdadeiramente temporal" (FOUCAULT, 2011, p. 82-83). Ora, se Kant inaugura uma nova época antropológica, isso se deve menos à pergunta "que é o ser humano?" em si mesma (porque, como se vê, o interesse em penetrar o que é o ser humano é antigo), do que ao quadro singular no interior da qual ele a faz, e que é o primeiro passo no adormecimento do pensar moderno, como Foucault escreverá em *As palavras e as coisas*. Todavia, constatamos que *Gênese e estrutura* põe em evidência a realidade de um outro kantismo, que não busca o ser do humano, ou o que o ser humano *é*, mas se debruça sobre o fazer do humano sobre si próprio, "enquanto ser de livre ação".

Essa preocupação é perfeitamente compatível com a tomada em conta do esforço humano para ultrapassar os diferentes estádios de sua história, esforço que subjaz ao movimento plurimilenário de domesticação que nos trouxe até ao ponto em que nos encontramos, e fez de nós seres de casa (*domus*), de família, de cidade, de estado, de cultura e de civilização; em suma, que fez de nós o que somos. Ora, é importante ver que é o humano quem se domestica a si próprio, se cultiva, etc., em uma "dobra da força sobre si mesma", que é uma potência imanente pela qual, sem cessar, ele se transcende. O humano traz em si uma marca de inacabamento, de abertura constante, ou ainda de incompletude irredutível e de flexibilidade, que é a razão pela qual é preferível falar de "o ser humano" em vez de "o homem", tanto esta última palavra tornou-se historicamente carregada e fixa.

É verdade que a tendência imanente para sempre procurar sua forma sem nunca atingi-la definitivamente (e, mais ainda, sem necessariamente a conhecer de antemão) pode conduzir às piores tragédias, como prova o que alguns impuseram a outros em nome do melhoramento da espécie humana pelas práticas eugenistas ou simplesmente pela disciplinarização com vista à formação de um "novo homem". Mas isso não muda nada ao fato de que a ação dos seres humanos sobre si próprios existe também sob a forma de um tomar em suas mãos sua constituição e seu destino, incluindo quando esse devir não obedece nem a uma vocação qui o guia (uma *Bestimmung*, diria Kant), nem a uma intenção de tornar-se *isto* e não *aquilo*. É então que, para libertar o humano da busca de sua essência, o sobrumano o coloca de novo em movimento: ele coloca de novo em movimento o humano – e o pensamento que pensa o humano. De tal forma que a transcendência imanente do sobrumano aparece como dupla: sobrumana é não apenas *a condição* do humano que se compreendeu como estando sempre em devir ou em transformação, mas também *a reflexão* que se coloca no horizonte da transcendência do humano por ele mesmo. Em outras palavras, o pensamento que se exerce a partir dessa condição é, também ele, sobrumano.

Pode exprimir-se essa ideia de outro modo, dizendo o seguinte: o paradigma sobrumano vem opor à antropologia filosófica, que submete a reflexão sobre o humano à suposta ideia de uma essência transcendente ao devir do humano, uma filosofia antropológica, forma de exercício do pensamento que não se deixa travar pela suposição de que seu objeto teria uma essência, mas que, ao contrário, mergulha ela mesma, e o mergulha, no elemento do devir. Os dois paradigmas são inconciliáveis: entre a antropologia pragmática e a antropologia metafísica, é preciso escolher.

Referências

BEAUVOIR, Simone de. *Pyrrhus et Cinéas*. Paris: Gallimard, 1974.

BRANDT, Reinhard. *Kritischer Kommentar zu Kants Anthropologie in pragmatischer Hinsicht* (1798). Hamburgo: Felix Meiner, 1999.

BRANDT, Reinhard. The Guiding Idea of Kant's Anthropology and the Vocation of the Human Being. In: JACOBS, Brian; KAIN, Patrick (Org.). *Essays on Kant's Anthropology*. Cambridge: Cambridge University Press, 2003. p. 85-104.

BRANDT, Reinhard; STARK, Werner. Einleitung. In: KANT, Immanuel. *Vorlesungen über Anthropologie*, 1997.

DÁVILA, Jorge; GROS, Frédéric. *Michel Foucault, lector de Kant*. Mérida, Venezuela: Universidad de Los Andes, 1998. Disponível em: <http://www.plusformacion.com/Recursos/r/Michel-Foucault-lector-Kant>. Acesso em: 9 out. 2013.

FOUCAULT, Michel. *Gênese e estrutura da Antropologia de Kant*. Tradução de Márcio Alves da Fonseca e Salma Tannus Muchail. São Paulo: Loyola, 2011.

FOUCAULT, Michel. *As Palavras e as coisas. Uma arqueologia das ciências humanas*. Tradução de Salma Tannus Muchail. São Paulo: Martins Fontes, 2002.

HEINZE, Max. Logik. In: KANT, *Logik*. Belini: Druck & Verlag von G. Reimer, 1923. p. 503-508.

KANT, Immanuel. *Gesammelte Schriften*. Preussische Akademie der Wissenschaften et al. Berlin, 1900-.... *Anthropologie in pragmatischer Hinsicht (Antropologia de um ponto de vista pragmático)*, v. 7; *Logik (Lógica)*, v. 9; *Briefe (Cartas)*, v. 11; *Vorlesungen über Anthropologie (Lições de antropologia)*, v. 25.1; *Kant Metaphysik L2 (Pölitz)*, v. 28.2,1.

LEHMANN, Gehard. Einleitung. In: KANT, Immanuel. *Vorlesungen über Metaphysik*, Edição da Academia, v. 28, 2.1, 1972.

NIETZSCHE, Friedrich. *Also sprach Zarathustra*. Frankfurt am Main: Insel, 1976.

PASCHOAL, Antonio Edmilson. A palavra *Übermensch* nos escritos de Nietzsche. *Cadernos Nietzsche*, São Paulo, n. 23, p. 105-121, 2007.

PÖLITZ. Vorrede zu Kants Vorlesungen über Metaphysik. In: KANT, Immanuel. *Vorlesungen über Metaphysik*, Edição da Academia, v. 28, 2.2 (corresponde às p. IV-V do original de Pölitz, de que se pode encontrar uma reprodução em KANT, Immanuel. *Vorlesungen über Metaphysik*. Darmstadt: Wissenschaftliche Buchgesellschaft, 1975)

SANTOS, Leonel Ribeiro dos. Nietzsche e o Renascimento. *O espírito da letra*, Lisboa, p. 387-406, 2007.

SARDINHA, Diogo. O paradoxo da antropologia. In: SANTOS, Leonel Ribeiro dos; MARQUES, Ubirajara Rancan de Azevedo; PIAIA, Gregorio; SGARBI, Marco; POZZO, Riccardo (Org.). *Was ist der Mensch? Que é o homem? Antropologia, estética e teleologia em Kant*. Lisboa: Centro de Filosofia da Universidade de Lisboa, 2010. p. 179-191.

SARDINHA, Diogo. Kant, Foucault e a antropologia pragmática. *Kant e-Prints*, série 2, v. 6, n. 2, jul.-dez. 2011a. p. 43-58. Disponível em: <ftp://ftp.cle.unicamp.br/pub/kant-e-prints/Vol-6-2-2011/4_Sardinh.pdf>. Acesso em: 9 out. 2013.

SARDINHA, Diogo. L'émancipation, de Kant à Deleuze: devenir majeur, devenir mineur. *Les Temps modernes*, n. 665, p. 145-164, out. 2011b.

SARDINHA, Diogo. Le *Kant* de Foucault, une lecture téléologique de l'anthropologie. *Kant-Studien*, v. 3, n. 103, p. 361-369, 2012.

TUGENDHAT, Ernst. *Anthropologie statt Metaphysik*. Munique: Beck, 2007.

CAPÍTULO 12
História da loucura na Idade Clássica: uma história da pobreza

Guillaume le Blanc

O ponto de partida de minha análise é o resumo que Foucault escreve do curso de 1980 no *Collège de France, Do governo dos vivos*. Nesse resumo, Foucault define o governo como um conjunto de "técnicas e procedimentos destinados a dirigir a conduta dos homens" (FOUCAULT, 1997b, p. 101). Desde o curso *Os anormais*, a arte de governar foi precisada do seguinte modo: "A Idade Clássica elaborou o que se pode chamar de 'o governo das crianças', 'o governo dos loucos', 'o governo dos pobres' e 'o governo dos operários'" (FOUCAULT, 2002, p. 61). Se, nesse curso sobre a governamentalidade neoliberal, Foucault desinteressou-se afinal pela questão social pensada a partir da hipótese de um governo dos pobres, seu primeiro grande livro, *História da loucura na Idade Clássica*, pode ser lido como uma história da pobreza na Idade Clássica. É isto o que eu gostaria de mostrar. Esta maneira de ler *História da loucura* como uma história da pobreza não é ditada apenas pela curiosidade epistemológica, mas por um retorno para a atualidade do diagnóstico que Foucault fazia para a Idade Clássica. Loucos e pobres não cessaram de se olhar em um jogo de espelhos, de serem considerados como sujeitos das margens que uma longínqua semelhança acabava sempre por reinscrever em um espaço comum. Hoje, esse espaço parece novamente ao nosso alcance tão grande é o efeito da crise do hospital psiquiátrico ao deixar o louco entregue a si próprio e assim reenviá-lo àquela sua errância inicial que o asilo tentara por um tempo disciplinarizar, antes que o louco ficasse hoje na rua ou nas prisões, lugares que não são seus (cf. WACQUANT, s/d). Sabemos que *História da loucura* foi lida como uma crítica do saber-poder psiquiátrico e que, o livro pode parecer, por isso, abrir o caminho à antipsiquiatria (Cf. CASTEL, 2013). Essa leitura abusiva situava como centro de gravidade da análise de Foucault o asilo cujas evidências libertadoras, de que Pinel soubera vangloriar-se, era preciso desfazer. Cinquenta anos mais tarde, a atualidade de Foucault parece-me residir em outra parte, menos na arqueologia do asilo do que na história do hospital geral cuja emergência fez aparecer o louco e o pobre como figuras solidárias, solidariedade que tende a se reconstituir, hoje, sob formas totalmente diversas daquelas do hospital geral, na desestabilização da particularidade das diferentes instituições de cuidado social.

A emergência do asilo e a recondução dos pobres ao trabalho

O acontecimento que organiza o nascimento do asilo é a dissociação entre a figura do louco e a do pobre. Enquanto o hospital geral os administrava em um mesmo lugar improvável, em companhia de outras figuras como os debochados ou os venéreos, eis que o nascimento do asilo recoloca em causa a justaposição dessas figuras indesejáveis, obstinando-se em produzir uma percepção puramente asilar pela qual o louco é individualizado como sujeito patológico. A aparente libertação das correntes por Pinel corresponde, de fato, a uma individualização profunda do louco assim como do saber-poder dos alienistas na instituição fechada do asilo. Se o asilo se torna, nesse contexto, o que ao mesmo tempo protege o louco da sociedade e a sociedade do louco, o essencial consiste, sem dúvida, em que essa separação para fins terapêuticos constrói uma cesura significativa entre o louco e o pobre. Essa cesura, que marca o deslocamento do hospital geral, assinala uma distinção medicalizada entre o normal e o patológico, de modo tal que essa distinção adquire, ao mesmo tempo, um valor social, pelo fato de que o pobre não é mais considerado como um sujeito à parte, um marginal, devendo, ao contrário, ser considerado como um novo elemento necessário à riqueza das nações. No capítulo II da terceira parte, "A nova divisão", Michel Foucault evoca a grande libertação dos mendigos para fora dos hospitais gerais. Essa libertação admite várias causas. Primeiramente, está ligada às revoltas do povo que não mais suporta as detenções de crianças (FOUCAULT, 1997a, p. 402). Ela é engendrada, sobretudo, pela crise econômica que assola, por volta dos anos 1765, tanto a França quanto a Inglaterra. Aparentemente, em resposta a essa crise, instalam-se *workhouses* na Inglaterra e depósitos de mendicidade na França nos quais, sob aparências filantrópicas novas, são reconstituídas as lógicas de amontoamento do hospital geral, abrigando confusamente vagabundos, mendigos, mulheres de vida fácil, insensatos, pobres, etc. Sob o aparente retorno da lógica do hospital geral, esboça-se, com o abandono de tais depósitos, uma percepção purificada da pobreza. Na realidade, trata-se de tudo fazer para reconduzir o pobre ao trabalho, reconstruir sua vida na base de sua empregabilidade. Uma fronteira nova emerge entre pobres válidos e pobres inválidos. Aos pobres inválidos, recairá a necessidade de estruturas de cuidado específicas. "Quanto aos pobres válidos, escreve Foucault, não serão mandados nem para essas casas (as *poorhouses*) nem para as *workhouses*, devendo-se proporcionar-lhes o mais rápido possível um trabalho conveniente às suas forças e capacidade" (FOUCAULT, 1997a, p. 404). A internação do pobre deixa, assim, de ser uma resposta ao desemprego ou às crises econômicas. Ao contrário, torna-se imperativo libertar o pobre, pelo menos o pobre válido, deixá-lo exposto, pronto para ser utilizado segundo as novas imposições do mercado. Essa metamorfose da figura do pobre, pela dissociação que envolve o pobre inválido e o pobre válido, deve ser relacionada a uma nova percepção da pobreza segundo a qual o pobre não é mais um preguiçoso, mas um desempregado, isto é, um sujeito privado da possibilidade de trabalhar em razão de um estado social de miséria. Foucault cita, nessa passagem, *a teoria das leis criminais* de Brissot de Warville, escrita em 1781. Esse autor estabelece uma correlação entre mendicidade e miséria, miséria e acidente ocorrido na produção agrícola ou manufatureira. Com efeito, ele sublinha que "a mendicidade é o fruto da miséria, a qual é resultado de acidentes ocorridos seja na produção da terra, seja no produto das manufaturas, seja na alta dos gêneros, etc." (FOUCAULT, 1997a, p. 404). A pobreza não é mais vista como um mal moral gerado pela preguiça. Adquire uma consistência econômica irredutível que não somente não pode ser evitada, como mais ainda torna-se uma condição da riqueza. "Necessário porque não se pode suprimi-lo, esse lado pobre também é necessário porque torna possível a riqueza. Porque trabalha e pouco consome, a classe dos necessitados permite que uma nação se enriqueça" (FOUCAULT, 1997a, p. 405). Essa nova consistência econômica do pobre que conduz à reabilitação moral do pobre torna possível a dissociação entre o louco e o pobre segundo o critério da empregabilidade. O pobre é empregável, enquanto o louco não. Desse modo, assim como utilizar os pobres torna-se uma fonte real da riqueza das nações (FOUCAULT, 1997a, p. 407), assim também o louco é aquele que é preciso separar para evitar toda confusão possível com o pobre. A percepção asilar pode então funcionar em pleno regime medical. Pautada nesse limiar de sujeitos indesejáveis, ela pode dar-se a missão de juntar prática de internamento e prática de cuidado. "Projeta-se, escreve Foucault, uma forma de internamento na qual a função médica e a função de exclusão serão exercidas uma após a outra, mas no interior de uma estrutura única" (FOUCAULT, 1997a, p. 431). É abolida a separação social ratificada pelo hospital geral entre os inúteis, que incluem os pobres, os miseráveis, os vagabundos, os ociosos, os loucos, e os indivíduos úteis.

Dois sentidos da disciplinarização dos pobres

No capítulo "A grande internação", Foucault mostra que a lógica do internamento é sustentada por um "imperativo de trabalho" (Foucault, 1997a, p. 64) e não por um "cuidado com a cura". O pobre é progressivamente compreendido como um indivíduo a ser conduzido ao trabalho. "A grande internação" é selada por esse imperativo. Na *História da loucura*, delineia-se uma história da mendicidade em que as perigosas ligações entre o louco e o pobre acabam por se desatar. Se na Idade Média a pobreza é justificada pelo gesto de caridade que ela suscita, o Renascimento se empenha em destruir esta proximidade recusando que Deus só esteja presente na miséria. Estando Deus presente não mais na pobreza que na riqueza, a pobreza se vê esvaziada de todo estatuto ontológico privilegiado para aparecer como simples carência social. Ela é menos uma figura da transcendência que a prova de uma desordem manifesta. Essa queda da pobreza na órbita do mundo social é análoga à queda da loucura como erro. Assimilada a uma desordem, "a pobreza passa de uma experiência religiosa que a santifica para uma concepção moral que a condena" (Foucault, 1997a, p. 59).

Duas notáveis mudanças aparecem:

1ª – A criação do hospital geral como lugar de recolhimento de todos os mendigos. Eles não são mais tolerados nas cidades. São administrados em uma instituição fechada, que funciona com o confinamento. O que aparece sob esse contexto é a divisão entre bons e maus pobres, os pobres de Cristo e os pobres do demônio. Os primeiros ficam contentes de receber socorro enquanto os segundos se revoltam com o internamento. Essa divisão é tão importante aos olhos de Foucault que, para toda experiência da loucura, ele dá primazia ao hospital geral. "A oposição entre os bons e maus pobres é essencial à estrutura e à significação do internamento. O hospital geral designa-os como tais e a própria loucura é dividida segundo esta dicotomia" (Foucault, 1997a, p. 61). O tratamento moral da loucura se escora no tratamento moral da miséria. A subjetividade do pobre é totalmente transformada nesta mutação acentuada pelo hospital geral. O pobre não é mais uma subjetividade opaca que contém sob seus farrapos as marcas da glória divina. Ele é um sujeito reduzido à superfície apenas de suas aparências que atesta sua submissão à nova ordem do hospital geral ou, ao contrário, revela sua malandrice e sua vida má. Portanto, não é mais aquele sujeito portador de uma verdade religiosa que o precede e lhe confere todo o seu sentido. Doravante, é como "sujeito moral" que está inteiramente constituído, isto é, sujeito ao mesmo tempo atravessado pelo dilema ético de uma adesão à lei da assistência ou de uma revolta contra essa lei e sujeito exposto ao julgamento moral que o exibe em sua verdade.

2ª – O refinamento do hospital geral elabora-se sobre o estabelecimento de trabalho para os mendigos no interior de seus muros. "Não se trata mais de prender os sem trabalho, mas de dar trabalho aos que foram presos, fazendo-os servir com isso a prosperidade de todos" (FOUCAULT, 1997a, p. 67).

Na realidade, estas duas leituras da função negativa da disciplina do hospital geral não são simplesmente cronológicas. Pois, precisamente, a possibilidade para o hospital geral de fazer crescer a utilidade dos mendigos e vagabundos que ele recolhe, tende a fracassar. Foucault o reconhece a propósito da França. Tratando-se de fazer trabalhar os indigentes como Colbert se empenha a propósito da assistência, na realidade, nota Foucault, "a significação econômica que Colbert desejara dar ao hospital geral não deixou de se esfumar" e "este centro de trabalho obrigatório tornou-se o lugar privilegiado da ociosidade" (FOUCAULT, 1997a, p. 70). Tudo se passa como se o hospital geral não chegasse a exercer uma função positiva e a se deixar qualificar como instituição propriamente disciplinar. Sabemos que Foucault analisará em *Vigiar e punir* a inversão dos mecanismos disciplinares do ponto de vista da emergência de uma sociedade disciplinar. Ele explica particularmente, no capítulo consagrado ao Panoptismo, que existem duas imagens da disciplina: uma disciplina-bloco representando uma "instituição fechada, estabelecida à margem e toda voltada para funções negativas: fazer parar o mal", e uma disciplina-mecanismo, "um dispositivo funcional que deve melhorar o exercício do poder tornando-o mais rápido" (FOUCAULT, 1999, p. 173). A extensão das instituições disciplinares no século XVIII responde a essa inversão de um esquema disciplinar em outro esquema que Foucault qualifica como "inversão funcional das disciplinas", "ramificação dos mecanismos disciplinares" e sua "estatização". Deixo de lado a questão de saber se com a ramificação, isto é, com a tendência que têm as disciplinas a se "desinstitucionalizar" e a "circular em estado 'livre'[...], em processos flexíveis de controle" (FOUCAULT, 1999, p. 174), não estaríamos já em uma terceira idade da disciplina, aquela que Deleuze chamará de controle (e que Foucault já admite, pois, nesta ocasião refere-se a "núcleos de controle disseminados na sociedade"). O hospital geral responde claramente em seu registro de encargos iniciais à "disciplina-bloco". Se, "durante muito tempo a casa de correção ou os locais do hospital geral servirão para a colocação dos desempregados, dos sem trabalho e dos vagabundos" (FOUCAULT, 1997a, p. 67), é porque o hospital geral funciona bem para a repressão e como uma administração das margens.

Sua tentativa de fazer com que os internos trabalhem responde a um novo paradigma disciplinar segundo o qual, como escreve Foucault em *Vigiar e punir*, "as disciplinas funcionam cada vez mais como técnicas que fabricam indivíduos úteis" (FOUCAULT, 1999, p. 174). Na realidade, o hospital geral não chega a funcionar como uma instituição disciplinar produtiva, pois não renunciou ao seu sentido disciplinar negativo. Se, por um lado, ele pretende transformar o ocioso em trabalhador, mantém, por outro, a função negativa de isolar os mendigos, de excluí-los. Nenhuma instituição pode ao mesmo tempo excluir e incluir sobre tais bases. Isso equivaleria a dizer que uma instituição pode ser ao mesmo tempo uma disciplina-bloco e uma disciplina-mecanismo, o que para Foucault é analiticamente insustentável.

O louco, o trabalhador e o pobre

Que a história da loucura seja ao mesmo tempo uma história da pobreza significa que o louco é realmente um personagem social das margens. Compreende-se, então, por que, desde o primeiro prefácio de *Folie et déraison. Histoire de la folie à l'âge classique*, Foucault afirma que quer fazer aparecer "uma história dos limites, desses gestos obscuros, necessariamente esquecidos logo que realizados, pelos quais uma cultura rejeita qualquer que coisa que para ela será o Exterior". Desde logo, a prática da história é aí afirmada por Foucault como a possibilidade de atravessar fronteiras que definem o pertencimento à nossa cultura. Atravessar fronteiras não significa evadir-se para um lugar outro que seria justamente a loucura ou a desrazão. A arqueologia pretende, em contrapartida, apreciar as qualificações culturais sob a luz das depreciações culturais e sociais com as quais se relacionam. É aí que ganha sentido a divisão razão/loucura como divisão de cultura. Não somente o interior se constrói na rejeição do exterior, como também esse ato de rejeição jamais é apenas teórico, mas sempre igualmente cultural e social. O outro torna-se aquele que se vê colocado em posição de alteridade pela posição de exclusão que pesa sobre ele. Ele é, retomando uma expressão de Christine Delphy, "alterizado", isto é, tornado dessemelhante pelo poder que o desqualifica ao tratá-lo como sujeito separado. Como se interroga Christine Delphy, em seu livro *Classer, dominer*: "como os Outros podem, elas/ eles, ser como os Uns? Quando os Uns só podem ser uns porque, eles /elas, oprimem os Outros?" (DELPHY, 2008, p. 31). O louco e o mendigo são construídos e confinados na diferença que os desqualifica e é com essa diferença que são convocados enquanto seres de alteridade, mas esta diferença não é dada apenas no gesto teórico que os qualifica desqualificando-os, é igualmente construída ao mesmo tempo por esta máquina de confinar que é o hospital geral.

É o que se passa com a atitude cartesiana da dúvida que de antemão previne o pensador contra todo risco de ser louco e que encontra sua verdade na prática do confinamento dos loucos no hospital geral, com os debochados, os venéreos, os indigentes, toda uma população negativa compondo um estranho pátio de milagres. Neste afã da filosofia para perfazer em teoria uma disposição prática esconde-se um elemento inédito, a proximidade entre a figura do louco e a do pobre aparecendo até mesmo no texto da primeira meditação de Descartes citada por Foucault: ela é, e isso não foi observado (nem por Foucault no seu comentário) um dos motivos da loucura.

E como poderia eu negar que estas mãos e este corpo sejam meus? A não ser talvez que eu me compare a esses insensatos, cujo cérebro está de tal modo perturbado e ofuscado pelos negros vapores da bile que constantemente asseguram que são reis quando são muito pobres; que estão vestidos de ouro e de púrpura quando estão inteiramente nus; ou imaginam ser cântaros ou ter um corpo de vidro" (DESCARTES, 1962, p. 118-119; citado por FOUCAULT, 1997a, p. 45).

Para Descartes, o louco não se contenta em ser louco. Sua loucura consiste justamente no desejo de superar a condição social de pobre, ou seja, de mendigo. Com efeito, o texto de Descartes parece obedecer a uma contaminação radical da loucura pela pobreza. O louco é primeiramente aquele que pensa ser rei quando é pobre, mas sua loucura se desdobra quando o louco pensa estar vestido com ricas vestes quando está todo nu. Em segundo plano, é a figura do mendigo que parece impor-se bem mais que a daquele que dorme e sonha estar vestido quando está todo nu. A contaminação da loucura pela pobreza, estranhamente, não é assinalada por Foucault, justamente quando ela está manifesta. A loucura do louco consiste primeiramente em sonhar que não é pobre, a imaginar que seu lugar não é a ausência de lugar a que a pobreza o condena.

Se o propósito de Foucault consiste em fazer uma história cultural de nossas supostas invariantes como a razão mas igualmente como a loucura, é particularmente significativo que Foucault encontre nessa história a figura do pobre que assim se vincula, às suas expensas talvez, ao projeto de uma história social. Essa história dos lugares sociais e dos deslocamentos que Foucault empreende na *História da loucura* é justamente o que permite articular, de um lado, a arqueologia dos discursos e, de outro, o interesse prático pelos dispositivos. O traço de união entre os discursos e as práticas é tornado possível pelo fato de que, sob os discursos, escavando suas condições de possibilidades, distribui-se toda uma arquitetura do centro e da periferia social, lugares outorgados a uns e recusados a outros. Nesse contexto, a colocação dos loucos e dos pobres no hospital geral só pode ser lida no espelhamento com outra colocação que é a colocação asilar. Ao gesto de Descartes cuja verdade prática é o advento do hospital geral responde o gesto de Pinel libertando os loucos de suas correntes, mas para melhor submetê-los à ordem psiquiátrica do asilo, presumivelmente encarregado de proteger, pelo mesmo confinamento, a sociedade dos loucos e os loucos da sociedade. Então, poderá ocorrer algo como a medicalização da loucura e com ela o advento de um poder psiquiátrico que, pouco a pouco, vai ramificar-se para fora dos muros do asilo e difundir-se em toda a sociedade, em nome de um imperativo vigoroso de defesa social. Então, poderá existir uma loucura extraída da medicalização do poder psiquiátrico com seus dois braços, demarcação do anormal, generalização das técnicas de intervenção nos "anormais". Essa medicalização, principalmente, solta os pobres: não somente os subtrai à loucura, como ainda, reconduzindo-os ao exterior do asilo, na sociedade, "permite-lhes" adquirir uma densidade social novo que, aliás, lhes confere a feição de uma população.

É impressionante notar que o conceito de população que se tornará um tema maior nos cursos de Foucault sobre a biopolítica já encontra um lugar particularmente interessante em *História da loucura na Idade Clássica*. Desenvolvendo no capítulo intitulado "A nova divisão" o tema da limitação da prática de internamento aos loucos, Foucault realça que essa limitação tem como efeito uma extensão da "população" dos trabalhadores. De fato, a categoria da população recebe um duplo estatuto no texto de Foucault. Por um lado, a população designa o conjunto de sujeitos no trabalho e, mais largamente ainda, os sujeitos empregáveis, constituindo, neste sentido, como diz Foucault, "um dos elementos da riqueza" (FOUCAULT, 1997a, p. 406). Por outro lado, existe nesta população indeterminada uma "população pobre" (FOUCAULT, 1997a, p. 407) na qual tudo o que está em jogo é assegurar-se que possa ser utilizada para criar riqueza. Lembremos o enunciado: "Utilizar os pobres, os vagabundos, os exilados e emigrados de toda espécie é um dos segredos da riqueza, na concorrência entre as nações" (FOUCAULT, 1997a, p. 407). Essa emergência da "população" que inclui uma "população pobre" coloca fora de cena o tratamento da pobreza no interior da administração do hospital geral. Aparentemente, o pobre torna-se um personagem glorificado, adquire de novo um *ethos*, uma maneira de ser de que o hospital geral o havia privado ao considerá-lo como o sujeito por excelência sem lugar: "Não sendo nem produtor nem consumidor, o pobre não tinha lugar: ocioso, vagabundo, desempregado, sua esfera

era a do internamento" (FOUCAULT, 1997a, p. 405), realça Foucault. Na medida em que a grandeza de uma nação é doravante verificada pela extensão de sua população de trabalhadores, o pobre torna-se um elemento incontornável do novo projeto social das nações sob a expressa condição, justamente, de que seja desalienado, retirado desta estrutura de internamento do hospital geral que fazia dele um estranho. No artigo "Hospital" da *Enciclopédia,* citado por Foucault, cumpre-se justamente esta reversão: "O auxílio que lhe (à parcela sofredora do povo) é devido está na dependência essencial da honra e da prosperidade de um Império, do qual os pobres são por toda parte o mais sólido sustentáculo, pois um soberano não pode conservar e ampliar seu domínio sem favorecer a população [...] e os pobres são os agentes necessários dessas grandes potências que estabelecem a verdadeira força de um povo" (citado por FOUCAULT, 1997a, p. 405). Nessa passagem da *Enciclopédia* é notável a maneira como os pobres são considerados como força ativa do enriquecimento do Império. O discurso é dirigido ao soberano do império e é a partir dessa direção que reaparece a virtude moral do pobre: o indigente retoma um lugar que lhe havia sido retirado pelo hospital geral, mas este lugar não á mais espiritual, ligado à presença em carne do pobre individualizado duplamente como sujeito de Deus e pela prática da caridade à que sua vida de pobre dá lugar, ela é econômica e social. De fato, se aparentemente o pobre torna-se de novo um sujeito com o qual se deve contar, na realidade trata-se menos do pobre como sujeito individualizado do que do pobre como elemento intercambiável de uma população que emerge com o deslocamento do hospital geral como governo dos pobres. É nesse sentido que Foucault pode escrever que "'os Pobres' não existem como realidade concreta e última" (FOUCAULT, 1997a, p. 406). Pois "os pobres" não são mais aqueles sujeitos de lugar nenhum que estão no hospital geral, tampouco são aqueles indivíduos individualizados pelas práticas da caridade e pelo suporte religioso que lhes conferia um lugar. Tais indivíduos não são mais que abstrações ao olhar da realidade última que é a população como força de geração de riqueza, a tal ponto que a figura do pobre tende a desaparecer enquanto tal em proveito da noção de "pobreza" compreendida como a "rarefação dos gêneros e do dinheiro" em relação com a situação econômica ligada a um estado de riquezas de um país. O que Foucault assim analisa é o deslocamento do pobre como indivíduo em proveito de uma relação (que é ao mesmo tempo uma relação de saber e de poder) entre pobreza e população. Mas então, o que se indicia nesse deslocamento do pobre é uma nova realidade social que constrói um *continuum* que vai do pobre sem emprego, mas empregável ao pobre empregado, e é essa nova realidade social que

Foucault designa sob o termo "população" colocando-a em relação com o fenômeno da "pobreza".

Rumo a uma nova história da loucura?

Hoje, cinquenta anos após *História da loucura*, onde estamos nós? A linha divisória que Foucault estabelece entre a loucura e a pobreza, entre o louco no asilo e o pobre empregável, mantém-se ainda? Penso que não. Mudanças notáveis intervieram no traçado das fronteiras entre o normal e o patológico, entre o medical e o social. Ele fez ver que a hipótese de uma sociedade disciplinar, central em *Vigiar e punir*, e que engloba o asilar e o carcerário, própria às instituições vigorosas da disciplina, fragilizou-se extremamente. O próprio Foucault explica em *Vigiar e punir* que a disciplina-mecanismo foi progressivamente superada em proveito de mecanismos flexíveis de controle cuja tendência consiste precisamente em se desinstitucionalizar. Os mecanismos disciplinares, segundo Foucault, tornam-se cada vez mais sutis e, cada vez menos têm necessidade do peso de instituições voltadas para si mesmas, com um forte aparato espacial, das quais o *Panopticon*, de Jeremy Bentham, funcionou como arquétipo. Entretanto, não é por isso que acabamos com o disciplinar, sublinha Foucault, mas ele se emancipa das instituições nas quais se aninhava e que constituíam lugar de suporte ativo para a disciplina. Foucault o constata em *Vigiar e punir* acerca da prisão. A prisão não desaparecerá, mas terá vocação para ser recodificada de acordo com um conjunto de mecanismos carcerários que excedem largamente seus contornos, a tal ponto, aliás, que Foucault, alterando a expressão do dissidente Soljenítsin, "arquipélago goulag", sugere a expressão "arquipélago carcerário". Se retomarmos a *História da loucura*, temos o direito de perguntar se, de maneira análoga, a persistência do asilo como administração dos loucos não está recodificada segundo um conjunto de mecanismos asilares que, também nesse caso, excedem fortemente seus contornos e se, por isso, não estaríamos fundamentados para falar de um "arquipélago asilar", coisa que Foucault não faz, pois permanece na forma do asilo e também da sua centralidade disciplinar como disciplina dos indisciplinados.

A meu ver, a expressão "arquipélago asilar" tem dois sentidos.

Designa, primeiramente, uma transformação profunda inerente à psiquiatria, em virtude da qual o asilo torna-se uma engrenagem entre outras da administração dos loucos. Não é mais aquele lugar fechado em si mesmo permitindo uma defesa da sociedade, mas um lugar de estadia conectado a outras instâncias de tratamento da loucura. A revalorização operada pela psiquiatria do setor dos "vínculos ordinários do indivíduo, sob o ângulo do 'tecido social', através do *habitat*, das relações com o meio ambiente, do trabalho, da vida na cidade" (DODIER; RABEHARISOA, 2006, p. 73), que implica a desospitalização ainda que a referência ao hospital psiquiátrico permaneça importante, assim como a crítica que ela produziu à ocupação asilar, puderam ser retomados no interior de um novo governo dos loucos que implica um *continuum* médico-social da vigilância e da terapia dos indivíduos percebidos como psiquicamente frágeis: uma das consequências desta transformação foi a proliferação dos "dispositivos psi" no interior do *continuum* médico-social. Da família aos locais de trabalho, passando pela escola, nenhum lugar social pode subtrair-se a essa construção medical pela qual são diagnosticados, avaliados, mensurados, relativamente aos sofrimentos psíquicos, a cujo propósito, aliás, é preciso observar que essa categoria, a de "sofrimento psíquico", tende, e não por acaso, a extrapolar a de loucura.

Mas a expressão "arquipélago asilar" tem um segundo sentido que também interessa aprofundar, pois faz retornar o antigo dispositivo do hospital geral em uma configuração verdadeiramente nova. Com efeito, essa expressão sugere uma porosidade inesperada entre prisão e asilo ou, mais exatamente, entre arquipélago carcerário e arquipélago asilar. O carcerário e o asilar, cujas lógicas Foucault cuidadosamente distinguira, tendem hoje a se cotizarem em nome de um imperativo de "defesa da sociedade" que faz ressurgir o espectro do indivíduo perigoso assimilado ao indivíduo com o qual não se sabe o que fazer, o vagabundo ou o louco. Na realidade, é todo o sentido da instituição disciplinar que mudou profundamente. Assim como Foucault se situa, especialmente no que concerne ao asilar, mas também, em menor medida, ao carcerário, em um momento em que é preciso ser crítico relativamente ao tipo de poder que o asilo e a prisão representam, assim também nós nos situamos hoje face a uma certa miséria das disciplinas. Seria totalmente errôneo crer que as disciplinas asilares e carcerárias se enfraqueceram. Não se trata disto, naturalmente, mas elas foram repensadas como instituições sempre mais porosas uma à outra e também completamente remodeladas a partir do imperativo da defesa da sociedade. Tudo se passa como se prisão e asilo tivessem sido ressignificadas como administrações pesadas, adquirindo sentido no interior de um complexo mais leve de procedimentos de controle disseminados, junto com outros, em toda a sociedade, destinados a administrar sujeitos com os quais não se sabe o que fazer. É significativo que entre esses sujeitos sem lugar, não empregáveis, aqueles indivíduos negativos evocados por Robert Castel na conclusão de *Métamorphoses de la question sociale* cujo paradigma é o vagabundo, quem reaparece desde o antigo tratamento pelo hospital geral ou o depósito de mendicidade não é outro senão o pobre mendigo ou vagabundo, isso é, justamente o pobre não empregável, o "mau pobre", separando-se do bom pobre que é o pobre empregável, desempregado ou empregado, o trabalhador pobre. Nessa configuração, é significativo que a prisão volte a ser uma prisão da miséria, para retomar a expressão do livro de Loïc Wacquant, assim como é significativo que nesta prisão desemboque o pobre de rua, aquele com o qual não se sabe o que fazer, dentre os quais, como bem estabeleceram os estudos psiquiátricos, particularmente o livro de Patrick Declerck, *Les naufragés*, os que mais frequentemente se encontram são sujeitos psicóticos. Que a prisão volte a ser ao mesmo tempo uma prisão da pobreza e da loucura (como mostrou o estudo de Wacquant em relação aos Estados Unidos, mas como também numerosos artigos e estudos na França tendem a mostrar) é indicativo de que a atualidade da *História da loucura na Idade Clássica* talvez resida mais no diagnóstico sobre o hospital geral do que sobre o próprio asilo. Estranha reversão que reintegra o asilo em uma lógica do hospital geral, quando Foucault mostrara a ruptura de um com o outro. É que o imperativo da "defesa da sociedade" se assenta sobre uma guerra social face a esses indivíduos supostamente perigosos que são os não empregáveis, entre os quais estão os loucos bem como os sem-teto, os errantes, os vagabundos, etc. Pois, o problema que, com o aumento da precariedade, ressurge hoje mais que ontem, é realmente o da empregabilidade. O que fazer com sujeitos não empregáveis? Como garantir, para a sociedade, uma proteção face a eles? É a não empregabilidade que faz novamente emergir a categoria de indivíduo perigoso, para além mesmo da ideia de um "retorno das classes perigosas" (CASTEL, 2003, p. 47) e destrói a fronteira social estabelecida, no século XVIII, pelo asilo assim como pela prisão entre o louco, o criminoso e o pobre. É que a criminalização da loucura é um caso especial de criminalização da miséria. É precisamente porque o vagabundo acaba por ser um psicótico, que corre o risco de ir para a prisão como aquele novo indivíduo perigoso que lhe é imputado ser. A criminalização conjunta da miséria e da loucura ultrapassa amplamente o estatuto do aprisionamento tal como fora pensado no final do século XVIII e tal como Foucault examinara em *Vigiar e punir*. Se, conforme o livro básico de Georg Rusche e de Otto Kirrscheimer, de 1939, *Peine et structure sociale*, citado por Wacquant em *Les prisons de la misère*, o aprisionamento deve "tornar socialmente útil a força de trabalho daqueles que se recusam a trabalhar", inculcando neles, sob a coação do aprisionamento, a submissão ao trabalho, de modo que, quando liberados, "eles, por si próprios, iriam engrossar as filas dos que procuram emprego", Loïc Wacquant sublinha que já não é este o caso hoje em dia, na medida em que a transição do Estado-providência ao Estado-penitência implica uma administração totalmente nova dos delitos e pequenos crimes. As prisões não são mais encarregadas de reconduzir ao trabalho os sujeitos recalcitrantes, mas contentam-se em estocar "os refugos do mercado do trabalho, as frações extra-numerárias": bem mais do que a disciplinarização dos indisciplinados, é uma administração das margens com vistas a fabricar um exército de reserva. Portanto, prisão e asilo não desaparecem naturalmente, pois são recodificados a partir de um imperativo de "defesa da sociedade" que percorre toda a sociedade, que se relaciona estreitamente com novos procedimentos de controle passíveis frequentemente de até se fazerem passar por procedimentos de cuidado social, segundo uma linha divisória novamente maior que é a da impregabilidade dos sujeitos considerados normais e da não empregabilidade dos sujeitos portadores de uma patologia social e/ou mental.

É a partir dessa nova norma da empregabilidade, apoiada no imperativo de defesa social relativamente a sujeitos considerados não empregáveis, que se deve apreender a nova proximidade entre o louco e o pobre a cujo propósito Foucault, há 50 anos, silenciara. As transformações contemporâneas da psiquiatria devem ser interrogadas a partir dessa nova disposição. É significativo que o hospital psiquiátrico seja hoje pensado, cada vez mais, como uma prisão potencial implicando procedimentos de controle e de vigilância sempre mais estreitos em relação aos loucos, enquanto ao mesmo tempo o hospital psiquiátrico é cada vez menos administrado pelos psiquiatras. Enquanto são cada vez mais redefinidos por procedimentos de controle sempre maiores em relação aos loucos, há nos hospitais, cada vez menos psiquiatras; e tal apagamento do psiquiatra corresponde a um desaparecimento de uma ideia da psiquiatria vinculada à psicanálise e à ideia de uma clínica psiquiátrica que faz contrapartida (ao menos teórica) ao medicamento, mediante o avanço de uma certa nosologia construída na história da psiquiatria (Pinel, Dumas, Clérambault, Lagache, etc.). É particularmente significativo que esse apagamento de uma prática e de uma ideia da psiquiatria seja compensado pela promoção de novas terapias, as terapias cognitivo-comportamentais, implicando em considerar que o louco é primeiramente um *cérebro* antes de ser um *espírito*, uma natureza desnaturada mais que uma vida mental arruinada pela sociedade, que se pode reeducar mediante comportamentos apropriados. Essa vertente naturalista, possibilitada pela emergência de novos modelos de saberes em relação com técnicas como as dos aparelhos médicos de imagens, permite esquivar-se de uma clínica da loucura onde o louco continua sendo, na sua loucura, um indivíduo a ser cuidado, para, em contrapartida, tornar-se hoje um sujeito que se pode desindividualizar desde que se o considere a partir dos acontecimentos impessoais que acometem seu cérebro. Se o ganho aparente dessa revolução psiquiátrica é a despersonalização da loucura ("eu" não sou responsável por minha loucura), o essencial, na realidade, se passa em outra parte, na possibilidade de administrar a menor custo a população dos sujeitos perturbados que cada vez mais voltam a ser pobres. É que as coisas mudaram. O dispositivo asilar, criticado nos anos 1960 por seu caráter carcerário, não parece mais, hoje em dia, ter capacidade para conter os loucos. Com efeito, onde se encontra a loucura, hoje? Na vociferação agitada de um grupo de sem-tetos, atingidos como nunca pela psicose, mas que não encontram mais onde se abrigar no menor dispositivo de cuidado social? No silêncio do prisioneiro em sua cela? Na rua, na prisão? Hoje o medo do louco é reavivado pela sua suposta periculosidade. Os dispositivos de segurança, principalmente, recriam a antiga população disparatada do hospital geral, tratando conjuntamente o criminoso, o louco, o delinquente e o pobre. A loucura é, então, desmembrada entre dois estatutos: se ela se aloja no cérebro e regressa na noite natural, é para melhor se deixar distinguir na variedade das anormalidades sociais. Sob esta ótica, a loucura é o acontecimento natural a partir do qual o personagem social do Anormal pode fazer sua aparição. Hoje, portanto, estaríamos assim: naturalização da loucura, desaparecimento da figura do louco em proveito do anormal e, garantindo a transferência da loucura assim figurada para o anormal assim consagrado, se desdobraria, sob a abolição da grande divisão teórica entre neurologia e psicopatologia, a nova norma da saúde mental e de seu negativo, a perturbação. Nesta última metamorfose da loucura, o pobre, a contragosto, retorna para a rua e se torna, por força de um desprezo, o louco por excelência, esse ser destinado socialmente às margens, como encarnou, à sua maneira, *O sobrinho de Rameau,* de Diderot. Afinal, o sobrinho de Rameau já não prefigurava a nova indistinção entre o louco e o pobre no espaço infra--asilar da rua? Lembremos que Diderot multiplica as alusões à loucura do sobrinho, certamente, mas também à sua pobreza que envolve sua vagabundagem. Diderot nos diz sem rodeios: "você sabem que sou um ignorante, um louco, um impertinente e um preguiçoso". A consciência de ser louco está articulada pelo sobrinho à sua reivindicada falta de trabalho e é a partir desta falta de trabalho que o sobrinho nos fala. Se Foucault se dedica a ver no sobrinho a indistinção anticartesiana da loucura e da razão, não articula, porém, essa experiência ao estatuto social daquele que está fora dos quadros e que, todavia, se declara no interior do que Diderot inequivocamente denomina "a pantomima dos indigentes".

Tradução: Salma Tannus Muchail

Referências[1]

CASTEL, Robert. *L'insécurité sociale*. Paris: Seuil, 2003.

DELPHY, Christine. *Classer, dominer*. Paris: La Fabrique, 2008.

DESCARTES, René. Meditações concernentes à primeira filosofia. In: DESCARTES, René. *Obra escolhida*. Introdução de Gilles-Gaston Granger. Prefácio e notas de Gerard Lebrun. Tradução de J. Guinsburg e Bento Prado Júnior. São Paulo: Difusão Europeia do Livro, 1962.

DODIER, Nicolas; RABEHARISOA, Volona. Les transformations croisées du monde "psy" et des discours du social. In: DODIER, Nicolas; RABEHARISOA, Volona. *Expérience et critique du monde psy*. Politix. Paris: Armand Colin, 2006.

FOUCAULT, Michel. *História da loucura na Idade Clássica*. 5. ed. Tradução de José Teixeira Coelho Netto. São Paulo: Perspectiva, 1997a.

FOUCAULT, Michel. *Resumo dos cursos do Collège de France (1970-1982)*. Tradução de Andrea Daher. Rio de Janeiro: Zahar, 1997b.

FOUCAULT, Michel. *Os anormais. Curso no Collège de France (1974-1975)*. Edição estabelecida sob a direção de François Ewald e Alessandro Fontana, por Valério Marchetti e Antonella Salomoni. Tradução de Eduardo Brandão. São Paulo: Martins Fontes, 2002.

FOUCAULT, Michel. *Vigiar e punir. Nascimento da prisão*. 20. ed. Tradução de Raquel Ramalhete. Petrópolis: Vozes, 1999.

WACQUANT, Loïc. *Les prisons de la misère; un monde de fous*. Tradução de Salma T. Muchail. Paris: Philippe Petit, s/d.

---

[1] Estas referências remetem aos textos consultados em tradução brasileira, quando existem.

Capítulo 13
Compelle intrare: a transgressão do *Sobrinho*

José Ternes

> *Mas, fazer o que, são loucos...*
> *Descartes, no movimento pelo qual chega*
> *à verdade, torna impossível o lirismo do desatino.*
> FOUCAULT (1972, p. 510)

Na história recente do Ocidente, nos últimos quatro ou cinco séculos, Foucault costuma assinalar dois grandes abalos: o que resultou no desaparecimento do Renascimento e na estruturação da Idade Clássica e a transformação mais importante para nós, que diz respeito ao "esgotamento do *Cogito*" (CANGUILHEM, 1966, p. 400) e à configuração disso que chamamos Modernidade *tout court*. Descontinuidades somente acessíveis àquele olhar *diagonal* a que se refere Deleuze (1988, p. 13). Já não se trata, então, de fazer o inventário do que se disse. Trata-se de investigar as condições de possibilidade do que há para dizer: do que se oferece à percepção, do que se dá ao olhar, do que há para saber. Ao contrário do que se imagina, perceber, olhar, saber obedecem a uma lei enunciativa única: a raridade. Um determinado arquivo não permite tudo. Na verdade, lemos em *L'archéologie du savoir* (FOUCAULT, 1969) que, numa determinada época, muito poucas coisas podem ser ditas.

A questão me parece ser, pois, inicialmente, a seguinte: o que foi possível enunciar, e de que forma, na Idade Clássica? Apesar das acentuadas diferenças observadas entre as três obras arqueológicas de Foucault, investigando objetos diferentes, juntando, comparando, confrontando as longas análises de cada uma, penso que se pode reconhecer, ou desenhar, um quadro geral comum. É possível afirmar: o que nos foi apresentado nada tem a ver com o Renascimento, nada tem a ver com a Modernidade. O que nos foi apresentado pode ser definido como *clássico*, na acepção que Foucault confere a esta palavra.

Assim, em *Les mots et les choses,* os grandes quadros dos vivos, laboriosamente constituídos pelos naturalistas, taxonomias de que os jardins botânicos e os gabinetes de História Natural davam a imagem quase perfeita, "um estrangeiro um pouco instruído (*lettré*) poderia morrer sem ter visto uma vez a natureza em seu palácio?" – pergunta Diderot (2001, p. 254); e também as riquezas, com seus valores incorruptíveis, quer circulando no movimento regular das trocas, quer depositados na profundidade da terra; finalmente, os signos, servos fiéis de uma só gramática. Três campos de empiricidades, mais próximos entre si do que os saberes que sucederam a cada uma na virada para o século XIX. E mais, as próprias artes, na singularidade de cada obra, talvez tenham mais a ver com riquezas, classes, discurso, do que com as formas de linguagem densas e enigmáticas da Modernidade. *Las meninas* e *Dom Quixote* o testemunham.

Assim, em *Naissance de la Clinique,* a doença era vista num espaço outro que o de nossos dias, e a própria experiência médica se organizava de forma bastante estranha para nós, hoje. É que, observa Foucault (1972b, p. 2), "houve e haverá outras distribuições do mal". Distribuições, como sugere o título do capítulo I – *Espaces et classes* – que se dão no quadro abstrato da natureza, onde "os encadeamentos se desatam e o tempo se aniquila" (FOUCAULT, 1972, p. 4). Onde há, de um lado, o conhecimento da doença, "percebida fundamentalmente em um espaço de projeção sem profundidade e de coincidência sem desenvolvimento. Existe apenas um plano e um instante" (FOUCAULT, 1972b, p. 4). Aí, "antes de ser tomada na espessura do corpo, a doença recebe uma organização hierarquizada em famílias, gêneros e espécies" (FOUCAULT, 1972b, p. 2). E onde há, de outro lado, uma experiência médica igualmente muita estranha a nosso olhar que não consegue mais separar médico e doente. Na Idade Clássica, "para conhecer a verdade do fato patológico, o médico deve abstrair o doente" (FOUCAULT, 1972b, p. 6). Ou seja, o médico conhece objetos da natureza, é um *botânico.* Não precisa, e não poderia, conhecer o indivíduo doente. Daí essa paradoxal separação entre conhecimento e cura. O médico somente se tornará personagem essencial para a cura com o nascimento do hospital na virada para o século XIX, quando a doença também se transformará em seu ser.

Esse quadro já nos fora desenhado, em seus traços gerais, em *Histoire de la folie.* Mesma ideia de doença. Mesma "função" do médico.

> [...] quando o pensamento clássico deseja interrogar a loucura naquilo que ela é, não é a partir dos loucos que ele o faz, mas a partir da doença em geral. A resposta a uma pergunta como:

> *Então, que é a loucura?* é deduzida de uma análise da doença, sem que o louco fale de si mesmo em sua existência concreta. O século XVIII percebe o louco, mas deduz a loucura. [...]. E aquilo a partir do que ele reconstrói a loucura não é a múltipla experiência dos loucos, é o domínio lógico e natural da doença, um campo de racionalidade (FOUCAULT, 1972a, p. 203).

O fato de a temática epistemológica da loucura somente aparecer no capítulo 6, "O louco no jardim das espécies", não me parece sem importância na condução da investigação de Foucault. Há, sem dúvida, uma *ciência da loucura* naquela época. Mas com resultados discutíveis, limitados. Talvez tenha a ver com o *objeto* mesmo em questão: como construir um saber objetivo sobre uma realidade negativa? Como descrever racionalmente um fenômeno de desrazão? Na Idade Clássica, ou se descrevem espécies naturais, ou deve-se desistir de fazer ciência. Como alojar a espécie loucura no grande jardim das espécies? Foucault parece insinuar essa aporia, ao deixar claro que o conhecimento da loucura, na Idade Clássica, fora uma discussão antes filosófica e jurídica, do que científica. E aqui, mais do que na medicina, a questão cura não poderia comparecer. O *conhecimento* da loucura (o grifo me parece necessário) passa ao largo da existência do louco (dos loucos). Deixemos, no entanto, de lado esse espaço sem profundidade da pura representação. *Histoire de la folie*, embora não o desclassifique, parece mantê-lo em suspenso. E, parece-me, há uma estratégia nessa *epoché*: o aparecimento da loucura como *doença mental*, no século XIX, determinará um novo estatuto para o sujeito que conhece. Uma transformação epistemológica, sem dúvida, pois muda o que há para conhecer, mas, ao mesmo tempo política e moral. O gesto de Pinel é um mito, segundo Foucault. Tirar as correntes significou, ao contrário do que certa história insinua, uma prisão reduplicada. O louco, se vê, de uma hora para outra, numa dupla prisão: o asilo e a moral. Prisioneiro do médico e de si mesmo. Além de preso, culpado. Então, a discussão do nascimento de um saber assumirá outro peso. O nascimento do asilo encontra na Psiquiatria, e em outras figuras *psi*, sua condição de possibilidade.

Mas, ao enveredar, assim, pelas sendas da epistemologia, o mais decisivo, em *Histoire de la folie*, foi esquecido. Refiro-me ao *Grande internamento* (*Le grand renfermement*), objeto do capítulo II. A sua localização, na estrutura da obra, *per si*, já diz muito. Estamos na abertura da tese de Doutorado de Foucault, com a definição de seu objeto de investigação: *Histoire de la folie à l'âge classique*. Título, aliás, reduzido na Gallimard (1972). A primeira edição, da editora Plon (1961), trazia o original: *Folie et déraison, histoire de la folie à l'âge classique*. Antes que de um saber da loucura, esse capítulo se ocupa com outra coisa: a percepção do louco na Idade Clássica. Paradoxalmente, também aqui o louco não conta muito. Ao contrário do que se podia observar no Renascimento, onde os loucos eram *vistos* em suas andanças pelo mundo, e a metáfora da *stultifera navis* diz tudo, na Idade Clássica o louco *desaparece*. É esse *desaparecimento* que Foucault investiga. Ou, se quisermos, o louco deixa de ser *ele mesmo*. Torna-se *o outro*. Condição que a Modernidade não teria contornado, mas, como já assinalei, apesar de seu *humanismo,* teria agravado.

Valeria a pena interrogar a presença de Descartes no começo desse capítulo. Uma presença polêmica, que pôs fogo nas relações do filósofo com Derrida, sem contar outras reações da mesma natureza. Não cabe juntar, extemporaneamente, lenha a essa fogueira. Descartes, um certo Descartes, aparece em *Histoire de la folie* como aquele que reduzira a loucura ao não pensamento absoluto, "condição de impossibilidade de pensamento" (FOUCAULT, 1972a, p. 57). Na trajetória da dúvida, diversas figuras são contornáveis, como os sonhos e os enganos. São acidentes de percurso. A loucura não pode ser contornada. Com ela contemporizar seria negar o ser mesmo do *Cogito*. Ao contrário do que ainda se observara em Montaigne, uma razão irrazoável, ou uma razoável desrazão, passa a ser inimaginável após as *Meditationes de Prima Philosophia*. Foucault não se demora nessa circunscrição de um signo filosófico da história da loucura. Signo, acima de tudo, da constituição do Outro da razão. Signo da exclusão do louco. E não se pode deixar de ouvir, durante toda a descrição da experiência *infame da* Grande Internação, o murmúrio insistente, para não dizer prepotente, da máxima cartesiana: "... são loucos, e eu não seria menos extravagante se seguisse o exemplo deles" (FOUCAULT, 1972a, p. 57).

Tapemos, no entanto, os ouvidos ao *murmúrio* cartesiano. O capítulo II descreve outra face da Idade Clássica. Não mais os progressos de uma *ratio,* mas uma experiência bastante difusa, aquém da filosofia e do saber racional. Experiência que encontra, diz Foucault, na universalização do grande internamento, a sua expressão mais visível e eloquente. Acontecimento que apenas à primeira vista diz respeito a uma causa precisa, como o Édito de 1656, que decreta a fundação do Hospital Geral, em Paris, ou o despertar dos mais afortunados para a assistência, ou o retorno de um espírito de caridade mais intenso. Há algo que se estruturou mais lentamente, e com menor visibilidade. Foucault o denomina *sensibilidade social*:

> Para tanto foi necessário formar, de modo abafado e no decorrer de longos anos, sem dúvida, uma sensibilidade social, comum à cultura europeia e que bruscamente atingiu seu limiar de manifestação na segunda metade do século XVII: foi ela que

isolou de repente essa categoria destinada a povoar os lugares de internamento. A fim de habitar as plagas durante tanto tempo abandonadas pela lepra, designou-se todo um povo a nosso ver estranhamente misturado e confuso. Mas aquilo que para nós parece apenas uma sensibilidade indiferenciada, seguramente era, no homem clássico, uma percepção claramente articulada (FOUCAULT, 1972a, p. 66-67).

Talvez se possa falar, recorrendo a um conceito posterior a 1961, de um novo *arquivo* da cultura europeia. Arquivo do desatino (*Déraison*). Arquivo da loucura, também. Eis o grande acontecimento: a desqualificação, a perda, o desaparecimento da loucura no interior do desatino. Os hospitais gerais acolhiam, indistintamente, a grande massa dos não razoáveis, dos desatinados. *Desatinar* é um conceito que cobre um campo enorme de possibilidades: todos aqueles que, em situações as mais duvidosas, se mostraram *sem juízo*. E o "sem juízo" se constitui face àqueles que "tem juízo", portadores (e juízes) da moral burguesa. Serão internados os que se colocam do *outro lado*. Podemos imaginar o quanto essa separação é nebulosa. Valeria a pena inventariar, percorrer os dossiês que encaminham as internações. E Foucault fez um amplo levantamento documental disso. A justificativa moral se sobressai a todas as outras. Interna-se para punir e regenerar. Interna-se por qualquer motivo. E, quando houver médico em cena, principalmente no caso dos loucos, sabemos o que significa isso: o médico "conhecia" a doença, não o "doente". Aliás, o doente mental era algo impensável durante toda a Idade Clássica. Ele não existia, assim como não existia o homem, e tantas outras figuras familiares ao nosso olhar moderno.

Haveria um interesse enorme no detalhamento desse acontecimento, sem precedentes, chamado Hospital Geral, contemporâneo de uma forma geral de pensar, e que normalmente é denominada Idade Clássica. Valeria a pena verificar em que formas de pensar, aparentemente heterogêneas, fazem corpo com estruturas institucionais, bem como com percepções sociais partilhadas pela grande massa social. Fiquemos, no entanto, apenas com essas breves indicações.

Façamos, com Foucault, um pequeno desvio, uma *inflexão*, como ele gosta de dizer. Veremos que essa grande configuração clássica, a partir de certo momento, dá sinais de instabilidade. Algo se move, novamente, como já acontecera na virada para o século XVII, *sob os nossos pés* (FOUCAULT, 1966). Muitos sinais, aliás, se levarmos em conta as três obras arqueológicas do filósofo. Muitos *signos* de uma novidade por vir. De um destino ainda a se desenhar para a cultura ocidental e que, bem ou mal, poderá ser, será, chamado de *Modernidade*.

Há, mantendo metáforas espaciais tão caras a Foucault, *abalos* cuja evidência e lógica os historiadores não se cansam de mostrar, e que mereceram, também, o desdém do filósofo, um irônico *rire philosophique*. Trata-se, principalmente, das histórias por ele denominadas *positivistas*, pois veem, justamente lá onde há novidade, progressos, continuidades, de uma verdade já latente em épocas distantes. Em *Histoire de la folie*, vemos uma espécie de genealogia dos hospícios, de um lado; e, de outro, a descrição do nascimento de um saber do louco. O mais fundamental dessa história diz respeito, penso, à mudança mesma de *objeto*: de entidade exterior, a loucura passa a ser compreendida como acontecimento da própria razão. E a referência a Hegel, ao parágrafo 408 de *A enciclopédia*, não me parece circunstancial. Já se vê aí, ainda que no interior de outra *história*, infinitamente distante da arqueologia, o registro de uma novidade decisiva para a definição moderna de loucura. Gostaria de destacar apenas algumas linhas do discurso de Hegel:

> É o gênio mau do homem que se torna dominante na demência, mas em oposição e contradição com o que é melhor, situado no âmbito do entendimento, (e) que ao mesmo tempo existe no homem; de modo que esse estado é ruína e desgraça do espírito nele mesmo.
>
> Por isso também a verdadeira terapia *psíquica* sustenta o ponto de vista de que a demência não é uma *perda* abstrata da razão, nem pelo lado da inteligência, nem pelo da vontade e de sua responsabilidade; mas é apenas demência, só – contradição da razão ainda presente, assim como a doença física não é uma perda total da saúde (tal perda seria a morte) mas uma contradição nela... (HEGEL, 199, p. 149-150).

Estamos longe, muito distantes, de Descartes. Acontecimento da razão, sua *ruína*, sua *doença*, pode-se, com justiça, pensar em recuperação, em cura.[1]

Não gostaria, porém, de prosseguir por aí. Gostaria de trazer à tona, para concluir, um tema aqui ainda mal enunciado, e talvez nem mesmo consiga circunscrevê-lo com alguma concisão. O próprio Foucault parece tê-lo negligenciado ao longo de grande parte de suas obras. Poderíamos falar, deleuzianamente, de uma *dobra* nos discursos arqueológicos de Foucault. Com efeito, as três obras – desde *Histoire de la folie* até *Les*

---

[1] É importante assinalar que Hegel, logo a seguir, faz um eloquente elogio a Pinel, o que também encontramos em Foucault. Veja-se, a esse respeito, o interessante texto de Derrida "Fazer justiça a Freud". In: ROUDINESCO, E. *Foucault, leituras da história da loucura*. Rio de Janeiro: Relume Dumará, 1994. p. 53-107.

mots et les choses – descrevem acontecimentos em grandes configurações. Descrevem, arriscando uma expressão quase condenada, estruturações gerais, espaços, talvez, de percepção, de olhar, de saber. Todos eles, no entanto, têm em comum, também, uma espécie de perversão do pensamento. A racionalidade moderna talvez não seja, nisso, melhor do que a clássica. Em sua dispersão, a Modernidade parece engendrar uma Contramodernidade. Em *Histoire de la folie*, vemos que a *libertação* dos loucos fora uma *grande mentira* (alguma concessão a Freud). Em *Naissance de la clinique*, vê-se que a descoberta do corpo é também intervenção no corpo, normalização, medicalização, não apenas do indivíduo, mas da população. Em *Les mots et les choses*, o que significa a vida, o trabalho, a palavra, o homem tornar-se objeto senão encontrar-se, ao mesmo tempo, por eles *vergado*?

Os leitores de Foucault, e talvez *atiçados* por ele, parecem privilegiar esse eixo de *Histoire de la folie*. Uma história com um fio condutor bem definido: de Descartes a Freud, sem, claro, esquecer Pinel. E mesmo Derrida, somando os textos de 1964 e 1992, excetuando breves inflexões, não vai além dessa leitura.

Há, no entanto, lugares – poucos, certamente – onde a Modernidade parece recusar, ou contestar esse caminho, mais visível, da objetivação. Em que, como Foucault (1994) fala em "O que são as luzes?", ser moderno demanda uma *atitude*, uma espécie de ética do pensamento. Ser moderno é pouco. "É preciso ser absolutamente moderno!" (RIMBAUD, 1999, p. 441).

Esse espaço do pensamento não domesticado, do exercício livre do pensamento, é ínfimo. Como disse, talvez ocorra como *dobra* numa cultura administrada. É, penso eu, o espaço do trágico, do pensamento aberto, pensamento-risco, pensamento-transgressão. No último capítulo de *Histoire de la folie*, intitulado "O círculo antropológico", Foucault mostra essa experiência no concernente à loucura na Modernidade. No Renascimento, num certo renascimento, a arte trágica ainda parece ter preservado seu espaço. Veja-se, por exemplo, os quadros de Bosch. A Idade Clássica tornara incompatível, ou, talvez, inaudível, a palavra trágica. Não importa o que se passa no além-muro. *Dom Quixote* talvez tenha sido o último grito dessa arte e, como lemos em *Les mots et les choses*, também "a primeira obra moderna" (FOUCAULT, 1966, p. 62).[2] Depois, um grande silêncio. Foucault, que gosta de pensamentos-limite, descobre uma figura, poderíamos dizer, *pré-matura*. Diderot, no interior da Idade da Representação, deu à luz uma espécie de *monstro*. *Le neveu*

---

[2] A palavra "moderno", nessa discussão acerca de *Dom Quixote*, merece maior investigação, o que não é possível neste momento.

de Rameau guarda poucos traços do velho Rameau, seu tio, músico que ainda sonhava achar o tom absoluto. *Le neveu* se movia em outro mundo. Mas por que Foucault elege essa obra para assinalar que algo está a se mover na velha, já enrugada, estrutura da Razão Clássica? Talvez haja muito mais a se aprender com o sobrinho. Insistiria em duas coisas: essa figura estranha transgride o espaço do grande internamento. Transgride o *Édito* de 1756 que ordenava a prisão de todos os vagabundos. Ninguém mais vagabundo do que o sobrinho, de acordo com a ética burguesa do século XVIII. E transgride, por outro lado, o pensamento de toda uma Idade: afronta ao cartesianismo. Toda a comunicação, todo o diálogo, com a loucura fora interrompido com as *Meditações*. Cabia ao filósofo *meditar*, sozinho, em sua solidão, apesar das cartas a Elizabeth, e tantas outras. Diderot reata os laços por dois séculos rompidos. Em *Le neveu de Rameau*, toda a *trama* se passa envolvendo dois personagens: o Filósofo e o Sobrinho. Paradoxalmente, em alguns momentos, a razão parece encontrar-se, antes que com aquele, com este. Deixemos de lado, no entanto, essa *transgressão*. Há algo positivo naquele maluco: "ele esboça a grande linha interrompida que vai da *Nau dos Loucos* às últimas palavras de Nietzsche e talvez até as vociferações de Artaud" (FOUCAULT, 1972a, p. 364). Gostaria de levar a sério esta afirmação. Há um espaço cuja possibilidade agora se antevê: o da linguagem em seu ser. Em *Les mots et les choses*, fala-se em "retorno da linguagem" (FOUCAULT, 1966, 314-18). Anuncia-se a possibilidade mesma da Literatura como acontecimento sem passado. Em *Histoire de la folie*, a noção de *ausência de obra*. "Ali onde há obra, não há loucura" (FOUCAULT, 1972a, p. 557). Afirmação enigmática que o filósofo tenta logo contornar

> E no entanto a loucura é contemporânea da obra, dado que ela inaugura o tempo de sua verdade. No instante em que, juntas, nascem e se realizam a obra e a loucura, tem-se o começo do tempo em que o mundo se vê determinado por essa obra e responsável por aquilo que existe diante dela (FOUCAULT, 1972a, p. 557).

As obras *desmedidas* de Nietzsche, de Van Gogh, de Artaud o testemunhariam, suficientemente.

Não me parece sem importância o fato de Foucault, na análise do texto de Diderot, falar de "prefiguração", um conceito, aliás, de pouco prestígio na tradição em que ele mesmo se situa: "Última personagem em quem loucura e desatino se reúnem, o *Neveu de Rameau* é aquele no qual o momento de separação é prefigurado, igualmente" (FOUCAULT, 1972a, p. 364). Dupla separação, diria: aquela, já assinalada, do limite entre duas Idades. E a outra, ainda por vir. E o *riso do Sobrinho*, se tem a ver com o seu tempo, desdenhando do *homem letrado* do final do século XVIII, assume, na voz de seus *descendentes*, na Alta Modernidade, seu sentido mais radical, sua gravidade extrema: "Após Sade e Goya, e a partir deles, o desatino pertence àquilo que há de decisivo, para o mundo moderno, em toda obra: isso é, àquilo que toda obra comporta de mortífero e de constrangedor" (FOUCAULT, 1972a, p. 554).

Referências

CANGUILHEM, Georges. Mort de l'homme ou épuisément du Cogito? *Critique*, n. 242, jul. 1967.

DELEUZE, Gilles. *Foucault*. São Paulo: Brasiliense, 1988.

DERRIDA, Jacques. Cogito et histoire de la folie. *Revue de Métaphysique et de Morale*, Paris, n. 3, 4, 1964.

DERRIDA, Jacques. Fazer justiça a Freud. In: ROUDINESCO, Elisabeth. *Foucault, leituras da história da loucura*. Rio de Janeiro: Relume Dumará, 1994. p. 53-107.

DIDEROT, D. Cabinet d'Histoire Naturelle. In: DIDEROT, D. *Choix d'aricles de l'Encyclopédie*. Antologie preparée et préfacée par Marie Leca-Tsiomis. Paris: CTHS, 2001.

FOUCAULT, Michel. *Histoire de la folie à l'âge classique*. Paris: Gallimard, 1972a.

FOUCAULT, Michel. *L'archéologie du savoir*. Paris: Gallimard, 1969.

FOUCAULT, Michel. *Les mots et les choses*. Paris: Gallimard, 1966.

FOUCAULT, Michel. *Naissance de la clinique*. Paris: P.U.F., 1972b.

FOUCAULT, Michel. What is Enlightenment? In: FOUCAULT, Michel. *Dits et écrits IV*. Paris: Gallimard, 1994. p. 562-577.

HEGEL, Georg W. F. *Enciclopédia das ciências filosóficas*. Tradução de Paulo Menezes. São Paulo: Loyola, 1995.

RIMBAUD, Arthur. *Oeuvres completes*. Paris: La pochothèque; Le livre de poche, 1999.

Capítulo 14

O talento dos poetas – Foucault, Goffman, Szasz, Basaglia: convergências, dissonâncias[1]

Heliana de Barros Conde Rodrigues

No livro *Foucault. Seu pensamento, sua pessoa*, Paul Veyne (2011) nos põe frente aos efeitos da publicação, há 50 anos,[2] de *História da loucura*. Diz ele que "alguns dos historiadores franceses mais bem colocados não viram, inicialmente, o alcance da obra". Foucault teria mostrado apenas que "a concepção que se tivera da loucura ao longo dos séculos havia variado bastante". Apressa-se em acrescentar: "tudo se dava como se admitíssemos silenciosamente que aqueles tempos de erros haviam passado, que fazíamos melhor do que nossos avós e conhecíamos a verdade em torno da qual haviam girado" (VEYNE, 2011, p. 15). Nossas ideias modernas, em suma, seriam mais avançadas que as deles – devido, inclusive, a um condescendente relativismo.

Ora, o nada condescendente Georges Canguilhem ao menos não terá caído nessa armadilha. Pois quando seu ex-aluno Michel Foucault lhe expõe a tese que pretende defender, retruca, lacônico: "Se isso fosse verdade, a gente saberia". Após a leitura do texto, contudo, o "verdadeiro choque" experimentado por Canguilhem o leva a aceitar a função de relator na cerimônia de defesa, ao fim da qual se teria dado o diálogo que inspira o título da presente comunicação: "Para falar da loucura, seria preciso ter o talento de um poeta, conclui Foucault [...]. Mas o senhor o tem, responde Canguilhem" (ERIBON, 1990, p. 112-117).

Não pretendo resenhar essa tese feita livro, esse (não tão) "pequeno paralelepípedo" de díspares recepções, e sim pluralizar essa arte *intransitiva* – a poesia, como a liberdade, não necessita de objeto que a complete (VEYNE,

---

[1] Uma versão reduzida deste artigo foi anteriormente publicada sob o título *O talento dos poetas e as histórias da loucura: Foucault, Goffman, Szasz, Basaglia* (RODRIGUES, 2012). A versão anterior sintetizava o apresentado no VII Colóquio Internacional Michel Foucault; a presente o amplia e atualiza informações, procurando preservar o tom da oralidade.

[2] Na data da presente publicação, provavelmente 52 anos.

2011). E se Foucault a queria centrífuga, capaz de fazer fugir, sob os respectivos pés, o solo até então seguro de marxistas, historiadores e filósofos, talvez, paradoxalmente, tenha sido o movimento de placas geo-poético-políticas em direção à *História da loucura* um dos responsáveis por nos vermos hoje reunidos em torno desse livro-acontecimento, no qual a história do *outro* nos convida a desprender-nos de nosso tão governável *mesmo*.

Como Foucault, todos os poetas que dele aproximo estão mortos, ao menos na lógica do implacável Chronos. Mesmo nessa "crono-lógica", no entanto, convém notar que tanto Foucault quanto o canadense Erving Goffman e o italiano Franco Basaglia tenham nascido nos anos 1920 e falecido nos anos 1980. Somente o húngaro residente nos Estados Unidos Thomas Szasz, também nascido nos anos 1920, foi mais longevo: faleceu em setembro de 2012, aos 92 anos de idade.[3]

Se os chamo a todos de "talentosos poetas", não é porque os dessingularize. Com tal procedimento, acompanho os do próprio Foucault. Em âmbito descritivo, veremos como ele privilegiou assinalar antes as convergências do que as dissonâncias entre *História da loucura* e os trabalhos de Goffman, Szasz e Basaglia. Porém, em um plano analítico, vale evocar uma entrevista datada de 1977. Nela, convocado pelo *novo filósofo* Bernard Henry Lévy a repudiar as lutas dos anos 1960 – sintetizadas na proclamação meiaoitista "Debaixo dos paralelepípedos a natureza em festa" –, Foucault retruca com indispensável precisão:

> Existem momentos em que estas simplificações são necessárias. Para de tempos em tempos mudar o cenário e passar do pró ao contra, um tal dualismo é provisoriamente útil. [...]. É preciso passar para o outro lado [...], mas para dissolver esta falsa unidade, a natureza ilusória deste outro lado de que tomamos o partido. É aí que começa o verdadeiro trabalho, o do historiador do presente (FOUCAULT, 1979a, p. 238-239).

Sendo assim, passemos inicialmente do pró ao contra – da soberana razão ocidental ao talento dos poetas que a fazem vacilar – para, em seguida ou em paralelo, apreciar as dissonâncias entre suas métricas e líricas, seus ritmos e vazios.

Um certo prefácio

Apagam-se alguns de meus versos como se as ondas desfizessem os sulcos anteriormente traçados na areia da praia – diria talvez Foucault.

---

[3] Quando da realização do *VII Colóquio Internacional Michel Foucault*, Szasz não só estava vivo como permanecia atuante.

Porque em lugar de sustentar polêmicas repetitivas e estéreis, ele prefere lançar ao esquecimento aquilo que as despertara: o prefácio da primeira edição de *História da loucura*. Ali, "por regra e por método", afirmara reter uma só verdade da loucura e da razão, a do poeta-resistente René Char: "Eu retirava das coisas a ilusão que elas produzem para se preservar de nós e lhes deixava a parte que elas nos concedem" (CHAR citado por FOUCAULT, 1994a, p. 166-167).

Rememoro algo do que esse prefácio, reeditado em *Dits et écrits*, nos concede: o desenvolvimento – ainda palavras de René Char – de uma "estranheza legítima" (CHAR citado por FOUCAULT, 1994a, p. 167). Quem sabe hoje, refeitos seja da indiferença, seja do choque, bastem para tanto dois fragmentos-poesia. O primeiro nos diz de gestos repetidos:

> É constitutivo o gesto que divide a loucura, e não a ciência que se estabelece, uma vez feita essa divisão, na calma recobrada [...]. Será preciso, portanto, falar desse primitivo debate sem supor vitória, nem direito à vitória; falar desses gestos incessantemente repetidos na história, deixando em suspenso tudo que pode fazer figura de conclusão, de repouso na verdade; falar desse gesto de corte, dessa distância tomada, desse vazio instaurado entre a razão e o que ela não é, sem jamais tomar apoio no que ela pretende ser (FOUCAULT, 1994a, p. 159-160).

O segundo propõe que se historicizem de modo singular esses gestos que na história se repetem:

> Poder-se-ia fazer uma história dos *limites* – desses gestos obscuros, necessariamente esquecidos logo que concluídos, pelos quais uma cultura rejeita alguma coisa que será para ela o Exterior; e, ao longo de sua história, esse vazio escavado, esse espaço branco pelo qual ela se isola, a designa tanto quanto seus valores [...]. Interrogar uma cultura sobre suas experiências-limite é questioná-la, nos confins da história, sobre um dilaceramento que é como o nascimento mesmo de sua história. Então, encontram-se confrontados, em uma tensão sempre prestes a desenlaçar-se, a continuidade temporal de uma análise dialética e o surgimento, às portas do tempo, de uma estrutura trágica (FOUCAULT, 1994a, p. 161).

Insisto nas virtualidades do hoje, pois a força desse prefácio nos conclama a renovar "estranhezas legítimas": penso nos que atribuíram a Foucault a ambição de atingir uma experiência da loucura em estado selvagem (quando ele invariavelmente fala em *experiências-limite*); nos que o classificaram como crítico romântico de uma exclusão (quando ele insiste numa troca perpétua, num afrontamento que dá sentido tanto à unidade quanto à oposição entre o senso e o insensato); por fim, nos que viram na loucura, para Foucault, o negativo, o recalcado, o proibido (quando o "sol da grande pesquisa nietzchiana" à qual ele apela visa justamente a confrontar essas dialéticas apaziguadoras com as inquietantes estruturas do trágico).

Para que sejamos estrangeiros a esses (pretensos) mal-entendidos, quiçá tenha sido indispensável que Foucault se visse *tomado por* discursos e práticas outros – eventualmente sob hábitos mais científicos que literários, mais liberais que libertários, mais militantes que filosóficos, porém, sem dúvida, distanciados das verdades terminais relativas ao homem, à psicologia, à sociedade como um todo, à história total, etc. *Tomado*, arriscamos dizer, pelo talento de diferentes poetas, aos quais ele concederá uma atenção matizada – seja para deles se aproximar como o *outro lado* do que se quer universal e definitivo; seja para, medindo-se por eles e com eles, tornar visível certa singularidade de pensamento e ação.

Passemos, portanto, a essas conexões.

Goffman, poeta-entomologista?

Em 1961, ano da publicação de *História da loucura*, Erving Goffman lança *Asylums*,[4] livro em que caracteriza o que designa como *instituições totais* – prisões, internatos, reformatórios, hospitais psiquiátricos, conventos, navios, plataformas marítimas, etc.

Após a morte de Goffman, Howard Becker publicou um belo artigo sobre seu companheiro da Escola Sociológica de Chicago, no qual chama atenção para certo modo de escritura (BECKER, 2004). Ciente de que o cientista social não é o primeiro a se aproximar dos campos que investiga, Goffman procuraria evitar "o modo como as coisas são habitualmente chamadas" (p. 101-102), já que este, quase invariavelmente, reflete relações de poder. Como fazê-lo, por exemplo, no caso do estudo realizado no Saint Elizabeth, hospital psiquiátrico de Washington, onde, num paralelo com a problematização foucaultiana, as coisas já vinham sobrecarregadas de palavras-verdade?

Segundo Becker (2004), a linguagem de Goffman é como a de um entomologista. Mediante termos quase neutros como escalonamento, despossessão de papel, programação, equipamento de identidade, sistema de privilégios, exposição contaminadora, internos, equipe dirigente etc., ele bem poderia estar descrevendo a vida de uma "sociedade de insetos" (BECKER, 2004, p. 104) – o que o desobriga de empregar adjetivações ou de fazer denúncias, sem que por isso o efeito crítico sobre o leitor se

---

[4] No Brasil, publicado sob o título *Manicômios, prisões e conventos*.

veja atenuado. Vale lembrar, não sem ironia, que ao se reportar à repetida decisão de nossa cultura de separar, da linguagem da razão, um *outro*, Foucault a vê constituindo esse outro como um "murmúrio de insetos sombrios"[5] (FOUCAULT, 1994a, p. 164).

Traduzido para o francês em 1968, *Asiles* dificilmente terá deixado de atrair a atenção de Foucault, embora não se encontrem referências ao sociólogo canadense em entrevistas publicadas na França. A primeira menção parece datar de 1973, no Brasil, durante o curso *A verdade e as formas jurídicas*, ministrado na PUC-RJ. Falando em "instituições no modelo panóptico" – religiosas, pedagógicas, correcionais e terapêuticas –, Foucault as correlaciona a "tudo o que os norte-americanos chamam de Asylums". Goffman é dito, nessa ocasião, um "historiador norte-americano" (FOUCAULT, 1996, p. 110).

A maior parte das alusões, no entanto, ocorre nas visitas de Foucault aos Estados Unidos e nesse caso, eventualmente, impera a tensão. Em 1979, por exemplo, frente a uma pergunta do periódico *Campus Report* que sequer menciona Goffman, ele assim responde: "Uma coisa me impressiona nas resenhas de meus livros feitas nos EUA [...]. Foi dito que eu tentava fazer a mesma coisa que Goffman em sua obra sobre os asilos, porém menos bem. Não sou um pesquisador de ciências sociais. Não tento fazer a mesma coisa que Goffman" (FOUCAULT, 1994b, p. 803).

Conquanto tais palavras não devam ser tomadas por terminais – em 1982 (entrevistado por Paul Rabinow) e 1983 (em Berkeley), Foucault usará Goffman para esclarecer suas próprias ideias (FOUCAULT, 1994c, 1994d) –, essa distância afirmada em relação às ciências sociais soa a uma reverberação do conteúdo do curso *O poder psiquiátrico*, ministrado no Collège de France em 1973-1974. Nesse curso (FOUCAULT, 2006), sem citar Goffman, mas dizendo-se "muito ignorante acerca da antipsiquiatria e principalmente da psicossociologia" (FOUCAULT, 2006, p. 18) quando da redação de *História da Loucura*, Foucault leva a cabo uma autocrítica do último capítulo de sua tese-livro. Entre outros aspectos, aos quais retornaremos, repudia, como insatisfatória, a noção de instituição. Ela portaria dois perigos principais: (1) dar-se objetos já constituídos (o coletivo com suas regularidades funcionais e o indivíduo que é seu membro), quando o que cabe analisar são procedimentos de constituição (dispositivos de poder e processos de individualização neles implicados); (2) centrar-se num microcosmos fechado, correndo o risco de pô-lo à parte das estratégias em que ele toma seu lugar e exerce seus

---

[5] Também Pierre Bourdieu, em um texto-homenagem publicado originalmente em *Le Monde* (dez. 1982), comparou Goffman a um entomologista (BOURDIEU, 2004, p. 11).

efeitos. Para Foucault (2006), esses dois perigos abrem caminho a que se precipitem, na análise das instituições, "todos os discursos psicológicos ou sociológicos" (FOUCAULT, 2006. p. 19).

Szasz, poeta do inquisitorial?

Em 1970, ano da primeira visita de Foucault aos Estados Unidos, Thomas Szasz funda, com George Alexander e Erving Goffman, a *Associação Americana para a Abolição da Hospitalização Mental Involuntária*. Em 1973, é eleito o "humanista do ano". São bons motivos para que os periódicos franceses, à medida que os livros de Szasz começam a ser traduzidos, assediem Foucault com perguntas sobre as eventuais relações entre suas respectivas obras.

A primeira referência conhecida de Foucault a Szasz, entretanto, provém de um periódico italiano, *Avanti*, em 1974. Sempre queixoso quanto à recepção francesa de *História da loucura*, Foucault se diz muito apegado a esse livro, "porque ele serviu de *tool-box* a pessoas diferentes umas das outras, como os psiquiatras da antipsiquiatria britânica, como Szasz nos Estados-Unidos, como os sociólogos na França". E adenda: "Não escrevo para um público, escrevo para utilizadores, não para leitores" (FOUCAULT, 1994e, p. 523-524).

A segunda alusão ocorre no Brasil. Em 1975, pouco depois do assassinato do jornalista Vladimir Herzog nos porões da ditadura, Foucault é entrevistado pelo periódico alternativo *Versus*, que o questiona sobre Ronald Laing e David Cooper. Ele aproveita a deixa para multiplicar as abordagens não médicas das irregularidades da conduta, citando os nomes de Bettelheim, Szasz e Basaglia. Mas não sem adicionar: "todos desenvolveram seus trabalhos em função de suas práticas médicas respectivas. Na França, não foi um médico que fez tal trabalho, mas um historiador como eu" (FOUCAULT, 1994f, p. 773).

Porém, como anunciamos, falemos das declarações à imprensa francesa. Quando *A fabricação da loucura* é traduzido, em 1976, *Politique Hebdo* pede a Foucault que se pronuncie acerca de um eventual "tronco comum" entre as duplas leproso/doente mental (*História da loucura*) e feiticeiro/louco (destacada no livro de Szasz). Suas respostas demolem a polêmica esterilizante que anuncia esboçar-se. Ao ver de Foucault existiria, entre os *psi*, um mito segundo o qual "a feitiçaria é a loucura desconhecida". Já para Szasz, enfatiza, "não é o louco que é filho do feiticeiro, mas é o psiquiatra que descende do inquisidor [...]; "não é o doente que desmascara, *a posteriori*, a verdade do feiticeiro; é a antifeitiçaria que diz, com anterioridade, a verdade da psiquiatria" (FOUCAULT, 1994g, p. 75).

Nem por isso certas dissonâncias são ignoradas. Segundo Foucault, Szasz não percebe a medicina liberal que pratica como parte da rede de controle que denuncia, quando tal medicina é "prolongamento das estruturas estatais, seu ponto de apoio e sua antena" (FOUCAULT, 1994g, p. 78). Ao final da entrevista, em resposta à nova indagação sobre o potencial da psiquiatria privada, com demanda voluntária, esposada por Szasz, Foucault impressiona pela nitidez de seu posicionamento ético:

> Em suma, ele [Szasz] quer dizer: [...] Eu ouço o cliente, eu o desembaraço do esquema patológico; não o recebo como doente, não me apresento como médico: nada faço senão vender-lhe meu tempo [...]. Os psiquiatras vendem caro o estatuto de doentes que dão a seus clientes. Szasz vende a não doença a pessoas que se tomam por doentes. Problema: o que é precioso deve necessariamente ser vendido? (FOUCAULT, 1994g, p. 78-79)

Ainda em 1976, Foucault fala também a *Le Monde*. Uma vez mais, parte de aproximações com Szasz: o valor de *A fabricação da loucura* estaria em mostrar que a continuidade não reside no referente (antes, feiticeiro; depois, louco), mas nas tecnologias de poder (antes, inquisitoriais; depois, psiquiátricas). Em acréscimo, o livro traria à luz, em correlação com suas próprias pesquisas, o interesse pela colocação da sexualidade em discurso, tanto por inquisidores quanto por psiquiatras e psicanalistas: "Szasz não é um historiador [...]. Mas no momento em que a sexualidade tanto fascina os historiadores, é bom que um psicanalista faça a história da interrogação sobre a sexualidade" (FOUCAULT, 1994h, p. 91).

A singularidade dessa entrevista, todavia, talvez resida no modo como Foucault, ao acolher a proposta de Szasz de estudar os psiquiatras (e não os loucos), consegue responder às críticas de que ele próprio é alvo, à época:

> Todo mundo sonha escrever uma história dos loucos, todo mundo sonha passar para o outro lado. [...] Ora, sob o pretexto de se por à escuta e deixar falar os próprios loucos, aceita-se a divisão como já feita. Seria preferível colocar-se no ponto onde funciona a maquinaria que opera qualificações e desqualificações, colocando, uns em face dos outros, loucos e não loucos. A loucura é um efeito de poder tanto quanto a não loucura (FOUCAULT, 1994h, p. 91).

Essa aliança tática se prolonga até o momento em que o entrevistador qualifica Szasz como "individualista libertário", já que propõe uma separação entre medicina e Estado. Não obstante Foucault reconheça o papel do "complexo médico-administrativo" nas estratégias contemporâneas de poder, efetua então uma análise geopolítica do que vê como um equívoco, ou seja, a identificação entre Estado e Poder. Segundo ele, as posturas de Szasz provavelmente derivam da situação de um húngaro – no Leste Europeu de então, tudo parece centralizado no Estado – que emigra para os Estados Unidos – onde predomina a convicção de que a liberdade começa onde cessa a intervenção estatal. Foucault não crê, nem acha que Szasz efetivamente o creia, que se possa dizer "libertária" uma medicina meramente "liberal". E chama em seu auxílio *O psicanalismo*, de Robert Castel,[6] obra que analisa "a grande trama ininterrupta que vai da triste enfermaria ao divã lucrativo" (FOUCAULT, 1994h, p. 92).

Ao longo da mesma entrevista, cumpre ainda destacar uma alusão de Foucault a *O mito da doença mental* (traduzido para o francês em 1975). Um capítulo desse livro é dedicado a Charcot, pois Szasz teria percebido, com a necessária agudeza, que embora a histeria seja um produto das manobras da psiquiatria, ela constitui igualmente uma réplica ou contragolpe a tais manobras. Retornaremos mais tarde a esse ponto.

Basaglia, poeta militante?

As primeiras referências de Basaglia a Foucault datam de 1964: *A destruição do hospital psiquiátrico como lugar de desinstitucionalização* – comunicação apresentada no I Congresso Internacional de Psiquiatria Social, realizado em Londres – favorece a apreensão do efeito que *História da loucura* produziu no psiquiatra italiano. Membro do PCI e leitor assíduo da fenomenologia existencial, Basaglia percorrera, até meados dos anos 1960, um caminho bem semelhante ao de Foucault no início dos anos 1950. No caso deste último, tal caminho redundara, em 1954, na publicação de *Doença mental e personalidade* – uma tentativa de conciliar a crítica da psiquiatria positiva, realizada através da noção de experiência, com a ênfase nos efeitos patológicos do contexto histórico-social capitalista, caracterizado pelas contradições e promotor de alienação.

Qual ocorreria com Foucault, a definição filosófica de *experiência* não satisfazia Basaglia: a análise fenomenológico-existencial estava associada à prática asilar e, consequentemente, o que ela apresentava como descrição das vivências de um esquizofrênico, por exemplo, correspondia efetivamente a uma descrição dessas vivências *sob condições determinadas* – o manicômio com suas contenções mecânicas e químicas; sessões de apresentação de doentes a acadêmicos de psiquiatria sob o olhar vigilante do médico-tutor e de enfermeiros-guardiães, etc.

---

[6] A publicação original em francês data de 1973.

Até certo momento, acreditava Basaglia que a *epoché* das contenções conceituais e materiais aplicadas aos internos − a colocação entre parênteses da doença mental, em suma − propiciaria a emergência do duplo até então subjugado − o doente e seu sofrimento originário. Mas a leitura de *História da loucura* promoveu uma radical interferência nessas ideias/intenções, ainda compatíveis com uma reforma humanizadora da Psiquiatria. Na comunicação acima mencionada, afirma Basaglia:

> [...] no fim do século XVIII" − diz Foucault em sua recente *História da loucura* − "não se assiste a uma libertação dos loucos, e sim a uma objetificação do conceito de sua liberdade", objetificação que, desde então, impeliu o doente a identificar-se gradativamente com as regras e com o esquema da instituição, ou seja, a institucionalizar-se (BASAGLIA, 2005, p. 26).

Mais adiante, novamente apelando a Foucault, radicaliza sua crítica, distanciando-se dos reformismos humanizadores:

> [...] se estas estruturas [serviços psiquiátricos externos] poderão diminuir o afluxo de novos internados, ainda resta o problema do manicômio como habitação forçada, como lugar de perpétua institucionalização onde o doente está constantemente "sob processo, condenado" − como diz Foucault − "a ser alvo de uma acusação cujo texto nunca é mostrado, porque está impresso em toda a vida do asilo" (BASAGLIA, 2005, p. 29).

Sob a égide de *História da loucura*, por conseguinte, a chamada alienação mental não mais é passível, para Basaglia, de um reencontro com uma experiência originária. Pois ela consiste em um regime que, através do próprio ato que objetifica alguém como doente mental, faz esquecer o acontecimento histórico de tal instauração e passa a descrever, como aspectos naturais de uma subjetividade alienada, o que uma prática divisória produziu/inventou.

Não seguiremos Basaglia em outras remissões a Foucault.[7] Optamos por acompanhar este último em suas apreciações (e eventuais alianças) com o companheiro italiano, pois nelas se faz visível o que Pierangelo Di Vittorio (1999, p. 23) denomina "uma estranha semelhança" − aspecto cujo desenvolvimento adiaremos para nossas considerações finais.

Em 1971, Foucault concede entrevista a *La Presse de Tunisie*. As atividades do *Grupo de Informação sobre as Prisões* (GIP) estão em seus momentos iniciais. Tomado de entusiasmo por esse movimento, Foucault declara

---

[7] Apenas como sugestão, destacamos o verbete *Loucura/Delírio*, em coautoria com Franca Basaglia Ongaro, redigido em 1979 para a Enciclopedia Einaudi (BASAGLIA; BASAGLIA ONGARO, 2005).

que não se sente portador de uma obra: seu interesse se concentra, no momento, nas práticas divisórias entre o lícito e o ilícito. Assombrado com tal postura, o entrevistador tenta reconduzi-lo ao que pensa ser "a" filosofia – que não seja a metafísica, mas, ao menos, a moral, reivindica. A réplica de Foucault não é menos surpreendente. Após queixar-se, uma vez mais, da recepção francesa a *História da loucura*, assim avalia o que chama de "desconsideração": "Ainda recentemente, nas universidades, quando alguém falava desse livro aos estudantes, se fazia notar que não tinha sido escrito por um médico e que, consequentemente, se devia desconfiar dele como da peste" (FOUCAULT, 1994i, p. 209).

A entrevista prossegue, e Foucault se vê, enfim, como parte de um "nós" – não previamente planejado, mas efeito de acontecimentos: "há alguns anos se desenvolve na Itália, em torno de Basaglia, e na Inglaterra, um movimento que se chama antipsiquiatria. Essa pessoas [...] viram no livro que escrevi uma espécie de justificação histórica e de algum modo o assumiram [...] e eis que esse livro histórico está em vias de ter uma espécie de resultado prático" (FOUCAULT, 1994i, p. 209). Em seguida, conclui o diálogo de forma provocativa:

> Digamos, então, que eu estou um pouco invejoso e que agora gostaria de fazer eu mesmo as coisas. Em lugar de escrever um livro sobre a História da Justiça que depois será retomado por pessoas que porão, na prática, a justiça em questão, eu gostaria de começar por problematizar, na prática, a justiça e depois [...] se ainda estiver vivo e não tiver sido posto na prisão, bem, escreverei o livro... (FOUCAULT, 1994i, p. 209).

O livro – *Vigiar e punir* – será escrito, bem o sabemos, assim como muitos outros. Mas a partir desse início da década de 1970 são inúmeros os momentos em que Foucault rejeita o lugar do filósofo, não somente mediante sua ligação com movimentos de defesa dos minoritários como através da forma pela qual se apresenta em entrevistas: em vez de filósofo (ou mesmo historiador), ele se pretende então pirotécnico, jornalista radical, contrabandista de explosivos, artesão fabricante de tamancos, etc.[8]

Ainda em 1971, nessa linha, ele se mostra mais entrevistador-jornalista do que entrevistado-estrela em um diálogo com estudantes de liceu (FOUCAULT, 1994j). Um dos participantes da conversa se diz admirado com a antipsiquiatria – "os agentes da repressão lutam contra a repressão" (p. 233) – e Foucault mostra-se muito bem informado sobre as ações de Basaglia: "O problema é saber se os doentes submetidos à segregação do

---

[8] Detalhes sobre esse movimento de Foucault em direção a uma forma de escritura mais jornalística do que tradicionalmente filosófica podem ser vistos em Rodrigues (2012).

asilo podem voltar-se contra a instituição e finalmente denunciar a divisão mesmo que os designou e excluiu como doentes mentais. O psiquiatra Basaglia tentou na Itália experiências desse gênero [...]. As experiências de Basaglia foram brutalmente interditadas" (FOUCAULT, 1994j, p. 233).

Trata-se, então, de uma referência ao momento em que, após deixar Gorizia em decorrência da impossibilidade de levar adiante o processo de desinstitucionalização, Basaglia inicia suas ações em Trieste. Quatro anos depois, Franco Basaglia e Franca Basaglia Ongaro organizarão *Os crimes da paz*, coletânea de textos destinada a obter recursos para o movimento da Psiquiatria Democrática (BASAGLIA; BASAGLIA ONGARO, 1975). Foucault contribuirá com o artigo "A casa dos loucos" (FOUCAULT, 1979b), cujo conteúdo retoma, com algumas variações, aulas do curso *O poder psiquiátrico*.

Recusando o (quase) terminal

Ao colocar lado a lado Foucault, Goffman, Szasz e Basaglia, longe estamos de querer delimitar certo grupo social a partir do qual se possa falar, à maneira de delegado ou representante. Nossos motivos são bem outros.

Em primeiro lugar, ao chamá-los de talentosos poetas, remetemos, em adendo ao episódio biográfico anteriormente relatado, a uma afirmação de Foucault em um debate sobre a poesia: "O poeta começa por ser o ignorante absoluto" (FOUCAULT, 1994k, p. 391). Exatamente por isso, perturba familiaridades e descarta universais; ignora o respeito pela famosa sociedade como um todo; trama o que se pode dizer afastado da realidade, já que esta é menos poder da realidade que realidade do poder.

Em segunda instância, pensamos em uma entrevista concedida por Foucault a Paul Rabinow em maio de 1984, quando a noção de consenso – nas formulações de Habermas e Arendt – recebe especial destaque. Foucault ali discorre, uma vez mais, sobre o problema do "nós", e assim se posiciona:

> Não estou certo [...] de que no momento em que eu escrevia *História da Loucura* houvesse um nós prévio e acolhedor, ao qual seria suficiente que eu me referisse para escrever meu livro e do qual ele seria a expressão espontânea. Entre Laing, Cooper, Basaglia e eu mesmo não havia qualquer comunidade, qualquer relação. Mas o problema se colocou para aqueles que nos haviam lido, colocou-se também para alguns de nós, de saber se seria possível constituir um "nós" a partir do trabalho feito e que estaria apto a formar uma comunidade de ação (FOUCAULT, 1994l, p. 594).

Trata-se, em suma, de um nós futuro, resultado sempre provisório de questões colocadas de uma maneira nova. Afinal, como quase vocifera René Char, "aquilo que vem ao mundo para nada perturbar não merece respeito nem paciência" (CHAR, 2008, p. VII). E como esse nós que é verdade-no-futuro merece, sim, respeito e paciência, retomemo-lo, conforme anunciamos, através do curso *O poder psiquiátrico*.

Na primeira aula, revendo – provavelmente à luz dos impasses detectados nos e/ou pelos companheiros – os limites presentes em seu próprio trabalho, Foucault se distancia de três noções que utilizara em *História da loucura*: a de *violência* – tão marcante nos antipsiquiatras ingleses e em Basaglia; a de *instituição* – vimos anteriormente o lugar que assume em Goffman (totais) e em Szasz (estatais); e a de *família* – base de todas as formas de controle e culpabilização da loucura em Laing e Cooper.

Diz-nos Foucault (2006) que a noção de *violência* faz supor que existam exercícios físicos e exercícios não físicos de poder, levando-nos a desconsiderar tanto a invariável ação do poder sobre os corpos quanto a nada descartável ação dos *corpus* (documentais) nos exercícios de poder. Já a noção de *instituição* sugere que a partida esteja decidida, a divisão definitivamente estabelecida, limitando-nos a um espaço totalizado de regras e personagens, ao passo que tudo deveria ser, efetivamente, exteriorizado, descentrado, lateralizado, multiplicado, desnaturalizado. Finalmente, a noção de *família* captura-nos em uma imagem do poder exercido como soberania paternal, reproduzida de forma ascendente ou descendente pela mediação de aparelhos de estado – imagem esta incapaz de apreender ações capilares sobre corpos, gestos, condutas.

Em face da recusa dessas verdades (quase) terminais – tanto as de *História da loucura* como as de outros poetas –, exigem-se novos começos: a noção de dispositivo médico de poder ganha a cena em *O poder psiquiátrico* e é apreciada por Foucault (2006) pela via de cenas de arquivo que remontam ao século XIX. Nessa análise, o vocabulário psicossociológico dá lugar ao pseudomilitar: está em pauta mais a vitória sobre uma força do que o convencimento/consolo quanto a erros-delírios; mais o sobrepoder de uma realidade do que a presença prévia de uma verdade que fundamentaria uma prática (terapêutica, no caso).

Nesse sentido, a aula de 23/02/1974 nos fala de duas séries na história ocidental da verdade: a da "verdade-raio" – verdade ritual, verdade acontecimento, verdade estratégia, verdade relação de poder – e a da "verdade céu" – verdade constatável, verdade demonstração e método, verdade descoberta, verdade relação de conhecimento. Acerca de seus vínculos com essas séries, Foucault é explícito:

> Eu gostaria de fazer valer a verdade-raio contra a verdade-céu, isso é, mostrar, por um lado, como essa verdade-demonstração identificada, grosso modo [...], com a prática científica, como essa verdade-demonstração deriva da verdade-ritual, da verdade--acontecimento, da verdade-estratégia, como a verdade-conhecimento no fundo não passa de uma região e de um aspecto [...] que se tornou pletórico, que adquiriu dimensões gigantescas [...] da verdade como acontecimento e da tecnologia dessa verdade--acontecimento (FOUCAULT, 2006, p. 305).

É com essas novas ferramentas que Foucault se aproxima do tema da antipsiquiatria. Mestre em desmantelar cronologias instituídas, ele retorna, como fizera Szasz, ao serviço de Charcot na Salpêtrière para divisar, nas histéricas ali tratadas, as primeiras militantes do movimento: fornecendo suas crises sob medida, se por um lado alimentam, em uma espécie de *santidade epistemológica*,[9] o poder médico, por outro tornam sensível a suspeita de que Charcot fosse não aquele que *conhecia* a verdade--céu da doença, mas aquele que *fabricava* – verdade-raio – o seu artifício.

De acordo com Foucault, a partir desse "momento Charcot" dois movimentos têm lugar. O primeiro, de *despsiquiatrização* do asilo, meramente desloca (sem limitá-lo) o poder do médico, em nome de um saber mais celestial. Divisam-se aqui tanto a transformação do hospital em um lugar silencioso, asséptico, pasteurizado, de produção zero – em que as práticas admissíveis devem limitar-se ao par diagnóstico-terapêutica (de Babinski às formas remotas ou contemporâneas de psicofarmacologia e psicocirurgia) – quanto as tentativas de pôr as relações de poder existentes no hospital sob estrito controle, a serviço da pura constatação da verdade (a psicanálise com seu livre contrato, associação livre, silêncio e imobilidade do médico, permite concluir que é você, sempre, que diz o que diz... e livremente).

Já o segundo movimento é o da antipsiquiatria da segunda metade do século XX. Não obstante ela muito se refira à esquizofrenia, para Foucault sua filiação remete à histeria – longa gestação de mais de 50 anos. Diferentemente do primeiro movimento, que, ao despsiquiatrizar a loucura, acaba por sobremedicalizá-la, a antipsiquiatria empreende uma *desmedicalização* ao ter em conta a verdade-raio, ou seja, ao colocar as relações de poder – o direito absoluto da não loucura sobre a loucura – como o *a priori histórico* da psiquiatria. Esse limite não é algo a ser respeitado; ao contrário, as diversas antipsiquiatrias são diferentes estratégias visando a seu ultrapassamento possível, a sua efetiva transgressão. No resumo do curso *O poder psiquiátrico*, Foucault as apresenta com milimétrica exatidão:

---

[9] A expressão é do próprio Foucault, em *A casa dos loucos* (FOUCAULT, 1979b).

> [...] escapar delas na forma de um contrato dual e livremente consentido por ambas as partes (Szasz); construção de um espaço privilegiado em que elas devem ser suspensas ou expulsas, se vierem a se reconstituir (Kingsley Hall); identificá-las uma a uma e destruí-las progressivamente no interior de uma instituição de tipo clássico (Cooper, no Pavilhão 21); conectá-las a outras relações de poder que já puderam determinar, no exterior do asilo, a segregação de um indivíduo como doente mental (Gorizia) (FOUCAULT, 2006, p. 451).

Considerações finais: aos que não se bastam

No livro *Foucault e Basaglia – o encontro entre a genealogia e os movimentos de base*, anteriormente mencionado, Pierangelo Di Vittorio (1999) dá especial ênfase às referências recíprocas entre Foucault e Basaglia. Segundo esse filósofo italiano que, por sinal, frequentou Trieste por longo tempo, Basaglia e Foucault são "intelectuais que não se bastam" (DI VITTORIO, 1999, p. 16): os movimentos de desinstitucionalização demandam a análise genealógica como forma radical[10] de historicização, ao passo que a genealogia adquire sua verdade futura nesses movimentos desinstitucionalizantes – após a leitura de certos livros, como *História da loucura*, não mais é possível pensar, agir e ser da mesma forma que anteriormente.

Hoje, entretanto, como igualmente nos alerta Di Vittorio (1999), os intelectuais se tornaram "inteiros", e é dessa pretendida (ou pretensa) invulnerabilidade que sofrem. São (somos?) intelectuais de uma só dimensão. Talvez, como disse Edson Passetti em recente encontro sobre Foucault realizado na UERJ,[11] essa dimensão única seja a de "intelectuais reguladores" – defensores/portadores de direitos, propositivos de ajustes ou reformas cosmético-midiáticos que têm por única meta, e por lema sem riscos, "melhorar o possível".

E se esse diagnóstico nos incomoda – julgo que sim, em função do entusiasmo que este *VII Colóquio Internacional Michel Foucault* desperta –, é hora de (não) concluir. Faço-o, ignorante absoluta, evocando mais uma vez palavras daquele que Foucault tanto admirava, o poeta-resistente René Char, a ponto de figurarem, a seu pedido, na contracapa da edição francesa dos dois últimos tomos de *História da sexualidade*: "A história do homem é a longa sucessão de um mesmo vocábulo. Contradizê-la é um dever" (CHAR citado por MOREY, 2011, p. 29).

---

[10] Poderíamos dizer "forma *obcena* de historicização", evocando a apresentação de Durval Muniz de Albuquerque Jr. no VII Colóquio Internacional Michel Foucault.

[11] Encontro Internacional "Foucault e a Judicialização da Vida", realizado em 2011.

Referências

BASAGLIA, Franco. A destruição do hospital psiquiátrico como lugar de institucionalização. In: BASAGLIA, Franco. *Escritos selecionados em saúde mental e reforma psiquiátrica*. Rio de Janeiro: Garamond, 2005. p. 23-34.

BASAGLIA, Franco; BASAGLIA ONGARO, Franca. *Crimini di pace*. Torino: Einaudi, 1975.

BASAGLIA, Franco; BASAGLIA ONGARO, Franca. Loucura/Delírio. In: BASAGLIA, Franco. *Escritos selecionados em saúde mental e reforma psiquiátrica*. Rio de Janeiro: Garamond, 2005. p. 259-298.

BECKER, H. As políticas da apresentação. Goffman e as instituições totais. In: GASTALDO, Édison (Org.). *Erving Goffman. Desbravador do cotidiano*. Porto Alegre: Tomo, 2004. p. 101-110.

BOURDIEU, Pierre. Goffman, o descobridor do infinitamente pequeno. In: GASTALDO, Édison (Org.). *Erving Goffman. Desbravador do cotidiano*. Porto Alegre: Tomo, 2004. p. 11-12.

CHAR, René. *A la santé du serpent*. Paris: Voix d'Encre, 2008.

DI VITTORIO, Pierangelo. *Foucault e Basaglia. L'incontro tra genealogie e movimenti di base*. Verona: Ombre Corte, 1999.

ERIBON, Didier. *Michel Foucault: uma biografia*. São Paulo: Companhia das Letras, 1990.

FOUCAULT, Michel. A casa dos loucos. In: FOUCAULT, Michel. *Microfísica do poder*. Rio de Janeiro: Graal, 1979b. p. 113-128.

FOUCAULT, Michel. *A verdade e as formas jurídicas*. Rio de Janeiro: Nau, 1996.

FOUCAULT, Michel. Asiles. Sexualité. Prisons. In: FOUCAULT, Michel. *Dits et Écrits II*. Paris: Gallimard, 1994f. p. 771-782.

FOUCAULT, Michel. Débat sur la poésie. In: FOUCAULT, Michel. *Dits et Écrits I*. Paris: Gallimard, 1994k. p. 390-406.

FOUCAULT, Michel. Espace, savoir et pouvoir. In: FOUCAULT, Michel. *Dits et Écrits IV*. Paris: Gallimard, 1994c. p. 270-285.

FOUCAULT, Michel. Foucault étudie la raison d'état. In: FOUCAULT, Michel. *Dits et Écrits III*. Paris: Gallimard, 1994b. p. 801-805.

FOUCAULT, Michel. L'extension sociale de la norme. In: FOUCAULT, Michel. *Dits et Écrits III*. Paris: Gallimard, 1994g. p. 74-79.

FOUCAULT, Michel. Não ao sexo-rei. In: FOUCAULT, Michel. *Microfísica do poder*. Rio de Janeiro: Graal, 1979a. p. 229-242.

FOUCAULT, Michel. *O poder psiquiátrico*. São Paulo: Martins Fontes, 2006.

FOUCAULT, Michel. Par-delà le bien et le mal. In: FOUCAULT, Michel. *Dits et Écrits II*. Paris: Gallimard, 1994j. p. 223-236.

FOUCAULT, Michel. Polémique, politique et problématisations. In: FOUCAULT, Michel. *Dits et Écrits IV*. Paris: Gallimard, 1994l. p. 591-598

FOUCAULT, Michel. Politique et étique: une interview. In: FOUCAULT, Michel. *Dits et Écrits IV.* Paris: Gallimard, 1994d, p. 584-590

FOUCAULT, Michel. Préface. In: FOUCAULT, Michel. *Dits et Écrits I.* Paris: Gallimard, 1994a. p. 159-167.

FOUCAULT, Michel. Prisons et asiles dans le mécanisme du pouvoir. In: FOUCAULT, Michel. *Dits et Écrits II.* Paris: Gallimard, 1994e. p. 521-525.

FOUCAULT, Michel. Sorcellerie et folie. In: FOUCAULT, Michel. *Dits et Écrits III.* Paris: Gallimard, 1994h. p. 89-92.

FOUCAULT, Michel. Un problème m'intéresse depuis longtemps, c'est celui du système penal. In: FOUCAULT, Michel. *Dits et Écrits II.* Paris: Gallimard, 1994i. p. 205-209.

MOREY, Miguel. L'éclair des orages possibles. In: ORELLANA, Rodrigo Castro; FERNÁNDEZ, Joaquín Fortanet (Orgs.). *Foucault desconocido.* Murcia: Editum, 2011. p. 15-31.

RODRIGUES, Heliana de Barros Conde. Michel Foucault e a imprensa brasileira durante a ditadura militar: os "cães de guarda", os "nanicos" e o jornalista radical. *Psicologia & Sociedade*, v. 24, n.esp. p. 76-84.

RODRIGUES, Heliana de Barros Conde. O talento dos poetas e as histórias da loucura: Foucault, Goffman, Szasz, Basaglia. *Cadernos de Subjetividade*, ano 9, n. 14, p. 84-93, 2012.

VEYNE, Paul. *Foucault. Seu pensamento, sua pessoa.* Rio de Janeiro: Civilização Brasileira, 2011.

Capítulo 15
Interpretação e suspeita

Jeanne Marie Gagnebin

Em 1964, no *Colóquio de Royaumont*, Michel Foucault pronuncia a famosa conferência *Nietzsche, Freud, Marx* (FOUCAULT, 2001, p. 592-607), por ocasião de uma mesa-redonda sobre as "técnicas da interpretação". Em 1965, Paul Ricoeur publica seu livro, *De l'interprétation. Essai sur Freud* (RICOEUR, 1965), uma obra muito mal recebida na França, em particular por Lacan e seus discípulos. Desde as primeiras páginas, isto é, antes de começar a análise propriamente dita do pensamento de Freud, Ricoeur forja a famosa expressão dos "três mestres da suspeita", "Marx, Nietzsche e Freud", três mestres que, segundo Ricoeur, transformaram as práticas hermenêuticas da contemporaneidade (RICOEUR, 1965, p. 40).

Não pretendo investigar se um dos dois pensadores tomou do outro essa expressão – "os três mestres da suspeita" –, mas queria entender melhor as semelhanças e as diferenças que dali nasceram para a reflexão de ambos.

Outra data emblemática: em 27 de outubro de 1968, morre o grande intérprete e tradutor de Hegel, Jean Hyppolite; sua vaga no Collège de France deve ser preenchida. O candidato natural à sucessão de Hyppolite é Michel Foucault, já muito conhecido, que tinha publicado *Les mots et les choses* em 1966, e que, ademais, possuía no Collège de France colegas estruturalistas, como Levi-Strauss. Segundo o regulamento da ilustre instituição, precisa haver um segundo candidato sério; vários membros do Collège de France pedem, então, a Ricoeur que se apresente. É o caso, notadamente, de Michel Guéroult que, no entanto, deverá votar em Foucault. No primeiro turno da votação, Foucault obtém 21 vozes, Ricoeur 11, e Belaval 10. Como deve haver uma maioria de, no mínimo, 24 votos, há um segundo turno, no qual Foucault obtém 25 votos, Ricoeur obtém 10 e Belaval, 9. A votação é interpretada como um triunfo do estruturalismo contra a tradição fenomenológica e hermenêutica. Ricoeur não sofre da derrota – gloriosa –, mas fica sentido com as manipulações dos colegas e das "panelinhas" do Collège de France que o tinham convencido a se candidatar, quando não o desejava.[1]

A rejeição dos lacanianos a seu livro sobre Freud, o insucesso no Collège de France, o fim infeliz do seu decanato em janeiro de 1970, em Nanterre, tudo isso explica em boa parte o autoexílio (parcial) de Ricoeur nos Estados Unidos, entre 1970 e 1985. Podemos dizer que, na França, sua consagração tardia somente virá no fim dos anos 1980, isto é, após a publicação dos três volumes de *Temps et récit*[2] e o segundo volume dos *Essais d'herméneutique,* a saber *Du texte à l'action*[3] Depois da morte de Lacan (1981) e de Foucault (1984), o estruturalismo continua certamente, mas se mostra menos prepotente na paisagem intelectual parisiense, sujeita, como todos vocês sabem, a modas e brigas que parecem sempre menos essenciais a um *regard éloigné* (Lévi-Strauss) dos que aos protagonistas do momento.

Com essa pequena introdução, não quis apontar para uma disputa – que não houve – entre Ricoeur e Foucault, mas somente relembrar alguns elementos históricos da vida intelectual parisiense do período. Proponho, portanto, reler alguns textos de Ricoeur e de Foucault e, a partir do pressuposto, comum a ambos, da importância dos "três mestres da suspeita" para as práticas atuais da interpretação, tentar esboçar o que, no entanto, os diferencia e separa. Ocorreu uma feliz coincidência: quando estava escrevendo essa comunicação: Ernani Chaves me telefonou, contou que tinha um artigo sobre o mesmo assunto e enviou-o para mim, ajudando-me assim a formular algumas hipóteses que estava começando a vislumbrar (CHAVES, 2009, p. 289-296).

Vamos, então, ao primeiro texto em termos de data de publicação: o livro de Ricoeur de 1965, *De l'interprétation. Essai sur Freud*. Retomo os primeiros capítulos, consagrados não a uma análise da obra de Freud, mas muito mais à mutação que essa obra provocou no próprio conceito de *interpretação*, na reflexão de Ricoeur. Com sua honestidade habitual, Ricoeur retraça sua concepção de hermenêutica existente até esse momento, concepção baseada na interpretação de *símbolos*, e admite que tal concepção foi não só questionada, mas sim solapada e abalada pela leitura de Freud, isso é, pela "escola da suspeita".

---

[1] Informações extraídas de DOSSE (1997, p. 439 e seg).
[2] *Temps et récit*, 3 v. Paris: Seuil, 1983, 1984, 1985.
[3] *Du texte à l'action*. Paris: Seuil, 1986.

Na esteira da fenomenologia da religião de Mircea Eliade,[4] os símbolos tinham sido definidos como "expressões de duplo sentido"; o sentido não era necessariamente duplo segundo a Matemática, mas o símbolo sempre apontava para uma pluralidade possível de sentidos, cuja existência era pressuposta e cuja presença apontava para uma alteridade transcendente. Tal pluralidade era lida como a manifestação

> [...] d'autre chose qui affleure dans le sensible, – dans l'imagination, dans le geste, dans le sentiment, – l'expression d'un fond dont on peut dire qu'il se montre et se cache. Ce que la psychanalyse atteint comme distortion d'un sens élémentaire qui adhère au désir, la phénoménologie de la religion l'atteint d'abord comme manifestationd'un fond, ou, pour lâcher le mot tout de suite [...] comme révélation d'un sacré (RICOEUR, 1965, p. 17).

Ricoeur situa, assim, a questão-chave de seu livro como uma questão sobre a hermenêutica em geral, isto é, sobre as práticas da interpretação em geral, dentro das quais vai se situar a análise da obra freudiana. Pergunta ele: "Le montrer-cacher du double sens est-il toujours dissimulation de ce que veut dire le désir, ou bien peut-il être quelquefois manifestation, révélation d'un sacré? Et cette alternative elle-même est-elle réelle ou illusoire, provisoire ou définitive? C'est la question qui court à travers ce livre" (RICOEUR, 1965, p. 17, ressaltado por RICOEUR).

Deve ser notado o desdobramento da alternativa hermenêutica formulada pelo filósofo: a alternativa entre uma interpretação que visa a manifestação, o *phainomenesthai* de algo escondido, e uma interpretação concebida como denúncia da dissimulação, da distorção, ou simplesmente da ilusão do desejo que ali se diz – esta própria alternativa pode ser uma última forma de ilusão!

Assim, nos capítulos iniciais do seu livro – *Problématique: situation de Freud* –, Ricoeur situa o conflito hermenêutico de maneira bastante ampla e geral na história da filosofia. Estabelece uma oposição entre uma concepção de interpretação como "restauração do sentido" e uma concepção de interpretação como "suspeita" – e denúncia – de ilusões em Marx, Nietzsche e Freud (RICOEUR, 1965, p. 40); conclui que o que está em jogo é o estatuto da consciência e, portanto, o estatuto do próprio sujeito do pensamento:

> Le philosophe formé à l'école de Descartes sait que les choses sont douteuses, qu'elles ne sont pas telles qu'elles apparaissent; mais

---

[4] A esse respeito, ver a tese de doutorado de Ricoeur, intitulada *Philosophie de la volonté*, em particular o volume *Finitude et culpabilité*, segunda parte (*La symbolique du mal*). Paris: Aubier 1960.

> il ne doute pas que la conscience ne soit telle qu'elle s'apparaît à elle-même ; en elle, sens et conscience du sens coïncident ; depuis Marx, Nietzsche et Freud, nous en doutons. Après le doute sur la chose, nous sommes entrés dans le doute sur la conscience (RICOEUR, 1965, p. 41).

Essa dúvida sobre a consciência e sobre o estatuto do sujeito marca uma inflexão essencial na reflexão de Ricoeur que, a partir do livro sobre Freud, pode ser chamada, como ele mesmo o diz, uma filosofia do "cogito ferido". Devemos aqui observar que o guia privilegiado nesse território da suspeita é, para Ricoeur, a figura de Freud; e também notar que, mesmo com a dúvida sobre as coisas e agora sobre a própria consciência, não há menção de uma dúvida sobre a própria noção de sentido.

Essas duas observações nos levam ao texto de Michel Foucault, uma conferência pronunciada em 1964, mas publicada somente em 1967. O guia privilegiado de Foucault não é Freud – nunca o será! –, mas, naturalmente, Nietzsche. Marx, portanto, ficou de primo pobre tanto em Ricoeur quanto em Foucault, mesmo que o mencionem várias vezes. Talvez em razão da conjuntura política dos anos 1960 e 1970, nos quais Marx tinha sido apropriado por militâncias mais específicas. Penso que também em razão do emaranhado conceitual no qual se enreda o pensamento de Marx a respeito da relação entre ilusão e verdade. Com efeito, se o fetichismo da mercadoria é uma *ilusão necessária*. No entanto, há na doutrina da ideologia um pressuposto de "consciência verdadeira", que será reivindicado e afirmado por seus futuros discípulos, em particular na doutrina das vanguardas revolucionárias.

Voltando ao paralelo entre Ricoeur e Foucault: nesse último, pelo menos no texto *Nietzsche, Freud et Marx*, nem se pode dizer que haja uma dúvida sobre a noção de sentido porque a questão mesma do sentido é eliminada. Respondendo, na discussão que seguiu sua conferência, a Jakob Taubes que lhe perguntava por que não tinha falado das práticas de interpretação associadas à exegese, isso é, à interpretação dos textos religiosos canônicos, Foucault afirma com um certo desprezo característico da época: "Je n'ai pas parlé de l'interprétation religieuse qui a eu en effet une importance extrême, parce que dans la très brève histoire que j'ai retracée, je me suis placé du côté des signes et non du côté du sens (FOUCAULT, 2001, p. 603).

Essa prevalência dos signos se desdobra, nesse texto, num motivo muito maior, naquilo que Foucault chama de "recusa do começo",[5] um gesto, diz ele, que nos faz adentrar numa região muito perigosa, "où

---

[5] "Refus du commencement". In: FOUCAULT, 2001. p. 597.

non seulement l'interprétation va trouver son point de rebroussement,[6] mais où elle va disparaître elle-même comme interprétation, entraînant peut-être la disparition de l'interprète lui-même".[7]

Com efeito, se "não há nada de absolutamente primeiro a ser interpretado"[8] porque "cada signo já é interpretação de signos" (FOUCAULT, 2001, p. 599), a questão da diversidade possível das diferentes interpretações não se resolve pela busca do verdadeiro sentido – mesmo que este seja o sentido historicamente mais verdadeiro. A questão se põe muito mais em termos de estratégia, de luta, de vitória e de derrota: a interpretação se torna uma figura da luta pelo poder e não da busca da verdade. Ou melhor: a busca da verdade é, ela mesma, uma tática muito eficaz de disfarce que, muitas vezes à revelia do próprio pensador, esconde uma luta de poder.

Esses motivos nietzschianos e borgesianos (!) encontram sua plena expressão no famoso ensaio de 1971, "Nietzsche, la généalogie, l'histoire" (FOUCAULT, 2001, p. 1004-1024). Foucault ali explicita seu conceito de *genealogia* a partir dos termos nietzschianos de *Herkunft* (proveniência) e de *Entstehung* (surgimento), ambos opostos ao conceito metafísico de origem (*Ursprung*) como começo absoluto.[9] A oposição entre "interpretação" e "genealogia" pode agora se explicitar totalmente, o que ainda não era o caso na conferência de Royaumont. Cito Foucault:

> Si interpréter, c'était mettre lentement en lumière une signification enfouie dans l'origine, seule la métaphysique pourrait interpréter le devenir de l'humanité. Mais si interpréter, c'est s'emparer par violence ou subreption, d'un système de règles qui n'a pas en soi de signification essentielle, et lui imposer une direction, le ployer à une volonté nouvelle, le faire entrer dans un autre jeu et le soumettre à des règles secondes, alors le devenir de l'humanité est une série d'interprétations. Et la généalogie doit en être l'histoire... (FOUCAULT, 2001, p. 1014).

A história, tal qual a propõe o projeto genealógico, é definida com clareza por Foucault como uma "antimemória".[10] Uma antimemória

---

[6] O "point de rebroussement" é uma noção de geometria que indica uma mudança na direção de uma curva; por extensão, o momento de mudança de um paradigma do pensamento. Agradeço à Claude Imbert pela observação e explicação.

[7] "Refus du commencement". In: FOUCAULT, 2001, p. 598.

[8] "Il n'y a rien d'absolument premier à interpréter". In: FOUCAULT, 2001, p. 599.

[9] É claro que o conceito de *Ursprung* em Walter Benjamin alude muito mais à ideia de surgimento (isto é, *Entstehung*, em Nietzsche) do que à de começo.

[10] "Il s'agit de faire de l'hisoire une contre-mémoire – et d'y déployer, par conséquent, une toute autre forme de temps» (FOUCAULT, 2001, p. 1021).

porque são recusadas "as três modalidades platônicas" da história que formam a base da metafísica e, igualmente, da historiografia dominante, aquela que W. Benjamin chama de "historicismo". São as seguintes modalidades: o tema do reconhecimento ou da reminiscência, a definição de uma identidade enraizada na continuidade e na tradição, enfim, um ideal de conhecimento como aproximação de uma verdade estável; três pilares essenciais, com efeito, da reflexão clássica sobre a memória.

Como talvez o saibam mais os historiadores do que os filósofos, toda reflexão contemporânea sobre o caráter *narrativo* do discurso histórico abala seriamente hoje as noções de continuidade e de conhecimento verdadeiro. Em 1971, Foucault critica muito mais a noção de memória a partir da teoria do esquecimento de Nietzsche – o esquecimento como força plástica de renovação da vida – do que a partir de uma teoria da narração, como deverá fazê-lo Ricoeur nos três volumes de *Temps et récit*.

Com a temática da memória, reencontramos, pois, o filósofo da interpretação. Num dos seus últimos livros – La mémoire, l'histoire, l'oubli (RICOEUR, 2000) –, Ricoeur retoma os conceitos de memória e de esquecimento para tentar precisar sua reflexão sobre a construção do discurso histórico. Em *Temps et récit*, essa questão já se colocava, mas num contexto epistemológico da distinção entre discurso de ficção e discurso da história. Na obra de 2000, Ricoeur realça o contexto político da problemática. Trata-se de situar a possibilidade de uma "justa memória" entre dois polos opostos, típicos dos debates do fim do século XX na Europa, na França em particular. De um lado, os abusos das políticas de "vitimização", num contexto de reflexão sobre o passado colonialista da França ou sobre os diversos genocídios, em particular durante a Segunda Guerra Mundial, reflexão imprescindível, mas, muitas vezes, resumida num conceito frouxo, criticado por Ricoeur, de "dever de memória" (em oposição a uma verdadeiro trabalho de elaboração do passado). De outro lado, a corrente do "negacionismo" que nega a existência da Shoah a partir da ausência de provas ditas "objetivas" e também – e isso nos interessa no Brasil de maneira eminente –, as políticas de *"mémoire imposée"*, uma memória forçada ou imposta, isso é, as várias políticas de anistia,[11] nas quais os conceitos de trégua, esquecimento e perdão são alegremente misturados, geralmente em proveito dos assassinos.

Em *La mémoire, l'histoire, l'oubli*, Ricoeur cita, várias vezes e de maneira positiva, Nietzsche, notadamente sua defesa de um "esquecimento

---

[11] Tomo a liberdade de remeter a meu artigo "O preço de uma reconciliação extorquida". In: TELES; SAFATLE, 2010.

feliz". No entanto, a prioridade, ou melhor, a prevalência de um conceito positivo de memória orienta o livro inteiro. Sem dúvida, essa reabilitação do conceito de memória[12] permite a fundamentação de uma ética e de uma política da *transmissão* que representa o ápice da reflexão hermenêutica de Ricoeur. Isto é, mesmo que discuta os conceitos clássicos de sentido e de memória, Ricoeur nunca desiste deles. Numa leitura *à la* Foucault, isso significa a ancoragem da hermenêutica ricoeuriana na metafísica platônica. Para Ricoeur, porém, memória e sentido são conceitos imprescindíveis a uma ética do sujeito responsável, sendo que o sujeito não é nenhuma substância imutável, mas muito mais a afirmação de uma identidade temporal que se assume a si mesma na retomada narrativa de si mesmo.[13]

Chego, então, a uma questão conclusiva que também significa uma pequena provocação. Se a terceira fase do pensamento de Foucault for a reflexão sobre "o sujeito, não porém aquele 'curioso objeto' de um domínio de saber, mas [...] o sujeito ético, indivíduo que se constitui a si mesmo, tomando então a relação aos outros enquanto 'sujeito do desejo' como espaço de referência" (MUCHAIL, 2004, p. 17), se Foucault chega a dar um belíssimo curso intitulado *L'herméneutique du sujet*,[14] então temos o direito de duvidar tanto da metafísica clássica quanto do estruturalismo estrito. Isso é, duvidar tanto da certeza de um sentido fundador quanto da mera existência de um jogo de signos, entregue ao acaso e à violência universais, como única base para a interpretação. Podemos e devemos muito mais meditar essa estranha convergência entre o título de Ricoeur – *Soi-même comme un autre* – e a famosa fórmula do "*souci de soi*" de Foucault.[15] Claro, não são projetos idênticos, mas duas propostas que investigam a *constituição narrativa e discursiva* do sentido e do sujeito, que perguntam pela identidade e pela estranheza que habitam não só o outro, mas igualmente o si-mesmo. Significam, ambas, tentativas éticas e políticas de recolocar no palco da Filosofia contemporânea a questão do sujeito – um sujeito sem dúvida frágil, mas que assume plenamente sua historicidade.

---

[12] Lembro aqui o debate inaugurado por Pierre Nora, na introdução aos três volumes de *Les lieux de mémoire* (Gallimard, 1984-1986), na qual Nora defende o conceito mais "objetivo" de história contra o conceito mais afetivo e "subjetivo" de memória.

[13] Remeto ao belo livro de Sybil Safdie Douek, *Paul Ricoeur e Emmanuel Lévinas: um elegante desacordo*, Loyola, 2011.

[14] Curso de 1981-1982 no Collège de France, publicado como livro em 2001, pela Seuil; Gallimard.

[15] Respectivamente, *Soi-même comme un autre* (Seuil, 1990) e os cursos de Foucault no Collège de France, notadamente a partir dos anos 1980. A esse respeito, ver Dosse (1997, p. 636).

Referências

CHAVES, Ernani. Nietzsche, Freud e Marx: Ricoeur, Foucault e a questão da hermenêutica. *Revista Asas da Palavra*, UNAMA, v. 12, 2009.

DOSSE, François: *Paul Ricoeur. Les sens d'une vie*. Paris: La Découverte, 1997.

FOUCAULT, Michel. *Dits et écrits I*. Paris: Quarto Gallimard, 2001.

GAGNEBIN, Jeanne Marie. O preço de uma reconciliação extorquida. In: TELES, Edson; SAFATLE, Vladimir (Orgs.). *O que resta da ditadura*. São Paulo: Boitempo, 2010.

MUCHAIL, Salma Tannus. *Foucault, simplesmente*. São Paulo: Loyola, 2004. p. 17.

RICOEUR, Paul. *De l'interprétation. Essai sur Freud*. Paris: Seuil, 1965.

RICOEUR, Paulo. *La mémoire, l'histoire, l'oubli*. Paris: Seuil, 2000.

Capítulo 16
Mulheres indômitas e malditas: a loucura da razão

Tania Navarro Swain

A elegia à razão constitui uma parte crucial para o desenvolvimento do saber; porém, na partilha social da produção do conhecimento, tomou uma identidade masculina. Assim, ser racional não significa ser humano, cuja razão seria o traço de diferença com os outros animais. Ser racional significa ser um homem, gênero masculino, origem dos discursos de verdade.

Marcada pela temporalidade e pelas redes de significações sociais, a loucura aparece como a antítese da razão, instrumento natural, pronto para ser utilizado quando se conhece seu manejo – domínio dos eleitos, domínio dos homens, criados "à imagem e semelhança". Diz Foucault: "Sabe-se bem que não se tem o direito de tudo dizer, que não se pode falar de tudo em qualquer circunstância, que qualquer um, enfim, não pode falar de qualquer coisa" (FOUCAULT, 1970, p. 11).[1]

Esta famosa frase é a explicitação da palavra autorizada e da divisão de competências entre feminino e masculino na produção do saber e na expressão do racional. Tomar a palavra, em seu sentido próprio e figurado é um ato de poder e de silenciamento de outrem.

A razão é, todavia, habitada pela loucura, ao classificar metade da humanidade – as mulheres – em modelos forjados sobre premissas sem fundamento, sobre argumentos baseados em preconceitos, em representações sociais infamantes, diatribes ávidas de poder, cuja falta de substância leva à sua constante iteração.

Uma vez que a razão foi declarada domínio do masculino, as mulheres, por definição, dela foram excluídas. Nenhum lugar de fala ou de expressão autorizada. O feminino é definido pelo corpo, por um aparelho

---

[1] Todas as citações de Foucault são tradução livre da autora.

genital específico que, de fato, não é um sexo senão para a reprodução ou para marcar o assujeitamento social.

O verdadeiro sexo, portanto, é da alçada do masculino, pois o falo é o fundamento e significante geral do poder, símbolo de autoridade, direito e uso da palavra em todo lugar, sobre todos os assuntos, principalmente no que diz respeito às mulheres.

A histerização do corpo das mulheres (FOUCAULT, 1976) traçada por uma certa economia discursiva, apresentar-se-ia assim como uma manifestação palpável da loucura feminina, pois sua "natureza" seria causa e lócus do caos.

Foucault comenta os discursos médicos do século XVIII a respeito da histeria, doença feminina. Alojada em seus corpos:

> Quanto mais o espaço interior é facilmente penetrável, mais frequente será a histeria, e múltiplos seus aspectos; mas se o corpo é firme e resistente, o espaço interior é denso, organizado e solidamente heterogêneo em suas diferentes regiões, os sintomas da histeria são raros, e seus efeitos permanecem simples. [...] essa densidade espacial oferece um de seus sentidos; é que é também uma densidade moral; a resistência dos órgãos à penetração desordenada dos espíritos é talvez uma só com a força da alma que faz reinar a ordem nos pensamentos e nos desejos (FOUCAULT, 1972, p. 364-365).

Assim, a densidade física e moral, atributos masculinos, separam a ordem da desordem. O corpo das mulheres, por destino biológico e por decreto moral sofrem de fraqueza e fragilidade intrínsecas. Definidas pela ausência do falo, seu corpo não tem o eixo central do verdadeiro sexo e se tornam porosos, desordenados, presa fácil dos demônios da loucura.

Como bem sublinha Foucault, trata-se de um traçado em que o corpo material se torna imagem e seus contornos carregam valores morais e históricos.

> Esse corpo interior [...] não é o corpo objetivo que se oferece ao olhar macilento de uma observação neutralizada; é o local onde vem se encontrar uma certa maneira de imaginar o corpos, de decifrar seus movimentos internos, e uma certa maneira de nele investir valores morais. O vir a ser se completa, o trabalho se faz em nível dessa percepção ética (FOUCAULT, 1972, p. 366).

Cria-se uma imagem das mulheres e do feminino, que ressurge em outros momentos, com alcance e limites diversos.

A reaparição do mesmo tipo de enunciados médicos, em outra ordem discursiva, reforça um imaginário social onde a moral e o poder definem o ser das mulheres a partir de um conceito historicamente construído do corpo feminino. Esse é o acontecimento discursivo foucaultiano que cria, de fato, o solo sobre o qual se apoia (FOUCAULT, 1970).

A loucura que habitaria o corpo das mulheres, cujo pequeno cérebro seria dominado pelo útero, exprime, dessa maneira sua desordem interior, sua ausência de razão. Seu destino biológico está traçado: atreladas a um corpo obscuro que as comanda e tomadas pelo vácuo da razão, tornam-se apenas matrizes para a reprodução do masculino. De preferência.

Entretanto, se a loucura habita o corpo das mulheres, cuja única função seria procriar, a reprodução compulsória não representaria ela mesma uma forma de insanidade? A explosão demográfica, as crianças abandonadas, a mortalidade infantil não estariam ligadas à loucura inconsiderada da apropriação/utilização do corpo das mulheres?

A nau das insensatas não estaria carregada com essas mulheres dominadas, que adotam o destino biológico de procriadoras e que, de fato, as exclui do mundo do racional e dos poderes sociais? Que loucura é esta que as dobra e sujeita às normas que não agem senão para melhor inferiorizá-las?

Seu périplo seria a viagem simbólica de uma busca de liberdade? Ou apenas a "imagem de seu destino ou de sua verdade"? (FOUCAULT, 1972, p. 22).

Simbólica ou não, no imaginário social essa nau das insensatas é a das desatinadas, mulheres construídas pelo social, marcadas por desequilíbrio, perturbação, indisposição, alienação, o oposto do masculino. Marcadas pelo assujeitamento, a ele coagidas social ou moralmente.

Da desrazão social e representacional das mulheres, portanto, resultam todas as culpas, desde o pecado original até a malformação ou a morte dos nascituros, passando pela força dos súcubos maléficos, portadoras da irresistível luxúria, da sedução à qual atraem os pobres desavisados. É assim que a loucura presente na definição do *ser mulher* faz dela alvo, presa, vítima, objeto de controle, de dominação e, sobretudo, de um desejo irrefreável, justificativa de todas as exclusões e violências.

Assim, incapaz de ultrapassar o estado da "natureza" o feminino não atingiria o nível de consciência definido pela razão, obscurecido pela espessura de um corpo saturado de hormônios e de caprichos. Daí a necessidade moral do domínio e do controle para prevenir todo e qualquer "louco" desregramento, por exemplo, recusar seu destino biológico, a maternidade, resistir à norma e à restrição física e social.

O corpo das mulheres torna-se o domínio preferido dos médicos que vão explicar, analisar e, sobretudo determinar seus limites e suas possibilidades. Pois o corpo das mulheres, considerados o lócus da desordem e do caos encontra uma aparência de razão quando cumpre seu destino: a reprodução. Mas não é *A razão*, lócus de verdade. É uma razão prática, natural, intuitiva, que não atinge o nível da consciência, da lógica, do pensamento abstrato, da transcendência.

A menopausa marca o fim da vida útil das mulheres, pobres mecanismos enferrujados, fora de uso, fora do mercado da sedução, do casamento e da procriação. Aliás, atualmente o que é o discurso sobre a TPM (tensão pré-menstrual) senão a ressignificação da histerização dos corpos das mulheres e sua consequente desqualificação?

A loucura não reside no assujeitamento a essa ingerência e a esses diagnósticos sobre seu corpo sem detectar nele as manobras do poder que aí se abrigam? Em que direção continua a vogar a nau das insensatas?

Quando Foucault discorre sobre os loucos em determinados períodos poderia estar falando das mulheres, por volta dos século XVI e ainda hoje, em determinados lugares/países que as desqualificam s nas lides públicas: "acontece que sua palavra é considerada nula e sem propósito, não tendo verdade ou importância, não podendo testemunhar em justiça, nem autenticar um ato ou um contrato [...] (FOUCAULT, 1970, p. 12-13).

Da *História da loucura* que aqui me inspira, retenho um entre seus numerosos pontos expressivos: a descontinuidade dos objetos. Assim, vê-se que a significação da loucura depende da prática discursiva na qual se insere. Isto é, a loucura não percorre a continuidade do tempo e da história, atacando certos indivíduos como uma moléstia. A significação da loucura, enquanto desrazão, dá-se na entronização da razão como árbitro de todas as significações, caminho único de todas as verdades do humano, sobre o humano e sobre o mundo.

Se a razão impõe a ideia da continuidade e da evolução nas correntes majoritárias da história, Foucault desfaz essa "verdade", do curso causa/efeito, em movimentos plurais de ressignificação.

Diz ele, por exemplo: "fato curioso a constatar: é sob a influência do mundo da internação tal como se construiu no século XVII que a doença venérea se destacou, em certa medida de seu contexto médico e que é integrada, ao lado da loucura, em um espaço moral de exclusão" (FOUCAULT, 1972, p. 21).

É, portanto, em grandes movimentos de mudança da *episteme* que se transformam as significações e o imaginário social, dando lugar a outras problemáticas, outras representações e outras práticas sociais.

Diante dessa alteração de perspectiva, Foucault ele mesmo é acusado de insensatez, quando se sentem abalados os especialistas da razão, certos de suas verdades. A loucura, tal como outros objetos, não é algo estável que caminha na história sob diferentes roupagens, como explicita Foucault.

A significação da loucura enquanto desrazão se dá na entronização da razão como árbitro de todas as significações, caminho único de todas as verdades do humano, sobre o humano e sobre o mundo. Assim, a loucura não seria crer que existe uma verdade profunda, escondida, a ser detectada pelas análises dos fatos? Quem escolhe os acontecimentos importantes para a história do humano? Quem decide sobre a validade das pesquisas e da produção do conhecimento? A razão ou a louca pretensão de enunciar a verdade sobre o mundo?

E se a razão é lócus do masculino e da verdade, a desrazão e a loucura passam a compor a imagem do feminino, do diferente, do oposto. Histórica, portanto, fundada em aspectos morais e na criação de um poder baseado no sexo biológico, na "natureza" e a genealogia desta imagem é tarefa para as historiadoras feministas. Pois a verdade do "sempre foi assim" é uma construção histórica da razão.

As grandes mudanças da *episteme* transformam as significações e o imaginário social, dando lugar a outras problemáticas, outras representações e outras práticas sociais. Assim como hoje vivemos momentos de transformação de representações de feminino e masculino, na história do humano nada foi sempre igual, binário, hierárquico, como se pretende sob o discurso do "natural".

A noção de internamento geral em Foucault, em meu entender, é um farol que ilumina caminhos e alerta sobre os escolhos dos regimes de verdade, das profundezas abissais que escondem a vontade de poder sob os discursos da razão.

Nessa ótica, aproximo aqui esse internamento geral dos desempregados, vagabundos, errantes, doentes venéreos, ora denominados loucos, sobre os quais discorre Foucault, à construção do feminino e sua definição, dotado de uma natureza cuja fragilidade mental exigiria o controle e a vigilância masculina. Esse é o internamento geral do feminino, em um asilo representacional, cuja imagem é a clausura do destino biológico e da inferioridade natural.

E este movimento de internamento é múltiplo, em práticas diversas e ressignificações constantes. Resta, entretanto, o fenômeno do *acontecimento* que para Foucault, não é senão o fenômeno de sua reaparição (FOUCAULT, 1970).

Mulheres foram internadas nos asilos psiquiátricos, por exemplo, no século XVII no hospital Pitié-Salpêtrière de Paris por problemas de comportamento, acusações de prostituição (CORBIN, 1976); da mesma forma, no Brasil, no início do século XX, no hospital psiquiátrico do Juqueryi, em São Paulo (CUNHA, 1989) mulheres foram internadas, pois não se portavam conforme a imagem de uma "verdadeira" mulher, esposa e mãe.

A iteração discursiva das definições das mulheres reinstala práticas oriundas de uma razão toda poderosa. A vontade de poder orienta a descrição das doenças psicológicas femininas e determina seu internamento, em clausuras múltiplas.

Toda veleidade de independência, toda tentativa de escapar ao destino biológico, às tarefas costumeiras e ao assujeitamento eram punidas com o internamento. As indômitas são as malditas sociais. Os homens da família internam as mulheres sob os mais variados pretextos com a cumplicidade dos médicos que as diagnosticam como loucas, pois afinal, por via das dúvidas... Quem sabe? (CUNHA,1989).

Na Época Clássica, Foucault sublinha:

> Depravação, prodigalidade, ligação inconfessável, casamentos vergonhosos contam entre os motivos mais numerosos do internamento. Este poder de repressão que não era exatamente nem da justiça, nem da religião [...] não representa no fundo o arbítrio do despotismo, mas o caráter rigoroso que passam a ter as exigências familiares. O internamento foi colocado pela monarquia absoluta ao dispor da família burguesa (FOUCAULT, 1972, p. 125).

A força e a defesa da norma de um patriarcado é que se instalam e protegem seus territórios. A desrazão se alia ao pecado e à imoralidade para designar a "natureza" das mulheres. Internadas na velhice, loucas, queimadas como bruxas, o Ocidente traça um retrato das mulheres que se incrusta e reaparece enquanto acontecimento discursivo em diferentes momentos da história, pois, como sublinha Foucault: "O novo não está no que é dito, mas no acontecimento de seu retorno" (FOUCAULT, 1971, p. 28).

As mulheres são internadas fisicamente ao desobedecer à norma ou se rebelar contra os modelos que lhes são impostos. São internadas também em uma representação social, cujos muros e cadeias são tão espessos quanto os de uma prisão ou asilo.

Quem me nomeia "louca" invoca a norma. E a norma sofre as flutuações inevitáveis da temporalidade. Pois se razão existe, é a razão histórica que se manifesta, ou seja, a incontornável historicidade que compõe todas as formações sociais.

Portanto, na descontinuidade cara a Foucault, quais são as normas, as práticas sociais e discursivas que instituem a razão e esculpem as representações sociais do feminino e do masculino em um discurso de "diferença" e hierarquia?

No passado e no presente, a quem interessa a criação de certos modelos identitários, quem desfruta da construção de uma alteridade feminina cuja "diferença" reforça a imagem, o poder, a razão de seu referente, o masculino?

A loucura feminina é de fato uma condenação implacável de todo desvio feito às regras, às condutas pré-fixadas, de desrazão imposta, aos laços de servidão desenhados pelos contornos de um corpo em desordem simbólica.

Histéricas, nervosas, instáveis, malditas. Certos epítetos acompanham a vida de toda mulher, marcada pela contradição de seu ser no imaginário patriarcal: corpo perturbado pelos hormônios em ebulição, cuja única tranquilidade se encontra na gravidez.

Eis um novo ser que se destaca, um objeto histórico identificado por um sexo biológico/ social dicotômico, entre norma e desrazão. As normas, o casamento, a heterossexualidade compulsória fazem parte do arsenal que definem o "idiotismo", a desrazão feminina:

Diz Foucault:

> O asilo reduzirá as diferenças, reprimirá os vícios, apagará as irregularidades. Denunciará tudo que se opõe às virtudes essenciais da sociedade: o celibato – o número de jovens marcadas de idiotismo é 7 vezes maior que o número de mulheres casadas [...] quanto à demência, a proporção é de duas a quatro vezes; pode-se portanto presumir que o casamento para as mulheres é uma espécie de preservativo contra as duas espécies de alienação as mais incorrigíveis e quase sempre incuráveis (FOUCAULT, 1972, p. 612).

A construção dessa imagem do feminino se faz em diferentes momentos, que por intermédio da "razão" se transforma em verdade absoluta sobre as mulheres: elas passam a ser assim.

Pode-se identificar já em torno do século XIII um movimento de exclusão das mulheres com a constituição das universidades, que começava a se mostrar como domínio específico da construção laica do saber. À mesma época, a luta de Clara de Assis contra a dominação do clero sobre a ordem que ela fundara, visando a confiná-la a uma clausura estrita, ilustra muito bem as tentativas tentaculares de afastar as mulheres do espaço público, religioso ou laico (SILVA, 2008).

Nos séculos XIV e XV a nau das loucas carrega também as bruxas, pois os corpos indomados tornam-se habitação do demônio, súcubos funestos que sugam a energia do masculino pela esperteza de seu sexo. As mulheres que recusam a norma tornam-se cúmplices do demônio, perversas criaturas que tecem sortilégios para subverter a ordem divina, a ordem do pai, do poder cujo fundamento é a aliança do homem com o homem.

Assegurados pela palavra de deus, dos mandamentos, dos livros santos, julgam e cospem pecados sobre as mulheres para melhor defender seus privilégios com a ferocidade das fogueiras.

O "martelo das feiticeiras" – *Malleus Malleficarum*, (KRAMER; SPRENGER, 1487; no Brasil, publicado em 1976) – livro de cabeceira dos confessores, publicado em 1486, é uma obra-prima de má-fé para acusar as mulheres de todo o mal do mundo. Finalmente, não estavam elas na origem do pecado original? É de fato um manual para encontrar a feiticeira em todas as mulheres e justificar todas as punições.

Foucault sublinha a histerização do corpo das mulheres no século XVIII:

> Histerização do corpo da mulher: triplo processo pelo qual o corpo da mulher é analisado – qualificado e desqualificado – como corpo integralmente saturado de sexualidade; pelo qual o corpo é integrado, sob o efeito de uma patologia que lhe seria intrínseca, ao campo das práticas médicas; pelo qual enfim é colocado em comunicação orgânica com o corpo social (do qual deve assegurar a fecundidade regulada) o espaço familiar (do qual é um elemento substancial e funcional) e a vida das crianças (que deve produzir e garantir, por uma responsabilidade biológica-moral que dura todo o período da educação); a Mãe, com sua imagem em negativo que é a 'mulher nervosa' constitui a forma mais visível da histerização (FOUCAULT, 1976, p. 137).

O século XIX realiza o internamento geral das mulheres no Ocidente, sem muros, sem asilo, sem prisão: é um internamento na exclusão do espaço público e dos direitos cívicos, num conjunto de leis que as marcam do selo da fraqueza, da ignorância, das proibições mais diversas: de trabalhar, de estudar, de sair, de escrever, de se expressar, enfim.

Se o internamento geral das mulheres no espaço privado e no modelo da "verdadeira mulher" constrói e é construído pela norma representacional, a reclusão individual, por sua vez, remete à punição, ao aprisionamento físico das mulheres que agem ou se manifestam contra ela: é o império da lei que garante o domínio social do corpo e da vontade das mulheres.

O debate atual sobre o aborto é uma réplica desse movimento, pois a gravidez indesejada é uma prisão que confina as mulheres a seu corpo.

Entretanto, esse movimento que abraça vários séculos se faz na diversidade temporal: nada se passa em um único movimento. Se na França, por exemplo, as mulheres perdem o direito ao trono, na Inglaterra, na Bélgica, na Holanda, elas o conservam até hoje. Se no Ocidente as mulheres se afirmam enquanto sujeito político, no Oriente Médio são enclausuradas, veladas, vendidas, reféns de normas religiosas, do arbítrio de um patriarcado que teme a perda de seu poder.

Assim, a crença em uma evolução do *status* das mulheres ao longo do tempo não se sustenta. A história que nos propõe Foucault é feita de rupturas, e não de encadeamentos, e o social estrutura as relações humanas na diversidade.

A ideia de uma 'natureza' feminina não é senão uma invenção do poder. Nessa perspectiva, a própria divisão do humano em dois sexos pode ser colocada em questão, na medida em que todo tipo de relação humana é possível.

Mas na definição que se faz, aos poucos, do humano em feminino e masculino, a loucura é evocada para negar às mulheres um local de fala, um local de autoridade. Pois seus corpos abrigam a desordem e exigem, por conseguinte, o controle.

Fora das normas, as rebeldes que reivindicam direitos civis e políticos, o direito elementar sobre seus próprios corpos são mulheres banidas das famílias, da sociedade, malvistas e malvindas. Toda ação contestatória ou autônoma é considerada imoral ou irracional, e o tratamento é, de fato, a punição.

As análises de Foucault mostram o alcance dessas estratégias, na época que ele estuda:

> Em Bethléem, as loucas agitadas eram acorrentadas pelos tornozelos à parede de uma longa galeria. Em outro hospital, em Bethnal Green, uma mulher que estava sujeita a violentas crises de excitação; foi colocada então num chiqueiro, pés e mão atados; passada a crise, foi amarrada em seu leito, protegida somente por uma coberta (FOUCAULT, 1972, p. 196).

Assim, qualquer veleidade de protesto, de recusa, de contestação era logo taxada de crise de loucura ou de excitação, e o resultado era a violência extrema das correntes, qual escravo fugitivo ou condenado pela justiça.

Elas partilham uma taxionomia do absurdo, pois renegam sua "natureza", condenadas pela enunciação de seu diagnóstico: seus gestos e suas palavras são mostra de loucura, de desrazão. Loucas, histéricas, lésbicas, essas mulheres perderam seu lugar no social para nunca mais ganhar sua liberdade. E por reivindicá-la.

Extravagantes, serão punidas para além do internamento, pelo ostracismo, pelos olhares reprovadores, monstros que renegam sua "natureza", sua "essência". Ou então, tornaram-se simplesmente velhas, fora do mercado do casamento e da procriação, inúteis, portanto, são afastadas para melhor serem esquecidas. Quer seja hoje nos asilos de velhos ou casas de repouso, o envelhecimento do corpo feminino a coloca fora do social, presas de desrazão:

Foucault encontra em 1690,

> [...] 20 mulheres caducas em Saint-Paul; na Madeleine encontram-se 91 mulheres velhas doentes ou recaídas na infância; em Sainte-Geneviève 80 "velhas fiandeiras"; [...] em Saint-Hilaire, 80 mulheres consideradas como crianças; em Sainte-Catherine, 69 "inocentes ou disformes"; as loucas são divididas entre Sainte--Elizabeth, Sainte-Jeanne em celas, segundo o grau de "espírito fraco" loucura intermitente ou loucas violentas. Enfim, 22 "incorrigíveis" foram colocadas, por esta razão, na Correção (FOUCAULT, 1972, p. 113-114).

Deformidades, velhice, mulheres aspirando à independência, todo desvio do social produtivo ou "natural" é condenado à prisão, à clausura, ao afastamento do corpo social. Mas de fato essa clausura é um longo discurso sobre as estruturas de poder que regem tal formação social.

O que é a razão, afinal? Não é ela, como a loucura, uma significação temporal, histórica? As estruturas sociais não são elas também irracionais quando se estabelecem sobre a inferiorização de metade da Humanidade?

A loucura está no cerne da razão e de suas "verdades", da violência, da destruição, da desigualdade que instauram.

Prefiro a bela loucura dessas mulheres indômitas e "malditas" tais como Nellie Bly, jornalista, que em 1887 (NAVARRO-SWAIN, 2011/2012) se internou num manicômio para denunciar as condições nas quais eram encerradas as mulheres. Essa é a lógica da desrazão, a coragem de enfrentar o risco, de quebrar as cadeias da taxionomia do humano cujo mote é o cultivo da "razão" para melhor criar estruturas de poder.

Assim, na ordem do discurso do pai o "homem" é o universal que apaga descaradamente as mulheres da história, da ação, do político.

Construída no singular, "a mulher" faz desaparecer o colorido e as potencialidades das mulheres em sua diversidade. Esse singular encurrala o feminino nos limites do corpo, de um útero que passará a definir seu ser.

E assim se criou "a mulher", em práticas concretas de exclusão, objeto funcional e ficcional, utilizável, sujeito oculto sob o implacável discurso racional a respeito da "natureza" humana.

Entretanto, existem aquelas que recusam a antropologia do universal, as práticas discursivas e não discursivas que fazem do corpo uma fatalidade. Aquelas que quebram as normas, destroem as regras, refutam o governo do mesmo e o assujeitamento à figura da "outra", face ao masculino.

Quem são elas?

Somos nós, aqui e agora: cartógrafas de nosso destino, criamos o solo sobre o qual não se espalham os ruídos da razão, e nele traçamos os caminhos de uma desrazão que não é loucura, mas espaços móveis de transformação, sinônimos de liberdade.

Referências

CORBIN, Alain. *Les filles de noces*. Paris: Champs; Flammarion, 1978.

CUNHA, Maria Clementina Pereira. Loucura, gênero feminino: as mulheres do Juquery de São Paulo, no início do século XX. In: BRESCIANI, Maria Stella (Org.). A mulher no espaço público. *Revista Brasileira de História*, São Paulo, v. 9 n. 18, 1989.

FOUCAULT, Michel. *Histoire de la folie à l'âge classique*, Paris: TEL/Gallimard, 1972.

FOUCAULT, Michel. *Histoire de la sexualité, la volonté de savoirs vol 1*. Paris: Gallimard, 1976.

FOUCAULT, Michel. *L'ordre du discours*. Paris: Gallimard, 1970.

KRAMER, Heinrich; SPRENGER, Jacobus. *Malleus Malleficarum: Manual da Caça às Bruxas*. São Paulo: Três, 1976.

NAVARRO-SWAIN, Tania. Nellie Bly, féministe: l'aventure du journalisme, labrys, études féministes/estudos feministas, juillet/décembre 2012; julho/dezembro, 2012. Disponível em: www.labrys.net.br. Acesso em: 8 out. 2013.

SILVA, Valéria Fernandes. *A Construção da Verdadeira Religiosa no Século XIII: o Caso de Clara de Assis*. Tese de Doutorado, Universidade de Brasília, Brasília, 2008.

CAPÍTULO 17
Foucault, a histeria e a aranha

Margareth Rago

Louise Bourgeois. *Maman*. 1999. Aço e mármore.
9,271 x 8,915 x 10,236 m. Tate Modern. Fotografia: Jean-Pierre Dalbéra

"[...] Minha melhor amiga era minha mãe; ela era decidida, inteligente, paciente, tranquilizadora, racional, exigente, sofisticada, indispensável, arrumada e útil como uma aranha", diz Louise Bourgeois (2004, p. 326), dedicando-lhe a famosa instalação da monumental aranha de bronze, intitulada "Maman", que, em outros espaços, se chama simplesmente "Spider". "Maman" surpreende e fascina, ao mesmo tempo, pelo tamanho gigantesco, pela monstruosidade do animal ampliado, pelo trabalho escultural minucioso de cada parte do seu corpo, pela ousadia da artista e pelo impacto que produz o título contrastante com a obra. Mundialmente conhecida, foi recentemente exposta no Instituto Tomie Otake, em São Paulo, mas também está presente no acervo permanente do MAM, no Parque do Ibirapuera, de São Paulo, há alguns anos.

"Maman", diz Bourgeois, falecida em 2010, aos 98 anos de idade, é uma homenagem à sua mãe, que trabalhava como restauradora de tapeçarias, em Paris e que, segundo ela, admirava as aranhas. "Eu vim de uma família de reparadores. A aranha é uma reparadora. Se você furar a teia, ela não fica furiosa. Ela a tece e conserta", afirma a artista em entrevista concedida a Cecilia Blomberg, em 16 de outubro de 1998.

Tecelã ela mesma, sua mãe admirava a criatividade das aranhas, que "vivem do que tecem", como adverte Gilberto Gil, ao contrário das formigas, sempre em busca de provimentos. Autônomas, habilidosas e orgulhosas, tirando de dentro de si mesmas, de dentro do próprio ventre, a substância vital, as aranhas constroem a sua teia, o seu próprio abrigo, a sua casa, minuciosa e geometricamente tecida com um único fio, como afirmavam admirados os antigos. Aristóteles, mesmo que considerasse o trabalho da aranha repetitivo porque instintivo, não deixava de elogiar o método geométrico usado para fabricar a teia a partir do centro, definido com perfeita exatidão, para depois passar à tecelagem, à construção da trama propriamente dita; em seguida, acrescentava: "é a fêmea que tece e caça, e o macho participa da refeição" (ARISTÓTELES *apud* FRONTISI-DUCROUX, 2003, p. 268).

Sêneca também se admirava com o que considerava uma obra tão sutil e regular, incomparável à tecelagem humana, confirmando sua aposta na superioridade da natureza sobre a arte incerta dos homens; nos poetas antigos, a aranha era elogiada pela fineza de seu fio e pela leveza de sua teia; já em Marx, foi equiparada ao tecelão, mesmo que ela não concebesse mentalmente o projeto de sua obra como este. Em suas palavras:

> Uma aranha executa operações semelhantes às do tecelão, e a abelha envergonha mais de um arquiteto humano com a construção dos favos de suas colmeias. Mas o que distingue, de antemão, o pior arquiteto da melhor abelha é que ele construiu o favo em sua cabeça, antes de construí-lo em cera. No fim do processo de trabalho obtém-se um resultado que já no início deste existiu na imaginação do trabalhador, e portanto, idealmente (MARX, 1983, p. 149).

Homenagem de Bourgeois à figura materna, não deixa de surpreender o enorme impacto, entre fascínio e repugnância, produzido pelo tamanho monumental da aranha-gigante, também associada, em nossa cultura, ao mal, ao poder de destruição, à castração, à capacidade de devorar os da mesma espécie, aprisionados em suas redes, tanto quanto os de outras espécies. Se como tecelã incansável, a aranha é elogiada e comparada aos homens, já como figura orgulhosa, poderosa, venenosa e fatal remete aos mistérios da sexualidade feminina, vista como avassaladora, incontrolável e desconhecida. A viúva-negra, entre outras, famosa por matar o macho depois do ato sexual, serviu, em muitos textos literários e jornalísticos, para denominar a "mulher fatal" e a prostituta, ambas cheias de armadilhas, destruidoras da civilização, capazes de levar à loucura e ao suicídio até mesmo o homem mais racional e controlado. Lembre-se, ainda, que o próprio órgão sexual feminino, muitas vezes, se torna sinônimo de aranha, no discurso popular. Portanto, tecelã dedicada e excessiva, por um lado, sexualidade incontrolável e ameaçadora, por outro, a aranha carrega inúmeros significados simbólicos que a associam à figura da perversão sexual, à histeria e à rebeldia.

A aranha rebelde

Da rebeldia, podemos falar da origem mítica da aranha, narrada por Ovídio (1995) no livro seis das *Metamorfoses*. A jovem e bela Aracne é transformada nesse animal por Palas Atena, por ousar reivindicar sua autonomia e querer mostrar sua superioridade em relação à deusa na arte da tecelagem. Rebelde e orgulhosa, a moça diz ter aprendido seu *métier* por conta própria, já que cedo perde a mãe e é criada pelo pai, tingidor de tecidos. Ela compete com os deuses e ousa afirmar seu desejo, por isso é condenada, como narra o autor:

> Imediatamente, atingidos pelo funesto veneno, seus cabelos caem, e com eles seu nariz e suas orelhas; sua cabeça se encolhe; todo o seu corpo se reduz; magros dedos que lhe servem de pernas se prendem a seus flancos; todo o resto não é senão um ventre; mas dele extrai ainda o fio; transformada em aranha, ela se dedica, como outrora, aos seus tecidos (Ovídio, 1995, p. 6).

Anne Creissels (2005) sugere que tal rebeldia pode ser interpretada como um desejo de escapar do determinismo natural, isto é, de sua condição de mulher mortal, expressando sua dimensão de artista criadora. Para essa autora, aliás, "se este desafio remete para os gregos a *hybris*, ou excesso de orgulho, necessariamente sancionado pelos deuses, ele poderia designar, descontextualizado por um olhar contemporâneo, a dificuldade para se afirmar enquanto sujeito, enquanto artista e *a fortiori* enquanto artista mulher" (Creissels, 2005, p. 1).

Não é de estranhar que a aranha tenha passado para a história como símbolo da rebeldia, do orgulho, da autonomia e da criação, mas também como portadora de armadilhas e de estratégias ardilosas, ameaçando a sobrevivência do outro. Os autores do século XIX, sobretudo, insistiram em destacar a relação de poder e domínio que ela estabelece com o macho na vida sexual e a morte que lhe destina depois da consumação do ato. De Darwin a Lombroso, passando pela literatura e pelas artes, fez-se extenso uso da aranha para mostrar os perigos da sexualidade feminina materializados em figuras femininas desviantes, das ninfomaníacas às tríbades, onanistas e lésbicas, todas consideradas histéricas, perversas e loucas.

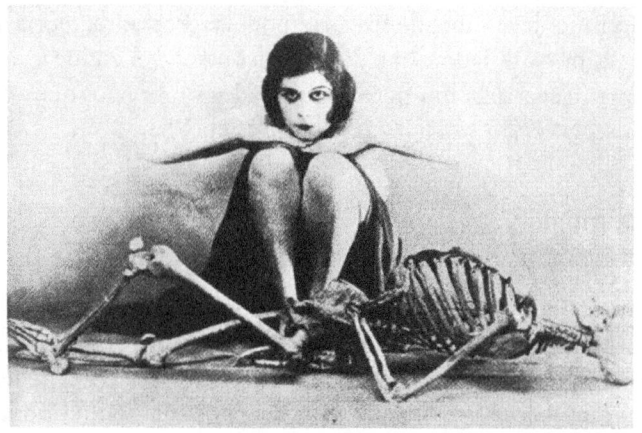

Theda Bara, artista de cinema dos anos de 1910, cena do filme *A Fool There Was*, 1915

Figuras da perversão sexual

Os historiadores da medicina afirmam que histeria, que em grego significa útero, foi o termo utilizado por Hipócrates, pai da medicina, para se referir a uma ampla gama de afecções das mulheres, baseando-se nas interpretações encontradas em papiros egípcios de 1900 a. C. Segundo esses, o útero é "um organismo vivo semelhante a um animal dotado de certa autonomia e de possibilidade de deslocamento", que viaja pelo corpo, provocando dores de cabeça, calores, falta de ar e mal-estar nas mulheres (TRILLAT, 1986, p. 13). A histeria é tida como uma espécie de "sufocamento do útero" – animal voraz, ávido, errante, que ocorreria nas mulheres carentes e desejosas de relações sexuais. Também Platão considerava o útero como um animal ávido de procriação e que, privado da satisfação desse desejo, causaria desordens em todo o corpo da mulher.

A imagem de um animal interno que habita o corpo feminino, que provoca distúrbios e que deveria ser domado foi reforçada no século XIX, especialmente no contexto de entrada das mulheres no mercado de trabalho, na vida social e com a emergência do feminismo, desafiando o "dispositivo da sexualidade" e as normas da domesticidade que visavam instituir a figura da mulher casta, passiva e dessexualizada. Aliás, as atitudes transgressoras e insubordinadas das mulheres serviram para os doutores instituírem patologias como a histeria, e legitimarem noções sobre a inferioridade física, mental e moral das mulheres. Por contraponto, procuravam sinalizar o lugar da mulher normal e os comportamentos que lhe seriam adequados e aceitos.

Nessa direção, segundo a feminista Elaine Showalter (1993), é muito mais a apropriação sexista e misógina dos textos de Hipócrates pelos doutores no século XIX, que atribui a histeria aos deslocamentos do útero carente, demonstrando uma grande indefinição dos sintomas e dos problemas do corpo feminino a que se refere. A histeria, seja na forma da anorexia, seja na da neurastenia, mesmo para aqueles que lamentavam a rigidez da hierarquia familiar para as mulheres e a escassez de oportunidades em relação aos homens derivaria, nessa explicação biológica sexista, das insatisfações sexuais e maternas das mulheres. Além do mais, estaria associada ao nomadismo, à inconstância e à incapacidade de vida sedentária. Destacando a dimensão de gênero na construção da histeria, Showalter conclui:

> Não é de se estranhar que as metáforas da histeria contivessem mensagens sexuais duplas sobre a feminilidade e a masculinidade, pois ao longo da história, a categoria da histeria feminina foi construída em oposição à categoria da desordem nervosa masculina, cujo nome constantemente mudava. No Renascimento, essas oposições binárias engendradas eram colocadas como histeria/melancolia; nos séculos XVII e XVIII, tornaram-se histeria/hipocondria; no final do séc. XIX, foram transformadas em histeria/neurastenia; durante a I Guerra Mundial, mudam novamente para histeria/choque pós-guerra; e na psicanálise freudiana, foram codificadas como histeria/neurose obsessiva. Mas quaisquer que sejam os termos mutantes, a histeria foi construída como um termo pejorativo para a feminilidade numa dualidade que relegava a forma masculina honrável a outra categoria (SHOWALTER, 1993, p. 292).

O psicanalista junguiano James Hillman concorda com Showalter ao afirmar que, embora a diagnose da histeria tenha sofrido várias mudanças ao longo da História, *"histeria e bruxa não perderam nunca sua estreita associação"*, nem mesmo com a Psiquiatria francesa do século XIX (HILLMAN, 1984, p. 230). Segundo ele, a inferioridade biológica das mulheres era usada para explicar a incidência da histeria entre as mulheres, e como o tratamento usado no hospital da Salpêtrière, em Paris, era centrado nos ovários, inventaram-se instrumentos mecânicos para comprimi-los ou envolvê-los com gelo. Já na Alemanha, utilizavam-se métodos mais radicais, como a ovariectomia e a cauterização do clitóris.

Foucault, no volume I da *História da sexualidade. A vontade de saber*, nos anos 1970, ao analisar a construção do "dispositivo da sexualidade", destaca como um dos "quatro grandes conjuntos estratégicos [...] que desenvolvem dispositivos específicos de saber e poder a respeito do sexo", a partir do século XVIII, a histerização do corpo da mulher. Com isso se refere à maneira pela qual "o corpo da mulher foi analisado – qualificado e desqualificado –, como corpo integralmente saturado de sexualidade [...], integrado sob o efeito de uma patologia que lhe seria intrínseca ao campo das práticas médicas [...]: a Mãe, com sua imagem em negativo, que é a 'mulher nervosa', constitui a forma mais visível desta histerização" (FOUCAULT, 1982, p. 99).

Segundo ele, na produção da sexualidade, naquele contexto, destacam-se quatro personagens que figuram como objetos privilegiados de saber: a mulher histérica, a criança masturbadora, o casal malthusiano e o adulto perverso. Fiquemos com a primeira.

A mulher histérica e a sexualização do corpo feminino

A figura da histeria, ao lado da hipocondria, já havia entrado no horizonte das preocupações de Foucault em sua *História da loucura*, de 1961, mais precisamente no capítulo "Figuras da Loucura". O filósofo mostra o percurso pelo qual de doença uterina, isto é, como agitação irreprimível dos desejos à imagem do órgão feminino que subia até o peito e à cabeça, a histeria foi assimilada às doenças mentais, durante o século XVIII (FOUCAULT, 1978, p. 288). Como afirma Roy Porter, a emergente ginecologia tratou a saúde das mulheres como vinculada inextricavelmente ao útero e, assinala Yvonne Knibiehler, da domesticação das mulheres passou-se, ao longo do século XIX, à medicalização dos corpos femininos; nesse contexto, a histeria se torna a grande "vedete" (KNIBIEHLER, 1983, p. 222). Para alguns médicos, não se tratava tanto de apetite sexual contrariado e insatisfeito, como pensavam vários doutores, mas da hereditariedade, como atestaria a forte incidência da histeria entre as prostitutas, agravada ainda pelo excesso de álcool, pelos vícios, pelas noites sem dormir, afirmavam. Aos poucos, porém, esses argumentos se estendem a todas as mulheres que se desviam dos cuidados do lar e da família e que recusam a maternidade: todas se tornam suspeitas de histeria, observa esta autora e o próprio Foucault, quando diz:

> Muito frequentemente, a histeria foi entendida como o efeito de um calor interno que espalha através do corpo uma efervescência, uma

ebulição ininterruptamente manifestada por convulsões e espasmos. Esse calor não será parente do ardor amoroso ao qual a histeria é tão frequentemente associada, nas moças à procura de marido e nas jovens viúvas que perderam o seu? (FOUCAULT, 1978, p. 280).

Os médicos vitorianos se perguntaram por que tantas mulheres, mais do que os homens, tinham dificuldades para construir uma identidade própria, por que desejavam ser diferentes do que são. Eles atribuíam esse desejo, que associavam à inconstância, à inveja do pênis. Sem escutar as suas respostas, inventaram as "doenças dos nervos" e, logo, as doenças mentais características das mulheres; já para estas, diz Knibiehler, tratava--se do sistema patriarcal que, confinando-as na vida privada, impedia de construir uma história pessoal, seja individual, seja coletiva e, portanto, de ter uma identidade.

Entre a prostituição e a loucura

As análises de Foucault incentivaram a produção de muitos estudos sobre o corpo e a sexualidade femininos e, ao mesmo tempo, criaram condições para que se percebesse como se constrói o campo a partir do qual as teses médicas, como a do Dr. Alexandre Parent Duchâtelet sobre as prostitutas de Paris, tornam-se verdades absolutas e modelos incontestáveis para todo o mundo. Em 1836, é publicado *La prostitution à Paris au XIXième siècle* (1981),[1] reeditado inúmeras vezes e, em seguida, base para livros idênticos publicados em Lisboa, Nova York, Buenos Aires, Rio de Janeiro, entre outros.

Décadas depois, continuando suas análises, Cesare Lombroso e G. Ferrero, em *La Donna delinquente e la prostituta* (1895), percebem as prostitutas como mulheres de testa curta, mandíbula larga, tagarelas, irracionais, egoístas, que adoram perfumes extravagantes, roupas coloridas, licores fortes, comidas picantes, gatos, sem manifestar nenhuma vocação ou desejo de maternidade (RAGO, 2008, p. 166). Capazes de solidariedade, ao menos entre si, segundo as observações do Dr. Parent--Duchâtelet, elas perdem quaisquer características positivas no final do século XIX. Já a comparação com a aranha, também vista como animal excessivo, reforça as características do excesso e do perigo.

Assim, no capítulo I, "A fêmea no mundo zoológico", de seu famoso livro, Lombroso afirma que nos insetos (*sic*) a influência da fêmea é sempre mais forte do que a do macho. Segundo ele, a "fêmea das aranhas é maior

---

[1] Parent-Duchâtelet (1981). Para uma discussão de seu estudo, veja-se a introdução de Alain Corbin, In: *La prostitution à Paris au XIXème siècle*. Paris: Seuil, 1981.

e mais forte do que o macho, exceção feita a certas espécies, como a Argyroneta aquática [...]" (LOMBROSO, 1986, p. 37). Essa situação só se altera com os pássaros e depois com os primatas, os homens passando a dominar as mulheres, o patriarcado substituindo o matriarcado, o que atestaria a evolução da humanidade. Ainda assim, algumas espécies inferiores continuariam a existir, como as mulheres criminosas e as prostitutas. Trazendo as marcas da degenerescência, como as criminosas, as prostitutas teriam a mandíbula bem maior do que a das "mulheres honestas", a voz de um macho, devido à laringe ser macho, menor capacidade de fecundação, mas precocidade sexual bem maior até mesmo do que as criminosas (LOMBROSO, 1896, p. 313). No capítulo intitulado "Sensibilidade sexual", inspirando-se no psiquiatra alemão Richard von Krafft-Ebing, autor do famoso estudo *Psychopathia Sexualis* (1886), Lombroso conclui que as prostitutas e as criminosas têm uma sensibilidade sexual superior à das "mulheres normais". Especialmente as "prostitutas natas" revelam um tipo de erotismo que as aproxima dos machos e as diferencia das "honestas". Também as depravações são mais frequentes nas prostitutas, como o tribadismo, muito difundido entre elas.

A prostituta nata, louca moral

A mais influente teoria da Antropologia criminal, produzida na virada do século XIX para o XX, articulou um discurso que superpôs a figura da prostituta à da "degenerada nata" e à da "louca normal". Ausência das afeições as mais naturais, como a familiar, malvadez precoce, inveja, espírito de vingança, ausência de sentido moral, preguiçosa, dissimulada, mentirosa, incapaz de amizade, assim Lombroso define a "prostituta nata", correlato feminino do "criminoso nato", ambos produto da degeneração da raça. Louca, "Um sintoma muito grave de loucura moral [...] é a ausência de sentimentos maternos", por isso as prostitutas-natas abandonam os filhos, diz ele (LOMBROSO, 1896, p. 435). A falta de instintos maternos explicaria, aliás, sua enorme preocupação com a beleza e com os adornos ostensivos.

O biologismo permite-lhe cruzar o tema da prostituição com o da loucura e com o fantasma da degenerescência racial de maneira apocalíptica. Assim, esse pensamento torna-se ainda mais autoritário e cristalizador do que aquele que se esboçara nas décadas iniciais do século XIX. Nessa lógica, estabelece-se uma identidade psicológica e anatômica entre o criminoso e a prostituta nata, assimilados por sua vez ao louco mental. Ambos possuem "o mesmo gosto precoce pelo mal", nenhum senso moral e total indiferença diante da infâmia social.

O rol das perversas sexuais se estende progressivamente: as lésbicas, de cabelos curtos, invejam os homens, pois gostariam de ter pênis; as solteironas, as feministas, as escritoras, as negras e mulatas... Próximas da aranha, ameaçadoras e fatais. Loucas. O desfile tipológico poderia prosseguir, trazendo à cena as construções ansiosas de muitos outros doutores, todos aflitos com a nova presença feminina em massa no cenário social, todos absolutamente preocupados em conter as mulheres, definir suas identidades, represar seus desejos, conter seus excessos, dizer qual é o seu verdadeiro lugar. Le Rider (1992) mostra como se dá o tumultuado debate, na Viena *fin-de-siècle*, sobre a crise das identidades sexuais e o fenômeno da feminilização da cultura, que muitos percebem como uma terrível ameaça por seus efeitos nocivos: o amolecimento dos jovens, a desvirilização e degenerescência da raça, a bissexualização, o predomínio social das mulheres, o matriarcado, como aparecem nos discursos apreensivos de Bachofen, Nietzsche e de muitos outros.

Concluindo com a aranha...

Segundo Trillat, em sua *Histoire de L'Hystérie* (1986), a histeria já desapareceu em nossa atualidade, substituída por outras categorias como a da somatização e, poderíamos acrescentar, o "transtorno bipolar". Diz ele, "O conjunto das perturbações funcionais, ligadas à histeria desde Sydenham, entrou no quadro das doenças psicossomáticas" (TRILLAT, 1986, p. 271). De fato, hoje podemos ler as teorias evolutivas dos antigos doutores com humor, deixando claramente a entender que se trata de um passado com o qual não nos identificamos, que já não nos diz respeito. Ainda assim, a imagem da perversão feminina, associada a um animal tido por muitos como monstruoso, devorador e fatal, continua a ter força no imaginário social, senão vejamos: uma notícia jornalística de 01/09/2011, acessada no *Google*, afirma:

> A Justiça do Rio de Janeiro condenou a advogada Heloísa Borba Gonçalves, conhecida como *Viúva Negra*, a 18 anos de prisão em regime fechado na noite de sexta-feira (26). Ela, que foi julgada à revelia (sem estar presente no tribunal), foi condenada pelo crime de homicídio duplamente qualificado por conta da morte do marido, o oficial do Exército Jorge Ribeiro. O crime ocorreu em fevereiro de 1992, em Copacabana, onde o homem foi amarrado e levou marretadas. [...]
>
> **Recompensa**
> O Disque-Denúncia oferece R$ 11 mil de recompensa para quem indicar o paradeiro da *Viúva Negra*. O valor é o maior oferecido

pelo programa, superando, inclusive, a oferta [R$ 5 mil] por informações que levem à prisão do traficante Nem, chefe do tráfico de drogas da favela da Rocinha, em São Conrado, zona sul do Rio. O serviço já registrou 56 ligações com informações sobre a criminosa. Heloísa ainda faz parte da lista de procurados pela Interpol, uma organização internacional de polícia, que coopera com vários países.

Contudo, ainda um outro final é possível: aquele que conclui por onde começa, isto é, pela arte feminina em sua dimensão de força criadora e, ao mesmo tempo, como transgressão às imposições normativas, como rebeldia incontida, incomensurável. A aranha gigante de Louise Bourgeois não deixa de ser provocativa e desafiadora pela própria dimensão monumental do inseto, tanto quanto pelo abjeto, ambos tão distantes das qualidades femininas. O excesso de Aracne é elevado à máxima potência na aranha, exigindo amplos espaços para ser abrigado e observado enquanto expressão artística. A animalidade – "nosso animal interior", como diz o título do seminário e do livro, que problematizam a criação artística (SIBONA, 2009) – aloja-se em nós mesmos, selvagem, terrível, aterrorizante, desconhecida, como pulsão criativa e, podemos acrescentar, destrutiva no limite extremo de nossa Humanidade. A instalação da aranha-gigante ou "Maman", o corpo histericizado/saturado de sexualidade/histérico, publicamente devassado e exposto para a diversão dos consumidores, assim como a monstruosidade da Vênus Hotentote, – levada da África para ser exposta nos circos e *freak shows* europeus, no início do século XIX –, desvendado em todo o seu excesso, poderia ser lido como um contradiscurso da figura feminina da loucura que Foucault tão belamente apresenta em sua *História da loucura* (RAGO, 2010).

Para encerrar, fiquemos com a imagem da artista brasileira Ana Miguel, autora da instalação *I love you*, de 2000. Aqui, a teia da aranha é vermelha e colocada de ponta-cabeça, voltada para cima, enquanto de suas pontas caem pequenos nichos de unhas/garras femininas. Nessa obra, que mescla estranhamento, erotismo e violência, estão um confortável colchão e almofadas brancas localizados no chão, onde repousa a própria artista. Todos os travesseiros comportam sons em seu interior, em que se ouve a declaração de amor *I love you*, repetida incessantemente quando pressionados, enquanto a teia colorida da aranha envolve e abriga o corpo que a ela se abandona. "A artista busca que o espectador se desloque e que o movimento do seu corpo acompanhe o do seu olhar. Obriga-o a desistir de uma atitude passiva para poder ver melhor a obra", interpreta a crítica de arte Alina Tortosa (2012).

Ana Miguel. *I Love you*, 2000. Tecido, lã, dentes, cera rosa, mecanismos variados. 400 x 400 x 330 cm. Vista da instalação na Galeria ECCO, Brasília. Fotografia: Edgar Cesar

Referências

BOURGEOIS, L. Ode a minha mãe. In: BERNADAC, M. L.; OBRIST, H. U. (Orgs.). *Louise Bourgeois, destruição do pai, reconstrução do pai*. Tradução de Luis Roberto Mendes Gonçalves. São Paulo: Cosac Naify, 2004. p. 326-329.

CORBIN, A. (Org.). Introduction. In: CORBIN, A. *La prostitution à Paris au XIXème siècle*. Paris: Seuil, 1981.

CREISSELS, Anne. L'ouvrage d'arachné: la résistance en oeuvre de Ghada Amer à Louise Bourgeois. *Imagesre-vues*, n. 1, 2005.

FOUCAULT, Michel. *História da loucura na Idade Clássica*. São Paulo: Perspectiva, 1978.

FOUCAULT, Michel. *História da sexualidade I. A vontade de saber*. 4. ed. Rio de Janeiro: Graal, 1982.

FRONTISI-DUCROUX, Françoise. *L'homme-cerf et la femme-araignée*. Paris: Gallimard, 2003.

HILLMAN, J. *O mito da análise*. Tradução de Norma Telles. Rio de Janeiro: Paz e Terra, 1984.

KNIBIEHLER, Y.; FOUQUET, C. *La femme et les medecins*. Paris: Hachette, 1983.

LE RIDER, J. *A modernidade vienense e as crises de identidade*. Rio de Janeiro: Civilização Brasileira, 1992.

LOMBROSO, Cesare; FERRERO, G. *La femme criminelle et la prostitutée*. Paris: Felix Alcan, 1896.

MARX, Karl. *O capital. Crítica da economia política*, v. I, t. 1. Tradução de Regis Barbosa e Flávio R. Köthe. São Paulo: Abril Cultural, 1983. p. 149-150.

OVIDE. *Les méfamorphoses*. Tome II, livre VI. Paris: Les Belles Lettres, 1995.

PARENT-DUCHÂTELET, Alexandre. *De la prostitution dans la ville de Paris,considerée sous le rapport de l'hygiène publique, de la morale et del'administration* (1836). Paris: Seuil, 1981.

RAGO, M. A autobiografia ficcional da Vênus Hotentote. In: STEVENS, C.; BRASIL, K. C.T.; ALMEIDA, T. M.C.; ZANELLO, V. (Org.). *Gênero e feminismos: convergências (in)disciplinares*. Brasília: Ex Libris, 2010. p. 15-34.

RAGO, M. *Os prazeres da noite. Prostituição e códigos da sexualidade feminina em São Paulo, 1890-1930*. 2. ed. Rio de Janeiro: Paz e Terra, 2008.

SHOWALTER, E. *Histórias histéricas. A histeria e a mídia moderna*. Rio de Janeiro: Rocco, 2004.

SHOWALTER, E. *The Female Malady: Women, Madness and English Culture*. 1830-1980. New York: Penguin Books, 1985.

SHOWALTER, E.; GILMAN, S. L; KING, H.; PORTER, R.; ROUSSEAU, G.S. *Hysteria Beyond Freud*. Berkeley, Los Angeles, Oxford: University of California Press, 1993.

SIBONA, B. *Notre Animal Intérieur et Les Théories de la Créativité*. Paris: L'Harmattan, 2009.

TORTOSA, A. O juízo no jardim de Ana Miguel. Museu Virtual. Disponível em: <http://www.muvi.advant.com.br/artistas/a/ana_miguel/i_love_you.htm>. Acesso em: 02 nov. 2012.

TRILLAT, E. *Histoire* de l'hysterie. Paris: Seghers, 1986.

Capítulo 18
Das entranhas do corpo feminino: sangue e loucura

Carmen Lúcia Soares

> *[...] Loucura no feminino, condenação implacável da fuga às regras, aos liames da servidão, desenhados pelos contornos do corpo. Histéricas, nervosas, instáveis, cunham-se epítetos que dão vida a uma nova característica ligada a todas as mulheres: corpos definidos pelo útero, mentes perturbadas por seus hormônios e secreções. Molda-se assim, na materialidade da forma, um sexo social dicotômico, entre a norma e a desrazão.*
>
> *A quem de direito pertence a razão, distribuída segundo critérios sociais e históricos, marcando posições, hierarquias, exclusões, dominações? Na noção de "natureza humana" percebem-se as garras de um poder que delimita um feminino para melhor dominá-lo [...]*
> (NAVARRO-SWAIN, 2011)

Em diferentes narrativas ao longo da história, as mulheres surgem como seres remetidos, em grande medida, a uma *natureza* que, implacável, as torna para sempre prisioneiras de seu corpo em cujo interior, os órgãos parecem agir de modo espontâneo e, impulsionados por uma bioquímica autônoma, fabricam um metabolismo atroz. Parece que para elas é sempre mais longo o caminho das transformações próprias ao mundo da cultura, pois, determinadas por seu corpo, ou, dele prisioneiras de formas sempre atualizadas, as mulheres estariam mais próximas da natureza, lugar e tempo da *não razão*, da ausência de *logos*.

Muitos fios se tecem e enredam tramas que permanecem em uma longa duração para afirmá-las como seres determinados por um destino biológico. São discursos médicos e científicos, religiosos, morais, jurídicos, entre outros que, no fio do tempo, as desenham pelas suas funções orgânicas e mesmo justificam sua presença no mundo por uma única função: procriar. Uma natureza implacável se impõe sobre elas, e sua vida parece encerrada em um mundo quase estável, ditado por suas funções orgânicas.

Essa asserção ganha mais visibilidade quando nos voltamos para o lugar que o sangue ocupa na vida das mulheres e quando nos perguntamos se o fluxo menstrual não seria o viés do sangue, associado tanto à vida quanto à morte, tanto à impureza quanto à redenção, aquilo que confere uma espécie de legitimidade à vida das mulheres e, por que não, uma identidade?[1]

A presença desse fluxo assinala, evidentemente, a peculiaridade das mulheres. Como função orgânica própria a elas, as caracteriza, as descreve, as define. Restaurada de modo *positivo* na passagem do século XIX para o século XX, a menstruação passa ser considerada como uma espécie de regulação orgânica que, atrelada a uma ordem natural, traria o adequado e justo equilíbrio feminino. O fluxo menstrual, lido dessa maneira, religa as mulheres ao que seria o ciclo perfeito do universo e reafirma que a sua *missão* sobre a terra é de *dar à luz, procriar, conceber*. Recusar essa função seria colocar-se fora da norma, na margem do que se prescreve para elas.[2]

Assim, poderíamos perguntar o que, em um tempo longo, sistematiza esse tema em várias narrativas fabricadas tanto pelas lendas e religiões quanto pelo pensamento médico e científico que em diferentes períodos da história se aproximam e dizem o mesmo.

Misterioso fluxo, nebuloso tema desde os antigos, o sangue menstrual nutre-se de distintas fontes e enreda tramas com muitos fios que permanecem; inúmeros distúrbios de ordem física e psíquica a ele associados não cessam de se atualizar. Narrativas antigas e contemporâneas remetem à ideia da existência de um sangue excessivo que deve ser escoado sob o risco de causar males, podendo mesmo levar à *loucura*[3] se, em um movimento ascendente, alcançar a cabeça.

---

[1] Devo aqui fazer uma referência especial ao artigo de Jean-Yves Le Naour e Catherine Valenti (2001), "Du sang et des femmes. Histoire médicale de la menstruation à la Belle Époque", que me foi preciso para pensar este texto. As finas análises desenvolvidas pelos autores constituem o fio condutor da introdução deste trabalho; assim, serão citadas inúmeras vezes tanto quanto algumas das referências por eles utilizadas. Quero também agradecer a Margareth Rago, Denise Sant'Anna e Helena Altmann pelas inúmeras sugestões de referências bibliográficas e de organização do texto.

[2] Para desenvolver essa ideia Jean-Yves Le Naour e Catherine Valenti (2001) se apoiam no trabalho de Verdier (1979), entre outros.

[3] Este trabalho é inspirado em especial pela obra de Michel Foucault, que trata de modo amplo as distintas histórias do corpo. Em alguns de seus textos e em diferentes momentos, encontramos

Na medicina antiga, Hipócrates considerava um perigo a retenção do sangue circulante no corpo das mulheres e postulava a necessidade de eliminar esse sangue que, em tese, seria *tóxico*. Trata-se aqui, portanto, de uma função de limpeza corporal pela eliminação desse sangue excessivo e tóxico que, permanecendo no interior de seu corpo, poderia ameaçar e mesmo corromper vários órgãos numa ação potente capaz de avançar até o cérebro e provocar acidentes nervosos severos. Galeno vai postular a ideia da *plethora*, ou seja, da superabundância de sangue presente no corpo das mulheres, algo que não conseguia perceber no corpo dos homens. Para ele a menstruação seria uma espécie de regulação periódica desse sangue supérfluo que circulava no interior do corpo feminino. Entre os séculos XV e XVII Paracelso e depois de Graaf, na mesma linha de pensamento, vão insistir na obrigatória *purificação* mensal da mulher.[4]

Seria possível inferir que, no fio do tempo, e desde os antigos, elabora-se uma teoria da autointoxicação, ou seja, no interior do corpo das mulheres haveria um sangue tóxico, excessivo, que deveria ser eliminado mensalmente por um *fluxo natural* de escoamento desse sangue. Sua interrupção somente ocorreria por outra causa natural – a gravidez. Tudo que não fosse *natural* acarretaria inúmeros males e seria prejudicial ao bom equilíbrio do corpo feminino.

Crendices, bizarrices e diatribes se alimentam dessas *teorias* tecidas em uma longa duração, cristalizando inúmeras imagens acerca da nefasta ação sobre a vida cotidiana nesse período. As mulheres menstruadas, assim, poderiam estragar comidas, matar plantas e animais, exagerar nos temperos a ponto de estragar um prato, talhar maioneses e até mesmo alterar a qualidade de instrumentos musicais pelo calor exagerado que exalaria de seu corpo "naqueles dias". Não menos presente é a ideia de que elas, no período menstrual, apresentam um desmedido desejo sexual. A menstruação, portanto, marcaria e demarcaria estados extremos que seriam *naturalmente*, e por que não *obrigatoriamente* vividos por todas as mulheres. Consideradas *impuras* para muitas religiões, e *sujas* para muitos discursos médicos, as mulheres menstruadas são contraditoriamente uma *ameaça* e uma *redenção*.

No século XIX, o século que toma para si de modo sistemático e extensivo o corpo das mulheres, inúmeros médicos consolidam um

---

alguma referência ao o lugar que ocupa o sangue na vida das mulheres. Entretanto, é necessário esclarecer que não fazemos um inventário nem seguimos de modo estrito suas observações acerca do sangue. Neste texto, buscamos delimitar nossas análises à determinação do sangue na vida das mulheres como tema e problema ligado ao universo amplo da loucura como trabalhado por Foucault nas obras referenciadas neste texto.

[4] Ver Le Naour; Valenti (2001, p. 5, notas 41 e 42).

elenco de determinantes em relação aos efeitos das *regras*, sublinhando consequências de ordem não apenas fisiológica mas também psicológica. Há, portanto, uma narrativa que vai se atualizando para dizer do mesmo, ou seja que durante as *regras* ou num período imediatamente anterior a elas as mulheres apresentam distúrbios consideráveis.

Uma vasta literatura médica dá a conhecer descrições densas e detalhadas que insistem em atestar que, nesse período ou naquele imediatamente anterior, há uma diminuição dos controles automáticos do sistema nervoso central que, desse modo, alteraria reflexos e desencadearia complexas reações bioquímicas gerando aquilo que – essa mesma literatura – afirma existir, ou seja, uma acentuada instabilidade de humor. Assim, as mulheres passam a ser exaustivamente descritas neste período com uma carga emotiva sempre maior, caracterizadas como muito mais nervosas e irritáveis do que habitualmente, instáveis e, sobretudo, com forte possibilidade de apresentar distúrbios psíquicos bastante graves.[5]

Afecções aparentemente distintas vão pouco a pouco sendo associadas a esse período, compondo um leque que não cessa de crescer e de se adensar. Do simples nervosismo às verdadeiras psicoses, as afecções que supostamente afetam as mulheres menstruadas são infinitas; as descrições mais correntes, contudo, sugerem que a maior parte entre elas manifesta bizarrices de caráter e modificações ordinárias de humor. Esses comportamentos quase naturalizados nas narrativas sobre a vida das mulheres indicam de modo bastante incisivo que nesse período elas se tornam mulheres briguentas e contraditórias, transformando a vida em comum num verdadeiro calvário.

Aqui é possível evocar o chamado *transtorno pré-menstrual* (TPM),[6] exaustivamente tratado em diferentes meios de comunicação nos dias de hoje, como atualização desse mesmo discurso, como expressão dessa trama que se tece em uma longa duração, nas continuidades e rupturas da história para dizer do mesmo. Poderíamos aqui indagar se, esse assim chamado *transtorno* pré-menstrual, não seria algo imposto a *todas* as mulheres e de *todas* as idades da chamada *vida reprodutiva*.

Talvez esse seja mais um, entre tantos temas perversos em relação a esse aprisionamento das mulheres ao seu corpo e a uma *natureza implacável*. O apelo desse tema insiste que fatalmente em alguns dias do mês, e em todos os meses as mulheres expressam um descontrole tal que em

---

[5] Ver, por exemplo, o que diz Beauvoir (1949).

[6] O uso da palavra "transtorno" já é indicativo dessa trama tecida na longa duração, uma vez que evoca algo que não vai bem, algo que causa ou que traz desequilíbrio, descontrole e que é inevitável para as mulheres. Ver, por exemplo, o estudo desenvolvido por Romans *et al.* (2012).

alguns casos pode chegar a atos extremos de *loucura* com consequências bastante graves. Determinadas por essa natureza implacável, por esse destino biológico elas poderiam, nesse período, cometer assassinatos, suicídio, bem como destruir os lugares onde vivem e trabalham. Nesses dias elas podem mesmo *enlouquecer* e é bem esse o adjetivo mais corrente empregado para defini-las no chamado período de TPM. Isso significa que a leitura predominante desse assim denominado *transtorno* é que elas, em sua *idade reprodutiva*, representam sempre uma ameaça e constituem um perigo à vida pública; assim, há que desconfiar de sua atuação profissional.

Há uma perversidade na disseminação exaustiva dessa certa fatalidade causada pelo TPM e é estarrecedor constatar que pouco a pouco, esse assim denominado *transtorno* veio sendo a tal ponto *naturalizado* na vida das mulheres de diferentes idades, que elas se sentem obrigadas a manifestar os tais sintomas, sob o rico de serem consideradas *anormais* se assim não o fizerem!

A menstruação marca, assim, modos de ser e de se constituir e desenha estados anímicos, sentimentos e desejos, sempre de maneira negativa. Em um instigante, provocativo e divertido texto, intitulado *Se os homens menstruassem*, a jornalista e feminista norte-americana Gloria Steinem joga com um imaginário machista e inverte a ordem da *natureza* que, no corpo masculino, agiria de modo sempre positivo. Assim, afirma ela, que se os homens menstruassem,

> [...] as estatísticas mostrariam que o desempenho masculino nos esportes melhora durante a menstruação, período no qual conquistam um maior número de medalhas olímpicas.[...] Os homens convenceriam as mulheres de que o sexo é mais prazeroso "naqueles dias". [...] A menopausa seria celebrada como um acontecimento positivo, o símbolo de que os homens já haviam acumulado uma quantidade suficiente de sabedoria cíclica para não precisar mais da menstruação (STEINEM, 1997, p. 416-419).

Parece claro que ocorreria, então, a positividade desse fluxo, e um esplendor alcançaria sua presença. Contudo, é sempre prudente relembrar, isso é apenas ficção. A realidade vivida pelas mulheres em relação à menstruação é ainda fortemente naturalizada e encerrada a um universo sem história.

Se as mulheres são determinadas pelos seus hormônios, órgãos, por uma implacável bioquímica, ou seja, por uma *natureza corpórea,* esse *transtorno* seria, portanto, compulsório e esse período crucial do mês, crucial, uma vez que elas poderiam, literalmente, enlouquecer. Mesmo as inúmeras conquistas das mulheres no plano do direito e dos costumes não foram suficientes para transformar os discursos sobre seu corpo. Ainda seria possível afirmar que de perversidade em perversidade, elas continuam sendo subjetivadas e mais que isso, submetidas à prisão de seus corpos e de uma *natureza*, repito, implacável na qual a *menstruação* desempenha um papel determinante.

Jean-Yves Le Naour e Catherine Valenti (2001, p. 37) afirmam:

> A questão das regras e as reflexões que ela engendra são reveladoras de preconceitos médicos que são, de fato, preconceitos masculinos. Eterna doente, a mulher seria assim, em alguns dias do mês e da puberdade à menopausa, privada de seu livre arbítrio: não mais indivíduo responsável, mas fêmea estreitamente submissa às forças de sua biologia.

Poderíamos aqui, então, pensar que medida uma *"natureza corpórea"* insidiosa, caprichosa, ambígua, perversa, criminosa vem sendo para as mulheres uma espécie de armadilha que pode levá-las à loucura. Nesse sentido, talvez o sangue seja para a mulher um determinante de sua vida sobretudo de sua *"utilidade"* como ser humano sobre a face da Terra. Poderíamos aqui, então, evocar uma saga sanguínea que marcaria seu destino, seus ciclos de vida, seu lugar no mundo: o *sangue* de sua *menstruação* num primeiro momento, o *sangue* de sua *defloração* num segundo momento, e a ausência definitiva desse *sangue* – a *menopausa*.

Assim, poderíamos perguntar como foi possível que esse sangramento mensal – a *menstruação* – pudesse determinar a vida das mulheres de uma forma tão intensa, brutal e implacável na longa duração? Como a *menstruação* pôde, em meio a crendices, bizarrices e *diatribes* de sociedades, comunidades e culturas, associar as mulheres à loucura, seja pela sua ausência, seja pela sua presença, ou quando esse ciclo da vida chega ao fim? Como essa função orgânica ancora *performances* diversas e discursos únicos sobre o corpo feminino?

A partir dessas ideias introdutórias aqui esboçadas, vamos incorporar outro universo de fontes: personagens do filme *Caramelo*, produção franco-libanesa, e dirigido por Nadine Labaki, apresentado no Festival de Cannes de 2007.

Luz e sombra: personagens em movimento

O filme *Caramelo* revela de maneira intensa, ora picaresca, ora irônica, as facetas de uma sociedade presa às tradições, de um lado, e a seu processo de ocidentalização, de outro.[7] A diretora, Nadine Labaki, assim resume o filme:

---

[7] A diretora Nadine Labaki interpreta uma das cinco personagens desse filme ambientado em Beirute, capital do Líbano, na metade dos anos 2000. Sua estreia no Brasil ocorreu em 2009.

Em uma frase eu diria: é a historia de 5 mulheres libanesas, de diferentes idades, que trabalham e se cruzam em um salão de beleza, na cidade de Beirute. Se eu amplio um pouco, (diz ela) eu acrescentaria que, nesse universo [...], essas mulheres – que sofrem da hipocrisia de um sistema tradicional oriental face à modernização ocidental – se auxiliam mutuamente em relação aos problemas que enfrentam [...] como o amor, o casamento, o sexo. Nesse salão de beleza, (diz ela) minhas heroínas se sentem em confiança, protegidas (LABAKI, 2012).

É um filme, portanto, que revela zonas de luz e sombra de suas personagens em que se podem ver filiações religiosas, mas que deixa espaço para traços de ateísmo. Também e principalmente, trata-se de um filme que vai abordar alguns valores vistos pelas lentes de uma sociedade cheia de tradições, em que a família ocupa um lugar central ao lado das complexas relações de gênero, mostrando de um modo sensível e delicado o lugar de temas como a virgindade, o casamento, a homossexualidade e a loucura.

Todas as personagens que povoam a trama são dignas de registro, mas, não haveria tempo para explorar a riqueza e a singularidade com que cada uma revela a opressão feminina através do corpo. De modo ora visível, ora invisível, ou apenas sugerido, podemos perceber não só o lugar de importância quase sublime da menstruação na vida dessas mulheres, mas também o lugar de importância sublime da virgindade, atestada por uma simples *membrana* que mantém as fronteiras do corpo feminino e que constitui, em uma história longa, normas religiosas e morais. Nesse filme, então, vemos como se desenham geografias físicas que atravessam paisagens, tempos e que se reatualizam para legitimar o mesmo. Em sua trama, a saga sanguínea tem seus efeitos amplificados e suas personagens revelam tanto as ambiguidades que mantêm a hipocrisia de um culto à *virgindade*, quanto da ausência da menstruação, fim de um ciclo, fim de uma idade reprodutiva. Fim sobretudo.

Para este trabalho optamos por duas personagens que são aqui brevemente descritas a partir da materialidade de seu corpo, seguindo rastros que o tempo não apaga e que as personagens escolhidas, de certo modo, revelam.

Jamale

A personagem *Jamale* é uma grande amiga de todas as mulheres que trabalham e frequentam o salão de beleza,[8] cenário central onde se passa

---

[8] O salão de beleza em que se passa a maior parte da trama tem o sugestivo nome *SiBelle!*

grande parte do filme. Ao longo de toda a projeção nunca conheceremos, de fato, a sua idade e nem sua crença religiosa, se é que ela a tem. Ela é, sobretudo, uma mulher que encarna um terrificante medo de envelhecer e, assim, sua vida é um constante jogo de esconde-esconde, em que, por meio de infindáveis subterfúgios, ela não admite o fato de já estar na *menopausa,* algo que para ela se revela como um insuportável sinal de declínio. Ela vive, portanto, de maneira exclusiva para transformar sua aparência, para sublinhar traços de sedução e de juventude.

Ao se referir ao seu país natal, o Líbano, Nadine Labaki explica: "em meu país[9] muitas e muitas mulheres vivem essa condição, vivem a situação da personagem, pois a sedução é extremamente importante na existência da mulher libanesa."

A personagem *Jamale* tem como projeto de vida tornar-se uma mulher da televisão. Ela deseja fazer publicidade, vender produtos, enfim, deseja brilhar e existir no mundo de *glamour* que ela supõe existir nas telas. Após ter consagrado toda a sua vida ao marido e aos filhos, ao casamento, enfim, ela percebe que seu marido tem outra mulher. Ela, como muitas outras ao longo da história, fora trocada por uma mulher bem mais jovem, talvez com a metade de sua idade.

O desespero vivido pela personagem em relação ao tempo que passa, esse tempo que não se retoma nunca mais, a essa juventude que lhe escapa e que seu corpo revela, é revelado nas intermináveis seções de ginástica e nas muitas horas no salão de beleza. Em meio a esse universo de tentativas sempre frustradas de se agarrar a sua *natureza corpórea* que, implacável, revela sua idade, somos tocados por uma cena singular em que *Jamale* disputa uma vaga de trabalho. Enquanto aguarda a sua vez para ser entrevistada e talvez atuar na TV, seu sonho, ela *finge* ainda menstruar, ela finge ainda ter esse traço de sangue que lhe confere um lugar no mundo e faz questão de mostrar. Para Jamale, a menstruação é um traço de juventude e vigor da *fêmea* que ela já perdeu. Ela deseja, então, desesperadamente, se apresentar não apenas bela, mas sobretudo *jovem, em idade reprodutiva,* único período de vida que justificaria a presença das mulheres no mundo. Única mulher madura na fila de espera para a entrevista, ela então evoca sua falsa menstruação, perguntando às jovens que estão ali se uma delas teria um absorvente para lhe emprestar, afirmando em voz alta que sua menstruação a "surpreendeu"! Com expressões de certo escárnio, uma das jovens empresta esse pequeno

---

[9] Nadine Labaki é de origem libanesa, mas vive na França. Entretanto, as afirmações que faz poderiam ser endereçadas às mulheres brasileiras, frequentemente identificadas com essa "marca nacional da mulher sedutora", como aquilo que a define no mundo.

objeto higiênico, e ela vai ao toalete. Lá, protegida pelas paredes, ela "mancha" sua saia muito clara de tinta vermelha que carrega na bolsa em pequeno frasco, ao mesmo tempo em que deixa bem à vista no cesto de lixo o absorvente emprestado que escorre dessa mesma tinta. Assim, com a saia manchada, *fantasiada* poderíamos dizer, ela retorna à sala de entrevistas.

O impulso de *Jamale* parece ser o de se agarrar ao que lhe dizem e lhe confirmam os múltiplos discursos sempre atualizados do que é a vida das mulheres: *hormônios, sangue, útero*. Essa personagem se vê e se representa em meio a tradições e crendices, a ideologias diversas que se refazem para dizer o mesmo: o corpo feminino é determinado por uma espécie de *saga sanguínea*. Jamale, então, parece refugiar-se em seu corpo cuja juventude escapa, cujo *sangue* estanca. Parece que para ela o corpo é seu único refúgio, seu único passaporte. Produzir-se a si própria como algo vendável é, então, o que ela almeja e tenta realizar num mundo em que se é aquilo que se consome e onde o corpo é uma parte da reengenharia da noção de feminilidade, como disse a terapeuta feminista e ativista inglesa Susan Orbach.[10]

Parece-me que é bem dentro dessa lógica que se movimenta *Jamale*, e essa a angústia que exala seu personagem faz de seu corpo, seu inferno e seu paraíso, que marca seu lugar no mundo pelo seu *fluxo menstrual,* por sua ausência, sobretudo. Essa personagem expressa não apenas a opressão das mulheres libanesas; ela é também uma síntese de como esse fluxo, de como esse sangue, foi (e é ainda!) determinante. Mulher do século XXI, ela suporta os pudores, os mitos, as crendices, os preconceitos que envolvem esse tema que, ao lado de discursos científicos, religiosos, morais, sobretudo machistas, evocam bem o quanto as mulheres são, ainda, prisioneiras de seu corpo e marcadas pela perda de seu lugar no mundo que ainda é desenhado com traços do seu sangue: de sua presença, de sua ausência, de seu desaparecimento.

Inúmeros tratados escritos sobre a menstruação em uma longa duração não cessam de interrogar e reinterpretar esse tema. Por isso, também essa personagem nos interpela de modo tão intenso neste texto. Impureza e purificação, estado normal e estado patológico, juventude, constituem o conteúdo do que se diz e do que se escreve sobre a menstruação.

---

[10] Entrevista concedida em Londres à jornalista Joana Gorjão Henriques, do jornal português *O Público* e editada em 28 ago. 2011. Especialista em anorexia e bulimia, Orbach é autora de *Fat is a Feminist Issue* (1978); *O que querem as mulheres?* (1983, edição portuguesa Sinais de Fogo, 2004); *Hunger Strike* (1987); *A impossibilidade de sexo* (1999, edição portuguesa Estrela Polar, 2006) ou *Bodies* (2009). Ativista, criou o Women's Therapy Center em 1976, na Inglaterra e o Women's Therapy Center Institute, em Nova Iorque, centros voltados para a terapia de mulheres.

Asserções e prescrições acerca do tema, entretanto, logo ultrapassam o estrito quadro que é aparentemente próprio a ele para se dirigir, também, a uma certa economia de todo o corpo, bem como para definir o sentido e a razão do que se convencionou ser *feminilidade*.

Não estaria a *personagem Jamale* ainda presa a esses discursos que não cessam de se atualizar? Os inúmeros distúrbios exaustivamente descritos na longa duração e presentes até hoje em muitas atualizações, entre outras do chamado transtorno pré-menstrual (TPM) cessariam com a chegada da menstruação, esse sangue necessário para trazer equilíbrio à mulher. Assim, quando esse glorioso ciclo sanguíneo deixa de existir, as mulheres são fatalmente condenadas a viver um conjunto de fenômenos estranhos, variados e, no limite, a *loucura*.

Central na compreensão e elaboração de prescrições sobre o corpo feminino na longa duração, a *menstruação* permanece como causa e efeito do *justo equilíbrio* da mulher. Assim, para controlar os *desequilíbrios psíquicos* produzidos pelas alterações hormonais presentes, compulsória e uniformemente, no período imediatamente anterior à menstruação, em vez de aguardar a ocorrência *natural* desse fluxo sugere-se, agora, a sua suspensão artificial. Mudam os procedimentos, as técnicas, mas, é bem ela – a *menstruação* – que permanece no centro da regulação e do controle do corpo das mulheres jovens e em *idade reprodutiva*.

Em uma história longa, nos deparamos com inúmeras análises, prescrições, conselhos e interdições voltadas às mulheres que chegaram à *menopausa*. Em constante e intermitente atualização, esses discursos dizem o mesmo insistindo na necessidade de *controlar* essa natureza corporal feminina, controlar os múltiplos fenômenos que podem ocorrer e controlar, enfim, possibilidades de que elas possam chegar à loucura.

Na passagem do século XIX para o XX, um conjunto de prescrições e conselhos voltados às mulheres na menopausa é elaborado por um pensamento médico que alarga seus poderes sobre elas. Nessa fase da vida, sublinham esses médicos, as mulheres devem ser submetidas a regimes alimentares estritos, os cardápios devem banir as carnes vermelhas, e devem evitar drasticamente vinhos e licores, chá e café.[11] Para além das restrições alimentares, alguns tratados vão além e recomendam o uso de purgantes e águas laxativas.[12] O conjunto de restrições é vasto

---

[11] Seria impossível não lembrar, neste momento, de Virginia Woolf e de seu livro, *Um teto todo seu,* quando se refere à comida sem gosto, servida no internato feminino e o significado disso para a alma das mulheres, para seu desenvolvimento intelectual, para sua sensibilidade em relação ao mundo e a si mesma.

[12] Conforme Le Naour; Valenti (2001), na análise do *Tratado da menstruação*, de Raciborsky, escrito em 1868.

e compreende, também, as relações sexuais consideradas totalmente contraindicadas para elas, uma vez que não teriam mais razão de existir na medida em que nesse período desaparece o que define a mulher em sua função no mundo: procriar, dar à luz. Tanto quanto os prazeres à mesa, os prazeres venéreos passam a ser considerados nocivos e totalmente contraindicados. A abstinência sexual recomendada, pois a ausência das regras *naturalmente* eliminaria o desejo sexual.[13] As mulheres na menopausa deveriam, enfim, ter uma vida bem regrada, calma e tranquila ficando, assim, ao abrigo dos acidentes da *pletora nervosa*.

Não seria anódino pensar aqui como se teriam atualizado esses discursos num curto período de tempo? Como o controle do corpo feminino passou rapidamente para o outro extremo? Decifremos um pouco mais esses códigos de controle e pensemos, por exemplo, que a atualização dos discursos que tratam do controle do corpo das mulheres na atualidade deseja *desarmar* a armadilha natural. Com o auxílio da crescente e poderosa indústria farmacêutica, esses discursos instauram outros e novos dispositivos para a vida sexual das mulheres na menopausa. Desse modo, muito rapidamente, a *luxúria* e a *gula* passaram a ser *pecados obrigatórios*, e outra e nova economia dos corpos femininos se instaura, outros discursos e outros dispositivos engendram novas e inusitadas prisões.[14]

Retomemos aqui a personagem *Jamale*, que se vê claramente envolvida e determinada por um mundo de interditos, prescrições sempre atualizadas e habitadas por certo escárnio. Mulher madura ela encarna o drama mais profundo por elas vivido em sua maioria, qual seja, não ser mais consideradas mulheres.

Nisrine

Para finalizar este trecho em que o tempo esculpido[15] conta uma história, ou seja, um filme se faz, recorremos a outra personagem do

---

[13] Conforme as análises de Le Naour; Valenti (2001) acerca do tema, com base em estudos do fim do século XIX, por exemplo, do médico Collinet que em 1887 escreve a tese, intitulada *Les modifications des organes génitaux de la femme à l'époque de la ménopause,* Paris. Outros médicos franceses analisados, como Jean-Paul Roux, relatam que as mesmas crenças vigoram entre os thongas, os baruyas, os dogons, os bambaras e os maoris. Ver especialmente as páginas 7-8.

[14] O escárnio presente num certo tipo de "humor" em relação à vida sexual das "mulheres maduras" no tempo presente poderia ser mais uma prova da constante atualização desse mesmo discurso. E permanecem centenas de charges, piadas, desenhos, tiras de jornal, reclames publicitários que povoam nossa memória e alimentam essas crendices. Também certo tipo de zombaria caminha ao lado desse humor. Ver, por exemplo, Soihet (2005).

[15] Nossa inspiração aqui é Tarkoviski (1998).

filme Caramelo, *Nisrine*, escolhida aqui para narrar outra *armadilha do corpo*, outras amarras, outras opressões, sem dúvida. No caso dessa personagem, sua anatomia cela seu destino e é também do *sangue* que se trata, porém, de outro tipo de sangue, aquele da *defloração*.

A personagem Nisrine, é uma mulçumana de 28 anos de idade, que trabalha como cabeleireira no salão de beleza *SiBelle*, cenário central do filme, em cuja trama ela prepara seu casamento com um jovem, também mulçumano. Tema banal sem dúvida, não fora o fato de que Nisrine *não é mais virgem*, e de que seu noivo não conhece essa verdade. Viver à sombra dessa mentira diante de seu noivo torna-se para ela um dilema existencial.

Deve dizer a ele, deve contar-lhe tudo ou agir como muitas jovens libanesas que vivem essa condição e que não hesitam em realizar uma "cirurgia reparadora"? Seu corpo é, assim, toda prova de seu "erro", de sua desmedida, da ultrapassagem da norma, de seu apetite sexual talvez? Essa personagem, então, auxiliada pelas amigas do salão em que trabalha, decide pela *cirurgia reparadora*. A singela membrana que separava sua vida de esposa e mãe é, enfim, recuperada; esse ato médico, então, recupera a sua virgindade, passaporte anatômico que vai permitir que o *sangue* esteja presente em sua "primeira noite" como prova de amor, ou melhor, como prova de uma vida digna; e é bem seu corpo, sua *natureza* anatômica que será seu testemunho.

As transgressões das normas, para as mulheres, se constituíram em uma longa duração em traço de loucura, mas não seria a loucura mais uma forma que a linguagem encontrou de descrever o que não cabe na norma?

Um texto inacabado

Na companhia das personagens escolhidas e nas breves anotações que trouxemos aqui, poderíamos *sentir* minimamente como o corpo das mulheres foi sendo descrito como uma espécie de *armadilha* para elas mesmas, uma armadilha que elas mesmas não sabem *desarmar*. Pudemos sentir minimamente como o sangue fabrica o lugar delas no mundo: o sangue da menstruação, o sangue da defloração e de maneira perversa, a ausência do sangue na *menopausa*. Três momentos, três idades, três formas de ser mulher.

Os enquadramentos se atualizam, as imaginativas narrativas se adensam para remeter as mulheres a um destino biológico marcado pelo sangue que, em uma história longa foi culturalmente representado como negatividade para elas. Assim, historicizar a construção dessa espécie de *saga sanguínea* seria necessário para se perguntar como foi possível tornar o corpo feminino tão vinculado ao sangue, tão comprometido com ele. Como foi possível fabricar – a partir de diferentes discursos – essa noção de ser o sangue feminino uma prova de sujeira e limpeza do corpo, de potência sexual e de seu suposto declínio na idade crítica. Descobrir e seguir os traços daquilo que permitiu tornar o sangue o lugar privilegiado do feminino. Como foi possível que culturalmente fosse construído esse elo tão perverso quanto atraente formado pela mulher e seu sangue.

Referências

BEAUVOIR, Simone de. *Le deuxième sexe, tome 1*. Paris: Gallimard, 1949.

FOUCAULT, Michel. *História da loucura*. São Paulo: Perspectiva, 2010.

FOUCAULT, Michel. *História da sexualidade* (3 v.). Rio de Janeiro: Graal, 1998.

FOUCAULT, Michel. *Nascimento da biopolítica*. São Paulo: Martins Fontes, 2008.

FOUCAULT, Michel. *O nascimento da clínica*. Rio de Janeiro: Forense-Universitária, 1980.

FOUCAULT, Michel. *Os anormais*. São Paulo: Martins Fontes, 2003.

LABAKI, Nadine. *Entrevista*. Disponível em: <http://umaespeciedemim.blogspot.com.br/2008/03/de-h-muito-que-gosto-de-novas.html>. Acesso em: 25 nov. 2012

LE NAOUR, Jean-Yves; VALENTI, Catherine. Du sang et des femmes. Histoire médicale de la menstruation à la Belle Époque. *CLIO. histoire, femmes et sociétés*, n. 14 (2001), Festins de femmes, p. 2-16. Disponível em: <http://clio.revues.org/index114.html> Acesso: 25 nov. 2012.

NAVARRO-SWAIN, Tania. Todos os homens são mortais, ora, as mulheres não são homens, logo, são imortais. In: RAGO, Margaraeth; VEIGA-NETO, Alfredo (Org.). *Para uma vida não fascista*. São Paulo: Autêntica, 2009. p. 309-402.

NAVARRO-SWAIN, Tania. Velha, eu? Autorretrato de uma feminista. *Labrys - Estudos Feministas*, v. 4, jul./dez. 2003.

ORBACH, Susan. Entrevista ao jornal português *O Público*, de 28 ago. 2011, p. 30.

ROMANS, Sarah; CLARKSON, Rose; EINSTEIN, Gillian; PETROVIC, Michele; STEWART, Donna. Mood and the Menstrual Cycle: A Review of Prospective. *Gender Medicine*, v. 9, out. 2012, p. 361–384. Disponível em: <http://www.sciencedirect.com/science/article/pii/S1550857912001349>. Acesso em: 25 nov. 2012.

SOIHET, Rachel. Zombaria como arma antifeminista: instrumento conservador entre libertários. *Rev. Estud. Fem.*, v. 13, n. 3, p. 2005591-2005612. Disponível em: <http://dx.doi.org/10.1590/S0104-026X2005000300008>. Acesso em: 25 nov. 2012.

STEINEM, Gloria. *Memórias da transgressão*: momentos da história da mulher no século XX. Rio de Janeiro: Record; Rosa dos Tempos, 1997. p. 416-419.

TARKOVISKI, Andrei. *Esculpir o tempo*. São Paulo: Martins Fontes, 1998.

VERDIER, Yvonne. *Façons de dire, façons de faire. La laveuse, la couturière, la cuisinière*. Paris: Gallimard, 1979.

WOOLF, Virginia. *Um teto todo seu*. Rio de Janeiro: Nova Fronteira, 2005.

Capítulo 19
Entre a loucura e a estupidez: da carne convulsiva ao corpo obeso[1]

Denise Bernuzzi de Sant'Anna

Na aula do dia 26 de fevereiro de 1975, publicada no livro *Os anormais*, Michel Foucault abordou o fenômeno da possessão no século XVII. A possuída era, em geral, uma religiosa que vivia no convento, lugar central da cristandade. Sempre que ela entrava em convulsão, desatava a gargalhar, gritar, vociferar, a contorcer o corpo de modo espantoso. Ela parecia resistir ao demônio e, ao mesmo tempo, servir como o seu receptáculo. A convulsão da possuída foi, segundo Foucault, uma "imensa noção-aranha que estendeu seus fios tanto do lado da religião e do misticismo como naquele da medicina e da psiquiatria" (FOUCAULT, 2010, p. 183).

É justamente nesses dois domínios – medicina e psiquiatria – que Foucault percebeu a emergência de uma segunda figura sujeita à convulsão: não mais a possuída pelo demônio, e sim a histérica. No livro *História da loucura*, Foucault mostrou o quanto a histeria aparece como "a mais real e a mais enganosa das doenças" (FOUCAULT, 1987, p. 287). Isso porque sua causa foi atrelada tanto aos espíritos animais como à uma desordem de origem orgânica. Pertencente ao gênero de doenças nervosas, a histeria foi entendida como o resultado de um estado de mobilidade excessiva dos nervos. As histéricas eram, portanto, as mais sensíveis e as pessoas mais facilmente irritáveis. Mobilidade excessiva da fibra nervosa, problema comumente atribuído ao sexo feminino. Conforme Foucault, com a histérica, o sistema nervoso assume o lugar da concupiscência. Desde então, a convulsão penetrou cada vez mais a medicina chegando a servir-lhe de modelo para o estudo da loucura.

Na figura tanto da possuída quanto na da histérica, o centro das atenções é dirigido à mulher. Nos dois casos, há uma espécie de dificuldade

---

[1] Parte deste texto integra o livro que resulta de minha pesquisa financiada pelo CNPq – *Uma história de peso. Gordos e magros ao longo de um século* – a ser publicado em 2014.

em distinguir a inocência do vício. A possuída e a histérica revelavam, enfim, uma parte do que já foi amplamente considerado intolerável no curso da história: com a primeira, não se admitia a curta distância entre o entusiasmo da fé e a sugestão ao êxtase; uma vizinhança ou mesmo alguma mistura entre a virtude e o pecado, deus e o diabo. Já no caso da histérica, o que não se queria ver era justamente a desconcertante proximidade entre a irritação nervosa – considerada sinal de fraqueza ou estupidez – e a sensibilidade desejada pela burguesia ascendente como signo de requinte e inteligência.

Assim, se a convulsão revelava a força e os limites dos poderes sobre o corpo, não haveria dentro dela uma parte de rebeldia, ou melhor, de resistência inglória daquelas mulheres? Em que medida o espetáculo da carne convulsiva não seria também a teatralização dramática das resistências de cada corpo aos poderes que tentavam governá-los?

Perguntas semelhantes a essas são suscitadas quando se está diante de uma *terceira figura*, dessa vez, típica da época contemporânea. Depois da possuída e da histérica, depois da carne convulsiva provocada pela invasão do diabo no corpo ou dos excessos de sensibilidade contrapostos à cegueira do espírito, haveria uma terceira figura que, tal como as outras duas, seria atravessada por uma resistência às injunções do poder. Essa figura, que eu proponho aqui caracterizar, resulta do biopoder e ganha evidência no século XX. Refiro-me à figura da obesa e, em particular, a obesa mórbida.

Enquanto a histérica e a possuída eram vítimas da convulsão da carne, agora, com a obesidade, parece ocorrer o contrário: é a carne que, em seu aspecto mais compacto, supostamente sem nervos, surda aos apelos da vontade, abafaria a sensibilidade. A morbidez que lhe é atribuída deriva, em parte, do medo hoje amplamente partilhado diante de tudo o que permanece desprovido de excitação. Na obesidade mórbida, em vez de entrar em convulsão, o corpo aumenta o seu tamanho a ponto de fazer com que todas as raças pareçam iguais, todos os sexos e as idades sejam subsumidos pela presença da gordura. Por isso, na obesidade mórbida a figura é a de uma mulher mas também a de um homem. É como se o sexo fosse indiferente. Ao contrário da carne convulsiva, o corpo obeso parece desprovido de tensão e expressa uma moleza dormente. Como se ele fosse um morto-vivo, no entanto, sem a nobreza e o poder historicamente atribuídos aos vampiros.

Ora, se a convulsão, conforme afirmou Foucault, era "a forma plástica e visível do combate do diabo com a mulher no corpo da possuída" (FOUCAULT, 2010, p. 183), a obesidade mórbida é a forma plástica e visível de uma espécie de derrota do corpo não pelo diabo, mas pelo próprio corpo, seja ele masculino, seja feminino. Derrota, ou melhor, um duplo fracasso: primeiro, o fracasso mais intimo, que é o da gestão de si, na medida em que o obeso é visto como uma monumental incapacidade de administrar o seu corpo, como se ele fosse uma despesa indefinida, ofensora do ethos neoliberal. Já o segundo fracasso refere-se à sua suposta inabilidade de produzir lucros para a sociedade. Como se o obeso não compensasse a parte da comida que tanto se desconfia que ele comeu a mais.

Segundo Claude Fischler, nas sociedades democráticas, os problemas do obeso são maiores, pois eles são aceitos apenas quando compensam a comida que supostamente comeram a mais que os outros. Mas como compensar isso que parece um roubo? Com muito trabalho, ou então, se tornando um comediante e proporcionando aos outros toneladas de alegria (FISCHLER, 1995). Caso contrário, os obesos são vistos como pessoas que dão prejuízo.

Assim, se no século XVII, a luta para normalizar a possuída ocorria entre o diabo e o confessor, e se com a histérica do século XVIII a batalha era travada entre o seu corpo e o médico, na obesidade atual, a luta assumiu a forma de uma guerra generalizada, na qual um verdadeiro exército tende a ser convocado: médicos, psicólogos, famílias, educadores, meios de comunicação de massa, associações, etc. No entanto, todos demandam que o obeso se regenere, pois a obesidade lhes parece uma incontrolável degeneração. Há, portanto, uma expectativa massiva para que o obeso passe por uma espécie de *conversão* por meio da qual ele modificaria radicalmente o seu corpo, o que é hoje tão importante quanto outrora fora a purificação da alma.

A figura da obesidade tem, contudo, uma história complexa, capaz de multiplicar os seus perfis e problemas. Dela participam a invenção da celulite em 1873 e a sua transformação, somente na década de 1920, em acúmulo de toxinas. Celulite, desde então, passou a ser considerada sinônimo de lixo tóxico. Nesse momento, descobriu-se que ela era um problema típico de mulheres e dos seres julgados afeminados. Eles seriam mais vulneráveis às intoxicações, menos dados à tensão muscular e, portanto, favoráveis ao acumulo de quinquilharias inúteis na hipoderme. É também desde a década de 1920 que o obeso deixou de ser apenas alguém bastante gordo. O termo obesidade começou a ser cada vez mais utilizado na imprensa, na propaganda de remédios e na publicação de dietas. No lugar dos antigos *regimes de vida*, que serviam como guias do corpo e da alma, as novas dietas centraram todas as atenções na redução do peso e da gordura.

Progressivamente, as dietas incluíram o cálculo de calorias, exigindo matemáticas que deviam ser conjugadas a cada refeição. Não demorou muito, portanto, para que o obeso fosse visto como aquele que negligencia transformar-se no que Foucault chamou de "empresário de si mesmo" (FOUCAULT, 2004, p. 232). Por isso, o seu fracasso seria também a sua resistência. O obeso seria, então, um estraga-prazeres da vocação empresarial, um doido que não é varrido porque é pesado demais para se varrer, arrogante porque acha possível viver alheio aos ditames de uma vida transformada em empresa. Como se ele pudesse desertar dessa empresa; portanto, seria um traidor.

Mas, como se vê, o desertor e o traidor ainda evocariam algum fascínio secreto em sua imagem. Lembram rebeldia, atividade. A situação se complica quando a obesidade começa a ser considerada uma doença grave.[2] Isso foi possível porque, em primeiro lugar, pesar o corpo em balanças se tornou um hábito tão comum quanto necessário. No Brasil, desde 1960, com a banalização das balanças da marca Filizola dispostas nas drogarias, até a venda de balanças domésticas e a inclusão desses equipamentos em clubes e academias de ginástica, o peso do corpo passou a fazer parte da identidade de milhares de pessoas. Poder-se-ia supor que com a aquisição desse novo saber – o peso corporal – inusitadas maneiras de ocultá-lo foram imediatamente inventadas. Assim, se até então era habitual afirmar que as mulheres costumavam mentir sua idade, doravante elas seriam acusadas também de mentir sobre seu peso e, por conseguinte, sobre a quantidade de comida ingerida diariamente.

Em segundo lugar, há o papel das companhias de seguro que contribuíram para associar o peso corporal aos níveis de saúde de cada trabalhador. Houve ainda um aumento significativo da obesidade no mundo, juntamente com a invenção de novos índices para diagnosticá-la. As décadas de 1950 e 1960 foram, aliás, exemplares na invenção de dezenas de escalas, incluindo uma curiosa escala para medir a autoestima, inventada pelos americanos.

Mas, nas décadas de 1980 e 1990, a cena se tornaria ainda mais complicada: a obesidade passou a ser considerada uma epidemia, transformou-se em problema de saúde com proporções alarmantes. E, ainda, um mal cada vez mais típico das classes baixas. Por conseguinte, a imagem do obeso ganhou peso e revelou numerosos danos: além de ser visto como um alguém negligente com aquilo que há de mais caro na sociedade contemporânea, que é a gestão de si mesmo, ele também foi percebido como um ser pobre e doente, avesso à fascinante ideia de voar, não apenas os voos do espírito, mas também os do corpo. Tomado ao pé da letra, isso significa que ele não pode voar porque não cabe nas liliputianas cadeiras

---

[2] A bibliografia a este respeito é ampla. Ver, por exemplo, Vigarello (2012); Stearns (2002).

dos aviões. Mas, de forma mais ampla, isso significa que o obeso passou a ser considerado biologicamente estúpido. Como se a estupidez fosse causada pelo excesso de massa corporal, contrastada com uma suposta falta da massa cinzenta; afinal a cabeça figura entre as poucas partes do corpo que não engordam. Assim, os obesos passariam a ser vistos como estúpidos. Isso só acentua a suspeita de que eles seriam uma espécie de passivo, diante dos ativos desta grande empresa que se tornou a vida. Daí surge um imenso problema: como passivo da empresa, ele nada pode. Ele seria o contraexemplo maior do sonho do atual *homem médio*, de fabricar um corpo cuja beleza e saúde seriam sanitariamente corretas.

Mas a doença é também uma forma de resistir.[3] O historiador Marc Ferro assinalou o quanto a doença, tanto quanto a greve, servem como formas de resistir à exploração empresarial.[4] De onde se explica por que se criam tantos antídotos ao corpo obeso. Assim como havia os anticonvulsivos analisados por Foucault, agora existem os "antipesos e os antipesares". Alguns desses "coquetéis da boa forma" e da alegria de viver lembram o treinamento militar: há programas de emagrecimento, divulgados pela televisão, em que o obeso é obrigado a uma suada *conversão*: tanto quanto a conversão religiosa, esta supõe lágrimas, fé, suspiros e prazeres. No entanto, essa nova conversão pretende transformar o obeso num ativo-saudável do grande negócio empresarial.

Nem sempre, contudo, essa operação é feita com sucesso. No caso da obesidade mórbida, os riscos do fracasso são maiores. Há nesse domínio pelo menos três aspectos vividos como um drama:

1 - O *primeiro aspecto* é a infantilização do obeso. A obesidade mórbida sugere uma brutal redução da autonomia pessoal. Todavia, se por um lado essa infantilidade lhe é imposta, uma parte dela pode ser vivida como resistência passiva à atual valorização da livre iniciativa.

2 - O *segundo aspecto* é a anulação do sexo. Como já mencionei, o aumento do volume corporal pode chegar ao ponto de diluir as diferenças entre o masculino e o feminino. O corpo obeso, em seus estágios mórbidos, apaga o sexo no lugar de fazê-lo falar. Diferentemente do teatro da possuída e da histérica, no caso da obesidade mórbida, parece que o sexo foi engolido pela massa do corpo e assim tornado insignificante em tamanho e importância. Tal situação contraria o imperativo hoje comum segundo o qual homens e mulheres, homossexuais e heterossexuais, são todos infatigavelmente levados a exibir um "*pedigree* libidinal" em público. Isso contraria também a demanda de ser um *personal trainer* de si

---

[3] A este respeito ver Batistella (2012).

[4] Ver Ferro (2010).

mesmo para se manter em alta no mercado sexual e amoroso. A obesidade mórbida revela de modo contundente a falência desses empreendimentos. Primeiro porque gordura deixou de ser formosura e símbolo de riqueza para se tornar, mais do que doença, sinal de impotência e pobreza, um passivo na empresa de si mesmo. Segundo porque ser empresário de si no século passado ainda significava cuidar do corpo como quem cuida de um armazém, evitando deixá-lo vazio em épocas de penúria. Mas hoje ser empresário de si implica outra visão dos investimentos e do próprio corpo.

3 - O *terceiro aspecto* vivido como um drama refere-se à redução da imagem do obeso a um tubo digestivo. Pois quanto mais alguém se torna obeso, mais ele tende a ser visto unicamente a partir do que come ou deixa de comer. Como se a comida tivesse devorado sua capacidade de ser outra coisa além de um vasto estômago. A monstruosidade da obesidade se explica melhor justamente aí, pois ela resulta do grande temor existente na era do biopoder de ser reduzido a uma "vida nua", na qual o ser humano é unicamente o seu metabolismo, o qual, aliás, lhe escapa ao controle e ao entendimento. O obeso sugere o terror dessa drástica redução. Trata-se de uma redução do espírito e da capacidade política, inversamente proporcional ao aumento do seu peso e diâmetro bariátrico. Proximidade flagrante, portanto, com a figura da estupidez e o colapso da condição humana.

Percebe-se, enfim, que a obesidade mórbida acaba por ilustrar de modo exemplar um dos aspectos mais caricatos do biopoder. Pois, se nele trata-se de fazer viver e deixar morrer, na atualidade, isso talvez implique *fazer emagrecer e deixar engordar*. De fato, as sociedades contemporâneas não cessam de promover regimes e dietas emagrecedoras, ao mesmo tempo que fabricam alimentos abarrotados de açúcar e gordura, junto a modos de vida que instituem o imperativo do homem sentado.

Essa contradição é acentuada quando a aparência física é transformada na única prova da identidade humana. Ora, como garantir que um obeso não viva o sofrimento de querer emagrecer juntamente com a recusa de abandonar aquele corpo ao qual ele se identifica? Como eliminar um corpo que é a própria identidade, mesmo quando esse corpo não é apreciado?

Com a obesidade transformada em problema urgente das sociedades contemporâneas, no centro da luta, não há mais o padre, o médico nem mesmo os psicólogos e os familiares. Existe, sim, o obeso sozinho, jogado contra e a favor de si próprio. Não mais o teatro barulhento da carne convulsiva do passado, com figuras soturnas, excitadas, vindas do inferno, confrontadas a religiosos e expostas em meio à suspeita de úteros em rebelião. Na obesidade, esvaziou-se o espetáculo, e o extraordinário teatro deu lugar à uma ordinária peleja. Nela o obeso se vê apertado diariamente entre o ódio e o apego ao próprio corpo.

É nesse momento então, que algo aparentemente estranho ganha visibilidade, como se a presença do obeso refletisse uma condição humana que historicamente não é apenas sua: a diferença entre todos nós e o obeso mórbido talvez não seja assim tão grande. De fato, aquela peleja solitária entre rejeição e apego a si não é exclusiva a ele. Hoje magros, gordos e obesos são todos convocados à se apegar ao próprio corpo como único sentido possível e, ao mesmo tempo, a rejeitá-lo permanentemente. O obeso seria apenas uma ilustração exacerbada desse drama insanamente banal. Pois talvez o grande medo que a todos assombra e que não parou de crescer sob a égide do biopoder venha das entranhas do próprio corpo, incluindo seus neurônios que podem ser apagados, seus músculos ameaçados de atrofiar, sua carne passível de amolecer. Afinal, se o corpo se tornou mais importante do que a alma, é de esperar que céus e infernos venham do seu interior.

Por isso, enfim, nem mesmo o silêncio dos órgãos consegue hoje nos acalmar. Eis aqui uma das loucuras mais normalizadas que cada um vive no aconchego do seu próprio pesar.

Referências

BATISTELLA, Eline. *A doença e a resistência (im)possível*. 2012. Dissertação (Mestrado em Psicologia Clínica) – Programa de Estudos Pós-Graduados em Psicologia Clínica, PUC-SP, São Paulo, 2012.

FERRO, Marc. *Sociedades doentes do progresso*. Lisboa: Piaget, 2010

FISCHLER, Claude. Obeso benigno, obeso maligno. In: SANT'ANNA, Denise B. de (Org.). *Políticas do corpo*. São Paulo: Estação Liberdade, 1995.

FOUCAULT, Michel. *História da loucura na Idade Clássica*. Tradução de José T. Coelho Neto *et al*. São Paulo: Perspectiva, 1987.

FOUCAULT, Michel. *Naissance de la biopolitique*. Paris: Gallimard; Seuil, 2004.

FOUCAULT, Michel. *Os anormais*. Tradução de Eduardo Brandão. São Paulo: Martins Fontes, 2010.

STEARNS, Peter N. *Fat history. Bodies and Beauty in the Modern West*. New York: New York University Press, 2002.

VIGARELLO, Georges. *As metamorfoses do gordo. História da obesidade*. São Paulo: Vozes, 2012; STEARNS, Peter N. *Fat history. Bodies and beauty in the Modern West*. New York: New York University Press, 2002.

Capítulo 20
Foucault: o outro que passa por nós

Yolanda Gloria Gamboa Muñoz

> *E, de súbito, em plena época cartesiana, aparece um gênio de pureza perfeita, um homem às ordens desse esquizofrênico que todos trazem dentro de si e do qual quase todos os escritores se envergonharam: Raymond Roussel.*
> (JEAN COCTEAU)

Apresentando Goliat

Diante do que se tornou a gigantesca e luminosa *História da loucura* na discursografia foucaultiana, existe um texto-menor, um texto-sombra: *Raymond Roussel* (publicado em 1963). Dele Foucault dirá em uma de suas últimas entrevistas em 1984 (FOUCAULT, 1994b) tratar-se de um livro à parte, além de estar muito contente que ninguém tenha ensaiado explicar que, por ter escrito o livro sobre a loucura e iria escrever a história da sexualidade, escrevera sobre Roussel (FOUCAULT, 1994b, p. 608). É desse "outro discursográfico" que falarei hoje, na tentativa de elencar alguns elementos que poderiam servir, ou não servir, para analisar a transversalidade da leitura foucaultiana de Raymond Roussel, dobrada em suas próprias ordenações discursográficas.

Na murmuração discursiva do mesmo e do outro

Digo "outro discursográfico", uma vez que há várias camadas e perspectivas do "outro" que podem ser esboçadas a partir dos diversos escritos de Foucault. Sabemos que no prefácio de *As Palavras e as coisas* ordena-se a *História da loucura* em relação a esse "outro", considerado como aquilo que uma cultura deve evitar abertamente, reduzindo sua alteridade por meio do encerramento, evitando o perigo de se ver a si mesma nessa alteridade e – ao mesmo tempo – ameaçada por ela (FOU-CAULT, 1966, p. 15). No entanto, esse nível explícito do "outro" também se encontraria em diversos matizes da história do "mesmo", como aquilo que uma cultura oculta e não pensa.[1]

No nível do mesmo, poderíamos considerar o próprio trabalho foucaultiano "paralelo", isto é, a criação de séries "para" na história do mesmo, incluindo determinado trabalho intelectual específico como um "outro"[2] que resiste. Relação possível de se estabelecer no percurso foucaultiano, à medida que a série intelectual desenha-se afirmativa e finalmente como ação, modificação do pensamento de si e dos outros e trabalho de destacar elementos não pensados dentro da "história do mesmo". Desse modo, os fios discursográficos também se enovelam relacionalmente à problemática da submissão a esse Outro que se impõe: o Estado Moderno e suas técnicas individualizantes que nos tornam sujeitos.

Todavia, é possível vislumbrar na discursografia o outro como um diferencial do cenário filosófico. Isso é, usando as palavras de Foucault, "na grande figura do mesmo que, de Platão a Heidegger, não cessa de fechar em seu círculo a metafísica ocidental" (FOUCAULT, 1988). Figura do Mesmo que "hoje" caberia implodir, trazendo à tona "as diferenças insubmissas", não só na forma de nomes filosóficos como signos para nosso trabalho diário, mas incluindo a efetividade da própria atividade foucaultiana de fazer histórias (da loucura, da verdade, da sexualidade). Nesse sentido, e operando nessa cadeia de Platão a Heidegger, explicitava--se, sob a máscara de Maurice Florence[3], uma estratégia para trabalhar no mesmo: a análise dos desvios, a inversão de temas, o ceticismo sistemático e metódico frente aos universais antropológicos. No estudo das práticas, o trabalho pelo viés *(biais)* do que se fazia (MOREY, 1990, p. 31-32).

Estrategicamente o trabalho com o mesmo e o outro, na própria discursografia foucaultiana, pode ser caracterizado como relacional ou "entre", pois não se trata nem de rejeitar o Mesmo de uma cultura, nem de simplesmente agitar a bandeira do Outro. Nesse sentido, o trabalho *entre* partilhas dicotômicas[4] situa-se num espaço ambíguo e não codificado,

---

[1] O "mesmo" trabalhado em relação à ordem como "aquilo que para uma cultura é ao mesmo tempo disperso e aparentado, a ser, portanto, distinguido por marcas e recolhido em identidades" (FOUCAULT, 1985, p. 14).

[2] Foucault acentuaria estrategicamente essa situação – "[...] Les intellectuels: ces gens qui, pour tous les pouvoirs, appartiennent à 'une sale espèce' e sentem-se como tais." (FOUCAULT, 1994a, p. 418).

[3] Personagem fictício criado por Michel Foucault e François Ewald.

[4] Partilhas das quais pretende se afastar.

que, por sua vez, permite que o outro – que é detectado como tal – deixe de ser o outro. Nesse caso, põe-se a funcionar uma determinada tática: a de acentuar um lado para desprender os mecanismos que fazem aparecer dois lados. É assim na *Ordem do Discurso* em que a própria partilha ou divisão razão/loucura (*partage raison/folie*) que fazia da "loucura" um "outro", situa-se no espaço da vontade de verdade diagnosticada agora como o inimigo principal que atravessa a história contínua; vontade que nos é imposta por séculos, mas que seria ignorada como poderosa maquinaria destinada a excluir, na medida em que dela, por ser mais forte, se falaria menos. Não por acaso, nessa análise discursográfica fazia-se presente o mecanismo da proibição (*l'interdit*) como criador constante desse "outro" ao operar com *o que poderia ser dito, quem poderia dizê-lo e quando poderia dizê-lo*. Logofobia ocidental escondida sob o aparente amor ao logos, no que diz respeito à encruzilhada discursográfica da *Ordem do discurso*, pois sabemos como a produtividade, *epimeleia* e estudos da parresia trilharão e transformarão posteriormente esse percurso.

Em todo caso essa tarefa implosiva e estratégica diante do mesmo e do outro, adquire nos últimos textos a forma ordenadora de "entregar elementos para uma história da verdade" (FOUCAULT, 1984a, p. 12), propondo uma "história do pensamento" enquanto pensamento da verdade. Citemos sua última ordenação localizada na parte *Modificações* da introdução ao *Uso dos prazeres*, texto que, não por acaso, se tornou referência obrigatória, operando como uma espécie de grafia-testamentária:

> Refletindo que em última instância, isto ao que eu tenho-me dedicado, isto ao que eu tenho querido me dedicar desde faz anos é a um empreendimento para desprender alguns elementos que poderiam servir para uma história da verdade. Uma história que não seria do que pode haver de verdadeiro nos conhecimentos: porém uma análise dos "jogos de verdade", dos jogos do verdadeiro e do falso, através dos quais o ser se constitui historicamente como experiência, quer dizer como podendo e devendo ser pensado (FOUCAULT, 1984a, p. 12-13).

Eis a última materialidade que até hoje continua a tranquilizar seus "intérpretes", isto é, a unidade de suas pesquisas em torno da história da verdade. No entanto, como "única ou verdadeira grafia auto-ordenadora", ela pode ser questionada se trabalharmos relacional e alquimicamente, *dobrando-se* sobre ela a própria análise de Foucault sobre *Raymond Roussel*, com quem, segundo sua declaração, se permite manter uma relação secreta. Será a partir desse escrito que, nessa ocasião, tentaremos acrescentar outra camada do Outro; aquela localizada nos interstícios das relações consigo mesmo e com os leitores, uma vez que "o sujeito que escreve faz parte da obra" e "a obra principal não está só nos livros, mas nele mesmo escrevendo seus livros" (FOUCAULT, 1994b, p. 607).

A casa secreta

Para isso, nos dirigiremos até a "Casa secreta" de Foucault: *Raymond Roussel*. Se quisermos abrir sua porta, teremos de perguntar: Como entrou o leitor Foucault na "casa" de Raymond Roussel? Por acaso – dirá em um relato minucioso – e não como crítico literário (FOUCAULT, 1994b, p. 599). Acrescentemos, a partir de nossa leitura: com cuidado, com suspeitas, silenciosamente, com coragem e até eticamente, se há uma ética para o uso das ferramentas interpretativas.

Porém, escutemos a materialidade textual: o que Roussel teria experimentado até a angústia e obsessão, Foucault nos aponta como "a lacuna iluminante da linguagem"; "o fato linguístico nu: que a linguagem só fala a partir de uma falta que lhe é essencial". Nesse sentido, "o sol de Roussel está sempre ali e sempre 'em falta'" (FOUCAULT, 1999, p. 146).

Foucault disse ter lido Roussel no próprio momento que escrevia o livro sobre a loucura (FOUCAULT, 1999, p. 410), porém da loucura de Roussel, ressaltará que ele nunca falou de sua crise como de uma "loucura aos olhos do mundo"; não se desligava dela de modo algum, referindo-se a ela como um foco luminoso do qual se aparta de modo irremediável; "experiência interior de um sol de que ele foi o centro, e no centro do qual ele esteve" (FOUCAULT, 1999, p. 138-147). Cuidados extremos na leitura foucaultiana, feita a partir das próprias repetições temáticas dos escritos rousselianos, procurando os mecanismos e rejeitando a interpretação esotérica ou iniciática, pois se esta última constitui um possível ponto de partida, este seria desfeito pelo sentido das flechas. Em outras palavras, caso Raymond Roussel tenha se utilizado dessas figuras foi para "ordenar no interior da linguagem um ferrolho suplementar, todo um sistema de vias invisíveis, de chicanas e de sutis defesas" (FOUCAULT, 1999, p. 9).

Todavia, na última parte do texto, denominada *O Sol aprisionado*, irrompe a possibilidade de um *leitor-outro*; leitor perigoso que vai reduzindo explicativamente a obra, começando a repetir um outro dizer: "É um doente, um pobre coitado (*pauvre petit malade*), dizia Janet" (FOUCAULT, 1999, p. 137). Para esse *leitor-outro*, o oco solar seria a negação da loucura pela obra e da obra pela loucura (FOUCAULT, 1999, p. 145). Diferencialmente, no predomínio do cuidado foucaultiano "Esse oco solar não é nem a condição psicológica da obra (ideia que não tem sentido), nem um tema que lhe seria comum com a doença. Ele é o espaço da linguagem de Roussel, o vazio de onde ela fala, ausência pela qual a obra e a loucura se comunicam e se excluem" (FOUCAULT, 1999, p. 145).

Algumas leituras detiveram-se nesse ponto, para Macherey, por exemplo, "a loucura de Roussel só fala, só nos fala, à medida que ela se apresenta como sendo também nossa loucura, a que vem não do fundo de nós mesmos, mas do mundo ao qual pertencemos e da forma perversa de comunicação que entretemos com ele" (MACHEREY, 1999, p. XVI). Por outra parte, Bellour enfatizará a existência de numerosos fios que ligam secretamente os próprios trabalhos de Foucault aos trabalhos de Roussel, como se Foucault tivesse encontrado em Roussel uma espécie de imagem em ato de sua própria maneira de conceber e pensar (BELLOUR, 1989, p. 175). Já Oropallo explicitará cuidadosamente mecanismos dessa leitura de Foucault: a bola de bilhar, o labirinto, as relações segredo e morte, mas suspeitando do texto, à medida que não é um "comentário" sobre uma "obra" de um "autor" chamado Roussel (OROPALLO, 2005). Dentre esses fios limitar-nos-emos às reflexões que Foucault dedica ao escrito deixado por Roussel na véspera de seu suicídio: *Comment j'ai écrit certains de mes livres*. Reflexões que, ligando morte e escritura, fazem da morte *a chave de uma leitura*. Para Foucault, nesse último escrito estaríamos diante da soberania da morte que se aproxima; tudo se encontra em reviravolta e pode-se preparar um envoltório "como casca vazia onde sua existência aparecerá aos outros". Trata-se de ajustamentos de superfície, do exterior da máquina e não "do preciso mecanismo de relógio que, secretamente, a faz funcionar" (FOUCAULT, 1963, p. 196).

Tentando uma comparação paródica, feita num outro solo, mas que parodiando faz seu próprio espaço, poderíamos aproximar, na diferença, o último texto de Roussel, ao papel, localização e uso que se lhe vem dando à "Introdução" ao Uso dos prazeres; ambos os textos, a partir do prisma do livro-experiência Raymond Roussel, poderiam ter um papel de verdade parcial, constituindo uma espécie de mentira salutar. Assim, poderíamos dizer que a problemática da história da verdade, que aparece como centro, é um signo de algo que é preciso procurar mais longe e em corredores mais "profundos", talvez nos "textos menores" que não cabem na ordenação da "Introdução"; Foucault chamava a atenção precisamente para as numerosas lacunas do último livro de Roussel, para a exclusão sem comentário de toda uma série de escritos (FOUCAULT, 1963, p. 12).

Não serão precisamente os textos não considerados em ambas as ordenações que podem contribuir para uma espécie de descentramento? Não constituem os "textos menores" pequenas caixas russas, cada uma com seus próprios ferrolhos e suas próprias chaves? (FOUCAULT, 1963, p. 14-15). Sim, porque Foucault trata especialmente de chaves, caixas, portas, ferrolhos e segredos no escrito sobre Roussel.

À luz delas as ordenações contidas na parte Modificações da "Introdução", como explicações "positivas", como textos-guias talvez não abram portas, mas mostrem somente a arquitetura mais externa. Cito Foucault: "Não há outra chave senão esse texto último que está lá imóvel contra a porta? Fazendo o signo de abrir? Ou o gesto de fechar?" (Foucault, 1963, p. 11).

Porta, segredo, chaves e caixas não poderão ser entendidas senão em relação à escrita em jogo. Porta, por exemplo, encontra-se em dois níveis: como entrada à obra possibilitada pelo último texto e como aquela porta de comunicação do Hotel de Palermo que é fechada com chave no dia do suicídio.

Escutemos a murmuração discursiva:

> – Chaves?
>
> – "(Roussel) deixa livre, no centro da linguagem uma grande zona de imaginação, sem talvez outra chave além de seu jogo".
>
> – Caixas?
>
> – Dando uma chave no último momento, o último texto seria como um primeiro retorno à obra com uma dupla função: abrir, na sua arquitetura mais exterior, certos textos, mas indicar que é necessário para estes e para os outros uma série de chaves das quais cada uma abriria sua própria caixa, e não a menor, mais preciosa, melhor protegida que ali se encontra contida.
>
> – Segredo?
>
> – (A linguagem de Roussel) não está constituida sobre a certeza que existe um segredo, um só e sabiamente silencioso; ela cintila com uma incerteza radiante que é inteiramente de superfície e que recobre uma espécie de branco central; impossibilidade de decidir se existe um segredo, ou nenhum, ou vários e quais são eles (Foucault, 1999, p. 9).

E será *o segredo de ser sem segredo* que perpassa a leitura foucaultiana para além de um último texto pretensamente ordenador e explicativo. Nesse sentido adverte: "não há por que se enganar: o procedimento já estava revelado quando foi feita a revelação póstuma" (Foucault, 1999, p. 55).

Consideremos uma vez mais a relação entre *Como eu escrevo meus livros* e A "Introdução" ao *Uso dos prazeres* não só como últimas ordenações discursivas, mas também como máscaras e envoltórios diante da soberania da morte que se aproxima. São materialidades a serem consideradas como "elementos últimos indispensáveis", porém não constituem explicações e chaves de trabalho. Nesse sentido, as últimas *dobras reflexivas* sobre o jogo/vida/trabalho/escritura/morte foucaultianas, teriam que ser reinseridas junto às muitas rugas e dobras desse *murmúrio incessante da discursografia*.

No caso de Foucault, os procedimentos não parecem estar limitados apenas a uma última ordenação, mas às constantes ordenações: mesmo/outro; arqueologia/genealogia; história da verdade; saber/poder/subjetividade; ontologia do presente, cascas[5] que vão configurando constantemente "textos-sombras" como um outro delas mesmas. Foucault, leitor de Roussel, refere-se: "a metade necessariamente obscura" (*la moitié necéssairement noire*) considerando, no entanto, que "o visível e invisível são exatamente o mesmo tecido, a mesma indissociável substância. Luz e sombra são aí o mesmo sol" (FOUCAULT, 1963, p. 132).[6] Dessa maneira e de muitas outras, lançando dados e regras ao mesmo tempo, Foucault iria criando aquela procurada *tensão discursiva* a partir da qual não se poderá lê-lo só por prazer (FOUCAULT, 1994b, p. 605). Constitui-se, assim, a necessidade da consciência do procedimento; talvez a ser revelado pelos leitores e intérpretes para que deixe de ser tal?

Na série dos leitores

Duvidar dos leitores, diagnosticá-los como possíveis inimigos, faz parte daquele procedimento destinado a conservar a *tensão discursiva*? Diante de tais questionamentos, temos, sobretudo, o Foucault leitor de *O Anti-Édipo* para nos responder. Segundo ele, há adversários a serem confrontados nesse texto. Mas nem todos eles têm a mesma força; há graus diversos de ameaça a serem combatidos por diferentes meios. Ficando somente nesse procedimento das distinções, digamos que diante dos inimigos, criam-se armadilhas, operam-se mecanismos e convites de expulsão. Porém, "As armadilhas de *O Anti-Édipo* são aquelas do humor: tantos convites para se deixar expulsar, a autorizar o adeus ao livro em fechando a porta" (FOUCAULT, 1991, p. 84).

Esses "convites de expulsão" não são armadilhas-retóricas. As últimas são consideradas pelo "leitor-Foucault" como "aquelas que procuram seduzir o leitor sem que ele esteja consciente da manipulação e acabam por ganhá-lo para a causa dos autores contra sua vontade" (FOUCAULT, 1991, p. 84). Mas, eis a novidade, o inimigo não está fora, passa por nós, daí que o inimigo maior e adversário estratégico seja diagnosticado nesse escrito como: "o fascismo que está em todos nós, que assombra

---

[5] Foucault trabalha as ordenações de Roussel como *"coquilles vide"*.

[6] No original: «en fait le visible et l'invisible sont exactement le même tissu, la même indissociable substance. Lumière et ombre y sont le même soleil».

nossos espíritos e nossas condutas cotidianas, o fascismo que nos faz amar o poder, desejar esta coisa mesma que nos domina e nos explora" (FOUCAULT, 1991, p. 82-83). Sem inocência, essa "Introdução à vida não fascista", insistirá na "neutralização dos efeitos do poder ligados ao próprio discurso" (FOUCAULT, 1991, p. 84).

– Mas por que escolher esses textos-sombra em que Foucault é um simples leitor?

– Precisamente porque neles Foucault se apresenta em cena com a máscara de leitor de Roussel, Bataille, Blanchot, Deleuze/Guattari, Diderot, Brisset, Dumezil, mas também de Platão, Kant, Nietzsche e, nessa condição, se permite entregar "pequenas chaves" ou, no seu caso, talvez "cilindros" que possibilitem a leitura anamorfótica de seus próprios textos.

– Mas como se pensa, então, o leitor?

– Não como uma unidade, mas como um percurso que cada um de nós percorre *em* e *de* formas diversas.

– Então é aquela multiplicação e fragmentação incessante sem compromisso!

– Não, trata-se de configurações de forças,[7] de maneira que o leitor, mesmo atravessado por elas, marca a todo o momento predomínios pontuais de formas determinadas.

Se escutarmos o eco da murmuração foucaultiana vindo do fundo do cenário, poderemos acrescentar que, nessas configurações, estão incluídas até "as formas pequenas que fazem a amarga tirania de nossas vidas cotidianas" (FOUCAULT, 1991, p. 84).

Em outras palavras, tudo conduz a pensar que diagnosticando determinados usos e apropriações discursivas, Foucault tenha montado diversos níveis de armadilhas. Vale a pena descobri-las? "Trabalhando exaustivamente pode-se chegar a distinguir certos truques", dizia Foucault dos escritos de Roussel, acrescentando não estar certo de que isso fosse interessante, mas sim a consciência do procedimento que lhe seduzia, pois dava à leitura, certa tensão (FOUCAULT, 1994b, p. 406-407). Em todo caso, a experiência de ser leitor de Foucault mostra talvez a periculosidade de não dobrar problemática e discursograficamente as temáticas da unidade, da obra, do sujeito-autor, do comentário.

Como já dissemos, Foucault indicava que em *Raymond Roussel* chaves e ferrolhos não resguardavam segredos, a não ser *o segredo de ser sem segredo*. Nisso consistia sua leitura (FOUCAULT, 1963, p. 157). Nesse sentido, talvez não haja armadilhas na forma de mecanismos e procedimentos resguardando cada caixa-texto, mas inserções, principalmente na própria série dos

---

[7] Ao modo do *nome* poder, por exemplo, em *Vontade de saber* (FOUCAULT, 1976, p. 123).

leitores. Essa série, Foucault a teria entregue "minada", introduzindo-se nela e situando-se, por isso, "entre" ou "no meio" das séries escritor/leitor. Explicitamente, não existem aquelas curiosas introduções de certo "leitor--Foucault", dialogando e polemizando em alguns dos seus textos? Por exemplo, o capítulo "Sol aprisionado" do texto sobre *Raymond Roussel*, e também na Conclusão da *Arqueologia do saber* (FOUCAULT, 1969, p. 259-275). Já no segundo prefácio à *História da loucura* Foucault tratava precisamente do problema dos "duplos" de um livro e também do "corpo impalpável e único que cada leitor lhe dá por um instante". Aparentemente, um gesto para liberar o livro da monarquia do autor e deixá-lo como "cena repetível" na série de acontecimentos, aos quais pertence. Porém, nesse "abrir as cortinas" para liberar o "espaço cênico", irrompia um outro, o "leitor-Foucault" dizendo: Mas você acaba de fazer um prefácio! (FOUCAULT, 1978, p. 10).[8]

Por outra parte, o próprio trabalho de leitura da discursografia foucaultiana parece trazer inserida, na sua "superfície", a produtividade do leitor, na medida em que o leitor é levado a trabalhar e a inserir suas próprias dobras.[9] Essas "dobras" deixariam materializado o crivo do leitor em termos de posicionamento e periculosidade. Em outras palavras, direcionariam o leitor a mostrar "seu próprio jogo" ou a aceitar, após enfrentar a resistência textual, "os diversos convites do humor para se deixar expulsar".

Reparemos também que é precisamente nessa série dos leitores e das interpretações que Foucault falará de um *Desafio do outro*, ao se referir à leitura que Heidegger faz de Nietzsche. Desconfiando do intérprete Heidegger, Foucault pode voltar a Nietzsche de outra maneira. Nietzsche sozinho não lhe dizia nada, mas o Nietzsche de Heidegger constituirá um desafio.[10]

Na série das mortes discursográficas

Dessa maneira, leitor e escritor não seriam entidades separadas, mas configurações de forças em transformação, ou para dizê-lo a partir de um eco nietzschiano, devires com possibilidades de "muitas almas mortais" (NIETZSCHE, 1978, p. 52-53). Ao manter na discursografia a tensão

---

[8] No original: *Mais vous venez de faire une préface!*

[9] Produtividade-pensamento já presente explicitamente em Nietzsche (por exemplo, em *Menschliches, Allzumenschliches* I, IV, af. 178) em função da eficácia incompleta – em relevo – de um pensamento ou de uma filosofia que incitaria o leitor a continuar a elaboração. No entanto, em Foucault, não há "reticências"; há, sim, diversas ordens que se encaixam ou não entre si e um circular pela série do leitor.

[10] Acrescentemos que será em relação à presença do outro como suspeito e, ao mesmo tempo, como inimigo produtivo, que Foucault não duvidará em declarar que trabalha com teses nietzscheanas e anti-nietzscheanas.

(a relação com o arco nietzschiano tampouco é simples coincidência), Foucault poderá exercitar consigo mesmo esse constante "enforcamento" de determinadas forças na escrita, como por exemplo, aquelas que pertencem ao sujeito burguês cristão que passa por nós (MUÑOZ, 2006, p. 18-19) o que talvez constitua sua própria leitura da também nietzschiana *Superação de si (Selbstüberwindung)* (MUÑOZ, 2009b, p. 140-141).

Nesse aspecto, como leitor ativo, é possível ressaltar uma dupla configuração do *Foucault leitor-de-Deleuze*, na medida em que não se trata somente de uma "caça a todas as formas de fascismos que passam por nós", mas também da construção de uma nova fábula para a figura de Ariadne; agora como o fio da racionalidade ocidental que termina por enforcar a si mesmo.[11] Posteriormente, a procura por novas formas de subjetividade seria possível através de um trabalho paciente de *transformação*, tendo como pressuposto o desfazimento do carregamento alheio que passa por nós. Daí que no *Cuidado de si* Foucault destaca a atitude constante no trabalho do pensamento sobre si mesmo como uma forma de filtro de representações; tratar-se-ia de controlá-las, examiná-las, não aceitando a primeira que venha ao espírito, mas podendo dizer a cada uma, como Epíteto: "Espera, deixa-me ver quem tu és e de onde vens" (FOUCAULT, 1984d, p. 80).[12] Mas também atender ao cuidado, até como chamado sonoro, supondo que na raiz grega *melos*, da *epimelia*, o segredo apareça como chamada musical (FOUCAULT, 2009, p. 109-111).

Com ambas as perspectivas de cuidado, teríamos que dobrar, examinar, filtrar e problematizar cada uma das afirmações pelas quais temos caminhado neste escrito. Limitemo-nos a transformá-las em perguntas:

Os procedimentos da escrita foucaultiana constituem um desafio para o leitor que não quer receber seu convite de expulsão? Os "leitores perigosos", que não fazem dobras, enfrentam constantemente armadilhas do humor, máscaras e portas fechadas na forma de ordenações discursográficas e resistência textual? No âmbito do *segredo de ser sem segredo* emerge efetivamente uma das perspectivas do *outro*, como aquele que passa por nós e é indissociável da loucura, da morte e dos procedimentos da escritura?

"Escreve-se para ser diferente do que se é" (FOUCAULT, 1994b, p. 407). Recolhendo e problematizando o fio das mortes, teríamos que dizer que se trata de mortes queridas, de um trabalho liberador materializado na forma de uma tarefa diária de purificação, como morte de determinadas configurações de forças que tendem a se cristalizar. Em todo caso, Foucault nos deixou discursograficamente rodeados de

---

[11] As diferenças da figura de Ariadne, tanto em Nietzsche quanto em Deleuze, constituem um abismo em relação ao papel que lhe outorga Foucault.

[12] No original: *"Attend, laisse-moi voir qui tu es et d'où viens"*.

mortes: de Deus, do homem, da função-autor, da função-sujeito, em distanciamento e fragmentação das unidades tradicionais, com quebra dos universais antropológicos, até o limite de sua própria inserção na serie do leitor, que o transforma no seu principal "assassino".

A partir de outra perspectiva podemos dizer que escrever como um apagar-se (*effacement*) e o escolher como suicídio diário do perigo principal esvaziam a morte cotidiana como mortificação, liberando esse mesmo cotidiano numa repetição diferencial que quer a autoeliminação contínua de determinados fios. Nesse sentido, eles poderiam constituir linhas afirmativas de *resistência* ao tipo de morte viscosa e eterna descrita por Borges em relação aos fantasmas de Swift, imaginados no horror da imortalidade dos Strudbrugs e vivenciados, apesar da conjuração, pelo próprio Swift, para quem já "velho, louco e moribundo" só restou repetir: "sou o que eu sou" (BORGES, 1980, p. 278).

Nessa dimensão transformadora e resistente, podemos finalmente nos referir ao diferencial foucaultiano inscrito na série que denominaremos:

Garganta, enforcamento e gargalhada

De partida, podemos dizer que Foucault criou uma nova relação entre enforcar-se e gargalhada; gestos que se inscrevem corporalmente no mesmo lugar: a garganta, mas reenviam a direções desencontradas. Garganta que, materializada na poesia infinitesimal de Roussel é destacada por Foucault: "Uma cavernosa abóbada pelo poente avermelhada. De estalactite única" (FOUCAULT, 1999, p. 133).[13]

Gargalhada como um eco de tantas sonoridades, mas que num estalar de raio abafa os outros ruídos, transformando-se em um *acontecimento*. Rir do enunciado como um sonho, porque o próprio rir também é um enunciado que se dá no limite do vazio, (MUÑOZ, 2009a, p. 300).

E quanto mais grave, maior a exigência do humor. Rir, sobretudo, através dos livros que, numa rede de gargalhadas, reencontram e nomeiam um lugar de nascimento textual no riso: a série borgiana inserida no começo da séria divisão do Mesmo e Outro. Rir, ao criar uma fábula para Deleuze, enforcando Ariadne como e com o fio da racionalidade ocidental. Rir, como leitor, mostrando armadilhas do humor, lendo a *Chave dos sonhos* de Artemidoro, porém sem dizer que "sonhar com enforcar-se é não ter mais apoio, nem sustentação, pois o enforcado não tem os pés na terra, não há solo" (ARTEMIDORO, 1975). Rir de si

[13] No original: "*Un cavernaire arceau par le couchant rougi, A stalactite unique*".

mesmo na entrevista *Arqueologia de uma paixão*, onde sua própria ocupação cultural, médica, científica, institucional com a loucura será separada seriamente de *Raymond Roussel*, mas declarando que: "talvez sejam as mesmas razões que fizeram com que, em minha perversidade e minhas próprias estruturas psicopatológicas, eu esteja interessado pela loucura e por Roussel" (FOUCAULT, 1999, p. 403).

Gargalhada, então, que se escuta desde esse seu interesse pelos últimos textos no limite da morte (não só Roussel, mas também como problemática do texto gêmeo, o *Nascimento da clínica*, e sua relação com o último texto de Sêneca: *Cartas a Lucílio*[14]) até a retomada de Sócrates moribundo na luz cegante dos Cursos, que sem a arma da grafia, parecem tudo dizer. Sócrates, exemplo histórico e *fundante* do mesmo e outro da cultura ocidental. Figura antagônica de sedução e repulsa ou palhaço que se fez levar a sério, na caricatural, paródica e trágica perspectiva do *Crepúsculo dos ídolos* de Nietzsche, que curiosamente não é a escolhida para ser criticada por Foucault.[15] Em todo caso, após longas reflexões sobre as últimas palavras de Sócrates, resguardadas na forma de um "leitor--de-Dumezil", Foucault lançará uma gargalhada silenciosa ao dizer:" É necessário, como professor de filosofia, ter feito ao menos uma vez na vida um curso sobre Sócrates e a morte de Sócrates. Está feito. *Salvate animam meam*" (FOUCAULT, 2009, p. 143).

Referências

ARTÉMIDORE. *La clef des songes*. Tradução de A. J. Festugière. Paris: J. Vrin, 1975.

BELLOUR, Raymond. Vers la fiction. In: BELLOUR, Raymond. *Michel Foucault philosophe, Rencontre Internationale*. Paris: Seuil, 1989. p. 172-181.

BORGES, Jorge Luis. Historia de los ecos de un nombre. In: BORGES, Jorge Luis. *Prosa Completa*, v. 2. Barcelona: Bruguera, 1980.

FOUCAULT, Michel. Ariadna enforcou-se. Tradução de Roberto Machado sob o título Foucault inventa uma fábula para Deleuze. *Folha de S.Paulo*, 13 ago. 1988.

FOUCAULT, Michel. Anti-Édipo: uma introdução à vida não fascista. In: ESCOBAR, C. Henrique (Org.). *Dossier Deleuze*. Rio de Janeiro: Hólon, 1991.

FOUCAULT, Michel. Archéologie d'une passion. In: FOUCAULT, Michel. *Dits et écrits* IV. Paris: Gallimard, 1994b.

FOUCAULT, Michel. *As palavras e as coisas. Uma arqueologia das ciências humanas*. Tradução de Salma Tannus Muchail. São Paulo: Martins Fontes, 1985.

---

[14] Se "acreditamos na palavra" de seu amigo Paul Veyne.

[15] Foucault escolhe a *Gaia Ciência* para criticar a leitura de Nietzsche à luz de Dumezil, situando Nietzsche "no mesmo saco" de outras interpretações sobre a vida como doença em Sócrates.

FOUCAULT, Michel. *História da loucura na Idade Clássica*. Tradução de José Teixeira Coelho Netto. São Paulo: Perspectiva, 1978.

FOUCAULT, Michel. *História da sexualidade II. O uso dos prazeres*. Tradução de Maria Thereza da Costa Albuquerque. Rio de Janeiro: Graal, 1984b.

FOUCAULT, Michel. *La volonté de savoir, histoire de la sexualité*. Paris: Gallimard, 1976.

FOUCAULT, Michel. *L'archéologie du savoir*. Paris: Gallimard, 1969.

FOUCAULT, Michel. *Le courage de la vérité. Le gouvernement e soi et des autres II*. Paris: Gallimard; Seuil, 2009.

FOUCAULT, Michel. *Le souci de soi, histoire de la sexualité*. Paris: Gallimard, 1984d.

FOUCAULT, Michel. *Les mots et les choses. Une archéologie des sciences humaines*. Paris: Gallimard, 1966.

FOUCAULT, Michel. *L'usage des plaisirs, histoire de la sexualité*. Paris: Gallimard, 1984a.

FOUCAULT, Michel. Nous nous sentions comme une sale espèce. In: FOUCAULT, Michel. *Dits et écrits III*. Paris: Gallimard, 1994a.

FOUCAULT, Michel. *O dossier - últimas entrevistas*. Introdução e organização Carlos Henrique Escobar. Rio de Janeiro: Taurus, 1984c.

FOUCAULT, Michel. *Raymond Roussel*. Paris: Gallimard, 1963.

FOUCAULT, Michel. *Raymond Roussel*. Tradução de M. Barros da Motta e V. L. Avellar Ribeiro. Rio de Janeiro: Forense Universitária, 1999.

MACHEREY, Pierre. Apresentação. In: FOUCAULT, Michel. *Raymond Roussel*. Tradução de M. Barros da Motta e V. L. Avellar Ribeiro. Rio de Janeiro: Forense Universitária, 1999.

MOREY, Miguel. Introducción. La cuestión del método. In: FOUCAULT, Michel, *Tecnologías del yo y otros textos afines*. Tradução de Mercedes Allende Salazar. Barcelona: Paidós Ibérica, 1990.

MUÑOZ, Yolanda G. G. Algumas relações entre diagnóstico e subjetividade nos percursos foucaultianos. Campinas: Unicamp, *Revista Aulas*, dez. 2006 - mar. 2007. Disponível em: <http://www.unicamp.br/~aulas/index.htm>. Acesso em: 8 out. 2013.

MUÑOZ, Yolanda G. G. Armadilhas, humor e transfiguração: M. Foucault, P. Veyne. In: CARNEIRO, M. Carbone; GENTIL, H. Salles (Org.). *Filosofia francesa contemporânea*. São Paulo: Cultura Acadêmica, 2009b.

MUÑOZ, Yolanda G. G. Foucault: tempo mascarado e em explosão. In: PINTO, Débora M. et al. (Org.). *Ensaios sobre filosofia francesa contemporânea*. São Paulo: Alameda, 2009a.

NIETZSCHE, Friedrich. *Par delà le bien et le mal/Jenseits von Gut und Böse*. Paris: Aubier, 1978.

OROPALLO, Maria Cristina. *Foucault: leitor de Roussel*, USJT, 2005. (Inédito).

Capítulo 21
Ressonâncias interpretativas e políticas de *História da loucura* no Brasil[1]

Cesar Candiotto
Vera Portocarrero

História da loucura é um dos livros de Michel Foucault (1972) mais discutidos no Brasil, onde a vitalidade de seu pensamento é incontestável. Prova disso são os diversos colóquios aqui realizados, de âmbito nacional e internacional, gerando publicações com análises de sua investigação em diversas áreas de conhecimento: filosofia, psicologia, psicanálise, psiquiatria, educação, ciências sociais, história, direito. A despeito de sua significativa repercussão entre pesquisadores brasileiros, neste capítulo são enfocados apenas alguns trabalhos pioneiros que reverberam no meio acadêmico brasileiro e alicerçam as hipóteses aqui traçadas acerca dos deslocamentos filosóficos operados por Foucault. Assim, são delineadas em duas partes algumas linhas de força da recepção crítica do livro em nosso país.

Na primeira, são apresentados desdobramentos interpretativos da análise interna do livro, inicialmente, por meio do deslocamento da questão da repetição histórica ou do excesso de origem para a do acontecimento, a partir da ideia de uma história filosófica; em seguida, a partir do deslocamento da filosofia e história das ciências e dos limites do conhecimento para a do saber e da experiência, história da percepção da loucura (arqueologia/epistemologia); enfim, a partir do problema de uma história dos conceitos (psicanalíticos) para uma história da percepção.

Na segunda parte, são analisadas suas ressonâncias por meio de questões histórico-filosóficas e de deslocamentos teóricos operados por Foucault com ênfase no uso de seu pensamento para estudos de arquivo e para práticas políticas voltadas à antipsiquiatria.

---

[1] Este texto é uma versão modificada do artigo de mesma autoria publicado na revista italiana *aut aut* (CANDIOTTO; PORTOCARRERO, 2011, p. 173-189).

Desdobramentos analíticos e interpretativos

Foucault faz histórias pensando-as filosoficamente. A análise da loucura está inscrita precisamente nessa perspectiva; ela não designa um objeto uniforme, "consubstanciado numa verdade essencial cuja identidade é sempre a mesma, mas antes um fato multifacetado, cujas verdades são historicamente produzidas e variadas. [...] E sua história a mostra como tantas faces que figuram o 'outro' no interior do 'mesmo'" (MUCHAIL, 2004, p. 48). As múltiplas fisionomias desse outro que atravessam nossa cultura e a vida de cada um mostram que a loucura é mais um acontecimento civilizatório que um fato natural.

Com efeito, o conceito de acontecimento é particularmente importante para situar a recepção crítica de *História da loucura*, ainda que ele não tenha assumido uma centralidade explícita no livro.[2] Foucault pensa que a verdade da doença mental está mais associada ao acontecimento da segregação do louco, do que propriamente à história do conhecimento psiquiátrico. Submeter a loucura à prova da "acontecimentalização" significa descrever os mecanismos de poder e as formas de saber que tornaram possível a emergência da verdade da doença mental; supõe também a ruptura das evidências a partir das quais a doença mental é pensada como constante histórica ou atributo antropológico do louco. Precária é a suposta evidência de que os loucos sempre têm sido reconhecidos como doentes mentais.

A tese de que a verdade *acontece* entre cisões históricas sempre contingentes tem sido um dos elementos da discordância entre Foucault e Derrida a respeito das premissas da *História da loucura*.[3] Ao se referir ao conhecimento clássico inaugurado pelo cartesianismo, Foucault mostra que Descartes aponta a loucura como desrazão. Na era da razão, no trajeto rumo à certeza do *Cogito,* o autor setecentista teria admitido que os obstáculos constituídos pelos sonhos e pelos erros sensíveis nos enganam, mas no final desse trajeto da dúvida metódica eles seriam incorporados ao sujeito que pensa. Em contraposição, com a loucura ocorre algo diferente. Independentemente de sua apreensão pelo conhecimento ou de qualquer juízo valorativo ela precisa ser excluída por parte do sujeito racional.[4] Em

---

[2] Cf. CANDIOTTO, 2010, p. 507-518.

[3] O livro organizado por Maria Cristina Franco Ferraz, intitulado *Três tempos sobre a história da loucura* (2001) reúne os textos da conhecida querela entre Foucault e Derrida: *Cogito e história da loucura* (Derrida), *Resposta a Derrida* (Foucault) e *Fazer justiça a Freud* (Derrida) oferecendo ao leitor um panorama completo das divergências entre os dois pensadores.

[4] Cf. A passagem dedicada a Descartes, encontramos em *Histoire de la folie,* 1972, p. 56-58.

sua conferência *Cogito et Histoire de la folie*,[5] Derrida afirma que, quando Descartes identifica ser e pensamento no *Cogito*, mostra que a loucura é a possibilidade mais intrínseca da razão empurrada até seus limites.

Em *Réponse à Derrida* (1994b, p. 245-267), Foucault parte do seguinte pressuposto: não se pode subordinar o acontecimento histórico e múltiplo da exclusão da loucura na Idade Clássica ou seu esquecimento na Idade Moderna somente a partir de um problema de interpretação da filosofia cartesiana. Importa para Foucault a *acontecimentalização* da exclusão do louco, e não sua remissão a um pano de fundo filosófico, ainda que seja o cartesiano. A exclusão cartesiana é acontecimento, jamais fundamento. Derrida não entenderia sua tese porque pensa a partir de cânones de um estilo muito comum de pensamento na França daquela época, segundo os quais qualquer conhecimento, na condição de discurso racional, precisa manter necessariamente uma relação fundamental com a filosofia como sua legitimação e razão de ser. A filosofia se encontraria situada ao mesmo tempo além e aquém dos acontecimentos, porque tudo o que acontece já emerge envolvido nela. Derrida entende a filosofia como repetição de uma origem mais que originária, um pensamento situado para além do que é descrito pela história. Esse excesso de origem que somente a filosofia pode repetir além do esquecimento elimina qualquer importância do acontecimento.

Em contrapartida, Foucault sustenta que a verdade da doença mental pertence ao âmbito do acontecimento, e não ao de uma suposta pertença originária: seu conceito deriva da história da cultura ocidental no momento em que esta última decidiu operar uma separação entre aquilo com o qual ela se identifica e aquilo que ela exclui de seu interior e que, entretanto, continua a ameaçar sua identidade constituída. Com efeito, uma das teses de *História da loucura* é que a verdade positiva da doença mental, posteriormente objetivada pela psiquiatria do século XIX, tem como condição de possibilidade o *acontecimento* recorrente da exclusão do louco. Em si mesmo, esse *acontecimento* é nem verdadeiro nem falso. Ele simplesmente ingressa no terreno do *verdadeiro* quando se torna objeto de contestação e produz na ordem do discurso uma separação entre aqueles que detêm a razão e aqueles em relação aos quais não resta outra coisa senão um murmúrio desqualificado.

---

[5] Conferência proferida no *Collège Philosophique*, no dia 4 de março de 1963, publicada inicialmente na *Revue de Métaphysique et de Morale*, n. 3-4, 1964 e, mais tarde, em seu livro *L'écriture et la différence* (Tradução espanhola: 1989, p. 47-89). Conferir a tradução brasileira de Pedro Leite Lopes, de DERRIDA, J. Cogito e história da loucura. In: FERRAZ, Maria Cristina (Org.). *Três tempos sobre a História da loucura*. 2001, p. 9-67.

Um recorte diferente é elaborado por Roberto Machado. Em *Ciência e saber. A trajetória da arqueologia de Foucault* (2006), assim como no conhecido artigo *Archéologie et épistémologie* (1988), ele entende o livro *História da loucura* como uma arqueologia da percepção. Segundo Machado, um dos pressupostos metodológicos do livro de 1961 consiste em mostrar que as percepções da separação social entre razão e desrazão na Europa Ocidental, desde o século XVII até a atualidade, precedem as teorias quando se trata de definir a loucura. Não se trata de um *conhecimento* unitário e homogêneo, mas de uma *percepção* heterogênea, uma multiplicidade de consciências da loucura que a sociedade francesa instituiu partir do século XVII. Tornar independente a arqueologia das relações de força que foram instituídas em torno do louco nas instituições de reclusão da história dos discursos sobre a loucura é um modo de rever a tradicional história da psiquiatria, entendida como passagem linear de uma percepção social a um conhecimento científico da loucura.

Para sublinhar a especificidade do método arqueológico em *História da loucura*, Machado apresenta as convergências, divergências e deslocamentos que o livro de Foucault efetua em relação a alguns conceitos basilares da epistemologia histórica francesa. Diante da exigência de objetividade e de neutralidade do conhecimento científico vigente na época, a epistemologia histórica de Bachelard e de Canguilhem está fundamentada na ideia de que a constituição histórica das ciências é resultado de contínuas retificações e rupturas. À ideia de continuidade histórica nas ciências, esta epistemologia propõe a noção de descontinuidade histórica; à noção de progresso, responde com os conceitos de recorrência e de normatividade científica, de modo que a atualidade das ciências é a instância normativa que julga o seu passado, validando-o ou retificando-o.

Ao insistir sobre o caráter hipotético específico e transformável das análises arqueológicas e genealógicas – de modo a não tomar essas investigações como uma palavra final, um caminho definitivo, um método universal –, Machado defende que a ideia foucaultiana de descontinuidade arqueológica não corresponde àquela da epistemologia histórica, embora lhe seja tributária. A epistemologia histórica identifica descontinuidade e ruptura, limitando-a ao âmbito das ciências naturais. Em contrapartida, o método arqueológico escolhe como campo de estudo um conjunto heterogêneo de práticas e saberes que, em uma época dada, assume uma série de posições diferentes a respeito de um mesmo objeto. A análise do objeto loucura evidencia que a emergência das chamadas "ciências" humanas – psiquiatria, psicologia, psicanálise – é um processo estruturalmente vinculado à história de práticas que silenciam o louco.

Cada uma destas práticas corresponde a diferentes modos de perceber a loucura em uma determinada época, independentemente do conhecimento científico. A psiquiatria, embora queira dar conta das condições de possibilidade da percepção e do conhecimento moderno da loucura, representa sempre um "compromisso entre dois aspectos heterogêneos: uma 'analítica médica' e uma 'percepção asilar'" (MACHADO, 1988, p. 20). É por isso que Foucault privilegia a história da loucura em detrimento da história da psiquiatria.

Machado reconhece que a inversão efetuada por Foucault envolve uma dificuldade metodológica: quando se diz que a loucura é um *saber* confiscado pela racionalidade, admite-se implicitamente que a loucura tem uma verdade própria e originária, progressivamente reduzida ao silêncio pela racionalidade ocidental a partir do século XVII. Impõe-se, portanto, saber qual é o critério de normatividade utilizado por Foucault quando diz que se trata de um "confisco". Com efeito, a narrativa de Foucault seria a história de uma grande mentira, já que esta mostra o lado *negativo* desse confisco pela racionalidade da *loucura como saber*, considerada no livro *positivamente* mediante o critério da percepção do louco.

História da loucura também tem sido lida como um dos capítulos de um recorrente diálogo com a psicanálise na investigação de Foucault. Pesquisadores como Joel Birman[6] e Ernani Chaves tentaram mostrar a relação ambivalente que o livro mantém com o saber inaugurado por Freud.

A tese da suposta existência de uma verdade originária e essencial da loucura e sua progressiva expropriação pela racionalidade, desde a nosografia clássica até a psiquiatria novecentista, é decisiva para avaliar a importância atribuída por Foucault à psicanálise. Com efeito, se o discurso psiquiátrico considera o murmúrio da loucura desprovido de sentido, a psicanálise, pelo contrário, se propôs como objetivo libertar esse murmúrio das interdições ainda presentes no século XIX. No entanto, a libertação proporcionada pelo discurso freudiano é relativa e onerosa porque mantém intacta, no interior da teoria e da prática psicanalítica, o poder que a psiquiatria atribuía ao médico. Freud rompe com Pinel e Esquirol, mas ao mesmo tempo representa o ápice da tradição inaugurada por eles, desde quando a terapia psicanalítica está concentrada inteiramente nas mãos do médico.

É em referência a esse aspecto da crítica de Foucault a Freud que Ernani Chaves aponta alguns limites, no seu livro *Foucault e a psicanálise*

---

[6] Birman (2002, p. 159-178) propõe a identificação de diversas presenças da psicanálise na investigação de Foucault, sem uma análise mais detalhada de *Histoire de la Folie*. Igualmente, em seu livro *Entre o cuidado e saber de si: sobre Foucault e a psicanálise*, somente o "capítulo IV: Tratamento moral e experiência psicanalítica", p. 35-44, se refere à *Histoire de la Folie*.

(1988). Segundo ele, a valorização excessiva do nível da percepção em *História da loucura* impede dar conta dos conceitos psicanalíticos, na medida em que eles são situados no plano do conhecimento. O fato de preferir o nível da *percepção* da loucura em vez dos *conceitos* psicanalíticos constituiu um obstáculo para explicar tais conceitos a partir das percepções analisadas.

Foucault afirma que um dos méritos de Freud foi ter realizado a "violência soberana de um *retorno*" (FOUCAULT, 1972, p. 360). Ele tratou a loucura no nível de sua *linguagem*, ao reconstituir elementos de uma experiência apagada pelo positivismo psiquiátrico. O feliz *retorno* efetuado pela psicanálise freudiana consiste na possibilidade de "diálogo com a loucura", que atribui ao "murmúrio" do louco uma modalidade positiva e específica de linguagem, um estatuto de "saber" (FOUCAULT, 1972, p. 360).

Todavia, para Foucault, a recuperação freudiana da loucura como linguagem representa, igualmente, um dos limites da crítica de Freud à psiquiatria. Para entender esse aspecto, convém referir-se ao texto de Foucault: *La folie, l'absence d'oeuvre*. Depois de afirmar que cada sociedade impõe limites ao estabelecer interditos de ação e de linguagem, Foucault mostra que na Idade Clássica a loucura é incluída entre os interditos de linguagem: "a loucura é a linguagem excluída – aquela que, contra o código da língua, pronuncia palavras sem significado (os 'insensatos', os 'imbecis', os 'dementes'), ou a linguagem que pronuncia palavras sacralizadas ('os violentos', 'os furiosos'), ou ainda a que faz passar significações interditadas (os 'libertinos', os 'obstinados')" (FOUCAULT, 1994a, p. 417). Segundo Foucault, a reforma da psiquiatria promovida por Pinel nada mais faz do que sancionar definitivamente essa linguagem interdita.

Freud suspende as interdições de linguagem que a Idade Clássica impôs à loucura – e essa é a modificação positiva operada pela psicanálise. Mas, ao realizar tal modificação, Freud cria outra interdição, que consiste em considerar a loucura uma "linguagem estruturalmente esotérica louca".

A loucura é, assim, apresentada por ser incompreensível aos códigos psiquiátricos e médicos e por encerrar um "excesso mudo" (FOUCAULT, 1994a, p. 416) passível de múltiplas interpretações e significações que só ela pode explicar. Para a psicanálise a palavra do louco é uma *linguagem dupla*: como *palavra manifesta*, essa linguagem encerra uma multiplicidade de sentidos, mas o problema é que só ela pode decifrar aquilo que enuncia. Ora, se somente ela detém o código de sua interpretação, então sua linguagem *não diz nada* aos códigos instituídos. Língua e palavra formam uma reserva de sentido e não dizem outra coisa senão sua relação muda.

Foucault considera que a psicanálise pode até desfazer algumas formas de loucura, mas não consegue ouvir as vozes da *desrazão* desde o momento em que o médico, como figura alienante, continua a desempenhar um papel-chave na cura psicanalítica. Esta última "não pode nem libertar nem transcrever e, com razão ainda maior, nem explicar o que há de essencial nesse trabalho [da desrazão]" (FOUCAULT, 1972, p. 530). O problema é que o louco, transformado em doente mental, é considerado como um objeto; enquanto o médico é o sujeito, porque encarregado do processo de desalienação. É nele que o poder de "curar" se concentra inteiramente.

Ernani Chaves considera problemática essa continuidade quase indiferenciada entre Pinel e Freud. O que Foucault nomeia de *alienação*, na verdade faz parte do conceito psicanalítico de *transferência*. Quais são então as diferenças fundamentais entre psicanálise e psiquiatria em relação ao conceito de transferência? Em primeiro lugar, a necessidade postulada pela psicanálise de destruir a transferência, em razão de seu caráter provisório; em segundo lugar, a ideia de que na psicanálise – ao contrário da psiquiatria – não se transmitem somente sentimentos benévolos, mas também hostis. No processo psicanalítico, a transferência deve ser não só descoberta, analisada mas também superada; ela torna-se um suporte fundamental para a cura, no sentido de que pode ser útil ao processo terapêutico, mas nada, além disso. Decorre a impossibilidade de reduzi-la a uma simples *sugestão*, como quer Foucault, já que ela não é produzida em uma situação de alienação total, mas no enfrentamento contínuo entre médico e paciente. Trata-se, pois, de uma *batalha* entre médico e paciente, e não simplesmente de um poder místico ou taumatúrgico do médico. Este último deve conhecer minuciosamente todas as estratégias do paciente para que possa ajudá-lo no processo da cura. A definição do conceito de transferência da psicanálise, modelada a partir de sua distância da psiquiatria, indica que não se pode admitir, senão com muita cautela, aquela "continuidade" vaga entre Pinel e Freud, sugerido por Foucault.

Provavelmente, tal continuidade seja muito mais admissível se for considerado outro aspecto enfatizado por Foucault: a psicanálise, malgrado seus esforços, não escapou do *aprisionamento moral* que, na Idade Clássica, distinguia entre razão e desrazão, reunindo em torno da figura do médico as figuras parentais típicas da sociedade burguesa, por exemplo, aquela do Pai.

A despeito da pretensão de encarregar-se do conhecimento objetivo da doença mental, psiquiatria e psicanálise adotam, no processo de cura, um procedimento de tipo moral que reproduz as estruturas da sociedade burguesa e seus valores. "O que se chama de prática psiquiátrica é uma certa tática moral contemporânea do fim do século XVIII, conservada nos ritos da vida asilar e recoberta pelos mitos do positivismo" (FOUCAULT, 1972, p. 528).-Se for considerado que, em diversas ocasiões, Freud se coloca a relação médico-paciente ao assumir uma posição crítica em relação aos embates da Psiquiatria; se se tem presente por outro lado que, na psicanálise, não é o médico que *produz* a transferência, posto que seu papel consiste em descobri-la e direcioná-la a fim de que o processo da cura não seja comprometido; se se pensa, enfim, que a transferência é um simples *suporte* temporário da cura e por isso ela deve ser superada; então, é provável que Freud e a psicanálise tenham representado um momento de ruptura com a Psiquiatria.

Chaves reconhece que um dos méritos da investigação de Foucault consiste em submeter a Psicanálise a uma revisão crítica de suas posições: trata-se de não lhe deixar a possibilidade de transformar-se em um novo dogma, e de evitar que o psicanalista se torne um técnico onipotente. Na *História da loucura*, assim como em uma série de outros escritos contemporâneos, a posição de Foucault sobre a Psicanálise parece paradoxal: elogiosa, quando escuta e interpreta a loucura; crítica, quando essa interpretação envolve uma "transferência" de poderes do paciente ao médico.

Ressonâncias nas pesquisas de arquivos e documentos

Ao lado de análises interpretativas da obra de Foucault, encontra-se, no Brasil, a partir do final dos anos de 1970, um modo particular de leitura de *História da loucura*, marcado pelo descontentamento com a redução da atividade filosófica à mera repetição e pela proposta de sua utilização na realização de pesquisas próprias, considerando a conjuntura política e teórica em que se vive. Este tipo de leitura se contrapõe ao comentário. Nessa linha evidencia-se, por um lado, a possibilidade de utilizar livremente o pensamento de um grande filósofo como Foucault, para dar conta da exterioridade da filosofia e se articular à realidade política por meio das pesquisas de arquivo.

Como Foucault explicita em *L'Archéologie du Savoir* (1969), a descrição do arquivo abre as suas possibilidades a partir dos discursos que acabam de deixar de ser nossos. Seu limiar de existência é instaurado pelo corte que nos separa daquilo que não podemos mais dizer. Seu lugar é o afastamento de nossas próprias práticas discursivas. Pois o arquivo comporta uma região privilegiada: próxima de nós, mas diferente de nossa atualidade. Trata-se do tempo que cerca o nosso presente, que o domina e o indica em sua alteridade. É aquilo que, fora de nós, nos delimita.

Por outro lado, evidencia-se que a pesquisa do arquivo, conforme entendida por Foucault, não deve ser compreendida como princípio universal de método. Ao contrário, como todo seu pensamento, deve se dirigir a um uso particular e pode se fundar na seguinte questão: onde encontramos hoje regiões de disponibilidade para novas apreensões, nas quais a resistência se articula com a invenção, com a experimentação? De que modo ainda é possível colocar a questão de como contornar as formas de poder de saber mais abrangentes, nas quais somos inseridos, com o objetivo de traçar alternativas às formas brasileiras de exclusão e reclusão, cuja crise se arrasta desde o século XIX até nossos dias?[7]

No Brasil, pesquisas histórico-filosóficas assim realizadas dirigem-se ao campo da saúde. Trata-se de trabalhos que se desenvolvem não apenas em centros acadêmicos mas que têm uma singular contribuição na trajetória do processo de reforma psiquiátrica que vem ocorrendo no Brasil desde o final de 1970, pois desempenham um papel na formação de parcela significativa dos quadros políticos do processo assim como na produção de pesquisas pioneiras sobre a psiquiatria e suas instituições. Apresentam, assim, ressonâncias no âmbito dos serviços e da cultura, na medida em que nosso país vem sendo palco de um dos mais importantes processos de transformação na área da saúde mental. São estudos sobre loucura, processo saúde/doença mental, subjetividade e comportamento humano, que tentam qualificar a produção teórica e a construção de novas formas sociais e técnicas no lidar com a loucura, a doença mental e o sofrimento humano.

Esta linha aqui introduzida por Roberto Machado (1978), por Jurandir Freire Costa (1976) e outros, explicita-se como um trabalho de crítica histórica e filosófica das ciências do homem como a psiquiatria, ao analisar suas origens e os momentos principais de suas transformações. É o caso de *Danação da norma. Medicina social e Constituição da psiquiatria no Brasil* (MACHADO, 1978), em que, para entender o que aconteceu historicamente, parte-se da ideia de que é no meio da medicina social que se constitui a psiquiatria brasileira; que é do processo de medicalização da sociedade que surge o projeto de considerar patológico o comportamento do louco, só a partir de então considerado efetivamente curável.

A partir dessa formação e das descontinuidades históricas, tanto no nível dos saberes quanto no das práticas sociais, pode-se analisar o que se tornou a psiquiatria brasileira a partir da utilização da produção de Juliano Moreira.[8]

---

[7] Cf. PORTOCARRERO (2005, 2009).

[8] Juliano Moreira foi um dos mais importantes psiquiatras brasileiros no início do século XX. De 1903 a 1930, ocupou o cargo de diretor-geral da *Assistência a Psicopatas* do Distrito Federal.

Nessa perspectiva, coloca-se a hipótese de que a psiquiatria brasileira passou por algumas metamorfoses desde o final do século XIX, considerando-se a metamorfose como uma inflexão importante na historicidade e reorganização dos saberes e práticas que corresponde a continuidades e descontinuidades históricas nesses dois níveis, por meio de que opera uma transformação de conjunto e instaura uma nova coerência. É o caso da metamorfose, no final do século XIX e início do século XX, com a reforma psiquiátrica realizada por Juliano Moreira e outros, quando se estabelecem rupturas com a psiquiatria vigente no Brasil – até então, a psiquiatria brasileira se baseava nas teorias de Esquirol, de fundo moral, e nas práticas de isolamento asilar.

Essa descontinuidade se estabelece, sobretudo, a partir do surgimento dos conceitos de anormal e de anormalidade como forma de psicopatologia, introduzidos na medicina mental por Émil Kraepelin, na Alemanha, e importados para o Brasil. É também o caso da psiquiatria brasileira da década de 1960, quando o projeto de medicalização da sociedade passa a ser sistematicamente problematizado no interior mesmo do discurso psiquiátrico brasileiro.

No século XX, a psiquiatria começa a ser percebida como um risco de reproduzir, em novos moldes, os esquemas de sujeição dos indivíduos, com um corpo conceitual mais científico e com práticas assistenciais menos restritas ao internamento. Trata-se, por um lado, do surgimento de críticas contundentes à ineficácia do sistema psiquiátrico, cuja base ainda é o isolamento intra ou extramuros, apesar de sua intenção declarada de constituir um novo modelo teórico e assistencial. Por outro lado, do surgimento de uma multiplicidade de novos saberes e de novas práticas, que foram produzidos na tentativa de solucionar problemas como a iatrogenia e a cronificação próprias do internamento e das estratégias institucionais comprometidas em função da má gestão da vida da população estigmatizada como mentalmente doente.

Aí, a contribuição de Foucault aparece primeiramente em aspectos de modificações de conjunto que se passam no âmbito das políticas públicas, das estratégias do Estado, da esfera legislativa, dos mecanismos de segurança, mas também no âmbito das ciências e de outros saberes envolvidos. É com base nessas considerações que se pode dizer que sua

Conseguiu a promulgação de uma lei de reforma da assistência a alienados. Remodelou o antigo Hospício Pedro II (retirada das grades, abolição dos coletes e das camisas de força), onde instalou um laboratório. Criou, em 1911, a *Colônia de Engenho de Dentro*. Instaurou a admissão voluntária de insanos e a assistência heterofamiliar. Em 1919, inaugurou o primeiro Manicômio Judiciário no Brasil.

contribuição se deveu à influência que *História da loucura* exerceu, não só no Brasil como também em alguns países da Europa.

A tese desse livro, acrescida de suas hipóteses sobre as formas de exercício do poder em nossa sociedade, o disciplinar e o biopoder, bem como sobre a relação de imanência entre estas formas e os saberes,[9] suscitou análises de médicos, psiquiatras, filósofos, psicólogos, psicanalistas, cientistas sociais e técnicos. *História da loucura* inspirou principalmente um grupo de estudiosos do Rio de Janeiro que introduziu, por vezes sem muita clareza, essas e outras de suas ideias num novo debate a respeito da psiquiatria que havia se iniciado, aqui, pelos trabalhadores da saúde mental em geral e pacientes psiquiátricos que nele tiveram uma parcela de participação, como foi o caso, por exemplo, das propostas de reforma da Colônia Juliano Moreira nos anos 1980.

A contribuição de Foucault nesse movimento deve-se aos intelectuais envolvidos nesse debate e que leram seus livros ou foram às suas conferências. Se suas ideias foram levadas tão a sério, aqui, nesse movimento do qual fizeram parte, movimento que pode ser considerado uma metamorfose na psiquiatria brasileira, isso aconteceu pela força do pensamento de Foucault, pelo uso que dele fizeram seus seguidores, mas também pelas severas críticas de seus adversários – tanto os defensores da psiquiatria tradicional – fundamentalmente organicista – quanto, em razão de sua noção de poder, os intelectuais da esquerda marxista. Se isso aconteceu, foi, sobretudo, devido à atualidade dos problemas por ele levantados e ao potencial inovador de suas hipóteses, que fazem seus livros históricos se dirigirem ao nosso presente.

Um dos desdobramentos mais relevantes inspirados pelo livro de Foucault é o movimento brasileiro da antipsiquiatria, mesmo não sendo esta noção muito clara. Robert Castel (1987) mostrou que este termo foi proposto por David Cooper para designar uma estratégia de ruptura real no quadro da instituição psiquiátrica na Inglaterra. Cooper baseava-se no tema da "viagem" da loucura, concebida como portadora de uma espécie de verdade misteriosa sobre a existência, sempre reprimida pela pressão social que a degrada em doença mental; deveria, então, ser tratada pela escuta e não por meios coercitivos.

O termo antipsiquiatria se generalizou em debates e em contestações, e a organização concreta da medicina mental tornou-se um pretexto para

---

[9] Hipóteses apresentadas em *Surveiller et punir* (FOUCAULT, 1975), em *L'Histoire de la sexualité I* (FOUCAULT, 1976), em suas conferências sobre a medicina social e naquelas reunidas em *A verdade e as formas jurídicas* (FOUCAULT, 1999), proferidas no Rio de Janeiro, na década de 1970.

um radicalismo crítico contra a psiquiatria tradicional, assim considerada paradigmática do autoritarismo do exercício do poder, arcaico em sua estrutura, rígido em sua aplicação e que implica num desnível absoluto entre aquele que age e aquele que sofre a ação. Entretanto, este radicalismo permaneceu defasado com relação aos objetivos dos profissionais e à reorganização efetiva de sua prática.

A partir do ano 1960, com as análises sobre as instituições totais como as de Goffman sobre as prisões, os hospitais, os locais de trabalho, as fábricas, onde conflitos de ordem anti-hierárquica se sobressaíam junto às reivindicações econômicas, as análises epistemológicas e acadêmicas da questão destas práticas sociais e sua relação com o poder ganham importância.

Segundo Castel, assim é que Foucault foi assimilado a este movimento. *História da loucura* teve muita importância para a antipsiquiatria por articular a teoria com as práticas científicas, e, sobretudo, com uma forma de experiência moral e social da loucura. Sua influência para a antipsiquiatria deve-se à análise histórica do contexto social, moral e imaginário da exclusão da desrazão, do internamento e dos constrangimentos impostos pela razão científica e política; deve-se, ainda, à sua hipótese da loucura como uma forma relativa à razão, ou, antes, da relação perpetuamente reversível entre a loucura e a desrazão, que teria feito toda loucura ter razão para julgá-la e dominá-la e toda razão, sua loucura na qual encontrasse sua verdade irrisória. Como afirma Foucault, a loucura se torna uma das próprias formas da razão, porque só tem sentido e valor no campo da razão. A tentativa de Foucault de compreender como se constituíram, historicamente, os privilégios da reflexão crítica e, sobretudo, como a experiência da loucura foi confiscada pela razão, bem como suas afirmações que a psiquiatria é somente o monólogo da razão sobre a loucura e que a psiquiatria não conhece a loucura, ela a domina, foram de interesse indiscutível para esse movimento.

Para Foucault, desde o final do século XIX, os abalos que sacudiram a psiquiatria colocaram em cheque muito mais o poder e o efeito da ação do médico sobre o doente, do que seu saber, ou melhor, a verdade daquilo que dizia sobre a doença. Todas as grandes reformas da prática e do saber são, no fundo, tentativas de mascarar as relações de poder ou de anulá-las. O que se questionava era a maneira pela qual o poder do médico estava implicado na verdade daquilo que dizia, e, inversamente, a maneira pela qual a verdade podia ser fabricada e comprometida pelo seu poder – questões também suscitadas pelos trabalhos de Cooper, Laing e Basaglia, muitas vezes, associados a Foucault no Brasil (AMARANTE, 2000).

O que estava em jogo, desde o início da psiquiatria, era o direito absoluto da não loucura sobre a loucura quanto à competência, bom senso e normalidade. Para Foucault, este é o fundamento da psiquiatria clássica: o jogo de poder que dá origem a um conhecimento, que, por sua vez, funda os direitos desse poder, donde se depreende que a antipsiquiatria invalidava a transcrição da loucura em doença mental.

Pode-se considerar que Foucault contribuiu para a antipsiquiatria brasileira porque suas análises explicitam o poder no próprio interior do pensamento psiquiátrico, até então considerado como portador de uma neutralidade científica. Na realidade, esse movimento era difuso e muito eclético: reunia hipóteses e pensamentos muito diferentes como os de Cooper, Basaglia e Foucault. Também por isso o termo antipsiquiatria não é muito claro.

Alguns vínculos a Foucault podem ser demarcados no Brasil a partir dos anos 1960. As análises do conceito de poder foram introduzidas no discurso psiquiátrico brasileiro, tanto por sua influência quanto pelo pensamento da esquerda marxista. Isso ocasionou, juntamente com outros elementos, uma metamorfose no corpo teórico e nos textos normativos da prática assistencial que transportavam noções provenientes de várias regiões de saber não se restringindo à da medicina mental. O novo discurso é a confluência de uma multiplicidade de teorias que aparecem interligadas, tomando emprestados conhecimentos da experiência italiana, da psiquiatria de setor francesa, das comunidades terapêuticas inglesas, da psiquiatria comunitária americana e da antipsiquiatria. A formulação de projetos práticos comuns dissimula a profundidade das divergências teóricas dessas várias correntes.

Com a antipsiquiatria ou psiquiatrias ditas alternativas das últimas décadas no Brasil, a psiquiatria passa a ser discutida principalmente em seu caráter de sujeição e de objetivação da vida dos indivíduos e da população por parte das ciências do homem e suas estratégias de intervenção. As críticas registram o fracasso da psiquiatria como instância terapêutica. Ainda hoje, esse debate evidencia o questionamento da relação entre as formas de dominação psiquiátrica e a sociedade, em contrapartida ao aperfeiçoamento dos psicotrópicos e das técnicas de psicoterapia que incidem diretamente sobre o corpo e sobre os fatores psicológicos da doença mental.

São saberes e práticas que pretendem constituir novas estratégias e tecnologias com o objetivo de mudar o tipo de atenção aos indivíduos absorvidos pelo sistema previdenciário, sejam doentes mentais ou simplesmente desviantes financeiramente carentes – a própria população de internos crônicos ou dos que buscam atendimento ambulatorial o demonstra. A partir de meados do século XX, analisam-se e implantam-se, aqui, novas modalidades de cuidado que tentam escapar aos dilemas surgidos do antigo sistema asilar e de custódia, constituindo-se como um novo momento da psiquiatria.

Estas propostas fazem coexistir diferentes coerências psiquiátricas: aquela que remonta ao final do século XIX, com Juliano Moreira, que podemos chamar de tradicional; e aquelas que se reúnem, propondo-se como alternativas. A antipsiquiatria deve sua importância à radicalização da possibilidade de medidas de "anti-institucionalização" da loucura e da "desospitalização" da doença mental articuladas com práticas legais cuja ênfase é o tratamento ambulatorial.

É preciso ressaltar que novas estratégias para a psiquiatria brasileira não se encontrariam na questão exclusiva de metas instituídas de política de saúde mental, nem de conhecimento científico, menos ainda de organização mais racional das instituições. Mas em tentativas de estabelecer novas relações de forças relativas aos processos de exclusão e normalização dos indivíduos na nossa sociedade, principalmente como busca da invenção e da experimentação que permitam oferecer resistências às atuais formas de articulação dos saberes com as práticas.

Referências

AMARANTE, Paulo; SOALHEIRO, N. I. As instituições da desinstitucionalização. Reflexões foucaultianas para a construção de uma prática da liberdade. In: AMARANTE, Paulo (Org.). *A loucura da história*. Rio de Janeiro: Laps; Ensp; Fiocruz, 2000.

BIRMAN, Joel A psicanálise na berlinda. In: CASTELO BRANCO, G.; PORTOCARRERO, V. (Orgs.). *Retratos de Foucault*. Rio de Janeiro: NAU, 2002.

BIRMAN, Joel. *Entre o cuidado e saber de si: sobre Foucault e a psicanálise*. Rio de Janeiro: Relume Dumará, 2000.

CANDIOTTO, Cesar. Verdad y acontecimiento en Michel Foucault. In: LABASTIDA, Jaime; ARÉCHIGA, Violeta (Org.). *Identidad y diferencia: El pasado y el presente*. 1. ed. México, D.C.: Siglo XXI, 2010. v. 2 , p. 507-518.

CANDIOTTO, Cesar; PORTOCARRERO, Vera. Effetti dela "Storia della follia". In: Brasile. *Aut aut. Foucault e la "Storia della follia"*, n. 351, 2011. p. 173-189.

CASTEL, Roberto. *A gestão dos riscos: da antipsiquiatria à pós-psicanálise*. Rio de Janeiro: Francisco Alves, 1987.

CHAVES, Ernani. *Foucault e a psicanálise*. Rio de Janeiro: Forense Universitária, 1988.

COSTA, Jurandir F. *História da psiquiatria no Brasil*. Rio de Janeiro: Documentário, 1976.

DERRIDA, Jacques. *La escritura y la diferencia*. Barcelona: Anthropos, 1989.

DERRIDA, Jacques; FOUCAULT, Michel. In: FERRAZ, Maria Cristina (Org.). *Três tempos de história da loucura*. Textos reunidos. Rio de Janeiro: Relume Dumará. 2001.

FOUCAULT, Michel. *A verdade e as formas jurídicas*. Tradução de Roberto Machado e Eduardo Jardim Morais. Rio de Janeiro: Nau, 1999.

FOUCAULT, Michel. *Histoire de la folie à l'âge classique*. Paris: Gallimard, 1972.

FOUCAULT, Michel. *Histoire de la séxualité: la volonté de savoir*. Paris: Gallimard, 1976.

FOUCAULT, Michel. *L'archeologie du savoir*. Paris: Gallimard, 1969.

FOUCAULT, Michel. La Folie, l'absence d'oeuvre. In: *Dits et écrits*, v. I. Paris: Gallimard, 1994a. p. 412-420.

FOUCAULT, Michel. *Les mots et les choses: une archéologie des sciences humaines*. Paris: Gallimard, 1966.

FOUCAULT, Michel. Réponse à Derrida. In: *Dits et écrits*, v. II. Paris: Gallimard, 1994b. p. 245-267.

FOUCAULT, Michel. *Surveiller et punir: naissance de la prison*. Paris: Gallimard, 1975.

MACHADO, Roberto et al. *Danação da norma. Medicina social e constituição da psiquiatria no Brasil*. Rio de Janeiro: Graal, 1978.

MACHADO, Roberto. Archéologie et épistémologie. In: MACHADO, Roberto. *Michel Foucault philosophe*. Paris: Seuil, 1988. p. 15-32.

MACHADO, Roberto. *Foucault, a ciência e o saber*. 3. ed. Rio de Janeiro: Zahar, 2006.

MUCHAIL, Salma T. *Foucault simplesmente*. São Paulo: Loyola, 2004.

PORTOCARRERO, Vera. *Arquivos da loucura. Juliano Moreira e a descontinuidade histórica da psiquiatria*. Rio de Janeiro: FIOCRUZ, 2002. (Coleção Loucura e Civilização).

PORTOCARRERO, Vera. Genealogia, arquivo e invenção. In: CASCAIS, A. F.; LEME, J. L.; NABAIS, N. (Org.). *Lei, segurança e disciplina - trinta aos depois de "Vigiar e punir", de Michel Foucault*. Lisboa: Centro de Filosofia das Ciências da Universidade de Lisboa, 2009.

PORTOCARRERO, Vera. Juliano Moreira e a metamorfose da psiquiatria brasileira. *Conceito, Revista de Filosofia e Ciências do Homem, Loucura e Desrazão*, Lisboa, n. 1, 2005.

CAPÍTULO 22
Literatura como contraepisteme: o lugar da experiência literária na arqueologia foucaultiana do saber

Vladimir Pinheiro Safatle

> *Ce n'est point avec des idées qu'on*
> *fait des vers.*
> *C'est avec des mots.*
> MALLARMÉ

Há múltiplas maneiras de abordar o sentido e o regime de articulação desse que foi, certamente, um dos projetos mais importantes da reflexão epistemológica sobre as ciências humanas, a saber, a arqueologia foucaultiana do saber. No entanto, uma maneira extremamente elucidativa consiste em fazer algo como uma genealogia da arqueologia do saber. Certamente, tal genealogia deveria começar por uma explicação importante, dada por Foucault, a respeito de sua experiência intelectual:

> Sem desconhecer as clivagens que puderam, durante estes últimos anos e desde o final da guerra, opor marxistas e não marxistas, freudianos e não freudianos, especialistas de uma disciplina e filósofos, universitários e não universitários, teóricos e políticos, parece-me que poderíamos encontrar uma outra linha de partilha que atravessa todas estas oposições. Tal linha é aquela que separa uma filosofia da experiência, do sentido, do sujeito e uma filosofia do saber, da racionalidade e do conceito. De um lado, uma filiação que é esta de Merleau-Ponty e Sartre; de outro, esta de Cavaillès, Bachelard, Koyré e Canguilhem. Sem dúvida, esta clivagem vem de longe e poderíamos seguir seus traços através do século XIX: Bergson e Poincaré, Lachelier e Couturat, Maine de Biran e Comte (FOUCAULT, 2001, p. 1583).

Essa afirmação é extremamente importante devido a sua clareza. Foucault compreende as linhas principais de força do pensamento francês desde o iluminismo como o desdobramento de uma clivagem entre "filosofias do sujeito" e "filosofias do conceito". Esta clivagem teria alcançado o século XX através da confrontação entre fenomenologia e epistemologia.

Notemos inicialmente quão contraintuitiva é essa maneira de pensar, a começar porque a fenomenologia e epistemologia francesa nunca se autocompreenderam como opostos fundamentais. Apenas para ficar em um caso, basta lembrar aqui as proximidades evidentes entre as perspectivas holísticas de *O normal e o patológico,* de Canguilhem, e de *A estrutura do comportamento,* de Merleau-Ponty, o que não poderia ser diferente já que os dois eram leitores atentos e influenciados por Kurt Goldstein. Isso sem falar no fato do jovem Foucault de *Doença mental e psicologia* ter sido influenciado, de maneira decisiva, por um autor que certamente ficaria do lado da filosofia do sujeito: Georges Politzer de *Crítica dos fundamentos da psicologia.*

Mas não contente com o fato, Foucault insere a fenomenologia em uma linha inusitada composta por Bergson, Lachelier e Maine de Biran, isso enquanto a epistemologia encontraria suas raízes no positivismo de Augusto Comte. Feita essa partilha, Foucault poderá afirmar que seu programa filosófico, programa que vai configurar-se claramente pela primeira vez através da constituição do campo de uma arqueologia do saber, insere-se claramente na segunda linhagem, o que o coloca em frontal oposição com a fenomenologia francesa e suas temáticas. Uma oposição que nos explica, entre outras coisas, a aliança que Foucault fará, nos anos 1960, com uma outra corrente que, esta sim, afirmava suas diferenças fundamentais com Sartre e Merleau-Ponty: o estruturalismo. No entanto, fica aqui a questão central: como Foucault pretende justificar a centralidade dessa clivagem, o que ela pode nos dizer a respeito da maneira com que Foucault procura legitimar suas escolhas? E como essa filiação à tradição epistemológica francesa, irá se articular com uma outra filiação assumida por Foucault, esta que o vincula às expectativas disruptivas da literatura francesa de vanguarda através de nomes como: Georges Bataille, Maurice Blanchot e Raymond Roussel? Pois, e esta é uma tese que gostaria de defender aqui, talvez essa segunda filiação nos adiante algo que ficará claro quando o programa de uma genealogia do poder for enfim enunciado.

Epistemologia histórica e história da razão

Poderíamos começar aqui lembrando da peculiaridade maior da tradição epistemológica francesa à qual Foucault se vincula. Uma tradição que não compreende a tarefa da epistemologia como fundação de uma teoria do conhecimento baseada na análise das faculdades cognitivas e da estrutura possível da experiência. Antes, nomes como Canguilhem, Bachelard, Cavaillès e Koyré são lembrados por vincular radicalmente reflexão epistemológica e reconstrução de uma história das ciências. No entanto, essa verdadeira "epistemologia histórica" não era resultante apenas da submissão da epistemologia à *história das ciências*. Havia ainda uma clara articulação que visava inserir tais reflexões sobre a história das ciências em um quadro mais amplo de história das ideias, dos sistemas filosóficos, religiosos, em suma, de uma história geral das sociedades. Koyré, por exemplo, afirmará que: "A evolução do pensamento científico, ao menos durante o período por mim estudado, não formava uma série independente, mas estava, ao contrário, fundamentalmente ligada à evolução de ideias *transcientíficas,* filosóficas, metafísicas, religiosas", a fim de fornecer como exemplo o fato de que:

> [...] o pensamento científico e a visão de mundo que ele determina não está apenas presente nos sistemas – tais como os de Descartes e Leibniz – que se apoiam abertamente na ciência, mas também em doutrinas – tais como as doutrinas místicas – aparentemente estranhas a toda preocupação desta natureza. O pensamento, quando ele se formula em sistema, implica uma imagem, ou melhor, uma concepção de mundo e se situa em relação a ela: a mística de Boèhme é rigorosamente incompreensível sem referência à nova cosmologia criada por Copérnico (Koyré, 1973, p. 12-13).

Se o pensamento científico não forma uma série independente, mas está ligado a um quadro mais amplo de ideias historicamente determinadas é porque, dirá mais tarde Foucault, a reflexão epistemológica não deve se perguntar apenas sobre os poderes e direitos de técnicas e proposições científicas que aspiram validade, mas deve esclarecer a gênese dos padrões de racionalidade e as condições de exercício que se encarnam em técnicas e proposições, assim como se encarnam nas outras formações discursivas que compõem o tecido social. Tal certeza fornece o sentido de uma afirmação metodológica central de Canguilhem como:

> A história das ideias não pode ser necessariamente superposta à história das ciências. Porém, já que os cientistas, como homens, vivem sua vida num ambiente e num meio que não são exclusivamente científicos, a história das ciências não pode negligenciar a história das ideias (Canguilhem, 1980, p. 25).

Podemos mesmo dizer que a história das ciências não pode negligenciar a história das ideias porque a história das ciências não seria outra coisa senão um setor privilegiado da história dos processos de racionalização de visões partilhadas de mundo.

Essa articulação entre epistemologia e reflexão sobre a estrutura dos padrões de racionalização permitirá a Foucault afirmar que o terreno estava aberto para a transformação da epistemologia em linha de frente da crítica da razão. Bastava um movimento localizado, porém prenhe de consequências. Um movimento que consistia em retirar o solo realista sobre o qual a epistemologia histórica francesa se movia (e que assegurava ainda uma direção cumulativa do progresso científico), em prol da compreensão do progresso científico como uma sucessão descontínua de discursos, historicamente limitados, sobre o mundo. Se, por exemplo, para o positivismo, a história não era mais do que uma "injeção de duração na exposição dos resultados científicos" (Koyré, 1982, p. 12), já que os critérios de validação de tais resultados estariam para além da história, para Foucault, ela era a chave para compreender a constituição dos critérios de validade de enunciados científicos.

De fato, também Bachelard, com sua noção central de corte epistemológico, assim como Koyré e Canguilhem insistiram no caráter descontínuo da história das ciências. Canguilhem lembra, por exemplo, que Lavoisier assumira a responsabilidade de duas decisões maiores: ter "mudado a língua que nossos mestres falavam" e não ter fornecido, em sua obra, "histórico algum vindo da opinião dos que lhe precederam". Ou seja, trata-se da fundação de um saber que opera na descontinuidade de um acontecimento que exige a reconfiguração da linguagem e a suspensão do passado. Descontinuidades dessa natureza permitem a Foucault afirmar que a "história das ciências não é a história do verdadeiro, da sua lenta epifania, ela não saberia pretender contar a descoberta progressiva de uma verdade sempre inscrita nas coisas ou no intelecto, salvo a imaginar que o saber atual possui enfim tal verdade de maneira tão completa e definitiva que ele pode medir o passado a partir dela" (Foucault, 2001, p. 1588).

No entanto, uma colocação dessa natureza deixa em aberto uma questão maior: a história das ciências não pode negligenciar o problema da relação às expectativas de descrições verdadeiras de estados de coisa. Foucault sabe disso, ele sabe que a referência ao verdadeiro e ao falso é peça fundamental da especificidade do discurso científico. Mas ele insistirá que se trata, fundamentalmente de compreender a história das ciências como: "a história dos 'discursos verídicos', ou seja, dos discursos que se retificam, se corrigem e que operam sobre eles mesmos todo um trabalho de elaboração finalizada pela tarefa do 'dizer verdadeiro'" (Foucault, 2001, p. 1588).

Esse deslizamento, da confrontação com um estado de coisas dotado, ao mesmo tempo, de acessibilidade epistêmica e autonomia metafísica, a uma análise dos discursos que aspiram validade, análise dos modos de um dizer que se põe como dizer da verdade, faz toda a diferença e é especificamente foucaultiana. Essa articulação entre epistemologia e reflexão sobre a estrutura dos padrões de racionalização permitirá a Foucault afirmar que o terreno estava aberto para a transformação da epistemologia em linha de frente da crítica da razão. Pois se tratava de mostrar como o advento de saberes empíricos determinados, de discursos científicos portadores de objetos próprios, era dependente de processos de racionalização que atravessavam os domínios estritos de tais discursos e saberes.

Nem Bachelard, nem Koyré, nem Canguilhem foram tão longe. Canguilhem, por exemplo, também aceitava que o objeto da história das ciências era a "historicidade do discurso científico enquanto tal historicidade representa a efetivação de um projeto interiormente submetido a normas" (CANGUILHEM, 1989, p. 17), ou seja, a história das ciências fala do discurso científico e suas aspirações normativas internas. No entanto, ele não deixava de insistir na distinção entre objeto da história das ciências e objetos da ciência, mesmo que não se trate de um objeto naturalizado.[1] Isso significa que, em certas situações, Canguilhem poderá comparar o objeto da ciência com o objeto da história da ciência, encontrando uma norma que determina a história, em vez de ser simplesmente determinada por ela.

É tal deslizamento que permite comentadores como Peter Dews afirmar: "na obra de Foucault, a relação entre teoria e experiência é apresentada como uma relação determinada de maneira unidirecional. Foucault, ao menos o Foucault dos anos 60, adota o primado do discursivo sobre o 'vivido', no que ele é claramente influenciado pelo estruturalismo" (DEWS, 1995. p. 42). No entanto, essa leitura corrente talvez não seja totalmente correta. Ela e capaz de dar conta da razão pela qual Foucault precisa operar uma clivagem na filosofia francesa entre a vertente epistemológica da "filosofia do conceito" e a vertente fenomenológica da "filosofia do sujeito". A dita filosofia do conceito, com sua noção histórica e alargada de história das ciências, permite a tematização do processo de constituição de estruturas discursivas que determinam a configuração da positividade das ciências e de expectativas gerais de racionalidade. Com isso, ela nos liberaria da ilusão do sujeito como polo

---

[1] "A história das ciências não é uma ciência e seu objeto não é um objeto científico" (CANGUILHEM, 1989, p. 23).

produtor de sentido da experiência. No entanto, há uma experiência (que não aparece sob a forma do vivido) que irá determinar a teoria.

De onde fala aquele que percebe um exterior?

Voltemos, por exemplo, os olhos para as reflexões iniciais de Foucault sobre o advento do saber psiquiátrico e do saber psicológico. Nos dois casos, tratava-se de colocar em operação aqui uma "epistemologia histórica a contrapelo" capaz de mostrar a origem da cientificidade própria a um domínio empírico do saber[2]. Dessa forma, a epistemologia histórica de Foucault se transformava em uma espécie de "contra-história das ciências" que visava expor o processo complexo de constituição, ao mesmo tempo, do discurso científico que aspira validade e do objeto da ciência (que se confundia aqui com o próprio objeto do discurso científico)[3]. Contra-história que visava expor uma análise dos processos de implementação de critérios discursivos de verdade, de construção de limites e de táticas de exclusão que deveriam ser criticados tendo em vista o desvelamento da maneira com que padrões históricos de racionalidade fundamentam e constroem a legitimidade de suas operações.

Livros como *Doença mental e psicologia* e *História da loucura* procuravam colocar em operação este método que consiste em mostrar quais as condições de possibilidade para o nascimento da "doença mental" como objeto de um discurso científico positivo e instrumental. Eles lembravam que a discussão sobre decisões clínicas a respeito da distinção entre normal e patológico são, na verdade, um setor de decisões mais fundamentais da razão a respeito do modo de definição daquilo que aparece como *seu* Outro (a patologia, a loucura etc.). Elas se inserem em configurações mais amplas de racionalização que ultrapassam o domínio restrito da clínica. A distinção entre normal e patológico, entre saúde e doença é o ponto mais claro no qual a razão se coloca como fundamento de processos de administração da vida, como prática de determinação do equilíbrio adequado dos corpos em suas relações a si mesmos e ao meio ambiente que os envolve. No caso da distinção entre saúde e doença

---

[2] Daí porque comentadores podem afirmar: "The way in which psychology or psychiatry remember their histories is based, in Foucault's view, on the inversion of the ends which one intuitively associates with historiography. Psychology/Pschiatry writes the history of the condition of its emergence not with the intention of remembering its origin but in order to forgot the shame of the origin" (VISKER, 1995. p. 18).

[3] Lembremos ainda como Foucault falará da existência de "contraciências" (no caso, a psicanálise e a etnologia estruturalista), ou seja, regimes de saber que expõem a gênese daquilo que as ciências humanas procuram transformar em fundamento.

mental, vemos ainda como a razão decide, amparando práticas médicas e disciplinares, os limites da partilha entre liberdade e alienação, entre vontade autônoma e vontade heterônoma.

No entanto, percebamos como, na *História da loucura,* o processo histórico de constituição de categorias e de objetos de ciências que aspiram positividade, como a psiquiatria e a psicologia, não será mais a narração das descobertas e experiências bem-sucedidas. Ele será a narração de uma *experiência de exclusão* como condição para o advento de critérios de normalidade e de normal. Uma narração bem descrita por Foucault nos seguintes termos, no prefácio à primeira edição de *História da loucura*:

> Poderíamos fazer uma história dos *limites* – destes gestos obscuros, necessariamente esquecidos desde que realizados, através dos quais uma cultura rejeita algo que será para ela o Exterior; e, ao longo de sua história, este vazio profundo, este espaço branco graças ao qual ela se isola a designa tanto quanto seus valores. Pois tais valores, ela os recebe e os mantém na continuidade de sua história; mas nesta região a respeito da qual gostaríamos de falar, ela exerce suas escolhas essenciais, ela opera a partilha que lhe fornecerá o rosto de sua positividade; lá se encontra a espessura originária a partir da qual ela se forma (FOUCAULT, 2001, p. 189).

A epistemologia como uma história dos limites através dos quais uma cultura rejeita algo que será para ela o Exterior, como uma descrição dos mecanismos que produzem essas separações que permitem a um regime de saber definir "o rosto de sua positividade". Daí, por exemplo, uma pergunta central: "Como nossa cultura conseguiu dar à doença o sentido de desvio e ao doente um estatuto de exclusão? E como, apesar disso, nossa sociedade se exprime nessas formas mórbidas que nas quais ela recusa a reconhecer-se?" (FOUCAULT, 1998, p. 75).

Notemos que temos aqui um dado complexo. Quem diz exclusão, diz impossibilidade de uma certa "experiência" ser tematizada, ganhar lugar no interior de um regime determinado de saber. É em nome dessa experiência que a teoria se desenvolverá em "contra-história da ciência". Mas que experiência é essa?

Antes de tentar uma resposta, vale a pena lembrar como já temos aqui um problema maior que estará também presente no projeto arqueológico de *As palavras e as coisas,* a saber, de onde fala este que é capaz de contar a história da razão como limitação, como constituição de um exterior? Essa "contra-história da ciência" que é, ao mesmo tempo, crítica da razão moderna precisava assegurar seus critérios de fundamentação, a fim de não solapar o território no qual a crítica assenta sua própria racionalidade. Derrida insistia em uma certa inconsistência do projeto foucaultiano, já que estaríamos diante de uma crítica da razão que precisaria fundamentar seus protocolos de avaliação sem recorrer à mesma razão que é objeto de desqualificação. Empreendimento impossível aos olhos de Derrida, já que; "*Toda* nossa linguagem europeia, a linguagem de tudo aquilo que participou, de um jeito ou de outro, à aventura da razão ocidental, é a delegação de projeto que Foucault define sob a forma de captura ou de objetivação da loucura" (DERRIDA, 1967, p. 58). Isso nos lembraria que, diante da razão:

> [...] nós só poderíamos chamar contra ela apenas ela mesma, nós só poderíamos protestar contra ela no seu interior".[4] Anos mais tarde, Habermas irá insistir no mesmo ponto ao lembrar do: "problema metodológico de como se pode escrever uma história das constelações da razão e da loucura quando o trabalho do historiador tem de mover-se dentro do horizonte da razão.[5]

Notemos como esse problema aparece já no início da enunciação do projeto arqueológico de *As palavras e as coisas*. Logo nas primeiras páginas do livro, Foucault lembra dessa peculiar enciclopédia chinesa, descrita por Jorge Luis Borges, onde se lê: "os animais dividem-se em: (a) pertencentes ao Imperador, (b) embalsamados, (c) enjaulados, (d) leitões, (e) sereias, (f) fabulosos, (g) cães em liberdade, (j) incluídos na presente classificação, (i) que se agitam como loucos, (j) inumeráveis, (k) desenhados com um pincel muito fino de pelo de camelo, (l) etc., (m) que acabam de quebrar o bebedouro, (n) que, de longe, parecem moscas".

A descrição de Borges permite a Foucault iniciar uma longa digressão a respeito de qual é o dispositivo realmente constitutivo das operações de conhecimento. Um ponto da descrição de Borges logo chama a atenção de Foucault. O caráter fantástico da ordenação não está no acréscimo de seres monstruosos. Mesmo se encontramos lá sereias, por exemplo, é forçoso reconhecer que: "Borges não acrescenta nenhuma figura ao atlas do impossível". Dado importante por lembrar que a verdadeira operação feita por Borges é uma certa subtração do lugar no qual estes seres poderiam encontrar-se, ou seja, o quadro que permite ao pensamento ordenar os seres. O que transgride a imaginação é simplesmente a série alfabética que liga categorias incompatíveis.

Essa destruição do lugar de ordenamento dos seres, da sintaxe de classificação que permite o estabelecimento seguro de operações de identidade e diferença, através da profusão de "erros de categorias" permite

---

[4] DERRIDA, 1967, p. 59.
[5] HABERMAS, 2001, p. 233.

a Foucault introduzir aquilo que podemos chamar de "a questão profissional do arqueólogo". Essa questão poderia ser enunciada da seguinte forma: "como se constitui o espaço de ordenamento dos seres?". Pois, se Foucault estiver certo, e se o riso provocado por Borges: "é sem dúvida aparentado ao profundo mal-estar desses cuja linguagem está arruinada: ter perdido o comum do lugar e do nome", ruína que aparece de maneira privilegiada nesta categoria "incluídos na presente classificação" que visa desarticular as distinções entre caso e estrutura, então o verdadeiro esforço de compreensão deve nos levar ao "ser bruto da ordem", esta região mediana que entrega a ordem em seu ser próprio.[6]

Esse ser bruto da ordem nos leva à discussão sobre o que tem validade *a priori* para além dos códigos culturais ordenadores. Mas se trata de um *a priori* histórico, fundamento para a racionalidade da multiplicidade dos campos empíricos do saber em uma determinada época.[7] Nesse ponto, Foucault insistia que deveríamos distinguir a arqueologia, que procura entender as condições de possibilidade para a constituição geral de objetos de ciências determinadas e critérios de veracidade, de uma epistemologia que se preocupa em dar conta dos fundamentos de uma ciência determinada e seus modos de regulação de fenômenos observáveis.

A esse *a priori* histórico através do qual nos deparamos com o ser bruto da ordem, Foucault dá o nome de *episteme*. A noção de episteme pretende assim resolver a dicotomia entre estrutura e história ao abandonar a noção de estruturas atemporais que podem, por exemplo, dar conta de produções míticas em solos e tempos absolutamente distantes, isso a fim de trabalhar com algo parecido a "condições históricas de possibilidades dos saberes"[8]. O que levou comentadores

---

[6] Sobre o ser bruto da ordem, lembrar: "A ordem, é ao mesmo tempo o que se oferece nas coisas como sua lei interior, a rede secreta segundo a qual elas, de uma certa forma, se olham entre si e que só existe através da grelha de um olhar, de uma atenção, de uma linguagem; e é apenas nas casas brancas desse esquadrinhamento que ela manifesta-se como algo que já está lá, esperando em silêncio o momento de ser enunciada" (FOUCAULT, 1966, p. 11).

[7] Sobre a distinção entre este *a priori* histórico e seu congênere kantiano, podemos dizer, primeiro, "lá onde Kant procurava antecipar a possibilidade de todo conhecimento prescrevendo previamente suas leis, Foucault quer partir de conhecimentos já constituídos para definir retrospectivamente o que os possibilitou. O segundo limite da analogia [entre Kant e Foucault] diz respeito à invalidação, por Foucault, de toda perspectiva normativa – se o *a priori* histórico opera claramente uma determinação no campo do saber, esta não saberia, diferentemente de sua contrapartida transcendental, legitimar a priori a possibilidade de um conhecimento seguro" (HAN, 1998, p. 75).

[8] Assim, vale a afirmação: "Lá onde o estruturalismo pretende colocar em evidência as leis abstratas que ultrapassam a história e a cultura definindo o espaço total no qual se inscrevem as diferentes

como Habermas a designar o projeto arqueológico de "historicismo transcendental" (HABERMAS, 2001).

O ser bruto esquecido

No entanto, esta temática do "ser bruto" retorna, de forma sintomática, de maneira relativamente distinta, em momentos maiores do texto. Lembremos, por exemplo, de uma frase central como: "Ora, ao longo do século XIX e até hoje – de Hölderlin a Mallarmé, a Antonin Artaud – a literatura só existiu em sua autonomia, só se destacou de toda outra linguagem através de um corte profundo graças a formação de uma forma de "contra-discurso" e retornando assim da função representativa ou significante da linguagem até este ser bruto esquecido desde o século XVI" (FOUCAULT, 1966, p. 59).

Esse "ser bruto esquecido desde o século XVI" não é, pois, o que constitui a base normativa da episteme que determina uma época. Na verdade, se quisermos entender o que define, nesse caso, tal ser bruto esquecido devemos aproximá-lo inicialmente dessa experiência que *A história da loucura* descreve como "experiência trágica da loucura". Já no prefácio à primeira edição de *História da loucura*, valendo-se de Nietzsche, Foucault confronta a "dialética da história" fundada na dinâmica conflitual entre a razão e seu Outro às "estruturas imóveis do trágico", ou seja, espaço de uma "implicação confusa" de polos que ainda não são exatamente opostos sem serem totalmente indiferenciados: "Domínio no qual o homem de loucura e o homem de razão, separando-se, não são ainda separados e, em uma linguagem muito originária, muito frustra, bem mais matinal que a linguagem da ciência, sustentam o diálogo sua ruptura que testemunha, de uma maneira fugidia, que eles ainda se falam" (FOUCAULT, 2001, p. 188).

Uma linguagem mais matinal e originária que a linguagem da ciência, linguagem na qual os separados não são opostos nem indiferentes uns aos outro. Foucault chegará a falar em uma "raiz calcinada do sentido" própria a uma linguagem onde a contradição não é submetida a uma dialética. Raiz, linguagem originária, matinal: todos esses termos indicam para Foucault "uma origem sem positividade e uma abertura que ignora as paciências do conceito"[9]. Para alguém que passou à história como o

---

permutações de elementos in-significantes, a arqueologia limita sua tarefa à descoberta de regras locais de transformação que, em uma época dada e em um formação discursiva precisa, definem a identidade e o sentido de um enunciado" (RABINOW; DREYFUS, 1984. p. 86).

[9] FOUCAULT, 2001, p. 267.

crítico ferrenho das ilusões da origem, através da constituição de uma tática genealógica, não deixa de ser sintomático o recurso sistemático a tal vocabulário.

Se ele é chamado aqui, é para definir o espaço desse ser bruto esquecido que não encontra mais lugar na configuração da positividade dos saberes empíricos de nossa época. Ser cujo lugar agora será apenas a literatura. Essa literatura que transgride os limites da representação por fazer apelo a um poder soberano de um "ser bruto" da linguagem, de um "ser vivo" da linguagem que se confunde com a capacidade da obra literária impor sua autonomia e sua autorreferencialidade.

Notemos como isso pode nos abrir as portas para compreendermos a resposta de Foucault à crítica de que sua postura arqueológica seria uma forma elaborada de relativismo. Lembremos, por exemplo, desta afirmação tardia e central de Foucault a respeito da arqueologia:

> Não admito em absoluto a identificação da razão com o conjunto de formas de racionalidade que puderam, em certo momento, em nossa época e ainda mais recentemente, ser dominantes em tipos de saberes, formas de técnicas e modalidades de governo ou de dominação, domínios nos quais se produzem a principais aplicações da racionalidade; deixo de lado o problema da arte, que é mais complicado. Para mim, nenhuma forma dada de racionalidade é a razão (FOUCAULT, 2001, p. 1266).

Por que, logo antes de afirmar a existência de um conceito de razão que permitiria a crítica de todas as formas de racionalidade que se encarna em técnicas, saberes e modalidades de governo, Foucault deva reconhecer que "o problema da arte" é mais complicado? De onde vem esta complicação e o que ela significa?

Podemos colocar aqui uma hipótese: e se Foucault trabalhasse como quem afirma que as obras de artes compõem, no fundo, um setor indissociável, mas esquecido, da história da razão? Como se a literatura de vanguarda fosse a marca, ainda presente em nós, de uma razão capaz de fundamentar expectativas críticas em relação a processos de racionalização social hegemônicos no interior de nossa episteme. Estaríamos, então, necessariamente diante de uma simples de "guinada estetizante" ou de uma teoria que insiste que, em uma época determinada, a razão pode se cindir em regimes discursivos distintos, em séries divergentes e que podemos nos apoiar em uma série contra outras?

Se esta última hipótese estiver correta, então poderemos dizer que para Foucault a literatura funcionaria, para Foucault, como uma espécie de "contraepisteme" que fornece a imagem do que não sabemos mais pensar e dar forma, ao menos enquanto estivermos no interior da episteme moderna. Como se todo advento de uma episteme fosse acompanhado da constituição de uma contraepisteme de circulação restrita que fornece à experiência social de uma época o registro das experiências perdidas. Experiências que continuam, no entanto, em latência, insistindo como possibilidades não realizadas. A literatura pode ser então compreendida como a latência da episteme moderna. Como regime de latência, ela consegue unificar tempos, fazendo com que a imagem mais avançada da Modernidade acabe por ressoar o que ficou em suspenso no passado.

De que a genealogia admite um certo originário

Um dos piores erros que um pesquisador de filosofia pode cometer é dividir o que se encontra unido, mesmo que esta união se dê sob a forma do conflito. Tentemos entender melhor uma afirmação maior de Foucault sobre sua própria experiência intelectual:

> Durante um longo período, tive em mim uma espécie de conflito mal resolvido entre a paixão por Blanchot, Bataille e, por outro lado, o interesse que alimentava por certos estudos positivos como os de Dumézil e de Lévi-Strauss, por exemplo. Mas, no fundo, estas duas orientações, cujo único denominador comum era talvez constituído pelo problema religioso, contribuíram de maneira igual a me conduzir ao problema do desaparecimento do sujeito (FOUCAULT, 2001, p. 642).

Na verdade, Foucault afirma que sua experiência intelectual foi a tentativa de construir uma articulação inusitada entre influências da reflexão epistemológica francesa (influências que se desdobrarão para articulações com o estruturalismo) e marcas de uma certa tradição filosófico-literária advinda do modernismo estético (Blanchot, Bataille, Klossovski e escritores como Roussel, Artaud e Mallarmé). Ela lhe permitirá procurar no campo da experiência estética os resquícios de uma experiência social capaz de se colocar para além de processos de racionalização que visam, entre outras coisas, principalmente *produzir* um certo regime de unidade, de presença e de ordenamento fundamentado naquilo que compreendemos por "sujeito". É em nome dela que a arqueologia do saber sempre foi uma forma de crítica da razão.

Lembremos, a esse respeito, de um texto curto porém importante de Foucault (*Loucura: ausência de obra*), onde ele inicia afirmando que talvez chegue um dia em que tudo o que experimentamos hoje sob o modo do limite, do estranhamento ou do insuportável em relação à loucura alcançará a "serenidade do positivo". Para tanto, Foucault advogará, mais uma vez, a proximidade entre a literatura de vanguarda e a experiência trágica da loucura. O que as une é aquilo que Foucault chama de "ausência de obra". Lembremos de uma afirmação maior de seu texto: desde "Freud, a loucura ocidental transformou-se em uma não linguagem pois ela transformou-se em uma linguagem dupla (língua que só existe nesta fala, fala que só diz sua língua) –, ou seja, uma matriz de linguagem que, no sentido estrito, não diz nada. Dobra do falado que é uma ausência de obra (FOUCAULT, 2001, p. 446).

Essa noção de ausência de obra indica a impossibilidade de constituição de uma totalidade funcional através de uma linguagem cujas operações de significação sempre parecem se disseminar. Essa ausência de obra é fundamentalmente índice da impossibilidade de certas operações de síntese e de totalização próprias a toda formalização capaz de construir uma obra. Poderíamos mesmo dizer que tal impossibilidade vem do fato de estarmos muito próximos de uma *Entstehung* (emergência) como jogos de força em continua reconfiguração que não permite a abertura "à potência antecipadora de um sentido" (FOUCAULT, 2001, p. 1011).

O salto arriscado feito por Foucault consiste em afirmar que essa operação de desaparecimento da obra é exatamente o resultado do modo de funcionamento da linguagem presente nessa tradição da literatura de vanguarda que tem em Mallarmé seu nome maior, como se a literatura de vanguarda fosse tributária de uma experiência social que a coloca em linha de aproximação com uma certa experiência trágica da loucura.[10] Daí o interesse de Foucault por escritores loucos, como Nerval, Artaud e Roussel. Daí a afirmação de uma literatura que procura se situar no espaço da forma vazia que marca a ausência de obra, que só nos permite dizer "Nada terá lugar a não ser o lugar".

> Antes de Mallarmé, escrever consistia em estabelecer sua palavra no interior de uma língua dada, de maneira que a obra de linguagem seria da mesma natureza que qualquer outra linguagem, aos signos aproximados da Retórica, do Sujeito ou das Imagens. No final do século XIX (na época do descobrimento da psicanálise ou quase) a literatura se transformou em uma palavra que inscrevia nela seu próprio princípio de decifração ou, em todo caso, ela supunha, sob cada uma de suas frases, sob cada uma de suas palavras, o poder de modificar soberanamente os valores e as significações da língua à qual, apesar de tudo, ela

---

[10] Sobre esta noção foucaultiana da literatura, lembremos das palavras de Deleuze (2004, p. 140): "Esta literatura moderna que escava uma 'língua estrangeira na língua' e que, através de um número ilimitado de construções gramaticais sobrepostas, tende a uma expressão atípica, agramatical, como em direção ao fim da linguagem".

pertencia; ela suspendia o reino da língua em um gesto atual de escritura (FOUCAULT, 2001, p. 447).

Essa proximidade à literatura permitirá, um dia, que a loucura se livre de sua redução à figura da doença mental. Por outro lado, ela transforma a reconfiguração formal das potencialidades e regras da linguagem operadas pela literatura em solo de fundamentação de uma razão que não quer mais ser confundida com sua versão instrumental e identificadora em operação nos campos das ciências empíricas que tomam o homem por objeto.

Com isso, Foucault fornece uma peculiar equação filosófica para o problema da autonomia da obra de arte. Longe de ser o resultado uma mera expressão de uma perspectiva que privilegiaria *l'art pour l'art* e que, por isso, marcaria o afastamento da arte em relação à tematização dos impasses da vida social, a obra autônoma, produtora de uma palavra que inscreve nela mesma seu próprio princípio de decifração, é o fundamento para uma crítica social renovada. Crítica que procura aliar reflexão sobre processos de constituição de discursos e crítica da razão.

Pode parecer que a estratégia resuma-se a uma "invenção compensatória da literatura" que nos levaria, no máximo, a uma "transgressão compensatória dos limites do moderno", para falar como Paulo Arantes. Como se a autonomia liberaria não pudesse ser outra coisa que: "um *dédommagement* pelo funcionamento significativo da linguagem, todavia menos uma evidência sociológica do que um capítulo do destino metafísico do Ocidente" (ARANTES, 1996, p. 200). Mas podemos também afirmar que essa leitura, se demonstra um risco concreto no projeto de Foucault, também corre o risco de subestimar a força política das reflexões sobre a forma autônoma. Colocados no registro do "compensatório", os debates sobre a autonomia da obra de arte acabam por ser cortados do esforço da arte antecipar o que Jacques Rancière uma vez chamou de "comunidade por vir". Uma antecipação que poderia ter forte capacidade indutora em relação à mutação dos padrões de racionalização de outras esferas da vida social. De toda forma, à sua maneira, toda teoria política transformadora pode ser vista, hoje, como compensatória.

Notemos ainda que, se aceitarmos essa leitura que proponho, teremos que dizer primeiro que não há corte profundo na passagem da antropologia do saber à genealogia do poder. Na verdade, esses dois momentos da experiência intelectual de Foucault descrevem duas perspectivas complementares do mesmo processo: mostrar como as figuras de racionalidade de nossa época nunca poderiam se constituir sem produzir um modo de relação com uma experiência fundamental que se coloca como exterioridade (a loucura, a literatura). Dessa forma, as figuras do saber são realmente compreendidas quando consigo revelar a maneira que elas procuram nada saber do que ficou na dimensão da emergência e da proveniência. Um "nada saber" indissociável do desenvolvimento de um poder capaz de impedir o saber de passar certo limite. E se a arqueologia do saber de *As palavras e as coisas* não deixa de terminar através da defesa da "morte do homem", talvez seja porque Foucault precisa se perguntar: o que o homem não pode saber, de que tipo de experiência ele está separado e que só se manifesta quando seu modo de determinação de objetos se dissolve?[11] Podemos colocar tal questão porque, de uma forma que Foucault sempre tentou tematizar, nunca fomos completamente homens.

Referências

ARANTES, Paulo. *Um departamento francês de ultramar.* São Paulo: Paz e Terra, 1996.

CANGUILHEM, Georges. *Etudes d'histoire de la pensée scientifique,* Paris: Vrin, 1982.

CANGUILHEM, Georges. *Etudes d' histoire et de philosophie des sciences.* 5. éd., Paris: Vrin, 1989.

CANGUILHEM, Georges. *O normal e o patológico.* Rio de Janeiro: Forense, 1980.

DELEUZE, Gilles; *Foucault.* Paris: Minuit, 2004.

DERRIDA, Jacques. Cogito et histoire de la folie. In: DERRIDA, Jacques. *Écriture et différence.* Paris: Gallimard, 1967.

DERRIDA, Jacques. *Écriture et différence.* Paris: Gallimard, 1967.

DEWS, Peter. *The Limits of Disenchantment: Essays on Contemporary European Philosophy.* London: Verso, 1995.

DREYFUS, Paul; RABINOW, Hubert. *Michel Foucault: un parcours philosophique.* Paris: Gallimard, 1984.

FOUCAULT, Michel. *Dits et écrits II.* Paris: Galllimard, 2001.

FOUCAULT, Michel. *Dits et écrits.* Paris: Gallimard, 2001.

FOUCAULT, Michel. La vie: l'expérience et la science. In: FOUCAULT, Michel. *Dits et Écrits II.* Paris: Gallimard, 2001, p. 1583.

FOUCAULT, Michel. *Les mots et les choses.* Paris: Gallimard, 1966.

FOUCAULT, Michel. *Maladie mentale et psychologie.* Paris: PUF, 1998.

---

[11] Uma resposta já está certamente indicada nesta afirmação de Gerard Lebrun: "Não é a arqueologia que pode explicar, por exemplo, por que a investigação de Foucault terminou por focalizar-se na questão do *sujeito* – mas sim a velha paixão que o animava contra as analíticas da Finitude" (LEBRUN, 2006, p. 352).

HABERMAS, Jurgen. *O discurso filosófico da modernidade*. São Paulo: Martins Fontes, 2001.

HAN, Béatrice. *L'ontologie manquée de Michel Foucault*. Paris: Jérome Millon, 1998.

KOYRÉ, Alexandre. *Études d'histoire de la pensée scientifique*. Paris: Gallimard, 1973.

LEBRUN, Gerard. *A filosofia e sua história*. São Paulo: Cosac e Naif, 2006.

RABINOW, Hubert; DREYFUS, Paul. *Michel Foucault: un parcours philosophique*. Paris: Gallimard, 1984.

VISKER, Rudi. *Michel Foucault: genealogy as critique*. London: Verso, 1995.

Capítulo 23
Re(des)encuentros de Foucault con Spinoza

Jorge Dávila

Conocemos treinta años de escritura de Michel Foucault, desde 1954 hasta 1984. Quiero ofrecer un recorrido por la diversidad de textos donde aparecen referencias explícitas a la filosofía de Spinoza. El recorrido está marcado por momentos de encuentros, de desencuentros y de reencuentros. Seguiré el orden cronológico de ese recorrido. Antes de emprender el recorrido, es deber recordar que Pierre Macherey, el primero en hacerlo, se refirió ya en 1988 a la relación entre el pensamiento de Foucault y la filosofía spinoziana (MACHEREY, 1989). Luego, en 1992, Macherey exploró la "actualidad filosófica" de Spinoza destacando el criterio según el cual puede darse la relación entre el pensamiento de Foucault y la filosofía de Spinoza. Tal criterio, que seguiré parcialmente, no es el de encontrar en esa filosofía una "fuente de referencia" o un "objeto de estudio" sino comprender que "sus problemas y algunos de sus conceptos acompañan otras formas de pensamiento que aportan nuevos desarrollos a la reflexión filosófica" (MACHEREY, 1992, p. 120). Y Macherey ofrece no sólo el ejemplo de Foucault sino que añade a Heidegger y Adorno para reunir a los tres en sus diversas maneras de encontrarse con Spinoza.

El criterio de Macherey es este: no se trata de leer a Spinoza a la luz de Foucault ni de leer a Foucault a la luz de Spinoza; más bien, "a la inversa de un alineamiento entre sus pensamientos, ver si es posible localizar intersecciones (*recoupements*): a partir del punto de cruce de esos pensamientos, ver *cómo se encuentran y se separan*, y, al mismo tiempo, distinguir con más precisión sus problemáticas específicas de manera que *se note la fecundidade*" (MACHEREY, 1992, p. 133) de la filosofía spinozista en el pensamiento foucaultiano. En este criterio en el que Macherey distingue "encuentro", "separación" y "fecundidade", prefiero distinguir "encuentro", "desencuentro" y "reencuentro". Iniciemos el recorrido en 1954 con el texto de introducción a la edición en francés de *Traum und Existenz* de Binswanger (FOUCAULT, 1984a).

Un primer encuentro

Foucault caracteriza el esfuerzo intelectual de Binswanger asociando su reflexión sobre los sueños a un retorno a una cierta tradición que la psicología del siglo XIX había dejado en el olvido creyendo superarla. El sueño como una "rapsodia de imágenes" había sustituido al sueño concebido como "experiencia imaginaria" (FOUCAULT, 1984a, p. 80). En esa olvidada concepción, se trata el sueño como una experiencia relacionada con la verdad, según "una tradición literaria, mística y popular" que también se encuentra en la filosofía del clasicismo. Y es en la filosofía de Spinoza donde Foucault encuentra el "punto de convergencia entre una tradición mística y un método racionalista" (FOUCAULT, 1984a, p. 82). Se refiere, claro está, a la reflexión sobre el sueño profético que aparece en el *Tratado teológico-político*. Lo que quisiera destacar de este primer encuentro es no tanto su contenido sino la muestra que da Foucault, ya en 1954, de su conocimiento del corpus spinoziano. En efecto, para tratar el tema, hace referencia a las *Cartas* de Spinoza y a la *Ética* enmarcando así lo afirmado en el *Tratado teológico-político* en el contexto doctrinario de la filosofía de Spinoza. ¿Qué hace Foucault para llegar a resumir el tema del sueño en esa doctrina de este modo: "Lo imaginario es signo de trascendencia; el sueño es una experiencia de esta trascendencia, bajo el signo de lo imaginario"? (FOUCAULT, 1984a, p. 83). Pues bien, invoca una distinción "entre dos tipos de imaginación" que hace Spinoza en la carta a Bailling de 1664 en la que se refiere a sueños y presagios.[1] En verdad, Spinoza distingue allí dos modalidades de la fuente de los "efectos de la imaginación que nacen ya sea del cuerpo, ya sea del alma". Foucault explora la segunda posibilidad (la imaginación que, como dice Spinoza en la Carta, "puede estar bajo la dependencia de la sola constitución del alma"); la explora, con toda justeza, como la imaginación con "forma específica del conocimiento". Y para ello invoca la *Ética*, de manera que va a la raíz más honda del tema en esa obra: el axioma tres de la segunda parte. Foucault lee en ese axioma que "la imaginación está ligada por esencia a la idea y a la constitución del alma" a partir de lo que establece Spinoza, a saber: "Los modos de pensar, como el amor, el deseo o cualesquiera de los designados con el nombre de afectos del ánimo, no se dan, a menos que en el mismo individuo se dé la idea de

---

1 Foucault cita según la edición de Appuhn, Carta n. 17.

la cosa amada, deseada, etcétera". (SPINOZA, 2010, II-Ax.3). En verdad, tal raíz es exacta en el hilo demostrativo de la *Ética*. Y no es difícil caer en cuenta de cuánto conocía Foucault esa obra, si reparamos en que el tema del sueño aparece en la *Ética*, referido a la imaginación, con mayor densidad filosófica que en el *Tratado teológico-político*. Pero, y esto deseo subrayarlo, esa densidad tiene que ver con la cuestión de la voluntad a la que Foucault, no sin razón, no pone aquí en juego. Quiero decir: para llegar a la *Ética*, desde la cuestión del sueño, en el tema de la relación entre imaginación y entendimiento, Foucault tiene que haber sido consciente del papel que juega la importante demostración de Spinoza sobre la relación entre entendimiento y voluntad. La razón es simple: el escolio donde Spinoza se expresa con nitidez sobre los sueños, a propósito de su refutación de la creencia de que sea posible suspender el juicio voluntariamente, está inmediatamente precedido del corolario que afirma: "La voluntad y el intelecto son una y la misma cosa" (SPINOZA, 2010, II- p. 49-Cor). En el contexto de la exégesis del texto de Binswanger, a Foucault no le era necesario referirse a este asunto de la voluntad. Tal vez esta referencia spinoziana haya quedado en la mente de Foucault esperando que su inquietud en relación con la voluntad de saber se destapara como ocurrió desde la investigación sobre la historia de la locura. Como se verá, la referencia a la voluntad de saber en Spinoza es un hilo, más o menos tenso, que une otros encuentros y desencuentros.

Segundo encuentro

En la *Historia de la locura*, la doctrina spinozista aparece como la representación por excelencia del modo en que el clasicismo asume la experiencia de la locura "no simplemente como asunto de reglas morales, sino de toda una conciencia ética" (FOUCAULT, 1972, p. 155). Es el tratamiento que da Foucault a la reflexión filosófica del clasicismo en el capítulo titulado: "Los insensatos". Este ha sido el texto privilegiado por Macherey en sus importantes ensayos. En efecto, en el texto de 1992 señala que "probablemente esa sea la única vez que Foucault cita a Spinoza" (MACHEREY, 1992, p. 129); en todo caso, es ese el mismo texto al que Macherey se refirió en profundidad ya en 1988 en el famoso Coloquio parisino *Michel Foucault philosophe, rencontre internationale*. Macherey tiene esa referencia de Foucault a Spinoza como la fuente de su interpretación de la concepción de la norma en Foucault; en particular, del carácter productivo de la norma. Un carácter productivo responsable de la producción y auto-producción del 'ser-sujeto' como inscripción de una pertenencia (*appartenance*) (MACHEREY, 1989, p. 208-209). En apoyo al texto de la

Historia de la locura, Macherey echa mano de un fragmento del curso del 5 de enero de 1983 (publicado en 1984 en el *Magazzine Littéraire* como *¿Qué es la Ilustración?*). De ese fragmento, Macherey subraya la insistencia de Foucault en el uso del término *appartenance*: "una repetición lancinante para caracterizar lo que llama también 'ontología del presente'" (MACHEREY, 1992, p. 131).[2] Sin embargo, en la interpretación spinozista que Macherey hace del carácter productivo de la norma en Foucault, él supone erróneamente que la "indicación" a Spinoza en la *Historia de la locura* "no tiene prolongación en las siguientes obras" de Foucault. Pero además, deja de lado la importancia que da Foucault al asunto de la voluntad en la misma referencia a Spinoza en *La historia de la locura* (FOUCAULT, 1972, p. 157-158). Y esa es la razón, me parece, por la que Macherey no encuentra la prolongación que, sólo con cierto remedio, niega.[3] Veamos qué dice Foucault en relación con la voluntad en Spinoza.

De manera implícita, Foucault contrapone Spinoza a Descartes. La reflexión cartesiana está en el corazón del modo como el clasicismo entendió la sinrazón. Según Foucault, lo que hay que adivinar "en el imperativo insistente de la duda cartesiana" es cómo la "voluntad de dudar" excluye la sinrazón. Y la respuesta explícita está en Spinoza. Por eso, afirma Foucault: "Mucho antes del *Cogito*, hay una *implicación arcaica* de la voluntad y de la opción entre razón y sinrazón" (FOUCAULT, 1972, p. 157). Todo ocurre como si la "voluntad de dudar" del cartesianismo está operada secretamente y con anterioridad por algo constitutivo de una opción, de una decisión. La "implicación arcaica" es como el reverso del lado oculto de la locura, en el sentido de que, como señala Foucault, "toda locura oculta una opción, como toda razón [oculta] una opción libremente efectuada". Tal "implicación arcaica" no es otra cosa que la *ética* que, para la razón clásica, no es lo que se consigue al final, en el "extremo de su verdad y en la forma de leyes morales". Al contrario, en cuanto es elección contra la sinrazón, la *ética* "está presente en el origen de todo pensamiento concertado". Y así, puede afirmar Foucault que "la razón, en la época clásica, nace en el espacio de la ética" (FOUCAULT, 1972, p. 157). Y esta referencia a la ética, como es fácil notarlo, tiene

---

[2] La cita que usa Macherey es la misma, y con el mismo tratamiento, que usó A. Negri con anterioridad en una conferencia de 1990 (NEGRI, 1991). Allí, erróneamente, Negri indica ese fragmento como perteneciente a *L'ordre du discours* de Foucault.

[3] Apoyado en su visión del encuentro como reanudación de problemáticas filosóficas, Macherey, no obstante la limitación de sus referencias, postula en sus dos textos la proximidad de Foucault a Spinoza en varios sentidos: la inmanencia de la norma; el pensar de otro modo como ilustración del *amor intellectualis Dei*; el sujeto de una ética de la libertad.

nombre explícito: Spinoza. No obstante, Foucault prefiere, con justa razón, apreciarlo no precisamente en la *Ética demostrada según el orden geométrico* sino en el *Tratado de la reforma del entendimiento*.[4] Con justa razón, digo, porque lo que encuentra allí Foucault es, de toda evidencia, el "movimiento constitutivo de la razón" más arcaico que la "voluntad de dudar", pues se trata de ese deseo o, lo que es lo mismo, esa voluntad que hace manifiesta Spinoza de la búsqueda de un bien, y esto es el centro de la cita que hace Foucault de Spinoza, un bien "cuyo descubrimiento y posesión tuviesen por fruto una eternidad de alegría continua y soberana". Realizar esta voluntad, *voluntad de saber* – se puede decir desde ya –, es el trabajo de la ética como "espacio donde nace la razón". Es el trabajo a seguir por aquel que descubra en sí esa voluntad y cuyo método, orden y fundamento están demostrados en la *Ética*. Foucault lo entendía perfectamente y se daba cuenta de algo más: de la "falsa alternativa entre necesidad y libertad", como dice Macherey. En efecto, Foucault describe la búsqueda de aquel bien como "una apuesta ética que se ganará cuando se descubra que el ejercicio de la libertad se realiza en la plenitud concreta de la razón que, por su unión con la naturaleza en su totalidad, es el acceso a una naturaleza superior" (FOUCAULT, 1972, p. 157). Por ello, Foucault, lector del *Tratado de la enmienda del Intelecto*, concluye: "la libertad de la apuesta se logra entonces en una unidad en que desaparece como elección y se realiza como necesidad de la razón" (FOUCAULT, 1972, p. 158).

Se ve entonces cómo el encuentro con Spinoza a propósito de los sueños, en el texto sobre Binswanger, se profundiza en este encuentro en la *Historia de la locura*. Foucault parece entender perfectamente que en la doctrina spinozista efectivamente intelecto y voluntad son una y la misma cosa. Y eso, que no es más que la voluntad de saber, se realiza en una ética conducida por la libertad. Y hasta la misma lección que él extrae de su excursión por el *Tratado de la enmienda del Intelecto*, en relación con la concepción que el clasicismo tiene de la locura, se puede leer como un elogio de esa ética de la libertad: "en tanto que el clasicismo mantenga su elección fundamental como condición del ejercicio de la razón, la locura surgirá a la luz en el brillo de la libertad" (FOUCAULT, 1972, p. 158).

Tercer encuentro y preludio del des-encuentro

Es ya 1966, día de *Las palabras y las cosas*. ¿Cómo podría describirse plenamente la episteme clásica sin referencia a Spinoza? Las referencias

---

[4] En adelante se indica este tratado, siguiendo la excelente traducción de Bernard Pautrat al francés, como "Tratado de la enmienda del Intelecto".

explícitas en el texto dan cuenta de dos temas: 1) del papel de la imaginación, por comparación con el papel de la semejanza en la episteme renacentista, y 2) del papel del orden de las ideas en el Orden. Esas referencias son del tenor del encuentro. También hay en el corazón de ese gran libro de Foucault una referencia implícita a la *Ética* colocada en una fugaz relación de toda la historia del pensamiento sobre la ética y en aparente confrontación con la postura de la moral kantiana. Esta última referencia es, si no del tenor del des-encuentro, sí de su anuncio. Veamos primero las referencias explícitas.

Primera. La imaginación en Spinoza que, recordemos, fue motivo de atención en 1954 a propósito de los sueños, aparece en *Las palabras y las cosas* de nuevo como "forma específica de conocimiento" (FOUCAULT, 1966, p. 83). Pero, aquí, el interés recae en el suelo arqueológico del clasicismo. Spinoza, junto a Descartes y Malebranche, habría sabido relacionar la "analítica de la imaginación" con el "análisis de la naturaleza" en una conjugación donde la imaginación juega el papel primordial de la puesta en orden. Se trata de la "génesis" que explica el ahora subordinado papel de la semejanza que otrora fue constitutiva de la episteme renacentista. "Lugar del error y, a la vez, poder de acceder a la verdad incluso matemática", la imaginación, dice Foucault, recorre "en el hombre la costura del alma y del cuerpo" (FOUCAULT, 1966, p. 84), como parafraseando a Spinoza[5]. Pero recordemos que, en el texto de 1954, la imaginación ligada a los sueños, según entendía Foucault a Spinoza, ofrecía la comprensión de una forma de conocimiento en la cual ella, la imaginación, opera como signo de trascendencia. Aquí, en el capítulo sobre la representación en *Las palabras y las cosas* ("Representar"), la imaginación aparece más precisamente ligada al poder de acceso a la verdad. Es como si el suelo arqueológico de la Representación alojara el deseo de conocimiento, referido a un bien supremo, expresado en el *Tratado de la enmienda del Intelecto*; es como si una cierta voluntad de saber comenzara a distinguirse en el pensamiento foucaultiano separándose de la versión spinoziana según la cual el bien supremo está más ligado a la libertad (como el mismo Foucault parecía entenderlo muy bien en la arqueología de la locura) que propiamente a la verdad.

Segunda. En el capítulo dedicado a *Las ciencias humanas*, Foucault hace partícipe a la doctrina de Spinoza del fundamento del Orden, entendido este último como "campo del saber". Es la idea según la cual "todo conocimiento procede a la puesta en orden por medio del establecimiento de las diferencias y definiendo las diferencias por la

---

[5] "Alma y cuerpo es una y la misma cosa" (SPINOZA, 2010, III-p. 2, esc.).

instauración de un orden" (FOUCAULT, 1966, p. 357). El "pensamiento filosófico" de Spinoza lo habría consumado con "esas largas cadenas ordenadas establecidas para llevar necesariamente de las ideas más simples hasta las verdades más complejas" (FOUCAULT, 1966, p. 357). De nuevo, la verdad, y el acceso a la verdad, que no a la libertad, parecen resaltar como el elemento fundamental del pensamiento de Spinoza. Y ahora pasemos a la referencia implícita.

Hay en *Las palabras y las cosas* una suerte de apreciación ambigua en relación con la ética y con la *Ética* de Spinoza. En el decisivo capítulo titulado *El hombre y sus dobles*, se encuentra una sorprendente afirmación categórica de Foucault. Es una de esas frases que sin riesgo alguno se pueden sacar de su contexto. Foucault afirma:

> Apartando las morales religiosas, el Occidente no ha conocido, sin duda, más que dos formas de ética: la antigua (bajo la forma del estoicismo o del epicureísmo) se articulaba sobre el orden del mundo y, al descubrir la ley de éste, podía deducir el principio de una sabiduría o una concepción de la Ciudad: incluso el pensamiento político del siglo XVIII pertenece aún a esta forma general; la moderna, por el contrario, no formula ninguna moral en la medida en que todo imperativo está alojado en el interior del pensamiento y de su movimiento por retomar lo impensado; es la reflexión, es la toma de conciencia, es la elucidación de lo silencioso, la palabra restituida a lo que es mudo, la salida a la luz de esa parte de sombra que retira al hombre de sí mismo, es la reanimación de lo inerte, es todo eso lo que constituye por sí solo el contenido y la forma de la ética (FOUCAULT, 1966, p. 338-9).

Hay que añadir que, en una nota al pie de este fragmento, Foucault precisa el lugar de Kant en esta dicotomía entre una ética antigua y otra moderna. Esa nota dice: "Entre las dos [éticas], el momento kantiano hace como gozne: es el descubrimiento de que el sujeto, en cuanto es razonable, se da a sí mismo su propia ley que es la ley universal" (FOUCAULT, 1966, p. 339). Es evidente que de estas afirmaciones de Foucault se deduce, sin duda alguna, cuál es el lugar del momento spinoziano: no puede ser otro que el de la ética antigua. La idea de un orden del mundo del que se descubre su ley para deducir una sabiduría y una concepción de la Ciudad, eso resume bastante bien el esfuerzo de la *Ética* y del *Tratado político* de Spinoza. Ahora bien, no es posible deducir si la postura propia del Foucault de 1966 se identifica con alguna de las dos posibilidades ni tampoco si acaso es más compatible con él la tercera posibilidad que como frontera fugaz separa las dos éticas, la postura kantiana.

Todo esto es un serio problema si nos mantenemos en los límites de *Las palabras y las cosas*. Muchos pueden adivinar que las cosas se aclaran más allá del trabajo del Foucault de la década de 1960. Pero también sabemos que, en el contexto de la arqueología foucaultiana de las formaciones de la verdad, Kant aparece como la frontera del adormecimiento antropológico de la filosofía: por Kant y a pesar de Kant, parece sugerir Foucault, la crítica, la búsqueda – crítica – de condiciones de posibilidad se adormece prontamente al hacerse dependiente y quedar sujeta a los bordes del triedro de los saberes de las ciencias humanas. La modernidad nace escindida y el hombre va siempre acompañado por sus dobles. Por una parte, una modernidad que puede seguir el camino del ejercicio crítico del pensamiento; es la que practica Foucault en *Las palabras y las cosas* indagando –en cuanto concierne a la posibilidad del saber– las condiciones históricas del fundamento de diversas épocas epistémicas. Por otra parte, una modernidad problemática que aspira desvelar el sentido del mismo pensamiento escapándose del encierro antropologizante de la filosofía; es el tipo de ejercicio intelectual que Foucault ha practicado en sus análisis de la literatura y de los límites del lenguaje en cada episteme en la misma obra *Las palabras y las cosas*. Ahora bien, en lo que concierne a la ética, queda la oscilación entre esta modernidad problemática y aquella modernidad que continúa la empresa crítica; pero una oscilación que en cada extremo mira inquieta al fondo de la ética antigua. El extremo de la oscilación fijado en la continuación de la empresa crítica moderna, cuando mira inquieta a la ética antigua, se encuentra con la doctrina de Spinoza. Como veremos, merced a Nietzsche, Foucault esquivará este encuentro. En *Las palabras y las cosas,* Foucault parece preferir el otro extremo de la oscilación, el de la modernidad problemática, pero aún sin mirar a la ética antigua (y, especialmente, a la antigüedad greco-latina). El rompimiento de Foucault con la posibilidad spinoziana vendrá pronto de la mano de las indagaciones sobre los dispositivos de poder que recubren a los discursos enunciadores de verdades.

El des-encuentro

En noviembre de 1970, merced al elogio del pensamiento deleuziano puesto en escena en el *Theatrum philosophicum*, Foucault se refiere ampliamente a Spinoza. Pero también lo hace unos días después, estrenándose ya como catedrático del Colegio de Francia, en sus primeras lecciones de diciembre de 1970.

En el texto dedicado a los libros de Deleuze (Foucault, 1984b), la filosofía de la representación aparece como un súbdito del buen sentido que somete a la diferencia en beneficio de la identidad sin permitir la liberación de la diferencia. Foucault capta la filosofía de Deleuze como pensamiento de la diferencia y, en juego de simetría, adelanta su reflexión sobre cómo el pensamiento puede ser pensado. Y lo hace, contra esa filosofía de la representación, por supuesto: "pervirtamos el buen sentido – dice – y pongamos en juego al pensamiento fuera del cuadro ordenado de las semejanzas..." (FOUCAULT, 1984b, p. 89). Pero también lo hace contra la dialéctica, entendida como la realización extrema de la misma filosofía de la representación: "es a la dialéctica a lo que conducía la filosofía de la representación" (FOUCAULT, 1984b, p. 90). ¿Cuál es el pensamiento que permite liberar la diferencia? Foucault responde: "Necesitamos un pensamiento (...) que se dirija a problemas insolubles, es decir, a una multiplicidad de puntos notables que se desplaza a medida que se distinguen en ella las condiciones [de posibilidad] y que insiste, o subsiste, en un juego de repeticiones" (FOUCAULT, 1984b, p. 90). Y, en el fondo, ¿a qué se opone el problema así concebido? La respuesta de Foucault es cristalina: a la Idea. Dice: "Lejos de ser la imagen aún incompleta y borrosa de una Idea que allá arriba, y desde siempre, guardase la respuesta, el problema es la idea misma, o mejor dicho: la idea no tiene otro modo que el problemático" (FOUCAULT, 1984b, p. 90). El problema así concebido, según Foucault, escapa a la lógica del tercero excluido, permanece ajeno a la seriedad del negativo hegeliano, no es sumiso ante la claridad y distinción cartesiana, en fin, "no está sometido a la contradicción ser-no-ser, [el problema] es ser" (FOUCAULT, 1984b, p. 91). Pero, con más precisión identifica Foucault cuál ha sido el mejor carcelero de la diferencia, la más tenaz sujeción de la diferencia: las categorías. En referencia implícita a la filosofía crítica de Kant, señala: "Las categorías pueden leerse, por una parte, como las formas a priori del conocimiento; pero, por otra parte, también ellas aparecen como la moral arcaica, como el viejo decálogo que lo idéntico impuso a la diferencia" (FOUCAULT, 1984b, p. 91).[6] Liberar la diferencia de su carcelero mayor actual supone, dice Foucault, "*inventar* un pensamiento a-categórico", para corregir enseguida eso de "inventar".

Es en esta corrección donde brilla Spinoza junto a Duns Scot. "Ya dos veces en la historia de la filosofía, advierte Foucault, se ha hecho la formulación radical de la univocidad del ser: Scot pensó el ser como neutro, Spinoza como substancia". Y, para ambos, "desposeer a las

---

[6] Como si a Kant lo ubicara en la oscilación que mira a la ética antigua para seguir sosteniendo el platonismo. Al inicio de este texto, Foucault invoca muy brevemente los sofistas, cínicos, estoicos y a Epicuro ("Leamos a Diógenes Laercio", exclama) en la necesidad – deleuziana – de "pervertir a Platón" (FOUCAULT, 1984b, p. 78).

categorías y afirmar que el ser se dice de la misma manera para todas las cosas, sólo tenía como fin mantener en cada instante la unidad del ser". Pero, cómo sería, se pregunta Foucault, si por el contrario tuviésemos una "ontología en la que el ser se diría, de la misma manera, para todas las diferencias y solamente para las diferencias". La respuesta es sin ambages referida a Spinoza: "los modos spinozistas no girarían en torno a la unidad substancia; las diferencias girarían sobre sí mismas y el ser se diría, de la misma manera, de todas ellas, siendo el ser no la unidad que las guía y las distribuye sino su repetición como diferencias" (Foucault, 1984b, p. 91). No se trata de Spinoza a la inversa exactamente. Es como si la unicidad tendría que permanecer en el equilibrio inestable de la repetición: cada vez que algo se fija, incesantemente retorna la repetición. ¿Qué se repite? ¿Qué es el ser de la repetición? Esta pregunta lleva a Foucault a establecer este importante postulado: "Que el ser no pueda decirse sino de una sola y misma manera, es paradójicamente la condición mayor para que lo idéntico no domine la diferencia" (Foucault, 1984b, p. 95). Es esa la univocidad del ser que Spinoza había fijado en la substancia y Scot en la abstracción. Pero ahora está en la mira la respuesta nietzscheana: el retorno como univocidad del ser, o sea, como respuesta al ser de la repetición. El *revenir*, no propiamente *re*-torno ni propiamente de-*venir*, al que se refiere Deleuze, coloca al tiempo como presente y al presente como revenir de la diferencia, como repetición que dice la diferencia. Frente a la inmovilidad de la abstracción (Scot), frente a la necesidad de la substancia y de su eternidad (Spinoza), pensar, pensar el pensamiento, sería pensar a fondo el eterno retorno nietzscheano. Lo que encuentra Foucault de fascinante en los libros de Deleuze es su arrojo en querer sobrepasar los límites del pensamiento; es decir, de querer sobrepasar las tres modalidades del pensamiento filosófico en relación con la univocidad del ser: "una fulguración se ha producido – dice Foucault – que portará el nombre Deleuze: un nuevo pensamiento es posible; el pensamiento, de nuevo, es posible". Se trata de "la filosofía no como pensamiento, sino como teatro" (Foucault, 1984b, p. 98). Y ese teatro está ilustrado con esa suerte de inversión de la doctrina spinozista que ya había sugerido en el texto y que repite Foucault al final: "el teatro donde los modos de Spinoza dan una vuelta descentrada mientras la substancia gira en torno a ellos como un planeta loco" (Foucault, 1984b, p. 99).

Este Spinoza que Foucault dibuja en el teatro filosófico, si consideramos que Foucault estaría en ese texto adhiriendo el pensamiento deleuziano, queda de toda evidencia como una figura filosófica (habría que decir, más bien, la figura filosófica por excelencia) en la que el pensamiento a-categórico habría alcanzado su esplendor, por encima de Kant pero, ciertamente, por debajo de Nietzsche. De modo que si, como sabemos, desde 1970 es la obra de Nietzsche la que motiva abiertamente el mayor impulso de la labor intelectual de Foucault, nada de extraño tiene que encontremos a Foucault labrando una reflexión sobre el estatus del pensamiento, de los sistemas de pensamiento, que se define en oposición a Spinoza. Y es eso lo que encontramos en las dos primeras lecciones en el Colegio de Francia en diciembre de 1970. Texto que ahora conocemos por una laudable tarea que mantiene Daniel Defert; es la edición del curso de 1970-1971 titulado: *"Leçons sur la volonté de savoir"*. ¿Qué dice allí Foucault sobre Spinoza?

Al lado de Aristóteles, con su sentencia: "Por naturaleza, todos los hombres tienen el deseo de saber; lo prueba el placer causado por las sensaciones fuera de su utilidad", Foucault coloca a Spinoza. El texto de la primera frase de la *Metafísica* de Aristóteles es designado como un "operador filosófico", vale decir, que sostiene no sólo al mismo sistema filosófico sino que, además, "sostiene y actúa sobre el estatus del discurso filosófico en general". Con el mismo tenor es designado el texto inicial del *Tratado de la enmienda del Intelecto* de Spinoza. El "deseo de saber" de Aristóteles se verá confrontado con el contenido de los primeros parágrafos del *Tratado de la enmienda del Intelecto*; un tratado, así lo resume Foucault, "sobre el deseo de una vida nueva, sobre la incertidumbre de los bienes que uno posee, sobre la incertidumbre de alcanzar un bien eterno y perfecto y el descubrimiento de ese bien en [la felicidad de] la idea verdadera" (FOUCAULT, 2011, p. 7).[7] El texto de Aristóteles será analizado como la referencia arcaica del modo en que la filosofía entendió para sí ese deseo de saber como deseo de conocer y en el cual, precisamente, el deseo quedará subordinado al conocer. El texto de Spinoza será reinterpretado (en relación con lo dicho en la *Historia de la locura*, cuando desear el bien supremo era el movimiento constitutivo de la razón) como la referencia más elaborada del desplazamiento del deseo por el conocimiento.

En relación con el texto aristotélico, hay dos niveles de análisis. En el primero, dice Foucault, acompañando su análisis con el corpus aristotélico, que Aristóteles logra estas dos cosas: "inscribir el deseo de conocimiento en la naturaleza, ligarlo con la sensación y con el cuerpo y darle como correlato una cierta forma de disfrute" y también dar al deseo "estatus y fundamento en la naturaleza genérica del hombre, en el elemento de la sabiduría y de un conocimiento que no tiene otro fin que él mismo y donde el placer es felicidad" (FOUCAULT, 2011, p. 14).

---

[7] El añadido es de Daniel Defert.

De este modo el "operador filosófico" despliega su potencia dando por función a la filosofía "asegurar que el deseo no es, a pesar de la apariencia, ni anterior ni exterior al conocimiento, puesto que un conocimiento sin deseo, un conocimiento feliz y de pura contemplación ya es en sí mismo la causa de este deseo de conocer que tiembla en el simple acuerdo (*agrément*) de la sensación" (FOUCAULT, 2011, p. 14). El segundo nivel de análisis, acompañado por un recorrido de otros textos aristotélicos, conduce a Foucault a afirmar que hay un supuesto trabajando siempre en Aristóteles según el cual la sensación y su placer tienen una relación con la verdad. De manera que "si hay en general deseo de conocer y si el conocimiento puede hacer nacer desde el interior de su propio movimiento algo como el deseo, es porque todo se desenvuelve ya en el orden de la verdad" (FOUCAULT, 2011, p. 24); la verdad, entonces, aparece como "garante y fundamento del deseo de conocer". Desde entonces la verdad entra en el "juego de la verdad", en relación con el deseo y el conocimiento, de tal manera que ella cumple en ese juego tres roles: (1) "asegura el pasaje del deseo al conocimiento"; (2) "funda, en contrapartida y como de retorno, la anterioridad del conocimiento sobre el deseo"; (3) "da lugar a la identidad del sujeto en el deseo y en el conocimiento" (FOUCAULT, 2011, p. 24).

Es frente a este "juego de la verdad", en cuanto estructura teórica sobre el deseo de conocer, que Foucault colocará la doctrina spinoziana en su mayor brillo. Lo dice de manera inimitable: "Se puede decir que Spinoza, *de nuevo aquí* [!], ha llegado hasta el límite: al punto más alto de esta estructura teórica, justo allí donde estuvo *lo más cerca posible de apartarse de ella y de invertirla* [!]"(FOUCAULT, 2011, p. 25).[8] Hay que detenerse en esta afirmación radical de Foucault en 1970. Subrayar, en primer lugar, el hecho de que la frase "Spinoza *de nuevo aquí*" supone que Foucault se refiera a otra ocasión en la que él habría señalado la estatura inmensa de Spinoza. No parece forzado entender que nos remite a la formulación según la cual Spinoza es una de las tres grandes figuras del pensamiento a-categórico; formulación que, poco antes y como ya vimos, había desplegado en el texto *Theatrum philosophicum* dedicado a Deleuze. En segundo lugar, y más importante, Spinoza habría tenido cómo escapar a la estructura teórica que privilegia el conocimiento por encima del deseo desde Aristóteles, pues "estuvo *lo más cerca posible de apartarse de ella y de invertirla*". La afirmación queda en un terreno enigmático. Sólo sabemos que la cúspide alcanzada por Spinoza habría sido la de desplegar el juego de la verdad, pero colocando a esta última como fundamento

---

[8] Énfasis añadido.

no sólo del mismo conocimiento, sino también del deseo de conocer. El argumento de Foucault es que Spinoza, a diferencia de Aristóteles, se ocupa del deseo de felicidad en lugar del deseo de conocer. Ahora bien, el deseo de felicidad ("una felicidad eterna y de la que nada dice aún si será del orden del conocimiento") lo iguala Foucault a "la búsqueda de esa felicidad o, mejor, el examen de las condiciones bajo las cuales se podría encontrar esa felicidad, el examen de sus incertidumbres o de su certeza" y, siempre según Foucault, es en el juego de esa misma búsqueda "que se descubre la idea verdadera o la felicidad propia a la idea verdadera" (FOUCAULT, 2011, p. 25). Sería entonces a partir de ese juego que queda establecido el "juego de la verdad" en un estatus diferente del aristotélico. Sería a partir de ese juego "que se despliega la resolución de buscar conocer", y así la verdad pasa a ser fundamento del conocimiento y del deseo de conocer.

Foucault no dice nada en claro sobre por qué Spinoza podría haberse escapado de esa estructura teórica que no logra invertir del todo. No dice, por ejemplo, si por colocar la verdad atada a la idea verdadera, la idea misma deja de ser problemática, como está sugerido en el texto dedicado a Deleuze (recordemos la aseveración dada allí, según la cual "la idea no tiene otro modo que el problemático"); posibilidad que, podemos suponer, estaba en la mente de Foucault de modo fresco por lo reciente del escrito anterior. Tampoco dice nada Foucault sobre la modalidad específica del juego de la búsqueda, de modo que queda abierta otra posibilidad: que *el examen de las condiciones bajo las cuales se podría encontrar esa felicidad, el examen de sus incertidumbres o de su certeza* (que parece definir no sólo una actitud crítica de modernidad sino la misma *Ética* de Spinoza), pudiera ofrecerse como la vía inexplorada – no por Spinoza, sino por la interpretación de Foucault de la doctrina spinozista en 1970 – por la cual el "juego de la verdad" sí invertiría radicalmente – aunque no nietzscheanamente como lo quiere Foucault – la estructura teórica de la tradición aristotélica de supremacía del conocimiento sobre el deseo. Precisamente, para cerrar la lección del 16 de diciembre en que se refiere a Spinoza, Foucault invocará la figura de Nietzsche como la expresión del cuestionamiento del esquema voluntad-conocimiento-verdad, frente a lo que Foucault denomina la "amenaza kantiana", es decir, esa que muestra la imposibilidad de conocer el conocimiento desde el exterior del mismo conocimiento. Foucault, extendiendo la comprensión nietzscheana, afirma: "Creo que todo el análisis nietzscheano del deseo, del instinto, de la voluntad de conocer, irreductibles al conocimiento mismo, está doblado por el trabajo que permite desimplicar la verdad y el conocimiento; así como la reducción aristotélica del deseo de conocer al mero conocimiento contaba a la sordina cómo se emparenta el conocimiento con la verdad" (Foucault, 2011, p. 27). Pero para continuar ese trabajo de desimplicación iniciado por Nietzsche, Foucault postula que habría que conjurar la amenaza de Kant. No obstante, enseguida aclara que "Kant es un peligro minúsculo y cotidiano; no es más que una red de trampas", para sentenciar enseguida: "Spinoza es el gran otro, es el único adversario" (Foucault, 2011, p. 28). Y nos ofrece esta razón que resume todo el fondo de su lección: "Spinoza es el verdadero adversario puesto que es él quien desde la *Enmienda del entendimiento* hasta la última proposición de la *Ética* nombra, funda y reconduce la pertenencia de la verdad y del conocer en la forma de la *idea verdadera*"; razón que da Foucault y que sintetiza, con pasión retórica, en la formula: "Para escapar a la trampa de Kant, hay que matar a Spinoza" (Foucault, 2011, p. 28). El párrafo final del curso del 16 de diciembre de 1970 no deja lugar a dudas sobre la certeza que Foucault tiene de su des-encuentro con Spinoza: "Spinoza es la condición de Kant. No se puede escapar de Kant sino después de haberse liberado (*affranchi*) de Spinoza. Ingenuidad de los escépticos, de los neo-kantianos, de Kant mismo que creía poder escapar de Spinoza a partir de la crítica. Ingenuidad de quienes creen poder escapar del idealismo del discurso filosófico por el recurso a Spinoza"[9] (Foucault, 2011, p. 28).

Sabemos todos, como bien lo ha expresado Frédéric Gros, que a partir de 1970 Foucault se dedica a descifrar, a analizar "los dispositivos de poder como matrices de discursos verdaderos"; sabemos también que "el concepto de 'voluntad de saber' sirve como marco para esos análisis y que entonces se le hizo una necesidad oponer al deseo del conocimiento la voluntad de saber" (Gros, 2004, p. 17). Lo había expresado Gros antes de la publicación de este curso de 1970 en el cual Foucault destaca el gran des-encuentro con Spinoza sobre la base de esa oposición. Mas ese des-encuentro, insisto en ello, queda marcado por el enigma lanzado por Foucault, seguramente sin proponérselo, sobre si acaso en la doctrina spinozista, interpretada de otro modo, se pueda ver no sólo la posibilidad de escapar a la estructura teórica que desdeña u oculta el deseo, a favor

---

[9] La siguiente lección del Curso, la del 23 de diciembre, se perdió. Téngase en cuenta que la edición de este Curso no se hizo sobre la base del registro de voz sino sobre la base de los manuscritos de preparación del Curso. Es de suponer que, en esa lección ausente, Foucault continuó desarrollando la concepción de la verdad en Nietzsche. No obstante esta falta, Daniel Defert añadió en la edición del Curso una conferencia de Foucault pronunciada en Montreal en abril de 1971 (bajo el título: *Leçon sur Nietzsche*). Esa conferencia contiene, de manera general, los temas nietzscheanos que Foucault desarrolla después en 1973 aquí en Brasil. Más adelante veremos que esta fue la ocasión de otro des-encuentro con Spinoza.

del conocer, sino también una realización de esa misma posibilidad. En los años ochenta volverá aparecer, con otra luz, la figura de Spinoza. Pero, antes de eso, hay dos referencias a Spinoza enmarcadas en las ocupaciones de Foucault con el tema del Poder.

Primer re-encuentro

En 1971, Noam Chomsky y Michel Foucault sostienen un debate público. El tema de la justicia los lleva a una radical diferencia. Foucault, apegado a su afán de desciframiento de los dispositivos de poder, establece la relación entre justicia y lucha social de este modo: "Más que pensar la lucha social en términos de justicia, es necesario colocar el acento sobre la justicia en términos de la lucha social". Desacuerdo del interlocutor quien invoca la cuestión de la guerra justa: "Si usted tuviese la impresión de conducir una guerra injusta, usted razonaría de modo distinto" (FOUCAULT, 1984c, p. 502). La réplica de Foucault se apoya explícitamente en Spinoza: "Le respondería en términos de Spinoza. Le diría que el proletariado no hace la guerra a la clase dirigente porque él considere que esta guerra sea justa. El proletariado hace la guerra a la clase dirigente porque, por la primera vez en la historia, quiere tomar el poder. Y es porque quiere revertir el poder de la clase dirigente que considera que esta guerra es justa". El desacuerdo de Chomsky es total, e igual la reafirmación spinozista de Foucault: "Se hace la guerra para ganar y no porque sea justa" (FOUCAULT, 1984c, p. 503).

De toda evidencia, Foucault muestra aquí su conocimiento a fondo de la relación entre la cuestión política y la ética spinozista. Más allá del asunto de la justicia y los valores, lo que Foucault destaca es el papel de los afectos en la consideración sobre la acción política. Es evidente que ese es su punto de interés al invocar a Spinoza. Si imaginamos su lectura del *Tratado político*, podemos suponer que al invocar frente a Chomsky la reflexión spinozista sobre la guerra – como si parafraseara a Spinoza (1989, VII-20) cuando dice: "Los reyes, principalmente a causa de los nobles, son inducidos a hacer la guerra" – Foucault tiene más interés en una cercanía mayor con la inteligencia del político (del luchador social, en todo caso) que con las especulaciones sobre la política propias de los filósofos. Como si Foucault, más a fondo, mostrara su admiración por las afirmaciones de las primeras líneas del *Tratado político*: contra la mayoría de los filósofos, concebir los hombres como son y no como uno quisiera que fuesen. Por lo demás, como otros ya lo han mostrado, esta referencia cercana a Spinoza es como un adelanto del tratamiento bastante spinoziano que sobre la política y la guerra desplegará Foucault en 1976, sin citar explícitamente a Spinoza, en su curso en el Colegio de Francia (*Il faut défendre la société*). Así lo han mostrado Olivier Remaud, el primero, y luego Aurélie Pfauwadel y Pascal Sévérac y también Michal Kozlowski (REMAUD, 2003; PFAUWADEL Y SÉVÉRAC, 2008; KOZLOWSKI, 2011).

Segundo reencuentro y desencuentro

Ocurrió aquí en Brasil en mayo de 1973. Como ya adelantamos (ver nota 9), Foucault, en abril de 1971, se refirió al tema nietzscheano que retomó en Rio de Janeiro en 1973. En aquella conferencia en Montreal, Foucault citaba enteramente el párrafo 333 de *La ciencia jovial*. Allí Nietzsche cita a Spinoza calificando el modo de decir de éste como: "esa manera simple y sublime que le es propia" (FOUCAULT, 2011, p. 197). Esa referencia a *La Ciencia Jovial* fue para Foucault punto primario en su interpretación del pensamiento nietzscheano sobre el conocimiento y la verdad.[10] En la primera conferencia de *La verdad y las formas jurídicas*, en 1973, Foucault contextualiza su programa de investigación en el marco de ese pensamiento nietzscheano. Se refiere muy especialmente a la relación del conocimiento con los instintos: "Cuando Nietzsche dice que el conocimiento es el resultado de los instintos pero no es él mismo un instinto ni deriva directamente de los instintos, ¿qué quiere decir exactamente?" (FOUCAULT, 1984d, p. 548). Foucault aborda este asunto sacando a flote la visión que Nietzsche tuvo de Spinoza. Foucault hace suya esa visión y avanza afirmaciones propias de él. Recurre Foucault nuevamente al conocido párrafo 333 de *La ciencia jovial* en el que Nietzsche ataca la expresión de Spinoza, tomada del *Tratado político* (SPINOZA, 1989, I-4), que expresa: "me he esmerado en no ridiculizar [ridere] ni lamentar [lugere] ni detestar [detestari] las acciones humanas, sino en entenderlas [intelligeri]".[11] Foucault repite a Nietzsche en la convicción de que esas tres afecciones (pulsiones, habría dicho Foucault) son las productoras del conocimiento y no, como según Nietzsche entiende a Spinoza, porque se hayan apaciguado; por el contrario, es porque "están en estado de

---

[10] Dejamos para el final una importante referencia implícita a Spinoza en esta Conferencia de Montreal. Se trata de la ubicación de la cuestión de la libertad en la relación entre voluntad y verdad.

[11] Nietzsche no da la referencia de la cita de Spinoza (sólo dice: "Non ridere, non lugere, neque detestari, sed intelligere! sagt Spinoza, so schlicht und erhaben, wie es seine Art ist."). Tampoco Foucault da la referencia. Aunque es cierto que aparece una expresión semejante en la *Ética* (en el prefacio de la tercera parte, a la que remite D. Defert), más exacta, y literal, es la expresión del *Tratado político*: "sedulo curavi, humanas actiones non ridere, non lugere, neque detestari, sed intelligere".

guerra y así finalmente el conocimiento aparece como 'la centella del choque entre dos espadas'". El tema que se presentó en el inicio del curso de 1970 (sobre *la voluntad de saber*) aparece aquí nuevamente concentrado en la crítica nietzscheana a la teoría del conocimiento de toda la filosofía occidental. Filosofía, afirma ahora Foucault, que "siempre ha caracterizado el conocimiento por el logocentrismo, por la semejanza, por la adecuación, por la beatitud, por la unidad" y entonces es totalmente comprensible, continúa Foucault, que sea Spinoza la referencia última de Nietzsche, pues, afirma Foucault sin cortapisa alguna, "de todos los filósofos occidentales, fue Spinoza quien llevó más lejos esta concepción del conocimiento como adecuación, beatitud y unidad" (FOUCAULT, 1984d, p. 549). Podemos preguntar: ¿Está Foucault poniendo en correspondencia, o acaso igualando, esta su afirmación sobre Spinoza con aquella afirmación de 1970: "Spinoza ha llegado hasta el límite, al punto más alto de esta estructura teórica, justo allí donde estuvo *lo más cerca posible de apartarse de ella y de invertirla*"? El conocimiento como adecuación, beatitud y unidad, ¿es el mismo conocimiento que obedeciendo a la verdad, por el recurso a la idea verdadera, se sobre-impone al deseo, a la voluntad? Aquí, de nuevo, no hay respuesta directa de Foucault en el texto de *La verdad y las formas jurídicas*; pero sí deja la cuestión en un terreno menos ambiguo que en 1970. En efecto, Foucault plantea el asunto en un nuevo espacio conceptual.

Se trata del recurso al concepto de la propia vida del filósofo; quiero decir, del modo de vida filosófico. Sabemos cuán importante será este tema al final de la misma vida de Foucault; a eso me refiero más adelante. En este texto de 1973, y siempre de la mano de Nietzsche, dice que es muy comprensible también que Nietzsche afirme (con su aplastante crítica a la comprensión del conocimiento según él entendía a Spinoza) que "el filósofo es aquel que más fácilmente se engaña sobre la naturaleza del conocimiento porque lo piensa siempre bajo la forma de la adecuación, del amor, de la unidad, de la pacificación". Y de esta afirmación compartida, Foucault desprende esta conclusión: "Si queremos saber qué es el conocimiento, no hemos de aproximarnos a la forma de vida, de existencia, de ascetismo propio del filósofo" (FOUCAULT, 1984d, p. 549). Así que, según el Foucault de 1973, no hay nada que buscar, para comprender el tema del conocimiento (por ende, de la verdad, del saber, de la voluntad de saber), y nada que encontrar en la *vida filosófica*. Como seguramente todos conocen, veremos a Foucault al final de su vida sosteniendo todo lo contrario. Será como una cercanía a Spinoza completamente renovada.

Pero me parece además que este desencuentro de 1973 es también del orden de la confusión. Enseguida de este rechazo a la vida filosófica como elemento de comprensión del conocimiento, Foucault añade: "Si queremos realmente conocer el conocimiento, debemos aproximarnos no a los filósofos, sino a los políticos, debemos comprender cuáles son las relaciones de lucha y poder" (FOUCAULT, 1984d, p. 550). Como hemos sugerido, es difícil creer que Foucault no hubiera leído atentamente el *Tratado político* de Spinoza; y es curioso, por decir lo menos, que colocando a Spinoza en el *súmmum* de la filosofía occidental no se percatara de que la afirmación por la preferencia de mirar a los políticos en lugar de los filósofos, si algo queremos conocer si no del conocimiento, sí de la misma política (de las mismas relaciones de poder, de potencia), esa preferencia, repito, ya está establecida por Spinoza de manera radical. Al inicio del *Tratado político* pone en contraste el modo de comprender de los filósofos y de los políticos, para afirmar: "no cabe duda que los políticos [que entienden que habrá vicios mientras haya hombres, dice un poco antes] han escrito sobre la política con mucho más acierto que los filósofos" (SPINOZA, 1989, I-2).[12] Una lección a la que, por lo demás, en cuanto extraordinario indagador de archivos, Foucault nunca fue ajeno; y menos lo fue en esta etapa genealógica de sus investigaciones. De modo que esta curiosa referencia no puede considerarse del orden del des-encuentro pues, queriendo serlo se troca por ella misma en un reencuentro. Y en lo que corresponde propiamente al orden del desencuentro, a saber, el rechazo a poner atención a la vida filosófica, vale de nuevo la observación que ya hicimos en relación con el texto de 1970, en relación con el juego de "la búsqueda de felicidad": la modalidad específica del juego de la búsqueda dejaba abierta la posibilidad de que *el examen de las condiciones bajo las cuales se podría encontrar esa felicidad, el examen de sus incertidumbres o de su certeza*, que parece definir no sólo una actitud crítica de modernidad sino la misma *Ética* de Spinoza, pudiera ofrecerse como una vía aún inexplorada por Foucault. En este texto de *La verdad y las formas jurídicas* vemos, en su rostro negativo (vale decir: en el rechazo al tema de la vida filosófica) esa vía que finalmente explora Foucault en el tercer momento de su "filosofía de la verdad", como la entiende Frédéric Gros; o sea, en el momento de la "ética de la verdad", posterior a los momentos anteriores concentrado en "la historia de las formaciones de verdad" y en las "políticas de la verdad" (GROS, 2004). El re-encuentro con Spinoza será en el marco de las indagaciones sobre la *ética de la verdad*.

---

[12] Esta afirmación de Spinoza está en el segundo párrafo del primer capítulo del *Tratado político*. Pocas líneas después, en el párrafo cuarto, está la cita que tomó Nietzsche para *La ciencia jovial*.

El reencuentro[13]

Hay dos asuntos que enmarcan el último momento del pensamiento foucaultiano. El primero de ellos tiene que ver con las épocas históricas a las que dedicó sus investigaciones. Sabemos que la labor histórico-crítica de Foucault hizo un recorrido cronológico nada usual durante los dos primeros momentos de su filosofía de la verdad. Comienza con la edad clásica, en torno a la problematización del sujeto de la locura, para diagnosticar el presente. Avanza, cuidadosamente, hacia los siglos XIX y XX en *Las palabras y las cosas* y en el análisis del castigo y la vigilancia. En todos esos trabajos también retrocede en la cronología hacia el Renacimiento. Ocurre todo como si el siglo XVII fuese un punto de irrupción de marca mayor. Luego, en ese tercer momento de la ética de la verdad, en su giro dado por la problematización de "la pragmática de sí" por oposición a "una historia de la subjetividad" (FOUCAULT, 2008, 7), ocurre el brusco desplazamiento a las raíces de la filosofía, a las raíces de la ética. Desde allá, desde la remota antigüedad del pensamiento occidental, hay un avance doble: hacia el presente, nuestra actualidad, y hacia ese punto de irrupción del siglo XVII. Se abre a la luz la mirada inquieta de Foucault al fondo de la ética antigua, la mirada que se anunció, según ya vimos, en *Las palabras y las cosas*.

El segundo asunto se refiere al tratamiento del tema de la modernidad y la Ilustración. Sabemos que Foucault nos presenta su propio testamento intelectual en la reflexión sobre la *Aufklärung*. Ese testamento indica que el trabajo que nos propone, "la ontología crítica de nosotros mismos", sea concebido no como mero trabajo intelectual sino "como una actitud, como un *ethos*, como una vida filosófica" (FOUCAULT, 1984e, p. 577).[14] Y la crítica exigida por esa ontología crítica comporta un esfuerzo que permita conjugar la vida intelectual con la vida global, con la vida en general. Al tiempo que en su reflexión apunta hacia una "vida filosófica" (la cuestión que quedó en suspenso en la década de 1970), Foucault señala su pre-cautela para afirmar si acaso el trabajo crítico implique una cierta fe en la Ilustración que, como sabemos, le permitió su reencuentro con Kant. Al hacerlo, indica lo que podríamos llamar su auténtica cautela: "la reflexión histórico-crítica" tiene que ser "una paciente labor que dé forma a la impaciencia por la libertad"

---

[13] Por lo esencial, retomo en esta última parte la reflexión expuesta en mi ensayo "Furia y cautela" que forma parte del libro *Foucault desconocido* (DÁVILA, 2011).

[14] Se trata del texto sobre la ilustración aparecido en 1984 en el *Foucault Reader* editado por P. Rabinow. La interpretación de ese texto como "testamento intelectual" puede verse en mi trabajo (DÁVILA, 1997, 1999).

(FOUCAULT, 1984e, p. 578).[15] Sobre el tema de la verdad, vuelve renovada la atención al asunto de la libertad. Es como si todos los hilos de la reflexión de este último momento (la *ética de la verdad*) nos devolvieran la mirada a las viejas lecturas foucaultianas de Spinoza. Es como si Spinoza debiera aparecer en el espacio que ocupa la libertad entre la voluntad y la verdad. Es el momento, ahora, de decir que en la conferencia de 1971 en Montreal, Foucault dejó un vacío en relación con Spinoza en el momento en que interpretaba el tema de "la voluntad de verdad" en Nietzsche; allí construye un cierto espacio conceptual donde brilla por su ausencia Spinoza. Tal espacio, que reúne una doble relación entre voluntad y verdad concibiendo la libertad como ontología y la libertad como ética, es expresado por Foucault del siguiente modo:

> En el corazón de la relación voluntad-verdad, lo que encontramos en la tradición filosófica es la libertad. La verdad es libre en relación con la voluntad; no recibe de ella ninguna de sus determinaciones. La voluntad debe ser libre para poder dar acceso a la verdad. La libertad es el ser de la verdad; la libertad es el deber de la voluntad. Una ontología (la libertad de lo verdadero será Dios o la naturaleza); una ética (el deber de la voluntad sería la prohibición, la renuncia del paso a lo universal). Esta libertad fundamental que articula una a la otra, voluntad y verdad, es la que se encuentra formulada: – en la *omoiosis tô theô* de Platón; – en el carácter inteligible de Kant; – en la obertura heideggeriana (FOUCAULT, 2011, p. 206).

¿Era Spinoza un cuarto ejemplo de esa tradicional articulación filosófica entre ontología y ética? No lo dice Foucault en 1971. De haberlo afirmado, tendría que haber dicho: *la beatitud de Spinoza*. Tal vez sabía que no era el caso. Lo cierto es que en esa conferencia brilla por presente Nietzsche, quien aparece como el pensador que en lugar de reunir voluntad y verdad en la libertad, las habría articulado en la violencia, en la *voluntad de poder*. Foucault muestra, al final de la conferencia, una simpatía cautelosa con esta posibilidad nietzscheana. Diez años después, Spinoza no puede ser ya, para Foucault, uno más de quienes conjugan aquellas ontología y ética, como los otros textos de 1970 parecen indicarlo. Veremos enseguida por qué.

Sabemos que los últimos cursos en el Colegio de Francia (desde 1982 a 1984) son claro signo de cómo la impaciencia por la libertad se ve sometida a una labor del pensamiento que Foucault hace explícita para sí mismo, la labor del ejercicio del pensamiento parresiasta. Un ejercicio

---

[15] Esta es la frase concluyente de ese texto.

de paciencia y de gran coraje frente a sí mismo, un ejercicio que está comprometido desde su raíz ya hundida en la tradición de la *epimeleia* socrática. Es el ejercicio que da forma a la impaciencia por la libertad. Se puede entender la sentencia sobre la impaciencia por la libertad como un simétrico de la alteridad como posición esencial para la verdad. Vale decir: la *alteridad* como modalidad ontológica de la *impaciencia* por *otro mundo en este mundo, una vida otra en esta vida*. Me refiero aquí a una posible salida que dejó establecida Foucault frente a la dicotomía entre el modo platónico y el modo cínico de conjugar la *parresía* y la *epimeleia*: "En la filosofía antigua – dice Foucault en el último curso – hubo [esas dos] maneras muy diferentes de conjugar el principio de la inquietud de sí (el deber de ocuparse de sí mismo) y la exigencia del coraje de decir verdad. Se [les] puede reconocer, sin duda, [como las] dos formas extremas, dos modalidades opuestas que, cada una a su manera, retomaron tanto la *epimeleia* socrática como la *parresía* socrática" (FOUCAULT, 2009, p. 310).[16]

Cada una de esas modalidades marcó una genealogía diferente, como dos vías posibles para el ejercicio del trabajo filosófico: el alma o la vida; el conocimiento de sí mismo o el sometimiento a prueba de uno mismo; el trabajo de purificación o la reducción a la animalidad; el acceso a otro mundo o el combate contra el mundo en este mundo. ¿Cuál vía quiere enseñarnos Foucault? No un intermedio como especie de justo medio aristotélico; tampoco una explosiva mezcla de los dos extremos. Tan solo la sencilla convicción en "la *alteridad* como posición esencial para la instauración de la *verdad*" (FOUCAULT, 2009, p. 310); es esta la idea concluyente del manuscrito de la última lección del curso de 1984: de haberla leído, sería la última palabra pública de Foucault[17]. Y esa alteridad, me parece, tiene la forma de otra historia de esa misma alteridad. Una historia en la que verdad y libertad se encuentran de manera renovada en el pensamiento foucaultiano, ahora que la ética vuelve a ser objeto digno de atención en un pensamiento capaz de pensarse a sí mismo. Ya no somos espectadores en el *theatrum philosophicum*, ya Foucault ha sobrepasado la herencia nietzscheana y la aspiración deleuziana. Ahora bien, me parece que esa vía, la de la construcción de otra historia, la historia

---

[16] Se trata de la parte última del manuscrito de Foucault para ese curso; palabra escrita que no fue pronunciada en el Colegio en la última lección del 28 de marzo de 1984. El manuscrito concluye así: "no puede haber verdad más que en la forma de un otro mundo y de una vida otra".

[17] Según indica F. Gros (en la "Situación del curso" de *Le courage de la vérité*), desde el primer curso en el Colegio de Francia 1970-1971, al hablar sobre las técnicas de la verdad en la Grecia arcaica, Foucault habría comenzado "un diálogo secreto con el pensamiento de Heidegger sobre la idea griega de verdad; diálogo que termina en 1984" (FOUCAULT, 2009, p. 327, n. 32).

del pensamiento como constitución de uno mismo, se puede leer como marcada por la exigencia de un reencuentro con Spinoza.

Me parece que a Foucault le pudo ocurrir con Spinoza algo semejante a lo acontecido con Kant, o tal vez algo de mayor densidad. Si Kant habría marcado a la modernidad con la actitud crítica hacia el presente, hacia la actualidad (asunto abiertamente reconocido por Foucault en sus textos de 1983), Spinoza sería el punto de quiebre de algo más hondo para la labor paciente que requiere la impaciencia de libertad. Veamos: Como queriendo volver desde la antigüedad al punto cronológico de los siglos XVI y XVII, en la sesión del 14 de marzo del último curso (1984), Foucault expresa una continuidad que llevaría hasta la Ilustración: "Quizás se podría retomar, desde Montaigne hasta la *Aufklärung*, el problema de la vida filosófica". Entre las figuras emblemáticas de Montaigne y Kant está, sin duda, la de Spinoza. Y luego Foucault señala que, a pesar del olvido del problema de la vida filosófica por parte de la historia tradicional de la filosofía – olvido al que él mismo había adherido con vigor en 1973, como ya vimos –, ese problema de la vida filosófica no "dejó de ser planteado, dice Foucault en 1984, desde el siglo XVI y hasta el siglo XVIII con una cierta intensidad y una cierta fuerza". En este contexto, y evitando la sobre-simplificación de ver una historia del pensamiento en el que habría ocurrido un olvido irreparable del pensamiento en torno al problema de la vida filosófica, aparece la figura de Spinoza. Y aparece de nuevo, como reinterpretada, la misma referencia al *Tratado de la enmienda del Intelecto*. Dice Foucault:

> Después de todo, Spinoza – basta leer el *Tratado de la reforma del entendimiento* – coloca muy atentamente la cuestión de la vida filosófica y de la vida verdadera en *el principio mismo del proyecto de filosofar*. Y, con la reserva de un cierto número de análisis más precisos, se podría afirmar que con Spinoza se tiene, de algún modo, la última figura según la cual *la práctica filosófica se reclama fiel al proyecto fundamental y esencial de llevar una vida filosófica.* [...] La práctica filosófica de Spinoza implicaba una vida verdadera de un tipo absolutamente otro que el de la vida de todos los días. (FOUCAULT, 2009, p. 217-218).[18]

No se trata de la primera referencia a Spinoza en los últimos cursos en que la mirada de Foucault está volcada a la ética antigua. En el curso de 1982 ya decía Foucault que Spinoza es el testimonio de la permanencia

---

[18] El énfasis es añadido. Foucault contrasta la figura de Spinoza con la de Leibniz sugiriendo a este último como el "primero de los filósofos modernos" cuya actividad filosófica pasa por la dedicación a actividades típicamente modernas: "bibliotecario, diplomático, hombre político, administrador, etc."

de la ocupación en la "espiritualidad", una ocupación que ya – en el siglo XVII – se veía infravalorada, descuidada o apartada por la ocupación filosófica dedicada al puro conocimiento. Estas dos modalidades de ocupaciones filosóficas corresponden, según Foucault, a dos modalidades de la inquietud por la verdad y de toda evidencia adelantaban, en el ejercicio de pensamiento de Foucault, las dos modalidades de la filosofía antigua que, finalmente, desbrozó por el intermedio de la figura de Sócrates en los cursos de 1983 y 1984. Esas dos modalidades aún permanecen conjugadas en la problemática de la enmienda (o reforma) del intelecto que se planteó entre los siglos XVI y XVII. Así lo entiende Foucault: "el tema de la reforma del entendimiento en el siglo XVII es muy característico de los lazos aún muy estrictos, muy estrechos, muy ceñidos entre, digamos, una filosofía del conocimiento y una espiritualidad de la transformación del ser del sujeto por sí mismo" (FOUCAULT, 2001, p. 29). Conocida, como es, la caracterización por parte de Foucault de la figura de Descartes como representante de la irrupción de la filosofía del conocimiento para la modernidad, se trata claramente de apuntar, por contraste, hacia la figura de Spinoza como emblemática de la juntura justa entre la ocupación por el conocimiento y la inquietud por la transformación de uno mismo. En ese curso de 1982, refiriéndose una vez más a su privilegiado texto spinozista sobre la enmienda del intelecto, en particular a los primeros nueve párrafos, Foucault expresa su reencuentro con Spinoza de esta manera:

> En Spinoza el problema del acceso a la verdad estaba ligado, en su misma formulación, a una serie de exigencias que concernían al propio ser del sujeto: ¿en qué y cómo debo transformar mi ser mismo de sujeto? ¿Qué condiciones debo imponerle para poder tener acceso a la verdad, y en qué medida ese acceso me dará lo que busco, esto es, el bien soberano, el soberano bien? Se trata de una cuestión propiamente espiritual (FOUCAULT, 2001, p. 29).[19]

Es, de toda evidencia, un reconocimiento al ejercicio filosófico de Spinoza: un tipo de *ascesis* en el que Foucault identifica su propia labor de paciente pensador impaciente por la libertad.

Es posible que haya ocurrido con Spinoza algo semejante que lo ocurrido con Heidegger. Mientras con el último hubo ese "diálogo silente" del que habla F. Gros en su excelente "Situación del curso"

---

[19] Refiriéndose a la oposición a Descartes, es acertada la afirmación según la cual Spinoza "no busca refundar la metafísica sino sustituirla por una ética que vale a la vez como ontología y como empresa liberadora" y hace "solidarias la conversión espiritual y la transformación política" (VAYSSE, 2004a, p. 21).

de *Le courage de la vérité*, tal vez también – y no desde 1970, sino desde 1954 – haya habido un diálogo menos silente y cada vez más cauteloso con Spinoza[20]. En todo caso, para Foucault, lejos de la usual acusación de un racionalismo extremo, Spinoza aparece en los últimos años como la figura emblemática que antecede, ya en el siglo XVII, el coraje de la crítica leído en el texto kantiano de 1784. En todo caso, mientras Kant representa el punto de quiebre para una "actitud de modernidad" que rescata el ejercicio de la *parresía*, Spinoza aparece como el punto de continuidad de la tradición de la *epimeleia* tan llevada al olvido profundo en Occidente después de haber iluminado la antigüedad. Pero hay más en Spinoza. Representa, también, la figura que, simétricamente a Heidegger, lleva en su vida filosófica la pregunta por la libertad; tal como Heidegger lleva la pregunta por la verdad. Ese doble diálogo silencioso coloca el ejercicio de pensamiento de Foucault en el despliegue de la inquietud por colocar la impaciencia por la verdad de manera que se evite tanto la reducción al solo abrigo del conocimiento como la atracción del idealismo del discurso filosófico.

En conclusión, podemos decir que la "impaciencia por la libertad", invocada por Foucault en su testamento intelectual, fue fuente de la exigencia de su propio cuidado de sí, de su propia cautela – podríamos decir –, esa que desplegó siempre como labor paciente de la investigación histórico-crítica. Quizás su mira estaba puesta en la misma meta que se propone y que nos propone Spinoza que nos propongamos nosotros mismos: esa libertad, humana, que Spinoza asocia con la "satisfacción del alma" (*animi acquiescentia*) (SPINOZA, 2010, V-34esc). Esa libertad, o esa lucha permanente del pensamiento/acción que pone a su servicio el conocimiento, para ganar cada vez más vida. Pero no una vida de un más allá, no una vida que esté prometida en paraísos que sólo se alcanzan después de la muerte. No. Es, para Foucault, el ejercicio permanente de la "alteridad". Si él señaló, en sus últimas palabras, como condición de la "instauración de la verdad" una "posición esencial de la alteridad", esa misma posición sería también valedera para la instauración de la libertad. Sus últimas palabras pudieron ser esas mismas que pronunció a propósito de haber podido explicar(se) la postura de Sócrates en lo que

---

[20] También se ha hablado ya sobre otro diálogo silente de Heidegger con Spinoza. Jean-Marie Vaysee, en su estudio sobre Spinoza y Heidegger, interpreta el silencio de Heidegger sobre Spinoza y concluye: "El mutismo de Heidegger podría significar un acuerdo impensado con el único pensamiento que no se deja integrar en una historia del Ser y que permanece siendo una 'anomalía salvaje'. Si es cierto que todo pensador tiene dos filosofías, la suya y la de Spinoza, tenemos el derecho de preguntarnos si la filosofía de Spinoza no fue la filosofía silenciosa y sin cesar no dicha de Heidegger" (VAYSSE, 2004b, p. 287). La expresión "anomalía salvaje" remite obviamente a Antonio Negri.

llamó el ciclo de la muerte socrática: *Salvata animam meam*.[21] Siguiendo a Spinoza, salvación, en este caso, puede intercambiarse con libertad.[22] La muerte, el final del cuerpo, ha debido ser para Foucault como para Spinoza: menos temor siente de la muerte quien más ha comprendido, quien más se ha ejercitado en el auténtico pensamiento, quien más ha desplegado con vigor una vida filosófica. Sabemos, por certeza de amistad, del silencio de Foucault sobre su propia causa de muerte.[23] Se ha afirmado que Foucault releía la *Ética* en sus últimos días en el hospital (REMAUD, 2003, p. 39); sea eso cierto o no, nada más verosímil que su silencio estaba acompañado por la alegría plena que disfruta el hombre sabio que nos propone ser Spinoza.

Referencias

CATUCCI, Stefano. *Dernières paroles de Socrate dernières paroles de Foucault*. Acessível em: www.humanite.fr/2009-04-04_Cultures_Dernieres-paroles-de-Socrate-
-dernieres-paroles-de-Foucault

DAVILA, Jorge, Furia y cautela. In: CASTRO, R.; FORTANET, J. *Foucault desconocido*. Editum, 2011. p. 281-312.

DÁVILA, Jorge. An Exegesis of the Text Was ist Aufklärung? Foucault's Intellectual Testament. In: O'FARRELL, Clare. *Foucault: The Legacy*. Queensland University of Technology, 1997. p. 185-191.

DÁVILA, Jorge. Una exégesis del texto Was ist Aufklärung? como testamento intelectual de Michel Foucault. In: DÁVILA, Jorge. *Literatura y conocimiento. Michel Foucault*, Instituto de Literatura de la Universidad de Los Andes, 1999, p. 173-191.

FOUCAULT, Michel. Introduction à 'Le rêve et l'existence', de Binswanger. In: FOUCAULT, Michel. *Dits et écrits I*. Paris: Gallimard, 1984a. p. 65-119.

FOUCAULT, Michel. De la nature humaine: justice contre pouvoir. In: FOUCAULT, Michel. *Dits et écrits II*. Paris: Gallimard, 1984c. p. 471-512.

FOUCAULT, Michel. *Histoire de la folie à l'âge classique*. Paris: Tel Gallimard, 1972.

---

[21] En el curso de 1984, Foucault dedicó un prolongado espacio a explicar(se) las últimas palabras de Sócrates. Terminada su labor interpretativa, señaló: "Está bien que como profesor de filosofía, al menos una vez en la vida, uno haya hecho una clase dedicada a Sócrates y a su muerte. Bien, así ha sido. *Salvata animam meam*" (FOUCAULT, 2009, p. 143).

[22] "...nuestra salvación o beatitud o libertad..." (*nostra salus, seu beatitudo, seu Libertas*).

[23] En su reseña de *Le courage de la vérité*, aparecida en el diario *L'Humanité* del 4 de abril de 2009, Stefano Catucci recuerda un importante pasaje biográfico que tiene como fuente a Daniel Defert quien, con buen y noble sentido, ha cuidado la herencia intelectual de Foucault: "En 1978, como lo recuerda Defert al evocar la muerte de Philipe Ariès, Foucault hablaba del juego de saber y de silencio que el enfermo acepta para mantener la maestría, el dominio, de su relación secreta con su propia muerte" (CATUCCI, 2009). Véase también lo que dice Daniel Defert en su *Chronologie* (FOUCAULT, 1984a, p. 63).

FOUCAULT, Michel. *L'herméneutique du sujet. Cours au Collège de France 1981-1982.* Paris: Gallimard-Seuil, 2001.

FOUCAULT, Michel. La vérité et les formes juridiques. In: *Dits et écrits II.* Paris: Gallimard, 1984d. p. 538-646.

FOUCAULT, Michel. *Le courage de la vérité, Cours au Collège de France 1984.* Paris: Gallimard-Seuil, 2009.

FOUCAULT, Michel. *Le gouvernement de soi et des autres. Cours au Collège de France 1982-1983.* Paris: Gallimard-Seuil, 2008.

FOUCAULT, Michel. *Leçons sur la volonté de savoir. Cours au Collège de France 1970-1971.* Paris: Gallimard-Seuil, 2011.

FOUCAULT, Michel. *Les mots et les choses.* Paris: Gallimard, 1966.

FOUCAULT, Michel. Qu'est-ce que les Lumières? In: *Dits et écrits, IV.* Paris: Gallimard, 1984e. p. 562-578.

FOUCAULT, Michel. Theatrum philosophicum. In: *Dits et Écrits II.* Paris: Gallimard, 1984b. p. 75-99.

GROS, Frédéric, Michel Foucault, une philosophie de la vérité. In *Michel Foucault. Philosophie. Anthologie.* Paris: Gallimard, 2004. p. 11-29.

KOZLOWSKI, Michal, *Gouverner le pouvoir: Foucault et Spinoza*, 2011. Disponível em: <www.theoriecritique.com>.

MACHEREY, Pierre, Pour une histoire naturelle des normes. In: *Michel Foucault philosophe, Rencontre internationale.* Paris 9, 10, 11 janvier 1988. Paris: Seuil, 1989. p. 203-221.

MACHEREY, Pierre. L'actualité philosophique de Spinoza. In: *Nature, croyance, raison. Melanges offerts à Sylvain Zac.* Paris: ENS Fontenay/Saint-Cloud, 1992. p. 119-134.

NEGRI, Antonio. L'antimodernité de Spinoza. In: *Les temps modernes* (46, 539), juin 1991.

PFAUWADEL, Aurélie; SEVERAC, Pascal. Connaissance du politique par les gouffres. Spinoza et Foucault. In: CITTON, Yves; LORDON, Frédéric. *Spinoza et les sciences sociales.* Amsterdam, 2008. p. 189-211.

REMAUD, Olivier Éthique et politique: Foucault et Spinoza. In: *Lectures de Michel Foucault. Foucault et la philosophie* v. 2. Paris: ENS, 2003. p. 39-58.

SPINOZA, Baruch, *Éthique* (bilingue par B. Pautrat), Seuil, 2010.

SPINOZA, Baruch, *Tratado político*, Universitaria, 1989.

VAYSSE, Jean-Marie; Qu'est-ce qu'une vie philosophique?. In: *Kairos* (Revue de la Faculté de philosophie de l'Université de Toulouse Le Mirail), n. 23, 2004a. p. 9-27.

VAYSSE, Jean-Marie; *Totalité et finitude. Spinoza et Heidegger.* Paris: Vrin, 2004b. <http://www.saber.ula.ve/bitstream/123456789/15900/1/davila-ilustracion.pdf>.

Capítulo 24
Foucault e a escrita: interseções educacionais[1]

Julio Groppa Aquino

José de Almada Negreiros, um dos mais instigantes e controvertidos escritores portugueses, responsável, junto com Fernando Pessoa, pela introdução do modernismo literário em Portugal, colaborador do regime salazarista e criador de várias obras artísticas de monta distribuídas pelo país ibérico, publica, em maio de 1921, uma crônica que principia da seguinte maneira:

> O maior desgosto de Domingos Dias Santos era não saber escrever. A sua vida estava cheia de desgostos, mas todos se resumiam em um único – não saber escrever.
>
> Domingos Dias Santos, mais conhecido pelo Domingos, ou o Dias, ou ainda o Santos, só, sem mais nada, era natural da rua do Alecrim. Tinha a instrução primária, o curso dos liceus, com sexto e sétimo de letras, depois Coimbra até ao fim, com três anos a mais, e não sabia escrever – o seu desgosto.
>
> Tendo feito um exame seriíssimo de consciência, observou que a única coisa que ele podia ter adquirido nos liceus e universidades era saber escrever, contudo, nem isso, estava exactamente como tivesse nascido hoje, sem nada.
>
> Tinha lido muito, demais tinha a impressão de ter lido tudo, e, talvez, que fosse isso o que o emperrasse na escrita; mas, o que não havia dúvida nenhuma é que, sempre que se sentia acometido de uma vontade irresistível de escrever e a isso se resolvia, ficava absolutamente vazio só pelo facto de ter pegado na caneta para começar. Será assim a ausência de vocação para escritor? (Negreiros, 2002, p. 107).

---

[1] Parte do presente texto foi publicada anteriormente em Aquino (2011).

Consoante a maioria daqueles que se ocuparam do ofício da escrita, Almada Negreiros põe-se a refletir publicamente sobre as agruras desse que é tido como um dos gestos mais solenes na constelação dos afazeres humanos; um gesto afinal extravagante, posto que associado que, amiúde, a talentos inalcançáveis, à exceção de alguns, entre os quais obviamente não se incluía Domingos Dias Santos.

No intervalo entre, de um lado, a eloquência proverbial em torno das práticas escriturais e, de outro, sua rarefação empírica, impõe-se, quer-nos parecer, a urgência de um tipo de problematização capaz de interpelar criticamente o dispositivo contemporâneo da escrita, o qual compreende desde aquelas formas de controle vetorizadas pela exortação monopolista das autoridades literárias, passando pela circularidade aterradora da escrita jornalística, até os protocolos normativos do universo escolar dedicados à qualificação de tal gesto, reduzindo-o, em geral, a uma destreza meramente instrumental. Trata-se de um circuito sincrônico de estratégias responsáveis por uma intrincada tutela dos afazeres escriturais, cujos ecos fazem-se presentes na apreensão subjetiva ubíqua e rigorosamente idêntica àquela do personagem de Almada Negreiros: de que a ninguém é dado de véspera o direito de escrever; de que a escrita é uma faculdade que requer algo que se desenrola sempre mais além daquele que escreve; de que a verdade da escrita é, enfim, inextricável.

No que respeita aos limites deste texto, ater-nos-emos, no primeiro momento, à problematização das formas dominantes de gestão escolar das práticas de escrita para, em seguida, adentrar o emaranhado de sentidos ético-políticos imanentes ao trabalho escritural, acenando, na companhia de Foucault, para a tese da escrita como um dos modos intensivos de viver. Ao cabo de tal itinerário, esperamos poder argumentar, ainda que brevemente, em favor do gesto escritural como plataforma de endereçamento ao porvir.

*

O personagem de Almada Negreiros é categórico ao decalcar uma espécie de mau encontro entre escrita e escola: depois de todos seus anos de escolaridade, os quais deveriam ou poderiam ter-lhe provido minimamente de alguma familiaridade com o manuseio das letras, era apenas a sensação de esvaziamento que aí assomava. Assim, o pobre português era interceptado por uma espécie de grau zero não apenas da escrita, mas também do espírito. E uma primeira hipótese explicativa para seu desalento pede passagem: talvez o que emperrasse sua escrita fosse propriamente o fato de "ter lido muito, ter lido tudo". Em suma, o pobre português padecia de um mal da leitura. Hipótese deveras desconcertante, levando em conta a evocação recorrente de que entre leitura e escrita estabelece-se um nexo de sujeição compulsória. Daí a atualidade da advertência pessoana: "Ler é maçada, / estudar é nada. / O sol doira sem literatura. / O rio corre bem ou mal, / sem edição original" (PESSOA, 1986, p. 188-189).

A subordinação da escrita à leitura, juntamente com a preconização de sua função verificatória, bem como sua categorização segundo gêneros ou estilos específicos, figuram, em nosso entendimento, como os três pilares argumentativos que arregimentam um tipo de apropriação doutrinária, quando não policialesca, do trabalho escritural (e não apenas escolar, diga-se de passagem); argumentos que exigem, em contrapartida, uma contestação sem trégua.

O primeiro deles é aquele que prega a dependência linear e progressiva da escrita à leitura, cuja conexão dar-se-ia por vínculos de coerência e de conveniência. Na cartilha pedagógica corriqueira, a habilidade leitora figura inequivocamente como razão causal da competência escrevente, firmando-se, junto com o treino repetitivo, como sua condição necessária e suficiente. Ora, as práticas de leitura, quando crivadas pelo olhar foucaultiano, revelam-se como um dos meios pelos quais o alunado é submetido à ampla gama de regimes de verdade carreados pelo ensino, tal como o temos praticado nos últimos três séculos. Daí que a lógica da recognição seria responsável, de largada, pela interdição do princípio de que todo gesto escritural é, a rigor, um exercício de reescrita; um exercício que se alimenta – e Foucault bem o sabia – não do patrimônio, mas dos despojos do alheio.

Ante os múltiplos acossamentos de que as práticas escriturais escolares são alvo e instrumento, outro escritor português – agora contemporâneo – Jorge Ramos do Ó, reclama uma alternativa estimulante: "[...] produzirmos no interior da cultura escolar mecanismos onde a escrita seja uma prática do cotidiano, onde o desejo de escrever se possa instalar, onde o desejo de compreender e imaginar o mundo se amplie. Tratar-se-ia de uma mudança de paradigmas: substituir a leitura pela escrita" (Ó; COSTA, 2007, p. 111).

A novidade da proposição de Ramos do Ó não remete, em absoluto, à supressão dos labores da leitura, mas à sua refundação por um modo de escrita renovado. Dito de outro modo, trata-se de tomar os escritos alheios como um conjunto de pontos ora de passagem, ora de ancoragem do trabalho de ruminação do próprio pensamento, conferindo-lhes um *status* de intercessão pontual. Ler, portanto, com olhos nunca cabisbaixos.

Desse modo, aquele que escreve transmutar-se-ia num andarilho coletor de ideias, trafegando por um itinerário errático e insuspeito, marcado por escolhas adventícias e fragmentárias mediante o que lhe é dado a ler. Com isso, romper-se-iam, talvez, alguns imperativos pedagógicos tão correntes quanto mistificadores: primeiro, o da prática leitora como algo virtuoso *per se*; segundo, o da escrita como uma prática cerimonial e reservada apenas aos iniciados ou vocacionados por natureza; terceiro e por fim, o do temor reverencial a essa enigmática e insidiosa figura jurídica: o autor.

Dessa feita, se algo se passa entre leitura e escrita, trata-se, no limite, de uma dispersão nem contingente, nem acidental, mas perene e necessária. Com efeito, diálogo descontínuo é o que, na melhor hipótese, aí se desenrola; um diálogo não harmonioso, marcado por uma heterogeneidade crispante. Melhor dizendo, um vazio deliberado é o que se ergue entre elas, um vazio estratégico que, paradoxalmente, propiciaria as condições de emergência do inédito.

A escrita, concebida desse modo, converte-se no ponto exato de irrupção de forças que teimam em não se vergar à reverberação do já concebido por outrem; abrigo temporário, portanto, da potência do pensamento não como ele se nos apresenta na tradição escolar (em geral, pela via do expediente do comentário), mas como obra ainda por se fazer, em quaisquer tempo e circunstâncias, caso assim o queiramos.

O segundo argumento postula uma disciplinarização forçosa do campo escritural, operada pela categorização dos gêneros, pelo gradeamento do estilo. Isso porque, no universo pedagógico-escolar, toda formulação que não se queira demonstrativa ou ilustrativa tenderia a ser enquadrada como *literária*, *metafórica* e quetais, como se se tratasse aí de um imenso depositário de erros, isso é, de todos os restos expressivos refratários ou opacos ao jargão acadêmico. Nítido disparate da norma pedagógica. Mais: estratégia repisada do patrulhamento escritural.

Ora, a confusão de fronteiras entre gêneros e estilos discursivos, rumo a uma hibridização radical dos procedimentos escriturais, torna-se crucial quando se trata de assumir – com Foucault, novamente – que as palavras não operam como correspondentes ora mais, ora menos precisos das coisas, e que a tarefa do pensamento não é, de modo algum, a da conversão de uma a outra realidade, à moda das explanações descritivas com o selo de objetividade, sistematicidade e abrangência. Como bem o disse Foucault (2007, p. 401), "se a linguagem exprime, não o faz na medida em que imite e reduplique as coisas, mas na medida em que manifesta e traduz o querer fundamental daqueles que falam"; querer atinente, claro está, ao plano das relações de poder, e não ao das faculdades psicológicas.

Assim, a escrita partidária de um quadro de referência não representacional e não cientificista não apenas se furtaria a falar em nome das coisas, mas se devotaria a problematizar o que delas se diz, conferindo-lhes uma razão singular, insuspeita; o que importa é apenas o efeito de desconstrução dos regimes de verdade que tal investida opera, e não sua obstinação por verossimilhança ou autenticidade. Transtornar a veracidade da verdade (aquilo que foi dito e feito das coisas), duelando contra a arbitrariedade e a contingência de seus estatutos, resumiria, no escopo foucaultiano, o compromisso maior de nossa faculdade de pensar.

Se o trabalho da escrita, em sua potência fundadora, em nada se aproximaria da mimese, mas da vontade de ficção e da coragem da criação, tratar-se-ia, no plano do pensamento, de abdicar de tomar a palavra como representação. Impossível, pois, não fazer coro com Deleuze e Guattari (1995, p. 13) quando propõem que "escrever não tem a ver com significar, mas com agrimensurar, cartografar, mesmo que sejam regiões por vir". Trata-se, portanto, de desdobrar palavras sobre palavras; palavras cuja existência decerto não almeja ser escrutinadora daquelas das quais devêm, mas, no limite, insistir por algum tempo no mundo a fim de metamorfosear em outras tantas. Jorge Larrosa (2001, p. 40) apreende tal desígnio da seguinte maneira: tem "de se estar à altura das palavras que digo e que me dizem. E, sobretudo, tem de se fazer continuamente com que essas palavras destroem e façam explodir as palavras preexistentes. Somente o combate das palavras ainda não ditas contra as palavras já ditas permite a ruptura do horizonte dado, permite que o sujeito se invente de outra maneira, que o eu seja outro".

Disso decorre que uma escrita dessa envergadura recusaria com veemência o apego ou o privilégio a determinado gênero ou estilo narrativo. Foucault talvez concordasse com isso, se levarmos em conta um de seus pronunciamentos sobre a questão, concedido a Roger-Pol Droit, em 1975:

> Gostaria de escapar desta atividade fechada, solene, redobrada sobre si mesma, que é, para mim, a atividade de colocar palavras no papel. [...] Eu gostaria que ela [a escrita] fosse um algo que passa, que é jogado assim, que se escreve num canto de mesa, que se dá, que circula, que poderia ter sido um panfleto, um cartaz, um fragmento de filme, um discurso público, qualquer coisa... (FOUCAULT, 2006, p. 81).

Como aí se pode entrever, a potência da escrita pode dar-se por quaisquer caminhos ou suportes expressivos, operando apenas pelos efeitos de imprevisibilidade e de dilatação da experiência naquele que é por ela interceptado; uma experiência intransferível, indiscernível e sempre pronta a se refazer, a tal ponto que ela não apenas não obstaculize a emergência do novo, mas que se preste exatamente a germinar mais escrita, outras escritas. Uma escrita-floração, em síntese.

O terceiro e último argumento refere-se a uma arraigada tradição da escrita escolar: a de que seu uso primordial circunscrever-se-ia à aferição das competências discentes. Por meio de uma escrita verificatória, seria possível comprovar a adesão cognitiva do alunado aos regimes de verdade ali em circulação. Uma escrita-inquérito, agora.

A função verificatória da escrita escolar afigura-se como um dos pilares do servilismo reproducionista típico da escola moderna; servilismo animado pelo movimento reiterativo de explicação e de recognição infinitas que, salvo raríssimas exceções, informa as práticas pedagógicas de ponta a ponta, desde sua fundação; servilismo subsumido na lógica da aprendizagem escolar como transposição dos saberes de tipo enciclopédico ali professados (seja na forma clássica da cópia, seja na da glosa); servilismo herdeiro do indelével iluminismo pedagógico e seu lastro eminentemente rememorativo, exegético e laudatório, não obstante proclame-se secularizado, antiobscurantista, científico.

Daí o bordão pedagógico que decreta uma suposta progressão ideal dos escritos mais informais e concisos àqueles mais complexos, mais dissertativos e, enfim, mais avizinhados à presumida verdade das coisas ali dispostas. É preciso replicar, no entanto, que, no plano do pensamento, há uma potência inerente às *ideias curtas*, tal como apregoam Deleuze e Guattari (1992). Isso remete não a uma parcimônia geral da sintaxe no sentido de uma contrarretórica, mas a um desalojamento estratégico das significações ali em voga, as quais conformam e contêm a multiplicidade possível de sentidos da própria linguagem. Escrever, desse modo, implicaria atentar não para o uso conveniente do léxico, mas aos restos, migalhas e rebotalhos de sentido que o atravessam sem cessar – aquilo que, em *As palavras e as coisas*, circunscreve-se precisamente ao âmbito das *heterotopias*, as quais "solapam secretamente a linguagem, porque impedem de nomear isto *e* aquilo, porque fracionam os nomes comuns ou os emaranham, porque arruínam de antemão a 'sintaxe'" (FOUCAULT, 2007, p. xiii).

Uma escrita de teor heterotópico – não finalista, portanto –, jamais pretenderia fazer triunfar a veridicção do que lá se inscreve, mas apenas sublevar-se no plano do pensamento; sublevar-se de modo abrupto e por um breve intervalo de tempo.

No diapasão aqui defendido, a escrita assentaria suas raízes numa atitude desafiadora e, quiçá, desestabilizadora dos automatismos que a rondam sem cessar. Uma escrita-coragem capaz de desafiar determinações de múltiplas ordens, de alterar destinos já traçados, de transformar vidas indelevelmente. Uma escrita-arrebentação, por assim dizer.

★

Prossegue Almada Negreiros a saga do homem cultivado que não sabia escrever. Face ao desengano derivado de sua inabilidade, uma primeira reação de Domingos Dias Santos é a inapetência. O *bartleby* português passa a preferir não escrever. Opção aturdida, logo em seguida, pela leitura diligente dos jornais matinais, redigidos, a seu ver, por pessoas que tampouco sabiam escrever. Se os outros bem o faziam, por que ele não poderia também fazê-lo?

Uma espécie de impulso reativo apodera-se de Domingos, a partir do qual passa a alavancar as forças para reiniciar sua *via crucis* escritural. Intuía que, mais cedo ou mais tarde, os braços da escrita o envolveriam, e, então, poderia pontificar ao mundo tudo que lhe havia reservado em seus pensamentos.

Determinada noite, tranca-se, resoluto, no quarto da pensão onde morava. Era chegada a hora, não fosse um obstáculo imprevisto: a falta de assunto. Tudo o que ele queria era ser o mais sincero possível. Para tanto, deveria recorrer à própria história pessoal. Era tudo o que ele, e apenas ele sabia. Mas, quem haveria de se interessar pelas histórias de um pobre diabo como ele?

Domingos resolve então intercambiar suas lembranças pelas paragens bíblicas. Menos mal. Entusiasmado, imagina em pormenores o Nilo e as tropas do Faraó. Asas à imaginação, vai até a janela e contempla o Tejo, convertido num imenso Nilo esverdeado. Corre então à mesa para dar corpo e forma às imagens fantásticas que não acredita terem sido criadas por ele próprio. Mas, nada! O papel continuava intacto, branco como viera da loja. Como desfazer-se da maldição que desgraçava o português que não sabia escrever?

★

Por ocasião da reedição de *História da loucura* em 1972, Foucault apresenta uma segunda versão de seu prefácio em que não mais se verá aludido o tema geral da obra, mas o das tensões que contornam a escrita/leitura de um livro – esse *evento minúsculo, pequeno objeto manejável*, segundo ele.

Em poucas linhas, o pensador esboça uma espécie de quadro geral das forças que governam os trabalhos da escrita (e, por extensão, da leitura), ao qual retornará algumas vezes e de distintas maneiras. No entanto, naquele breve prefácio pode ser encontrado, por quem por isso se interessa, o cerne de seu projeto de escrita.

> Gostaria que esse objeto-evento, quase imperceptível entre tantos outros, se recopiasse, se fragmentasse, se repetisse, se simulasse, se desdobrasse, desaparecesse enfim sem que aquele a quem aconteceu escrevê-lo pudesse alguma vez reivindicar o direito de ser seu senhor, de impor o que queria dizer, ou dizer o que o livro devia ser. Em suma, gostaria que um livro não se atribuísse a si mesmo essa condição de texto ao qual a pedagogia ou a crítica saberão reduzi-lo, mas que tivesse a desenvoltura de apresentar-se como discurso: simultaneamente batalha e arma, conjunturas e vestígios, encontro irregular e cena repetível (FOUCAULT, 2005, p. viii)

Destaque-se aqui para a advertência foucaultiana quanto aos dois continentes discursivos molares – a pedagogia e a crítica –, ambas voltadas para uma espécie de acabrunhamento da potência possível da escrita. Destaque também para o distanciamento da função autor, um tema que, é fato, obcecou Foucault ao longo de todo seu percurso de pensamento.

Das ponderações sobre a relação escrita/loucura (1999, 2001a), passando ora pela problemática da autoria (2001b), ora pela escrita/exame (1987, 2003), até, por fim, a escrita de si (2004), Foucault oferece, quer nos parecer, um conjunto de indícios que apontam para uma agonística em operação diuturna nas práticas escriturais, onde quer que elas tomem lugar. Isso significa que, no interior dos procedimentos de escrita, embatem-se forças superlativas, tanto no sentido da investida unificadora dos modos de subjetivação aí implicados, quanto na direção de uma transfiguração radical desses mesmos modos, com vistas à sua multiplicação.

Embora Foucault não tenha elegido a escrita como objeto específico de atenção – Philippe Artières é quem, de certo modo, o vem fazendo –, trata-se de uma questão que, é necessário reconhecer, pontilhou grande parte da sua trajetória, o que pode ser atestado não apenas em algumas passagens de seus textos ou depoimentos, mas também e, sobretudo, por meio de sua própria escritura.

Gilles Deleuze assevera que "Foucault nunca encarou a escritura como um objetivo, como um fim. É exatamente isso que faz dele um grande escritor, que coloca no que escreve uma alegria cada vez maior, um riso cada vez mais evidente" (DELEUZE, 1988, p. 33). Também Paul Veyne assinala que a distinção da escrita foucaultiana consistiria num tipo peculiar de efeito sobre o leitor: "Eles [seus livros] não são comunicativos, não são próprios para elevar o tônus vital de seus leitores. Foram escritos com a espada, com o sabre, por um samurai, seco como um sílex, e cujo sangue-frio e reserva eram ilimitados. Eles mesmos são espadas cujo manejo supõe um leitor que possua por si mesmo o tônico vital em questão" (Veyne, 2009, p. 49-50).

Somadas, a virtuosidade cortante do escritor-esgrimista e a gratuidade expansiva contida no riso que advém de seus escritos constituem uma prova cabal da axiomática segundo a qual o trabalho de escrever confunde-se com o de viver ou, mais precisamente, com um modo intensivo de conduzir a própria existência. O próprio Foucault o reconhece numa entrevista de 1980: "Se eu tivesse de escrever um livro para comunicar o que já penso, antes de começar a escrevê-lo, não teria jamais a coragem de empreendê-lo. [...] Sou um experimentador no sentido em que escrevo para mudar a mim mesmo e não mais pensar na mesma coisa de antes" (Foucault, 2010, p. 289-290).

Escrever para o pensador francês consistiria, assim, numa experiência de transformação do que se pensa e, acima de tudo, do que se é; uma experiência avessa, ademais, a qualquer apelo comunicativo, prescritivo ou confessional; apenas superfície de inscrição de *uma vida*: seus reveses, suas circunvoluções, seu inacabamento compulsório.

Aquele que se arriscasse a fazê-lo ver-se-ia converter num ser em tormento: alguém dobrado sobre si mesmo, guerreando contra aquilo que já não pensa, ou que pensa não mais pensar, mesmo sem ter o domínio exato daquilo que passou a pensar. Algo semelhante faz Foucault declarar em outra entrevista, agora de 1972: "Eu penso para esquecer. Tudo o que eu disse no passado é totalmente sem importância. Escrevemos alguma coisa quando ela já foi muito usada pela cabeça; o pensamento exangue, nós o escrevemos, é tudo. O que eu escrevi não me interessa. O que me interessa é o que eu poderia escrever e o que eu poderia fazer" (Foucault, 2002, p. 295).

Na trilha da experiência da escrita foucaultiana, seria necessário admitir que o vitalismo de uma escrita porosa ao esquecimento residiria exatamente em sua disposição deliberada de se embrenhar em paisagens informes e dessubjetivadas, deixando-se chamuscar pelo calor que de lá emana.

Nenhum chamamento transcendental, nenhuma inspiração extranatural, nenhuma genialidade, nem seu oposto, ancestralidade. Nenhum pendor, nenhum mistério. Antes, atordoamento, extravasamento, desfiguração e, oxalá, desmanche de si. Do mesmo modo, nenhum apego a nenhuma espécie de missão transcendente ou restaurativa. Nenhum rastro humanista ou humanizador, portanto. Nem redenção, nem danação; transmutação tão somente. Potência de existir, parafraseando Michel Onfray (2009).

Sem fundamento *a priori*, nem finalidade de nenhuma espécie, o trabalho da escrita solidariza-se com a tarefa do viver em sua multiplicidade imanente. Uma escrita-subsistência, em outros termos. Nessa perspectiva, é a escritora Doris Lessing quem, no entanto, oferece uma das mais tocantes justificativas para tal gesto: "Eu escrevo porque sou um animal escritor" (*apud* BRITO, 2007, p. 75).

Ora, se há um grão inumano nesse tipo de apropriação do gesto escritural, isso se deve ao fato de que a autocriação ético-estética aí implicada projeta-se como hospedagem da pluralidade de forças colossais que estão a nos atravessar a cada instante. Escreve-se porque não se pode evitar as forças extraordinárias que aí se insinuam, que insistem durante algum tempo e que, então, evaporam para nunca mais retornar. Forças descontínuas, espasmódicas, dispostas apenas ao encontro com a diferença. Forças contrárias ao que já se pensa, ao que já se sabe: essa matéria ingerida, deglutida e expelida. Forças avizinhadas àquilo que faz Clarice Lispector declarar de modo magistral: "Eu sei de muito pouco. Mas tenho a meu favor tudo o que não sei e – por ser um campo virgem – está livre de preconceitos. Tudo o que não sei é a minha parte maior e melhor: é a minha largueza. É com ela que eu compreenderia tudo. Tudo o que não sei constitui a minha verdade" (1975, p. xvii).

Se, por um lado, a inconstância e a imprevisibilidade constituem os maiores riscos desse tipo de empreitada, por outro, seu vigor residiria exatamente na abertura ao encontro com acontecimentos não previstos outrora e vagamente esboçados agora, à moda do *não saber* lispectoriano. Eis aqui o ponto exato de fervura, ou se se quiser, a zona de indiscernibilidade entre escrita, dessaber e desrazão. Sem fundamento *a priori*, nem finalidade de nenhuma ordem, o trabalho da escrita solidariza-se com a aventura do viver em sua multiplicidade germinal. Atitude de espreita constante em relação ao que se nos passa, ele acaba por se confundir inteiramente com o trabalho incansável de viver em sua exuberância possível: superfícies de contato; intensidades passageiras; potência de existir, mais uma vez. A escrita como aproximação desobstruída à liberdade.

Escrita que se dá a ler sem amarras, sem cláusulas de barreira, sem extorsão nem aliciamento do leitor. Escrita andarilha, solitária, desgarrada da luz. Escrita atravessada "por uma paixão noturna, livre, desgraçada e inútil que interrompe por um momento, fazendo vazia e insignificante toda a segurança, toda a estabilidade, toda a felicidade e todo o sentido do dia" (LARROSA, 2004, p. 28).

Gesto limítrofe de criaturas que uivam diante da longa noite sem consolo dos homens mediante a qual nada lhes restaria além de emitirem sinais ao léu na tentativa de encontrar uma réplica ao longe no infinito variável do tempo.

★

Transtornado pelas incessantes tentativas para fazer lograr aquilo que de todo lhe escapava, Domingos Dias Santos já não sabe mais a que recorrer. Noite alta, o português ouve então alguém bater à porta de seu quarto. Era Rosa, criada da pensão.

– Dá licença, Sr. Domingos? [...] Venho incomodar?
– Não. O que há?
– Nunca lhe pedi nada ao senhor Domingos... se não fosse muita necessidade, não lhe pedia... mas eu nunca estive na escola... não me ensinaram os números e as letras... escrevia uma carta ao meu rapaz, sr. Domingos?

Domingos Dias Santos disse que sim, sentou-se, e esperou que ela ditasse:

– Meu querido João do coração,

Estimo que ao receberes esta te vá encontrar de boa saúde em companhia da tua mãe e da tua irmã a quem mando muitas e muitas saudades. Dá também saudades minhas à minha mãe e diz-lhe que fico bem. Esta tem por fim dizer-te que ainda não me esqueci de ti e que vou depressa para a terra com saudades do meu querido João do coração.

Pede o carro emprestado ao primo Isidro e vai-me esperar à estação com o carro quando eu to mandar dizer. Mais te tenho a contar que não é preciso nada eu estar aqui e fico só para acabar o mês.

Tua querida Rosa do coração e saudades (NEGREIROS, 2002, p. 111).

★

Germinada no espaço intervalar, abismal e sempre vacante do encontro entre aquele que lê e aquele que escreve, a escrita firma-se como construção de uma paragem transitória ao comum entre eles, a fim de que, então, possa emergir o inaudito para além de ambos. É o que se toma como argumento terminal desta exposição.

Se é possível admitir que a escrita pode se constituir num modo potente de estilização da própria existência, será também possível deduzir que, na própria superfície escritural, materializa-se uma plataforma ético-política de endereçamento ao porvir ancorada em nada além do que uma obstinada *verdade da coragem* (FOUCAULT, 2011). É o que, a nosso ver, Foucault o quis e o fez, visceralmente.

De nosso percurso argumentativo até o momento, resta uma espécie de convicção provisória, porém não titubeante: a de que os escritos que tomem para si o propósito de se lançarem na voragem do tempo nada mais são do que cartas insistentes aos que estão por vir; cartas que, no entanto, não serão lidas por aqueles a quem hoje se lhes endereçam; cartas que habitam o hiato temporal entre quem as redige e quem, talvez, um dia as abrirá; cartas que, como no amor, se igualam a todas as outras coisas que começam antes de começar e que terminam depois de terminar; cartas sequiosas de existência, mas enfermas de outro existir; cartas, enfim, que desafiam a solidão das criaturas deste mundo.

Referências

AQUINO, Julio G. A escrita como modo de vida: conexões e desdobramentos educacionais. *Educação e Pesquisa*, v. 37, n. 3, p. 641-656, set./dez. 2011.

BRITO, José Domingos de (Org.). *Por que escrevo?* 3. ed. São Paulo: Novera, 2007.

DELEUZE, Gilles. *Foucault*. São Paulo: Brasiliense, 1988.

DELEUZE, Gilles; GUATTARI, Félix. *Mil platôs: capitalismo e esquizofrenia*. Rio de Janeiro: Trinta e Quatro, 1995. v. 1.

DELEUZE, Gilles; GUATTARI, Félix. *O que é a filosofia?* São Paulo: Trinta e Quatro, 1992.

FOUCAULT, Michel. *A coragem da verdade*. São Paulo: WMF Martins Fontes, 2011.

FOUCAULT, Michel. A escrita de si. In: FOUCAULT, Michel. *Ética, sexualidade, política*. Ditos & escritos V. Rio de Janeiro: Forense Universitária, 2004. p. 144-162.

FOUCAULT, Michel. A vida dos homens infames. In: FOUCAULT, Michel. *Estratégia, poder-saber*. Ditos & escritos IV. Rio de Janeiro: Forense Universitária, 2003. p. 203-222.

FOUCAULT, Michel. *As palavras e as coisas: uma arqueologia das ciências humanas*. 9. ed. São Paulo: Martins Fontes, 2007.

FOUCAULT, Michel. Conversa com Michel Foucault. In: FOUCAULT, Michel. *Repensar a política*. Ditos & escritos VI. Rio de Janeiro: Forense Universitária, 2010. p. 289-347.

FOUCAULT, Michel. Eu sou um pirotécnico. In: POL-DROIT, Roger. *Michel Foucault, entrevistas*. São Paulo: Graal, 2006. p. 67-100.

FOUCAULT, Michel. *História da loucura na Idade Clássica*. 8. ed. São Paulo: Perspectiva, 2005.

FOUCAULT, Michel. Linguagem e literatura. In: MACHADO, Roberto. *Foucault, a filosofia e a literatura*. 2. ed. Rio de Janeiro: Zahar, 2001a. p. 137-174.

FOUCAULT, Michel. O grande internamento. In: FOUCAULT, Michel. *Problematização do sujeito:* psicologia, psiquiatria e psicanálise. Ditos & escritos I. Rio de Janeiro: Forense Universitária, 2002. p. 285-296.

FOUCAULT, Michel. O que é um autor? In: FOUCAULT, Michel. *Estética:* literatura e pintura, música e cinema. Ditos & escritos III. Rio de Janeiro: Forense Universitária, 2001b. p. 264-298.

FOUCAULT, Michel. *Raymond Roussel.* Rio de Janeiro: Forense Universitária, 1999.

FOUCAULT, Michel. *Vigiar e punir: o nascimento da prisão.* Petrópolis: Vozes, 1987.

LARROSA, Jorge. *Linguagem e educação depois de Babel.* Belo Horizonte: Autêntica, 2004.

LARROSA, Jorge. *Pedagogia profana:* danças, piruetas e mascaradas. 4. ed. Tradução de Alfredo Veiga-Neto. Belo Horizonte: Autêntica, 2001.

LISPECTOR, Clarice. *A descoberta do mundo.* 4. ed. Rio de Janeiro: Francisco Alves, 1994.

LISPECTOR, Clarice. *Seleta.* Rio de Janeiro: José Olympio; Brasília: INL, 1975.

NEGREIROS, José de Almada. *Ficções.* Lisboa: Assíro & Alvim, 2002.

Ó, Jorge Ramos do; COSTA, Marisa Vorraber. Desafios à escola contemporânea: um diálogo. *Educação & Realidade,* v. 32, n. 2, p. 109-116, jul./dez. 2007.

ONFRAY, Michel. *A potência de existir: manifesto hedonista.* Lisboa: Campo da Comunicação, 2009.

PESSOA, Fernando. *Obra poética.* Rio de Janeiro: Nova Aguilar, 1986.

VEYNE, Paul. *Foucault, o pensamento, a pessoa.* Lisboa: Texto & Grafia, 2009.

CAPÍTULO 25
Foucault e as "práticas de liberdade": possibilidades para o campo educativo

Sílvio Gallo

> O senhor [Michel Foucault] foi o primeiro a
> nos ensinar alguma coisa de fundamental [...]:
> a indignidade de falar pelos outros.
> DELEUZE, GILLES em *Os intelectuais e o poder*

A educação não foi um dos problemas centrais nas investigações de Foucault, ainda que em vários momentos a preocupação com o campo educacional permeie sua obra. O exemplo mais evidente, claro, é aquele de *Vigiar e punir*, em que toda a terceira parte, dedicada ao estudo da disciplina, está centrada na analítica da instituição escolar moderna e de sua constituição; mas encontramos inúmeras outras referências menores em outros livros, cursos, entrevistas e artigos. Como professor de Filosofia da Educação, meu intento com Foucault é tomá-lo como intercessor para tornar o pensamento uma vez mais possível no campo da educação, um campo habitado, dominado, loteado pelas mais diversas verdades "absolutas" e "universais"; em outras palavras, para produzir uma filosofia da educação que seja, de fato, exercício de pensamento. Nessa direção, importa-me pensar, aqui, as possibilidades de práticas de liberdade nos meios educativos, como exercício de um cuidado de si e de um cuidado do outro.

Os estudos foucaultianos em educação, de forma geral, têm explorado as ferramentas conceituais de Foucault para fazer a crítica dos jogos de poder-saber na educação. Nessa direção, são exemplares os estudos dedicados às múltiplas faces do poder disciplinar nas instituições escolares e seus efeitos teóricos e práticos; ou, de forma mais recente, os estudos sobre a biopolítica e a governamentalidade na análise das políticas públicas no campo da educação. Meu objetivo é inverter a ordem: pensando em seus últimos escritos, em especial nos cursos, nas conferências, nas entrevistas, como tornar o pensamento uma vez mais possível no campo educacional? Como fazer dos conceitos de Foucault ferramentas, reativando o pensamento, de modo a desencaminhar o instituído? Como pensar práticas de liberdade nos meios escolares e fora deles, em um tempo em que os mecanismos da biopolítica exercem um controle quase absoluto? Em outras palavras, como, para além dos estudos (importantes, diga-se) que tomam Foucault como ferramenta para denunciar o *negativo* no campo da educação, como tomá-lo como ferramenta para pensar uma *positividade* desse campo?

Para isso, deter-me-ei em um conceito que Foucault começou a desenvolver em seus últimos escritos, buscando a possibilidade de "práticas de liberdade" em meio aos jogos de poder. Esse texto é, pois, uma espécie de continuidade e de desdobramento daquele que apresentei no *Colóquio Foucault* de 2009, em que procurei demarcar, nos cursos de Foucault, a emergência na noção de cuidado de si como uma espécie de resistência às malhas do poder constituído em sua forma biopolítica. Um cuidado consigo mesmo como forma de afirmação da vida e de si mesmo em um contexto de vida absolutamente controlada; em outras palavras, a busca de formas de construção e criação de práticas de liberdade em resistência a um controle e a um jogo de seguridade que se pretende absoluto.

Em torno de práticas de liberdade

Castro (2009, p. 245) questiona se faria sentido colocar a questão da liberdade em Foucault, uma vez que o filósofo dedicou-se a temas como o "desaparecimento do sujeito" e a "morte do homem". Em sua visão, essa questão só pode ser colocada na confluência de dois temas centrais no pensamento do autor: a questão do sujeito e a questão do poder. Afirma ainda Castro (2009, p. 246) que ao problema da liberdade deve ser aplicada a mesma observação que fez Foucault sobre o sujeito e sobre o poder: não são substâncias, não podem ser tomados como substâncias. Em suma, pensar a liberdade, em Foucault, é pensá-la numa dimensão não substancialista, não fundacionista. É essa posição que leva o filósofo a evitar a palavra liberdade e a falar, em alguns textos, em "práticas de liberdade": o que interessa não é a liberdade como conceito, como universal, como substância, mas sua manifestação prática, contextualizada, produzida. Importam as práticas de liberdade que somos capazes de produzir em nossas ações cotidianas.

Um texto-chave para a compreensão do problema da liberdade em Foucault é aquele que ele escreveu para ser publicado, em 1982, como apêndice ao livro que os colegas americanos Dreyfus e Rabinow prepararam sobre ele, texto que ele intitulou *O sujeito e o poder*. Ele inicia fazendo um balanço de seu trabalho, explicando que sua questão central sempre foi a questão do sujeito, dos processos de subjetivação. Assim, o estudo do poder é um estudo de como ele interfere e produz sujeitos, processos de subjetivação. Afirma, pois, que não estuda o poder por ter um interesse nele como objeto específico de pesquisa, mas o investiga para compreender processos de subjetivação. Em outras palavras, toma o poder como *dispositivo de subjetivação*. Em duas frases isso é sintetizado por Foucault (1983, p. 209): "Deste modo, não é o poder, mas o sujeito o tema geral de minha investigação", para completar, um pouco adiante: "seria, pois, necessário expandir as dimensões de uma definição do poder, se quiséssemos usá-la no estudo da objetivação do sujeito".

Após essa introdução, Foucault "passeia" pelas formas de exercício do poder nas sociedades ocidentais, dando centralidade à emergência do poder pastoral e analisando como ele é assimilado pelo Estado, que se torna uma espécie de "uma moderna matriz de individualização ou uma nova forma de poder pastoral" (1983, p. 215). Passa em seguida a examinar a problemática de como o poder é exercido e, aqui, encontramos elementos importantes para a compreensão de nossa questão. Foucault afirma (1983, p. 220) que o poder não é uma função do consentimento, ou, dizendo de outra forma, não é de sua natureza uma manifestação do consenso, bem como não se trata de uma renúncia à liberdade. Estar em uma relação de poder não implica renunciar à liberdade. Poder e liberdade não são mutuamente excludentes; adiante veremos que podemos, ao contrário, compreender o poder e seus jogos como condição mesma das práticas de liberdade, na mesma medida em que a liberdade é a condição do sujeito no exercício do poder.

Buscando o específico do exercício do poder, Foucault chega à noção de conduta, embora ressalte seu uso equívoco; e, a partir da conduta, chega ao governo. Vale a pena seguir seu raciocínio:

> O exercício do poder consiste em guiar as possibilidades de conduta e em ordenar a probabilidade. Basicamente, o poder é menos a confrontação entre dois adversários, ou a relação entre eles, do que uma questão de governo. Esta palavra deve ser tomada no sentido que possuía no século XVI. "Governo" não se referia apenas às estruturas políticas ou à administração dos Estados; ele designava a maneira de dirigir a conduta de indivíduos ou de grupos: o governo das crianças, das almas, das comunidades, das famílias, dos doentes [...] Governar, neste sentido, consiste em estruturar o campo de ação possível dos outros. A relação própria ao poder não deveria, pois, ser buscada no lado da violência e da luta, nem naquele da aliança voluntária (que podem, no máximo,

ser instrumentos de poder), mas sim na área do singular modo de ação, que não é guerreiro nem jurídico, que consiste no governo (FOUCAULT, 1983, p. 221).

A ordem específica do poder é, pois, o *governo*, a administração da conduta, dos modos de ação de indivíduos ou de grupos. É aí que ele se manifesta, é nesse campo que ele é exercido e sofrido; é aí, também, que se produzem as resistências, os contrapoderes. É sobre o tabuleiro do governo que se jogam os jogos de poder. E é também nesse tabuleiro que Foucault introduz uma outra variável, uma outra peça do jogo: a liberdade. "O poder só é exercido sobre sujeitos livres, e enquanto eles são livres" afirma Foucault (1983, p. 221).

Compreender o exercício do poder como prática de governo, como controle das condutas em um campo de possibilidades, pressupõe que os sujeitos implicados nas relações de poder sejam livres. Mas a condição de liberdade não é compreendida aqui como uma substância ou algo que seja posse do sujeito de poder; ao contrário, ser livre significa estar em um campo de possibilidades, no qual existam diferentes alternativas dentre as quais o sujeito possa escolher. O exercício do poder será, pois, o controle das condutas, o governo das escolhas, implicando um caminho e não outro. Se não houver campo de possibilidades, se não houver possibilidade do exercício da escolha, aí não exercício de poder, uma vez que não meio de se interferir nas condutas, não há forma de se "governar".

É essa noção do poder como governo das condutas, que pressupõe a liberdade dos sujeitos implicados nas relações de poder, que nos permite compreender a fundo uma das proposições sobre o poder que Foucault apresentara em *A vontade de saber*, obra publicada anos antes, em 1976. Ao discorrer sobre a metodologia adequada para analisar os dispositivos de poder, o filósofo apresenta, na forma de cinco proposições, suas características básicas. E justamente a quinta proposição afirma "que lá onde há poder há resistência e, no entanto (ou melhor, por isso mesmo) esta nunca se encontra em posição de exterioridade e relação ao poder" (FOUCAULT, 1985, p. 91). A resistência não é exterior ao poder, vem de sua interioridade mesma, na medida em que é resultado das práticas de liberdade dos sujeitos que estão implicados nas relações de poder, dos sujeitos livres que são governados.

Nesse jogo do poder, o outro da liberdade não é o poder; ou outro da liberdade é a dominação, que Foucault caracteriza como sendo uma espécie de "paralisação" das relações de poder como resultado de uma certa estratégia, que consegue solidificar um determinado estado de coisas. Em suas palavras:

> A dominação é, de fato, uma estrutura geral de poder cujas ramificações e consequências podem, às vezes, ser encontradas

nas fibras mais entranhadas do social. Mas, ao mesmo tempo, é uma situação estratégica tomada e consolidada de uma duradoura confrontação entre adversários (FOUCAULT, 1983, p. 226).

Numa situação de dominação não há práticas de liberdade, ou elas são imensamente restritas, o que significa que nessa situação também não há "governo". Dominar é diferente de governar; enquanto essa ação pressupõe a liberdade dos sujeitos de ser governados, a primeira ação parte justamente da neutralização ou paralisação desta capacidade de exercer práticas de liberdade. Nenhuma situação de dominação é, porém, absoluta, na medida em que suas estratégias podem minimizar as ações dos sujeitos de poder ou mesmo neutralizá-las, paralisá-las; mas essa condição nunca consegue ser eterna. Seja mais ou menos duradoura, ela é uma condição passageira. Assim, não deixa de ser um exagero afirmar que em condições de dominação não há liberdade; há, sim, uma limitação destas práticas. Mas é seu exercício, ainda que restrito, ainda que minimizado, que acaba por possibilitar um desenrijecimento das relações de poder, possibilitando que se quebrem as estruturas de dominação.

A questão das práticas de liberdade é retomada, de forma muito interessante para a problemática que move este texto, na conhecida entrevista de 20 de janeiro de 1984 e publicada na revista *Concordia* ainda ao final daquele mesmo ano, marcado pelo desaparecimento de Foucault. Instigando Foucault a falar de seu trabalho em curso, centrado nas relações entre subjetividade e verdade, os entrevistadores perguntam se aquilo que o filósofo denomina "um trabalho de si sobre si mesmo", isso é, uma prática de subjetivação, pode ser compreendido como um processo de liberação. O filósofo desenvolve uma longa argumentação para responder negativamente, uma vez que, em sua visão, a ideia de liberação está relacionada com uma noção substancialista do sujeito. Critica a perspectiva filosófica que afirma a existência de uma natureza humana, que implicaria em uma liberdade pensada como essência, como atributo inalienável do ser humano, para afirmar preferir falar em "práticas de liberdade", implicadas nas relações de poder entre os indivíduos.

Como mostra Diogo Sardinha (2011), a liberdade é pensada por Foucault já não no registro de uma antropologia, pensando o humano como universalidade, mas no registro de um pensamento sobre nós mesmos, um pensamento da imanência presente. Práticas de liberdade pensadas em um campo ético: eis seu sentido possível.

Frente à insistência dos entrevistadores em torno da noção de liberação, Foucault responde que a liberação está relacionada com as situações de dominação, afirmando que:

> Quando um indivíduo ou um grupo social chega a bloquear um campo de relações de poder, a torná-las imóveis e fixas, e a impedir qualquer reversibilidade do movimento – por instrumentos que tanto podem ser econômicos quanto políticos ou militares –, estamos diante do que se pode chamar de um estado de dominação. É lógico que, em tal estado, as práticas de liberdade não existem, existem apenas unilateralmente ou são extremamente restritas e limitadas. Concordo, portanto, com o senhor que a liberação é às vezes a condição política ou histórica para uma prática de liberdade [...] A liberação abre um campo para novas relações de poder, que devem ser controladas por práticas de liberdade (FOUCAULT, 2004, p. 266-267).

Reafirma-se, assim, a ideia de dominação como paralisia das relações de poder, com diminuição ao limite das possibilidades de práticas de liberdade, enquanto na dinâmica das relações de poder a liberdade (compreendida como prática, não como substância) é sua condição básica. É evidente que Foucault não opera com uma noção substancialista de liberdade, ao colocar acento nas práticas. Não podemos, porém, deixar de apontar uma certa tensão nessa noção de dominação, posto que ela é *quase* uma negação da possibilidade de práticas de liberdade. Dizemos *quase*, na medida em que se a paralisia das relações de poder fosse completa, teríamos uma absolutização da condição de dominação, da qual seria impossível sair, uma vez que já não haveria qualquer resistência viável. Assim, embora a dominação seja a restrição e quase paralisação das relações de poder, alguma resistência precisa permanecer no horizonte de possibilidades.

E, aqui, nessa inflexão entre as relações de poder e as práticas de liberdade, Foucault situa a construção de uma ética do cuidado de si. Sua formulação é mais que conhecida: "a liberdade é a condição ontológica da ética. Mas a ética é a forma refletida assumida pela liberdade" (2004, p. 267). Não sabemos aonde teria chegado Foucault se a vida tivesse lhe dado mais tempo para seguir suas experimentações no pensamento; mas essa afirmação nos dá um indício dos seus rumos: um trabalho sobre si mesmo, calcado ontologicamente nessa liberdade que nos coloca na condição de sujeitos de relações de poder que, por sua vez, são o palco da constituição deste si mesmo que se constrói em razão desta liberdade.

Práticas de liberdade no campo educacional?

Nesse contexto de práticas de liberdade que são a própria manifestação ética de si mesmo, como podemos pensar sua manifestação no campo educacional?

Sabemos de toda a implicação dos trabalhos anteriores de Foucault para pensar a instituição escolar, na trilogia que ela faz com a prisão e o asilo/hospital. Com a diferença que se essas duas instituições são *correcionais* ou mesmo temporárias, a instituição escolar é também temporária, mas formativa. Isto é, a escola não está para corrigir desvios de conduta, reconduzir condutas que se afastaram na norma social, mas, ao contrário, está para formar a base desta conduta, procurando evitar, de antemão, que se produzam desvios. E, outro diferencial, a prisão está reservada para os delinquentes, enquanto o asilo está reservado para os loucos. Mas, a escola, essa é para todos.

Voltemos ao texto de 1982 (*O sujeito e o poder*), onde encontramos uma rápida descrição da escola:

> Tomemos, por exemplo, uma instituição educativa: a disposição de seu espaço, as meticulosas regulações que governam sua vida interna, as diferentes atividades que são ali organizadas, as diversas pessoas que ali vivem ou se encontram, cada uma com sua própria função, seu bem definido caráter – tudo isso constitui um bloco de capacidade-comunicação-poder. A atividade que assegura o aprendizado e a aquisição de atitudes ou tipos de comportamento é desenvolvida ali por todo um conjunto de comunicações reguladas (lições, questões e respostas, ordens, exortações, sinais codificados de obediência, marcas de diferenciação do "valor" de cada pessoa e dos níveis de conhecimento) e por meio de toda uma série de processos de poder (enclausuramento, vigilância, recompensa e punição, hierarquia piramidal) (FOUCAULT, 1983, p. 218-219).

Instituição escolar, então, organizada em torno de atividades de comunicação, devidamente reguladas, e procedimentos, relações de poder. Mas, na lógica foucaultiana, também espaço para práticas de liberdade, posto haver nessas instituições um jogo de poder, não uma condição de dominação.

Sabemos das leituras foucaultianas que, levando em conta tudo isso, procuram afastar-se da escola, pensando outros espaços e outras possibilidades para o trabalho educativo. Queremos, porém, insistir um pouco mais na escola. Pensá-la um pouco mais com Foucault. Pensá-la como espaço de construção de relações de poder, mas também como espaço de resistência, como espaço de práticas de liberdade. E, nesse sentido, concordamos com a canadense Gail McNicol Jardine, quando problematiza:

> Será possível, actualmente, transformar o sistema de conhecimento e poder moderno, ocidental e disciplinar que actua tão penetrantemente para nos objectivar e moldar as nossas vidas individuais? Ser-nos-á possível parar de pensar através de e de agir sobre os nossos hábitos modernos e disciplinares nas nossas sociedades e

instituições educacionais? Será possível a educadores, pais e alunos, manter vivo, ao longo de uma vida inteira, o seu próprio e único centro de receptividade e conformidade? (JARDINE, 2007, p. 141).

Em alguma medida, pensamos que essa era a direção do trabalho final de Michel Foucault, que parece ter encontrado, como procuramos mostrar no colóquio anterior, no cuidado de si uma forma de resistência à biopolítica. Concluindo essa intervenção, faremos não mais do que apontar *uma pista* para pensar a possibilidade de práticas de liberdade e, portanto, de resistência, nas escolas.

O próprio Foucault nos indica esta pista, na mesma entrevista de 1984, já citada, quando afirma:

> Tomemos também alguma coisa que foi objeto de críticas frequentemente justificadas: a instituição pedagógica. Não vejo onde está o mal na prática de alguém que, em um dado jogo de verdade, sabendo mais que um outro, lhe diz o que é preciso fazer, ensinar-lhe, transmitir-lhe um saber, comunicar-lhe técnicas; o problema é de preferência saber como será possível evitar, nestas práticas – nas quais o poder não pode deixar de ser exercido e não é ruim em si mesmo – os efeitos de dominação que farão com que um garoto seja submetido à autoridade arbitrária e inútil de um professor primário; um estudante, à tutela de um professor autoritário, etc. Acredito que é preciso colocar esse problema em termos de regras de direito, de técnicas racionais de governo e de *êthos*, de prática de si e de liberdade (FOUCAULT, 2004, p. 284-285).

Não é no âmago da relação pedagógica, pois, que se instaura uma dominação. Isto é, uma relação pedagógica não é autoritária ou de dominação por sua própria natureza. A relação pedagógica é uma condução, é uma regulação de conduta, um governamento, se assim preferirmos, e, como tal, está em sua própria lógica a possibilidade da resistência, a possibilidade das práticas de liberdade. O campo do pedagógico, assim, descortina-se como mais um campo em que os jogos de poder podem ser vivenciados em sua intensidade, através de esforços de condução do outro e através de esforços de resistência. O que pode regular a relação pedagógica é, como apontou Foucault, a construção de um *êthos*. E tal *êthos* pode ser autoritário ou libertário. De todo modo, é intrínseca às relações pedagógicas a construção de práticas de si, seja por qual via for.

De modo que a relação pedagógica não pode ser um "falar pelos outros", ato indigno, como apontado no trecho que colocamos em epígrafe, mas um lugar de tomada de palavra, de aprender a falar por si mesmo. A construção de si que se produz nas relações pedagógicas conduz para que cada um construa sua palavra. Mas, é evidente, não se aprende a falar por si mesmo sozinho, se não for conduzido por um outro. O problema não está em que haja uma *condução*; a questão é saber que condução é essa. Sendo uma condução que toma o outro em sua alteridade, não há indignidade: ainda que haja embates, jogos de força, relações de poder e resistência, isso é próprio do processo e é condição mesma para que se produzam as práticas de liberdade. O problema seria a instituição de um *êthos* autoritário que impusesse uma condição de dominação. Nesse caso, não haveria sequer condução, pois a alteridade dos estudantes estaria negada de antemão. A rigor, talvez fosse necessário afirmar que uma condição de dominação assim pensada em um processo educativo não poderia sequer ser pensada como "pedagógica".

Na mesma entrevista já citada, bem como ao longo de várias aulas de seus três últimos cursos no Collège de France (*A hermenêutica do sujeito*; *O governo de si e dos outros*; *A coragem da verdade*), o filósofo apontou para a questão pedagógica contida no cuidado de si; já entre os gregos, era necessário aprender a cuidar de si, e isso implicava a relação com um "mestre do cuidado", um guia, um conselheiro, que assumiu diferentes formas e diferentes técnicas nas diversas escolas filosóficas antigas.

Mas para poder cuidar do outro, especialmente para poder ensinar ao outro as técnicas para cuidar de si mesmo, era necessário, antes, cuidar de si, uma vez que esse cuidado é uma forma de controlar e limitar o poder; nas palavras de Foucault (2004, p. 272), "é o poder sobre si que vai regular o poder sobre os outros". Ora, é exatamente essa postura que responde à preocupação enunciada antes, quando apontada a instituição escolar como espaço de relações de poder.

Em suma, pensamos encontrar nos últimos escritos de Foucault elementos desafiadores para pensar a educação, as práticas educativas, as instituições escolares em registros outros, que não aqueles que ensejam as obras anteriores do filósofo, notadamente *Vigiar e punir*, com o desvelamento das maquinarias disciplinares nas instituições escolares.

Por fim, se não é possível negligenciar o que têm sido as instituições escolares modernas, talvez seja nelas mesmas que seja possível produzir práticas de liberdade, um aprendizado do cuidar de si mesmo e constituir--se eticamente, fazendo desses espaços, espaços outros. Conhecemos esse conceito instigante, mas pouco explorado pelo próprio Foucault: heterotopia. Espaços outros no interior mesmo dos espaços comuns. Produção de diferença aqui e agora, no espaço instituído. Talvez seja possível explorar a própria noção de heterotopia como produção de práticas de liberdade, instituição de outros jogos de poder num tabuleiro já posto, com as peças já dispostas. Invenção criativa de regras outras, que promovem uma transformam no espaço, ao mesmo tempo em que promovem uma transformação nos sujeitos.

O texto "Outros espaços", publicado nos *Dits et écrits*, é o texto de uma conferência de 1967. Em 2009 foi publicada por Daniel Defert uma versão anterior deste texto, preparado para uma conferência radiofônica proferida por Foucault em 21 de dezembro de 1966, em *France Culture*. Nessa versão mais antiga do texto ele apresenta um exemplo interessante: a apropriação do espaço da cama de casal dos pais pelas crianças, como uma espécie de um "contraespaço". Aquela cama imensa torna-se para elas um outro mundo, no qual o desejo se manifesta nas brincadeiras. O espaço do leito torna-se o mar, o navio dos piratas, a nave espacial. Heterotopia que produz também uma "heterocronia", um tempo outro, tempo do desejo e do brincar.

Talvez, na contramão de uma sociedade de controle que quer modular as relações, instituindo uma nova dominação em que a fixidez e a paralisia das relações de poder está justamente em sua imensa mobilidade, possamos habitar os espaços de nossas instituições escolares fazendo deles espaços outros, contra-espaços de constituição de si mesmo e de práticas de liberdade.

Referências

CASTRO, Edgardo. *Vocabulário de Foucault*. Belo Horizonte: Autêntica, 2009.

DELEUZE, Gilles. Les intellectuels et le pouvoir (avec Michel Foucault). In: *L'Île deserte et autres textes - textes et entretiens 1953-1974*. Paris: Minuit, 2002.

FOUCAULT, Michel. A ética do cuidado de si como prática da liberdade. In: *Ditos e escritos V*. Rio de Janeiro: Forense Universitária, 2004. p. 264-287.

FOUCAULT, Michel. *A hermenêutica do sujeito*. São Paulo: Martins Fontes, 2004.

FOUCAULT, Michel. *História da sexualidade I - a vontade de saber*. 6. ed. Rio de Janeiro: Graal, 1985.

FOUCAULT, Michel. *La courage de la verite - Le gouvernement de soi et des autres II*. Paris: Gallimard/Seuil, 2009.

FOUCAULT, Michel. *Le corps utopique, les heterotopies*. Paris: Lignes, 2009.

FOUCAULT, Michel. *O governo de si e dos outros*. São Paulo: WMF Martins Fontes, 2010.

FOUCAULT, Michel. Outros espaços. In: FOUCAULT, Michel. *Ditos e escritos III*. Rio de Janeiro: Forense Universitária, 2001. p. 411-422.

FOUCAULT, Michel. The subject and power. In: DREYFUS, H.; RABINOW, P. *Michel Foucault Beyond Structuralism and Hermeneutics*. 2nd ed. Chicago: The University of Chicago Press, 1983.

FOUCAULT, Michel. *Vigiar e punir - história da violência nas prisões*. 8. ed. Petrópolis: Vozes, 1991.

JARDINE, G. *Foucault e educação*. Magualde (Portugal): Pedago, 2007.

SARDINHA, D. *Ordre et temps dans la philosophie de Foucault*. Paris: L'Harmattan, 2011.

Capítulo 26
Michel Foucault e a antipsiquiatria

Guilherme Castelo Branco

Michel Foucault (1926-1984), quando passou a ser filósofo mais conhecido, em meados dos anos sessenta do século XX, já tinha publicado parte de sua tese de doutorado no livro *História da loucura na Idade Clássica*, com abertura para diversas formas de interpretação e análises sobre as diferentes percepções e atitudes a respeito daqueles que são tidos, em diferentes momentos da história ocidental, como loucos. As reações ao texto de Foucault foram e são as mais diversas, da negação pura e simples de suas hipóteses até o uso político do livro, que também é considerado um texto no qual se fundamentariam, no plano teórico-histórico, inúmeras teses e ideias tanto da antipsiquiatria quanto do movimento antimanicomial.

O presente trabalho, entretanto, pretende apresentar as ideias do filósofo francês a propósito da questão da loucura e da internação primeiro nos anos setenta (1970-1977) e depois em sua maturidade intelectual, entre 1978 a 1984, quando seu pensamento tem um contorno sobretudo político. Para fazer tal projeto enfatizou-se os textos e entrevistas que compõem os volumes dos *Dits et écrits*, publicados em 1994, nos quais estão apresentados, em ordem cronológica, 364 artigos e textos diversos.[1] É um fato inconteste que Foucault sempre considerou o enclausuramento e a internação, desde o *História da Loucura*, como sendo fenômenos de amplo alcance social e político, que devem estar no cerne das análises sobre as técnicas de poder e de controle social iniciados no final do século XVIII. Esse interesse de Foucault, que perdurou por toda a sua vida,

---

[1] Ainda assim, muitos textos de Foucault não foram publicados e permanecem desconhecidos do grande público. É importante alertar que a edição brasileira não obedece ao mesmo padrão de organização editorial da edição francesa, o que torna a qualidade do projeto editorial nacional apenas sofrível.

levou-o a estudar e citar pensadores ou ativistas como Goffman, Laing, Cooper, Basaglia,[2] Marcuse, entre outros, nos seus inúmeros trabalhos sobre o desenvolvimento das tecnologias do poder no mundo ocidental nos últimos dois séculos, devido aos avanços que todos eles trouxeram para a análise e crítica das instituições que levam ao afastamento e à discriminação de determinados grupos pelo restante da sociedade, em especial os usuários dos hospitais psiquiátricos.

A partir dos anos 1970 Foucault procurava encontrar um instrumento eficaz para realizar análises das diversas técnicas de poder que foram exercidas no mundo ocidental e que pudessem explicar os intricados nexos entre os saberes e os poderes. Para resolver tal problemática o filósofo forjou uma série de conceitos que levaram a um modo novo e arrojado de descrever os exercícios do poder, conhecido pelo nome 'analítica do poder'. Foucault apresentou, em *História da sexualidade I. A vontade de saber*, uma lista de características do poder bastante inovadoras e que satisfazem a suas exigências intelectuais, de caráter acima de tudo metodológicas: (a) o poder se exerce em inumeráveis lugares ou pontos, em relações móveis e desiguais, dentro da complexa e densa teia social; (b) as relações de poder, porque se distribuem nos mais diversos pontos de poder, têm um "...papel diretamente produtor" (FOUCAULT, 1976, p. 124), atribuindo lugares desiguais e focos assimétricos nas relações de poder; (c) o poder vem de baixo e dele irradia-se, reproduzindo suas diferentes faces e todas as suas contradições, de tal maneira que as grandes estruturas de dominação são efeitos de largo espectro dos pequenos e, nem por isto, menos importantes lugares de poder; (d) todo poder é intencional, fazendo-se a partir de séries de objetivos e estratégias em confronto, no qual a subjetividade, a condição pessoal, as castas ou as classes dominantes são apenas um aspecto de grandes estratégias anônimas que constituem os lances de dados políticos; (e) por esse motivo, "...onde há poder há resistência..." (FOUCAULT, 1976, p. 125), o que significa dizer que não existe nenhum lance de poder feito do lado de fora do poder. Poder, enfim, é relação de poder, e em todos os pontos de exercício do poder, afirmações do poder e resistências ao poder coexistem e se confrontam. Os aparelhos de Estado consistem em múltiplos lugares institucionalizados do poder, e a revolução, por sua vez, consiste num outro lado integrado das relações de poder, ou seja, constitui-se do

---

[2] Franco Basaglia (1924-1980) é um caso à parte, pois foi um psiquiatra e militante que inspirou os movimentos pela reforma psiquiátrica no mundo. A lei que aboliu os hospitais psiquiátricos na Itália foi inspirada em suas ideias. O serviço hospitalar de Trieste, dirigido por ele, tornou-se um referência mundial para a mudança da assistência à saúde mental. Basaglia não pode ser considerado, como Laing e Cooper, um antipsiquiatra.

amplo e difuso campo das resistências ao poder. O campo de análise dos mecanismos do poder, portanto, enxerga, sempre, as relações e também os confrontos de poder.

A fase da analítica do poder tem muitos relatos de práticas divisórias e procedimentos estratégicos postos em jogo pelos poderes hegemônicos para executar estruturas de dominação. Muitas práticas de dominação descritas por Foucault visam ao controle das subjetividades. Foucault, em artigo publicado originalmente no Brasil, no *Jornal do Brasil*, em fins de 1974, com o título *Loucura, uma questão de poder*, fala da produção da subjetividade pelo poder, de uma maneira singular:

> [...] o que me parece característico da forma de controle atual é o fato de que ele se exerce sobre cada indivíduo: é um controle que nos fabrica, nos impondo uma individualidade, uma identidade. Cada um de nós tem uma biografia, um passado sempre documentado em algum lugar, desde um relatório escolar a uma carteira de identidade ou um passaporte. Existe sempre um organismo administrativo capaz de dizer a qualquer momento quem cada um de nós é, e o Estado pode percorrer, quando quer, todo o nosso passado (FOUCAULT, 1994, v. II, p. 662-663).

Ainda no mesmo texto, Foucault levanta uma hipótese tão categórica quanto radical:

> [...] creio que, hoje, a individualidade está totalmente controlada pelo poder e que nós somos, no fundo, individualizados pelo próprio poder. Dizendo de outra maneira, eu não penso, de forma alguma, que a individualização se oponha ao poder, mas, pelo contrário, eu diria que nossa individualidade, que a identidade obrigatória de cada um de nós é efeito e instrumento do poder (FOUCAULT, 1994, v. II, p. 663).

Observe-se que Foucault, neste artigo, antecipa sua hipótese de que o poder cria subjetividades dobradas sobre si, obrigadas ou incitadas a entrar num jogo de verdade pelo qual os sujeitos se reconhecem como sendo eles mesmos, pelo qual resulta a identidade obrigatória de cada um. O que vem a ser, em outras palavras, o processo pelo qual acaba por se constituir uma subjetividade assujeitada.

Sob esse aspecto o cuidado com a individualidade é entendido como resultado de uma estratégia política que ocorre no processo do desenvolvimento econômico que ocorreu a partir dos fins do século XVIII, e que revelou o interesse do Estado e de diversas instituições e saberes a eles ligados em controlar a vida e a identidade das pessoas e das populações. Nesse momento exato de suas investigações em 1974 a hipótese que Michel Foucault sustenta é peculiar. O campo de exercício geral do poder na passagem do século XVII para o século XIX estaria passando por uma modificação, deixando de ter por foco o econômico e passaria a ter por alvo o controle biopolítico da população: "hoje, o mundo está em vias de evoluir para um modelo hospitalar, e o governo passa a ter uma função terapêutica. A função dos dirigentes é adaptar os indivíduos ao processo de desenvolvimento (econômico), segundo uma verdadeira ortopedia social" (FOUCAULT, 1994, v. II, p. 433).[3] Além disso, Foucault faz uma notável afirmação, no pequeno artigo, que dá origem ao seu título, *O mundo é um grande hospício*:

> [...] o mundo é um grande hospício onde os governantes são os psicólogos e o povo os pacientes. A cada dia que passa, o papel desempenhado pelos criminologistas, pelos psiquiatras e todos os que estudam o comportamento mental do homem torna-se cada vez maior. Eis a razão pela qual o poder político está em vias de adquirir uma nova função, que é terapêutica (FOUCAULT, 1994, v. II, p. 434).[4]

Temos aqui, em germe, algumas indicações sobre a problemática trazida pelo conceito de biopolítica, que tanto inquietará o filósofo francês anos mais tarde.

No período que se inicia em 1978 e vai até 1984, Foucault faz uma virada no seu pensamento político, e passa a descrever o mundo social e político na Modernidade enquanto constituído de forças advindas dos corpos e do confronto entre corpos e forças. As relações de poder decorrem de um mundo de forças em afrontamento, em contraste permanente e pode ser entendido como decorrentes do combate entre campos de forças com intensidades diferentes. E por este motivo, Foucault afirma:

> [...] uma sociedade sem "relações de poder" nada mais é do que uma abstração. [...] Pois dizer que não pode existir sociedade sem relações de poder não significa dizer que elas [as relações de poder] são necessárias, nem significa dizer que toda modalidade de

---

[3] A título de curiosidade, esta passagem foi publicada num veículo de comunicação nada foucaultiano: a revista *Manchete*.

[4] Muitos ficam com a impressão equivocada de que as técnicas de controle seriam privilégios de saberes e práticas como as dos profissionais de saúde e do sistema judiciário. Parte da engrenagem de controle, saberes como as ciências médicas e jurídicas são importantes, mas não são únicas e determinantes. São muitos os saberes e práticas que contribuem para o conhecimento e o controle dos indivíduos e das populações. Até mesmo as ciências humanas, tidas por muitos como saberes contestadores das estruturas de poder, estão listadas, segundo Foucault, no grupo dos que contribuem para o crescente controle da vida das pessoas.

poder, no seio da sociedade, constitui uma fatalidade insuperável; significa, todavia, que a análise, a elaboração, o questionamento das relações de poder, a "agonística" entre as relações de poder e a intransigência da liberdade são uma tarefa política incessante; que ela é, propriamente, a tarefa política inerente a toda existência social (FOUCAULT, 1994, v. IV, p. 239).

Na fase ético-política (1978-1984) do pensamento de Foucault, toda experiência social, seja de exercício da liberdade, seja de dominação nas relações de poder, ocorre tão somente em ato. O poder e as resistências ao poder, dizendo de outra maneira, são faces diversas da moeda, em contraste permanente. Pode até mesmo ocorrer equilíbrio provisório de forças, mas nunca uma forma de paz durável vinda da ausência de lutadores na arena da agonística. De tal modo que é possível supor que a 'dominação' nas relações de poder não é o modo principal de relacionamento político em certas situações sociais nas quais as estratégias e as táticas de resistência aos poderes dominantes têm êxito em transformar estruturas de poder aparentemente permanentes e consolidados. Os dois polos, poder hegemônico e liberdade, no seu embate agonístico, geram contextos éticos e políticos sempre provisórios. É até mesmo possível que certas relações de dominação possam perdurar – séculos ou milênios, em certas partes do planeta; todavia, isso não quer dizer que suas relações de poder não tenham passado por transformações inevitáveis, resultado dos constantes enfrentamentos das resistências ao poder, nem quer dizer que certas estruturas de poder aparentemente inabaláveis não venham um dia cair por terra.

Contrapondo-se às técnicas, conhecimentos e procedimentos de controle das subjetividades, Foucault entende que as lutas de resistência em torno do estatuto da individuação podem ser assim sintetizadas: "sem dúvida, o objetivo principal, hoje, não é o de descobrirmos, mas o de nos recusarmos a ser o que somos" (FOUCAULT, 1994, v. IV, p. 232). A questão, assim, é inventar novos modos de subjetividade, novos estilos de vida, novos vínculos e laços comunitários, que se contraponham aos sistemas hegemônicos de poder. Como criar novas formas de subjetividade e novas experimentações políticas contrapondo-se às forças que agem no sentido de determinar os sujeitos e assujeitá-los?

No entender de Foucault, na luta pela liberdade, pensadores, artistas, livros e obras, todos eles, podem e devem tomar parte nas lutas de libertação e modificar as relações de poder existentes. Até mesmo a sua obra e seus livros são entendidos sob este prisma da libertação e da transformação:

> [...] eu sou consciente de que estou sempre me deslocando em relação às coisas pelas quais me interesso e em relação ao que eu

já pensei. Eu nunca penso a mesma coisa pela razão de que meus livros são, para mim, experiências [...] Uma experiência é uma coisa da qual se sai transformado. Se eu tivesse que escrever um livro para comunicar o que penso antes de começar a escrever, não ousaria fazer tal tarefa. Eu só escrevo para pelo motivo de que não sei o que pensar, exatamente, sobre esta coisa as qual gostaria tanto de pensar. De modo que meu livro me transforma e transforma o que penso (FOUCAULT, 1994, v. IV, p. 41).

Ademais, o engajamento pessoal, a vida mesma do pensador está no cerne da participação política, de maneira incontornável:

> [...] procurei fazer coisas que implicam num engajamento pessoal, físico, e real, e que traziam problemas em termos concretos, precisos, definidos no interior de uma situação determinada [...]. Somente a partir deste ponto podemos propor análises que sejam necessárias. Eu procurei realizar, trabalhando no GIP,[5] a respeito do problema dos presos, uma experiência crucial (FOUCAULT, 1994, v. IV, p. 80).

Entretanto, toda experimentação leva sempre à constatação de limites, na qual a alteridade reconduz a outra identidade a ser superada e ultrapassada. Toda experimentação leva a outra identidade e a um novo começo, sendo a demonstração cabal do processo criativo na teoria e na prática. Nesse sentido, o experimentador é ultrapassado pela obra: "a obra é bem mais que a obra: o sujeito que escreve é parte da obra" (FOUCAULT, 1994, v. IV, p. 641) Vida e obra estão sempre entrelaçadas, e as articulações entre autor, obra, existência e transformação, na verdade, são norteadores de uma verdadeira ética do intelectual e de seu objetivo maior: "trabalhar, lenta e arduamente para modificar seu pensamento e o dos outros, e sua respectivas formas de vida, a partir de uma elaboração de si para si, através do cuidado constante com a verdade" (FOUCAULT, 1994, v. IV, p. 675).

Em uma entrevista que o filósofo concedeu em 1978,[6] ele faz uma avaliação de seu livro *História da loucura na Idade Clássica*, e do quanto ele auxiliou na modificação efetiva do pensamento, tanto dele mesmo, quanto das pessoas em geral, com efeitos na vida prática de todas as pessoas:

> ...este livro nunca deixou de funcionar no espírito de público como sendo um ataque dirigido à psiquiatria contemporânea. Por

---

[5] *Grupo de Estudos sobre as Prisões*, que mobilizou particularmente o pensador, por possibilitar que os envolvidos diretamente no problema se pronunciassem e fizessem suas reivindicações sem a mediação de porta-vozes.

[6] Trata-se do *Entretien avec Michel Foucault*, que é o texto 281 dos *Dits et écrits*, v. IV.

quê? Porque o livro constitui para mim e para os que o leram ou o utilizaram – uma transformação da relação (histórica, técnica, moral e também ética) que temos com a loucura, com os loucos, com a instituição psiquiátrica, e com a própria verdade do discurso psiquiátrico (FOUCAULT, 1994, v. IV, p. 45).

Por outro lado, ele reconhece que o alcance da obra e que as ideias que ele apresenta no texto não são, estrito senso, uma crítica à psiquiatria e à internação psiquiátrica; suas análises, sobretudo, incidem sobre como diferentes percepções sobre o estatuto da loucura foram construídas dos séculos XVI a XIX, quando finalmente, passou a ser objeto e domínio do saber psiquiátrico. Foucault lembra que num primeiro momento o livro foi recebido com certa simpatia pelos psiquiatras, para depois a situação mudar completamente: "a seguir, muito rapidamente, o grau de hostilidade dos psiquiatras chegou a tal ponto que o livro foi julgado como um ataque dirigido contra a Psiquiatria na atualidade e como um manifesto da antipsiquiatria" (FOUCAULT, 1994, v. IV, p. 45).

Foucault alerta para o equívoco de muitos tomarem o livro *História da loucura* como um texto de antipsiquiatria e dá duas razões para mostrar por que se tratou de um equívoco. A primeira é que o livro, originalmente sua tese de doutoramento, foi escrito em 1958, quando a antipsiquiatria, ao menos formalmente, ainda não existia.[7] A segunda consiste numa constatação real: "de todo modo, não se tratava [no livro], de um ataque dirigido contra a psiquiatria, pelo excelente motivo de que o livro para nos fatos que se situam exatamente no início do século XIX" (FOUCAULT, 1994, v. IV, p. 45). Na verdade, o livro *História da loucura* acaba com uma rápida apresentação do nascimento do asilo, nascida da articulação da ordem jurídica com a ordem médica, período no qual se inicia toda uma atenção com a linguagem da loucura. Deste modo, Foucault tem consciência da distância entre seu trabalho e o trabalho daqueles que são conhecidos, estrito senso, devido à sua militância, como antipsiquiatras. Mas essa percepção não significa que ele rejeite a importância do movimento antipsiquiátrico; antes disso, o filósofo deixa claro sua admiração pelo movimento e por seus teóricos mais conhecidos. Na entrevista, Foucault vai elogiar os teóricos e militantes que realizaram uma verdadeira virada nas relações de poder existentes nos hospitais psiquiátricos: "[...] Laing desenvolveu um trabalho colossal, ligado à sua função de médico: ele foi, juntamente com Cooper, o verdadeiro fundador da Antipsiquiatria. Eu fiz apenas uma análise histórico-crítica" (FOUCAULT, 1884, v. IV, p. 58).

[7] Formalmente, o termo foi cunhado por Cooper em 1967.

Por meio do trabalho dos articuladores da antipsiquiatria, sua teoria e sua ação convertem-se em ferramentas de transformação do pensamento e da prática das instituições asilares, ajudando na transformação da vida cotidiana de todos os trabalhadores e internos das instituições psiquiátricas. Tais agentes teórico-práticos fizeram e ainda fazem uma efetiva contestação de concepções e práticas conservadoras, por que não podemos chamar de autoritárias e desenvolvidas sem nenhum questionamento crítico sobre seus fundamentos nem sobre as consequências de suas atividades. Assim, pensando no papel e importância das análises existenciais de Laing e Cooper, Foucault afirma: "[...] a análise existencial nos serviu para delimitar e discernir o que poderia haver de pesado e opressor no olhar e no saber psiquiátrico acadêmico" (FOUCAULT, 1994, v. IV, p. 58). A antipsiquiatria foi, para o filósofo francês, uma lufada de vento fresco no interior dos muros dos hospitais psiquiátricos.

São muitos os fatores que levam Foucault a conceder tanto valor ao movimento antipsiquiátrico. Um importante aspecto indicado nos textos de Laing, e, sobretudo, nos textos de Cooper é a tese de que a esquizofrenia possa ser entendida como resultado de uma opção ou decisão estratégica de certas pessoas diante de ambiente familiar opressor ou perante toda uma estrutura social adoecida na qual vivem. Foucault, como vimos acima, pensa as relações de poder como relações de afrontamento nas quais estratégias estão sendo postas em prática, constantemente, por todas as partes envolvidas. E, certamente, fica fascinado com a possibilidade de reversão da esquizofrenia, quando antes não havia nenhuma perspectiva de tratamento ou cura. O segundo aspecto importante, decorrente dessa primeira tese, é o questionamento das teses exclusivamente biologistas e médicas sobre as origens das doenças mentais, o que leva à valorização de que existem também componentes sociais e culturais na constituição do processo da loucura como doença. Finalmente, o que talvez mais tenha impressionado Foucault, é o processo coletivista e experimental do tratamento, que possibilita que muitos membros da equipe de trabalho terapêutica possam tomar a palavra, quando antes eram meros coadjuvantes, como os assistentes sociais, os enfermeiros, os próprios pacientes, e a família. Isso implica uma diminuição do poder dos psiquiatras (o que talvez explique a reação adversa tão forte que tais profissionais têm com a antipsiquiatria), que até então eram o senhores absolutos dos tratamentos nas instituições, assim como das explicações sobre as origens biomédicas das doenças mentais.

Laing e Cooper são compreendidos, portanto, pela análise de Foucault, como intelectuais específicos: eles falam de suas experiências terapêuticas, na qualidade de psiquiatras, discutindo os ambientes altamente hierarquizados e restritivos das equipes médicas, e passam a lidar, criticamente, com os campos de problematização delimitados da loucura e da internação. Trabalhando com o risco assumido de estar num campo particular e fragmentado do real, Laing e Cooper são médicos que questionaram as estruturas de saber-poder psiquiátrico que vigoravam nos anos 1960, e que abriram espaço para o debate sobre novas práticas de poder num ambiente petrificado e hierarquizado, no qual mudanças não aconteciam. Para levar a cabo tal saber libertário, Laing e Cooper estabeleceram uma conversação aberta com o mundo direto e imediato que os cercavam e tentaram trazer novas luzes e alimentar novas práticas e experiências nos hospitais psiquiátricos, sobretudo a partir de suas propostas de se constituírem comunidades terapêuticas, o que levou a experiências difíceis e inovadoras. Foucault estava ciente da força desse novo modo de questionar a realidade dos hospitais psiquiátricos:

> [...] se se quer verdadeiramente criar algo de novo ou, em todo caso, se se quer que os grandes sistemas se abram, finalmente, para certo número de problemas reais, devem-se procurar os dados e as questões ali onde eles estão. Assim, eu não penso que o intelectual possa, apenas a partir de suas pesquisas livrescas, acadêmicas e eruditas, levantar verdadeiras questões a respeito da sociedade na qual vive. Pelo contrário, uma das primeiras formas de colaboração com os não-intelectuais está exatamente em escutar seus problemas, e de trabalhar com eles para formulá-los: o que dizem os loucos? o que é a vida num hospital psiquiátrico? qual é o trabalho de um enfermeiro? Como eles reagem? (FOUCAULT, 1994, v. IV, p. 84).

Quem tem e deve ter a palavra, quem deve discutir e propor mudanças são as pessoas diretamente concernidas nas questões que os mobilizam, lá onde elas atuam. São as pessoas comuns, são os diversos profissionais que estão envolvidos numa rotina de trabalho e nas relações de poder que ocorrem onde elas atuam. Somente eles podem falar sobre seus problemas e sobre o que deve ser modificado. Ninguém pode falar no lugar dos outros, pois são os profissionais que sabem e conhecem o meio no qual estão e os fatos que ocorrem no seu cotidiano. A vida participativa decorre disto: é uma experiência que se faz no dia a dia, que é desafiadora e repleta de questões, de todas as ordens de grandeza, a serem resolvidas, todas elas resultado da participação de todos os que fazem uso da palavra e partem para novas ações. Como lembra Philippe Artières, do Centre Michel Foucault, num texto ainda inédito: "esta vinculação com a palavra das pessoas decorre, em Foucault, do mesmo questionamento que o levou a escrever a *História da loucura*: "O que é falar?" O que afeta Foucault nas agitações de após maio de 1968, é a tomada da palavra que se opera no movimento".[8] Depois de gerações de silêncio, eis que as pessoas começam a fazer uso da palavra, a falar de seus problemas, a fazer reivindicações, a diminuir as distâncias.

A antipsiquiatria, portanto, representa para Foucault uma forma de experiência de grande valor nas instituições psiquiátricas, cujo maior mérito está em ser uma experimentação nova, que acarreta na constituição de novas problematizações e de novas subjetividades. A partir de uma experiência prático-teórica com participação coletiva, como foi o caso da antipsiquiatria, ninguém sai como entrou. Afinal, para Foucault, é para isso que existe teoria: para criar um sujeito novo, renovado. Muitos dizem que as experiências com as comunidades terapêuticas redundaram num fracasso. Não é o que pensa o filósofo francês: no amplo movimento que foi articulado, o que entra em jogo não seria sua eficácia e sua verdade, mas o seu valor criativo e as novas formas de realização de verdades que ele suscitou. Ademais, a divulgação para a sociedade sobre o que se passava nos hospitais psiquiátricos fez do movimento um importante impulsionador de outros movimentos sociais e fator de transformação da maneira de pensar das pessoas sobre o fenômeno da loucura. O que representa, vale a pena lembrar, por si só uma grande contribuição.

Uma última observação, que diz respeito ao campo de análise da política em Foucault, que não subordina as suas análises a um pretenso campo mais geral diante do qual suas análises sobre as tecnologias políticas poderiam ter alcance limitado e particular. Vejam a resposta de Foucault, em dois tempos:

> É verdade que os problemas que eu levanto sempre dizem respeito a questões localizadas e particulares, como a loucura, as instituições psiquiátricas, ou, ainda, as prisões. Se nós queremos levantar questões de modo rigoroso, não devemos procurá-las exatamente nas suas formas mais singulares e mais concretas? [...] É indispensável localizar os problemas por razões teóricas e políticas. Mas isto não significa que eles não sejam problemas gerais. Afinal, o que existe de mais geral senão a maneira pela qual uma sociedade se define diante da loucura? O modo pelo qual ela se define como razoável? Como ela confere poder à razão e à sua própria razão? (FOUCAULT, 1994, v. IV, p. 84)

A questão, para Foucault, é tirar a loucura e as instituições psiquiátricas da periferia das questões sociais e políticas, de passar a situá-las no centro do questionamento político, para assim revelar muitas faces

---

[8] ARTIÈRES, 2009. Inédito.

insuspeitadas do mundo em que vivemos. Foucault, conscientemente, partilha de uma comunidade de pensadores militantes, que não se conheceram nem trabalharam diretamente, mas ajudaram a esclarecer e dar um novo sentido à análise do mundo atual, por meio de uma sintonia intelectual e política que foi percebida pelas pessoas preocupadas com o presente:

> Não estou seguro, por exemplo, de que no momento em que eu escrevi o *História da loucura* existisse um "nós" preexistente e acolhedor, aos quais teria sido suficiente que eu me dirigisse para que recebessem meu livro enquanto uma expressão espontânea. Entre Laing, Cooper, Basaglia e eu não havia nenhuma comunidade nem nenhuma relação. Mas o problema foi levantado pelos que nos leram, se impôs também para alguns dentre nós, o de saber se era possível constituir um "nós" a partir do trabalho que fizemos, e de tal natureza que se pudesse formar uma comunidade de ação (FOUCAULT, 1994, v. IV, p. 594).

Referências

AMARANTE, Paulo. Forças e diversidade: as transformações na saúde e na loucura. In: CASTELO BRANCO, Guilherme; BAETA NEVES, L. F. *Michel Foucault: da arqueologia do saber à estética da existência*. Rio de Janeiro: Nau, 1998. p. 11-32.

ARTIÈRES, Philippe. *Une politique du mineur*, 2009. Inédito.

CANDIOTTO, Cesar. Subjetividade e verdade no último Foucault. *Trans/Form/Ação*, São Paulo, v. 31, 2008.

CASTELO BRANCO, Guilherme. Anti-individualismo, vida artista: uma análise não fascista de Michel Foucault. In: RAGO, Margareth; VEIGA-NETO, Alfredo (Org.). *Para uma vida não fascista*. Belo Horizonte: Autêntica, 2009.

CASTELO BRANCO, Guilherme. As resistências ao poder em Michel Foucault. *Trans/form/ação*. São Paulo, v. 24, 2001.

CASTELO BRANCO, Guilherme. Foucault. In: PECORARO, Rossano (Org.). *Os filósofos clássicos da filosofia*, v. III. Rio de Janeiro: PUC-Rio; Petrópolis: Vozes, 2009.

CASTELO BRANCO, Guilherme. O racismo no presente histórico: a análise de Michel Foucault. *Kalagatos*, v. 1, n. 1, Fortaleza, 2004.

CASTELO BRANCO, Guilherme. Racismo, individualismo, biopoder. *Revista de Filosofia Aurora*, v. 21, n. 28, Curitiba, 2008.

DUARTE, André. Foucault e as novas figuras da biopolítica: o fascismo contemporâneo. In: RAGO, Margareth; VEIGA-NETO, Alfredo (Org.). *Para uma vida não fascista*. Belo Horizonte: Autêntica, 2009.

FOUCAULT, Michel. *Dits et écrits*. 1954-1988. (Org. D. Defert; F. Ewald; J. Lagrange). Paris: Gallimard, 1994. 4 v.

FOUCAULT, Michel. *Folie et déraison. Histoire de la folie à l'Âge Classique*. Paris: Plon 1961.

FOUCAULT, Michel. *Histoire de la sexualité I. La volonté de savoir*. Paris: Gallimard, 1976.

FOUCAULT, Michel. *L'herméneutique du sujet*. Paris: Seuil, 2001.

FOUCAULT, Michel. *Le pouvoir psychiatrique*. Paris: Seuil, 2003.

FOUCAULT, Michel. *Les anormaux*. Paris: Seuil, 2001.

FOUCAULT, Michel. *Naissance de la biopolitique*. Paris: Seuil, 2004.

FOUCAULT, Michel. *Surveiller et punir. Naissance de la prision*. Paris: Gallimard, 1975.

CAPÍTULO 27
Loucura e transtornos: políticas normalizadoras

Edson Passetti

Eis algo estranho a Foucault: a efeméride. Pouco importa quantos anos redondos completa um livro esquisito, com uma pesquisa elegante, preciosa e rara levada adiante por Michel Foucault. *História da loucura na Idade Clássica* é uma referência sobre a loucura e foi o mote para o próprio Foucault a ele retornar em seu curso *O poder psiquiátrico*, depois de redigir vários escritos publicados e pronunciados, compondo a sua maneira de expor inquietações que anunciavam novas pesquisas.

Foucault encerrava com *História da loucura na Idade Clássica* o tempo em Upsala com seu jaguar – não o jaguar que toma o guerreiro chefe tribal dos povos da América do Sul, no agonismo do poder, apossado de um transe insuportável aos jesuítas e colonizadores espanhóis e portugueses, que, ao exercer os mandos do poder soberano, permitiam matar ou escravizar esses alienados –, mas um automóvel Jaguar amarelo, um jaguar de tolos ou de donos da razão. A reviravolta escancarada nessa pesquisa-livro levará o jovem professor a abandonar o carro por uma bicicleta, com a qual deslizará com desenvoltura pelas ruas como "a cantora careca", um biruta trafegando pelo trânsito duro dos automóveis, que certa vez o pegou e atropelou.

> A diferença entre um doido e um biruta é que o doido tem a tendência de se achar cordato, enquanto o biruta, sem refletir sistematicamente sobre a coisa, sente que os cordatos são muito sementeira simétrica e relógio suíço, o dois depois do um e antes do três, de maneira que, sem emitir juízo – porque um biruta nunca é um bom-pensante ou uma boa consciência ou um juiz de plantão –, esse camarada continua o seu caminho por baixo da calçada e meio a contrapelo, e vai daí que, enquanto todo o mundo freia o carro quando vê o sinal vermelho, ele pisa no acelerador, e Deus te livre. Para entender um doido, convém um psiquiatra, mas nunca é suficiente; para entender um biruta

basta o senso de humor. Todo biruta é cronópio, ou seja, o humor substitui parte das faculdades mentais que constituem o orgulho de um professor ou um doutor cuja única saída em caso de fala é a loucura, ao passo que ser biruta não é nenhuma saída, mas uma chegada (CORTÁZAR, 2008, p. 128).

História da loucura na Idade Clássica atravessou Foucault em sua existência biruta, não só em *O poder psiquiátrico*. Foucault voltava-se à história dos infames, e retornar a eles e aos lugares que lhes são designados não é tarefa exclusiva de profissionais dedicados aos *ditos* equilibrados. Pouco importa se o psiquiatra é uma solução tópica ou temporária a quem quer que seja, pois ele é produto do manicômio e pensa a partir de seu funcionamento como gestor da loucura e da desrazão. Pouco importa se Foucault substituiu o vocabulário psicossociológico pelo pseudomilitar em *O poder psiquiátrico*, deslocando violência, instituição e modelo familiar/aparelho de Estado, por microfísica do poder, tática e estratégia (FOUCAULT, 2006, p. 21), que repercutem depois em *Vigiar e punir* (1975). São efeitos dos movimentos que as suas análises propiciam.

O deslocamento da análise das representações, ou do privilégio dado às percepções da loucura, e convincentemente de uma história das mentalidades e do pensamento, leva-o aos dispositivos de poder. A ênfase na violência cede à prática do poder que se exerce sempre sobre o corpo, aplicada de modo irregular; menos sociologia da instituição, portanto, mas indivíduo como efeito de poder, de um poder procedimental individualizador e resultante das relações de forças que atravessam as instituições; enfim, a prática psiquiátrica como produtora de enunciados legítimos que não se esgotam em si mesmos. É assim que Foucault nos mostra, enfim, que loucura e humanismo estão relacionados ao ato de Pinel, em Bicêtre, em 1792, liberando as correntes dos loucos e à redução do rei George III aos dispositivos disciplinares, retratado por Francis Willis, em 1788 (e também retomado por Pinel). O feito de Bicêtre era produzir uma dívida contínua a ser saldada voluntariamente pela obediência. Reconhecer-se sujeitado como condição de acesso à cura decorre dos procedimentos de Willis ao situarem que no hospital não havia mais espaço para a existência do rei, real ou imaginário, mas sim para uma ortopedia mental cuja função era restaurar a moral. A isso Foucault chamou de "cena protopsiquiátrica",[1] enfim a prática médica da crise: "esperar o momento que a crise intervém, facilitar seu desenrolar e seu término, fazer que as forças sãs prevaleçam sobre as outras"

---

[1] "Por cena, não entender um episódio teatral, mas um ritual, uma estratégia, uma batalha" (Cf. nota à aula de 14 de novembro de 1973, seguindo o manuscrito, FOUCAULT, 2006, p. 41).

(FOUCAULT, 2006, p. 40-41), lançando mão da medicação no delírio e como terapia do delírio. Não estará em jogo a análise da instituição como ponto de partida, mas o deslocamento proposto por Foucault para a análise antinstitucionalista. Com essa atitude, ele situa os perigos de reduzir certas práticas a um meio para a humanização das instituições asilares, tarefa aberta por Willis e Pinel, curando um rei ou atormentados acorrentados. Esse é apenas o prólogo da cura pela moral e esta, como sabemos, redimensiona-se em qualquer ocasião: é o bem, é a sua ideia fixa.

Tomemos outro biruta, Max Stirner:

> Cuidado, rapaz! Tens a cabeça cheia de fantasmas, tens muitas obsessões! Imaginas coisas grandiosas e inventas todo um mundo de deuses à tua disposição, um reino de espíritos que te chama, um ideal que te acena. Tens uma ideia fixa!
>
> E não penses que estou brincando ou falando por metáforas quando considero os homens presos a essa ideia do superior (de fato, quase toda a humanidade, porque a maior parte é deste tipo) como verdadeiros loucos, loucos de manicômio. O que é, afinal, uma 'ideia fixa'? É uma ideia à qual uma pessoa se subjugou. Se reconhecerdes nessa ideia fixa um sinal de loucura, meteis o escravo dela em um manicômio. Porém não serão também 'ideias fixas' a verdade da fé de que não se duvida, a majestade – por exemplo, do povo – em que não se pode tocar (e quem o fizer comete crime de lesa-majestade), a virtude contra a qual o censor não deixará passar nem uma palavra para que a moralidade permaneça intacta? E não será toda conversa fiada – por exemplo, da maior parte dos jornais –, o bláblá dos alienados que sofrem das ideias fixas da moralidade, legalidade, cristandade etc., e só andam por aí em liberdade porque o manicômio aonde vão parar ocupa muito espaço? [...] A ideia fixa é, na verdade, o que há de mais verdadeiramente sagrado!
>
> Encontramos apenas gente possessa do demônio, ou será que vêm ao nosso encontro outros tipos de *possessos*, obcecados pelo bem, pela virtude, pela moralidade, pela lei ou por qualquer outro 'princípio'? As possessões diabólicas não são as únicas. Sobre nós age Deus e age o diabo: a ação do primeiro é da ordem da 'graça'; a do segundo é diabólica. Possessos são aqueles que se *fixam* em suas opiniões. (...) É claro que o herege já não se expõe hoje à fúria da perseguição de antigamente, mas arrisca muito mais em suas posições contra a pureza dos costumes (STIRNER, 2009, p 58-63).

Desculpem por tomar-lhes a atenção com um trecho tão longo escrito em 1847, por alguém que não desconhecia os efeitos da psiquiatria ou da protopsiquiatria, um filósofo de livro único, regularmente quase ignorado em nossas reflexões políticas e universitárias, mas que passou, não sei dizer se como um cometa ou um raio, brevemente sobre a cabeça de Foucault, como sublinhou Daniel Defert (1999, p. 9). Pouco importa. Afinal foi o próprio Foucault quem disse que escrevia pouco ou quase nada sobre quem o formou, e não à toa, dedicou breves e precisas indicações sobre outro biruta chamado Friedrich Nietzsche. Coisa de biruta, fora de nossas convenções acadêmicas de falar sobre um autor que nos é referência porque esquisito. Mas coerente com quem dissolveu a autoria. Foucault pronunciou seu discurso de abertura no Collège de France tomado pela presença não dita de Samuel Beckett. Enfim, sempre falamos com presenças estranhas ao nosso redor, mas temos o hábito do *dever acadêmico* de anunciar nomes como garantia de intelecção.

Importa é que, com essa maneira estranha, Foucault fez de sua obra uma instauração. E muito ainda se poderá comentar sobre os desdobramentos de *História da loucura na Idade Clássica*, antes e depois de *O poder psiquiátrico*, e deste antes e depois de *Vigiar e punir*, com o enrosco de Foucault com a continuidade do poder disciplinar. Para ele o poder disciplinar não precisa de rituais, cerimônias e estigmas, compõe um sistema de controle contínuo, pelo qual se está "perpetuamente sob o olhar de alguém", ou seja, "é-se visível, está-se perpetuamente na situação de ser olhado", refere-se a um "estado terminal ou ótimo", olha-se para o futuro, quando "a coisa funcionará sozinha e em que a vigilância poderá não ser mais que virtual, em que a disciplina, por conseguinte tornar-se-á um hábito". Foucault estabelecia uma linha genética da disciplina com a soberania, mas ressaltava que seria o exercício que detalharia "em uma escala temporal o crescimento e o aperfeiçoamento da disciplina" (FOUCAULT, 2006, p. 59).

E tudo isso reaparece, em outro ponto, para além das disciplinas, sem delas prescindir em *Segurança, território e população* [1977-1978] (2008a), com o poder pastoral e a guerra; em *Nascimento da biopolítica* [1978- 1979] (2008b), com o *empreendedorismo*, os déficits de crimes socialmente aceitos e principalmente com a governamentalidade liberal; no *Em defesa da sociedade* [1975-1976] (2000) com o racismo de Estado: racismo biológico capaz de reativar o poder soberano de morte mesmo diante de tanto investimento na vida. As relações dos jogos de poder e verdades assumirão dimensões surpreendentes em *O governo dos vivos* [1979-1980] (2007; 2010b) e *O governo de si e dos outros* [1983-1984] (2010a) e a estética da existência, também esboçada, no capítulo final de *História da loucura* (1978), retornará em *A hermenêutica do sujeito* [1981-1982] (2004).

Enfim, e porque isso não tem fim e é próprio a um instaurador deste quilate, estas são considerações a respeito de uma obra instauradora, esquisita, inacabada, sobre o sujeito no Ocidente, sobre o mesmo e o outro, o insuportável, por vezes inominável, a quem não cabe as classificações de anormal, perigoso e louco por ser *inclassificável*. Para esses, o poder disciplinar não dá conta das inúmeras resistências, tampouco se acomodam entre os empalhados do gabinete do Dr. Cesare Lombroso, com sua antropologia criminal, na qual ao anarquista não cabia a prisão ou a morte, mas somente o manicômio.

Foucault, porque via a disciplina como hábito, em seu nível terminal e ótimo, situou as metamorfoses na prática institucional: "o poder disciplinar tem a dupla propriedade de ser anomizante, isso é, sempre pôr de lado certo número de indivíduos, de ressaltar a anomia, o irredutível, e de sempre ser normalizador, de sempre inventar novos sistemas recuperadores, de sempre estabelecer a regra. Um perpétuo trabalho da norma na anomia caracteriza os sistemas disciplinares" (FOUCAULT, 2006, p. 68). Portanto supõe sempre funcionalidades. Tal pretensão sistêmica do poder disciplinar ajuda-nos a compreender a relevância do conservadorismo de Émile Durkheim e ao mesmo tempo da sociologia funcionalista de Talcott Parsons, atraindo e aninhando Foucault em seu interior. Eis aí outro efeito, não mais de *História da loucura*, mas de indicações em *O poder psiquiátrico* que vasa para *Vigiar e punir*. E assim notamos outros fantasmas não declarados na sociologia e o que esta faz com Foucault, ou melhor, a *ideia fixa* desta institucionalização, dessa sociologia.

Aprecio a recomendação de Foucault de andar com ele a partir de suas pesquisas, tomando pontos interrompidos, entupidos, congestionados, saturados em um dado momento e desobstruídos adiante, repletos de infâmias. É assim como um biruta a ser tomado como doido que penso estar coerente com o jeito de Foucault de me perturbar, de lembrar que não somos nadinha normais e que por isso, nos vemos *tão normais*; que erramos também; que escrevemos para alimentar fantasmas quando queremos mostrar que eles inexistem ou estão localizados no delírio; que é preciso ir adiante para quebrar muros, fazer do livro uma bomba, meter fogos de artifícios no ar, revolver o marasmo satisfeito, ética e politicamente, com o enunciado sobre o que começa em nós mesmos. O que reinicia são as resistências, quando também colocam o ingovernável.

Tudo bem. Nada a opor com quem case Foucault com isso ou aquilo. Afinal, ele não estava mesmo preocupado com seu estado civil, mas isso não habilita ninguém à liberdade de fazer de sua obra uso e abuso para a ordem, sob a classificação imprópria de *Foucault*. O Foucault da obra não estava comprometido com a ordem. Sua produção estava destinada ao presente e mesmo nas raras vezes em que se posicionou delineando o futuro, como o fez no caso do Irã, seus equívocos ou encantamentos não habilitam *experts acadêmicos* a reduzi-lo, a partir de então, a um pré-moderno, conservador, reacionário ou homossexual masculino, o que é por demais podre (AFRAY; ANDERSON, 2011); ainda que seus críticos marxistas o vejam como baluarte da pós-modernidade, não é possível abreviá-lo à condição de ideólogo da ambiguidade de nossos tempos, pois se há algo terrível em suas pesquisas sobre o saber, o poder, a verdade e a ética do sujeito no Ocidente, é o de nos colocar diante do intempestivo abalando poderes e governos. Nada tenho a acrescentar às astúcias por demais conhecidas dos liberais. E também não aprecio quando os anarquistas recorrem a Foucault para acoplá-lo a uma tradição ultrapassada.

Turning point

As práticas derivadas da antipsiquiatria ganharam surpreendentes desdobramentos desde os anos 1950 com as reflexões e experimentações de Gregory Bateson, David Cooper, Ronald Laing, Franco Basaglia, entre outros, enfrentando a loucura encarcerada como doença mental, nesse lugar impedido de exterior, no ponto-limite da grande internação situado por Michel Foucault, que engloba, principalmente, o terminal manicômio, com menores conexões com os ilegalismos que a prisão. Nas palavras de Maurice Blanchot (2007, p. 174): "confinar o exterior, isso é, constituí-lo como *interioridade* espera ou de exceção, tal é a exigência que a sociedade, ou a razão momentânea, a fazer existir a loucura, isso é torna-la *possível*".

O sistema loucura-doença mental, depois de problematizado pela antipsiquiatria, passou, também, pela captura como os demais efeitos das lutas contra a ordem, sob a forma de direitos que gradativamente compuseram a continuidade do manicômio com práticas a céu aberto dos *cares* e metamorfoseou a luta antipsiquiátrica em luta antimanicomial negociada.

A chamada biologização da psiquiatria pretendeu estancar a expansão da psicanálise, a partir dos anos 1990, situando o controle sobre comportamentos, hábitos, condutas, medos, outras emoções e sentimentos diagnosticados como impulsividades, compulsões, depressões, pânicos, ansiedades acoplados ao regime dos transtornos. Isso provocou o deslocamento necessário à normalização de condutas, uma específica governamentalidade, equacionando o que é impossível de ser contido, identificado com a inevitável condição de cada um, não mais como possível louco-doido, mas, pelo avesso, como indivíduos normais propensos aos transtornos.

Com base no saber das neurociências, governar o *ambiente* normal, ou seja, de maneira sustentável, passou a ser fundamental. A ênfase não recai mais somente nos serviços públicos de atendimento, mas também na formação de organizações de portadores de transtornos, monitoramentos e principalmente o governo das próprias condutas vistas como transtornadas ou exponencialmente porosas. Inclui-se aí a presença das novas descobertas da farmacologia com os inibidores de receptação de serotonina e a liberação da fluoxetina pelo *Food and Drug Administration* (FDA), dos Estados Unidos, com o objetivo de conter, primeiramente a expansão do que se convencionou chamar como *depressões*, diagnosticadas a partir da classificação de TOC (Transtorno obsessivo compulsivo), a bulimia nervosa, o transtorno do pânico, as compras compulsivas, o transtorno de déficit de atenção, hiperatividade em crianças e adultos, etc.. Dos alienados dos séculos anteriores chegamos "à legião dos compulsivos, esquizofrênicos, bipolares, crianças hiperativas, fóbicos, portadores de estresse pós-traumático que circulam pelas ruas das cidades ao ar livre e são cada vez mais estimulados a se reunir em grupos para reivindicar políticas públicas de saúde mental" (SIQUEIRA, 2009, p. 21, p. 294).

O governo George H. W. Bush, em janeiro de 1990, por meio de ato, contemplando a Resolução 174 do Congresso, declarou a "Década do Cérebro", abrindo-se a novos investimentos em pesquisas públicas e privadas sobre os *transtornos* mentais. Isso repercutiu no início do século XXI, na Organização Mundial da Saúde em seu "Relatório sobre a saúde no mundo 2001", incluindo os usos abusivos de álcool e drogas, com o alerta para o fato de 1 a cada 4 habitantes do planeta estar sob algum transtorno em uma determinada fase da vida; ainda comunicava os altos gastos medicinais com saúde mental desse tipo como sendo os mais dispendiosos nos Estados Unidos e na Europa. Estava em questão abordar a compreensão de fatores biológicos, genéticos, sociais e ambientais, dando amplitude à Resolução 46/119 sobre "a proteção das pessoas com doenças mentais e a melhoria da assistência à saúde mental", de 17 de dezembro de 1991, aprovada pela Assembleia Geral da ONU, que ressaltava o direito a não ser discriminado e obter tratamentos e acompanhamentos, portanto cuidados com terapêuticas abertas em comunidades.

O lugar da loucura como enfermidade, agrupada a um conjunto maior das doenças e destinadas a espaços limites, ganha outra dimensão: está no próprio exterior como governo da saúde mental. Trata-se de uma operação sistêmica (um sistema aberto) orquestrada com as demais maneiras de controlar a céu aberto, que inclui os regimes de penas alternativas e políticas de *tolerância zero* para os chamados criminosos ou desencadeadores de pequenas incivilidades, e que dão contornos a novos mapas sobre a vida, não mais a do sujeito de direito, mas a do vivo, como bem sublinhou Frédéric Gros (2009). Trata-se de uma governamentalidade, como nunca antes configurada, e que conecta e acopla sociedade civil e Estado ao considerar fundamental a capacidade do indivíduo democraticamente se governar: uma nova subjetividade relacionada às *capacidades*. Somos todos, antes de tudo, normais a ser investidos de meios para aperfeiçoarmos a normalização: anormais, passam a ser portadores de déficits; perigosos passam a ser expressões de *vulnerabilidades*; é preciso, portanto, manter a medicação e as mediações acentuadas, dentro e fora, no interior e no exterior dos terminais que ainda governam os insuportáveis.

Michel Foucault havia situado com firmeza as condicionantes de uma governamentalidade neoliberal, em *Nascimento da biopolítica*, e vivemos seus desdobramentos nos dias de hoje, por meio de institucionalidades em seus itinerários fluídos de aperfeiçoamentos *ad infinitum*, mesmo quando demarcados por projeções de metas e suas indispensáveis efemérides, que pretendem possibilitar maneiras de *melhorar* a qualidade de vida, nosso bem-estar como bem comum, e a saúde mental de cada um.

Bric-à-brac

Ao situar essa nova ocorrência no âmbito da neutralização de resistências, seria breve e definitivo analisar a metamorfose da luta antipsiquiátrica em práticas antimanicomiais negociadas. Além de constatar esse recobrimento, não se encontra aí o que neste momento me interessa. Os elementos desse fluxo, entretanto, devem ser apreendidos por uma procedência contemporânea que justifica o *retorno* do círculo da doença mental como saúde mental com justiça, razão e democracia. Ou, se preferirem, sob os condicionantes de uma *ideia fixa*, conforme Max Stirner, em um ponto além das disciplinas sem delas prescindir, como situei a análise de Michel Foucault no início desta conversação, e de um jeito biruta cortazariano.

Traçarei em poucas palavras as considerações do Prêmio Nobel de Ciências Econômicas de 1998, Amartya Sen,[2] fechando o novo círculo que situa as procedências, indicadas anteriormente, compostas pela resolução do Congresso estadunidense, o relatório da Organização Mundial da Saúde e a resolução da Assembleia das Nações Unidas.

Estamos diante do regime da propriedade, que parece ter deixado de ser uma questão, desde o final da Guerra Fria, e voluntariamente vivemos sob as equações matematicamente solucionáveis pelo uso central

---

[2] Para os fins desta exposição, tratarei das propostas de Amartya Sen situadas em *A ideia de justiça* (2011); *Desenvolvimento e liberdade* (2010); e Martha C. Nussbaum e Amartya Sen. *La calidade e vida* (1996).

da razão como argumento democrático, em um mundo, como diz Sen, com muitas desrazões – o que, segundo ele, não implica dispensar a razão, mas conter a argumentação racional primitiva e falha –, "levando em conta possibilidades de diferentes posições razoáveis" (SEN, 2011, p. 21).

Posicionando-se de maneira distanciada do *institucionalismo transcendental* de Hobbes, Locke, Rousseau e Kant, desloca-se para a busca de alternativas menos injustas produzidas por sociedades reais, por meio de "argumentação racional pública sobre o ranking de alternativas que podem ser realizadas" (SEN, 2011, p. 47). Não mais retornar à ênfase em instituições e regras, mas promover realizações: "a ideia de direito aos frutos do próprio trabalho pode unir a direita libertária à esquerda marxista (não importando quão desconfortável cada um se sinta na companhia do outro)" (SEN, 2011, p. 44). Segundo Sen, o que nos move são as injustiças remediáveis a serem eliminadas, ou seja, a redução de injustiça é por ela mesma a promoção de justiça. O foco recai sobre o indivíduo *agente*, na sua participação e na democracia, cujo objetivo a ser alcançado pelo *debate* pretende estabelecer a *melhoria* da disponibilidade institucional e da factibilidade das discussões interativas, por meio de uma democracia julgada não só pelas instituições, mas, também, e principalmente, pelas diversas vozes.

Trata-se da abordagem teórica da *escolha social*, que produz avaliações comparadas de alternativas pelos valores e prioridades dos envolvidos: capacidade das pessoas, não mais nos termos benthanianos de utilidade e felicidade, para gerar *vida sem exclusão*. Não se está em busca do Estado ideal, seja nacional ou internacional, de Hobbes a Kant, mas de justiça que alargue a justiça global com base em uma *moralidade mínima* e que jamais será sinônimo de *humanitarismo mínimo*. Trata-se da liberdade individual com comprometimento social em função da redução dos *males* relacionados com o Estado, partidos, mídias, grupos de interesse públicos, fóruns de discussões, etc. Está em jogo um sistema aberto e democrático de educação e saúde solidificados para o desenvolvimento. O critério não é mais a renda, o PIB ou similares, mas o IDH (índice de desenvolvimento humano), que combina essas variáveis, voltado para equacionar privações de liberdade derivadas da pobreza, das tiranias, carências de oportunidades, negligência dos serviços públicos, intolerâncias, interferências excessiva de Estados repressivos, tudo isso em favor do agente livre e sustentável, gerando *confiança* nas relações econômicas, sociais e políticas.

Estamos diante de uma justiça que almeja aumento de liberdades (civis, políticas e econômica) e segurança. Chega-se, assim, a compreender a relevância atual pautada na expansão das capacidades e vocações, e a importância dos movimentos de liberdade no Norte da África, no início de 2011 e o Occupy Wall Street deste momento, nas agendas de governos. Pretende-se que a decisão livre do indivíduo fundamente a tradição por meio de resoluções participativas, e não mais a afirmação arbitrária de qualquer tradição; aspira-se que essa forma de participação encaminhe novas soluções embasadas na crença de Estado. Exige-se que cada um trate de si, sabendo governar-se e obediente a ser governado, para influenciar no mundo; elabore avaliações sobre as vantagens individuais e do progresso social, para compor a iniciativa individual com eficácia social. Segundo Sen (2010), será assim que o Estado e sociedade fortalecerão e protegerão as capacidades humanas.

Nada disso, Sen e nós sabemos, seria possível sem uma sociedade organizada de maneira computo-informacional, de comunicação constante e que exige em sua conformação um trabalhador agente e, portanto, criativo e participativo, disposto a prosseguir e modificar a programação, diplomaticamente conectado, como um indivíduo que aprecia essa sua nova condição, e que recorre a medicações para conter seus transtornos, ampliar sua produtividade e desempenhos: um policial de si que monitora os demais (PASSETTI, 2004, p. 151-160).

Uma nova *ideia fixa* conforma seu círculo, as disciplinas foram para um nível além, e como um biruta, o que exigimos de nós diante desses *transtornos* e de tantas melhorias? Penso que as resistências diante dessa condição de indivíduo vivo – um exponencial terrorista para esta boa sociedade – encontram-se produzidas entre os descrentes de idealizações, *melhorias* e das tantas *alternativas* para o justo. Calejado de tanto *retorno* ao ideal, poderá esse indivíduo atravessar a condição cordata e *propositiva* para alcançar o instante propício a ser expresso pelas suas *perturbações*, e tornar-se jaguar?

Então tá! Despeço-me com *Excesso*, versos da poetisa polonesa Wislawa Szymborska; sabe-se lá por que, ela também ganhou o Nobel de Literatura, no ano 1996:

> Foi descoberta uma nova estrela,
> o que não significa que ficou mais claro
> nem que chegou algo que faltava.
>
> A estrela é grande e longínqua,
> tão longínqua que é pequena,
> menor até que outras
> muito menores que ela.
> A estranheza não teria aqui nada de estranho
> se ao menos tivéssemos tempo para ela.

A idade da estrela, a massa da estrela, a posição da estrela,
tudo isso quiçá seja suficiente
para uma tese de doutorado
e uma modesta taça de vinho
nos círculos aproximados do céu:
o astrônomo, sua mulher, os parentes e os colegas,
ambiente informal, traje casual,
predominam na conversa os temas locais
e mastiga-se amendoim.
A estrela é extraordinária,
mas isso ainda não é a razão
para beber à saúde das nossas senhoras
incomparavelmente mais próximas.

A estrela não tem consequência.
Não influi no clima, na moda, no resultado do jogo,
na mudança de governo, na renda, na crise de valores.

Não tem efeito na propaganda nem na indústria pesada.
Não tem reflexo no verniz da mesa de conferência.
Excedente em face dos dias contados da vida.

Pois o que há para perguntar,
sob quantas estrelas o homem nasce,
e sob quantas logo em seguida morre.

Nova.

– Ao menos me mostre onde ela está.
– Entre o contorno daquela nuvenzinha parda esgarçada
e aquele galhinho de acácia mais à esquerda.
– Ah – exclamo.
(SZYMBORSKA, 2011, p. 67-68)

Referências

AFRAY, Janet; ANDERSON, Kevin B. *Foucault e a revolução iraniana. As relações de gênero e as seduções do islamismo*. Tradução de Fábio Faria. São Paulo: Realizações, 2011.

BLANCHOT, Maurice. *A conversa infinita 2. A experiência limite*. Tradução de João Moura Jr. São Paulo: Escuta, 2007.

CORTAZAR, Julio. *A volta ao dia em 80 mundos* (1968) v. 2; v. 1 (1967) *e Último round* (1969), v. 1. Tradução de Ari Roitman e Paulina Wach. Rio de Janeiro: Civilização Brasileira, 2008.

DEFERT, Daniel. Cronologia. In: FOUCAULT, Michel. *Problematizações do sujeito: psicologia, psiquiatria e psicanálise*. Ditos & Escritos I. Tradução de Vera Avellar Ribeiro. Rio de Janeiro: Forense Universitária, 1999.

FOUCAULT, Michel. *A hermenêutica do sujeito*. Tradução de Márcio Alves da Fonseca e Salma Tannus Muchail. São Paulo: Martins Fontes. 2004

FOUCAULT, Michel. Do governo dos vivos - 1ª aula. Tradução de Nildo Avelino. *Verve*, São Paulo, Nu-Sol, v. 12, p. 270-298, 2007.

FOUCAULT, Michel. Do governo dos vivos. Tradução de Edelcio Ottaviani. *Verve*. São Paulo: Nu-Sol, v. 17, p. 154-188, 2010b.

FOUCAULT, Michel. *Em defesa da sociedade*. Tradução de Maria Ermantina Galvão. São Paulo: Martins Fontes. 2000.

FOUCAULT, Michel. *História da loucura*. Tradução de José Teixeira Coelho. São Paulo: Perspectiva, 1978.

FOUCAULT, Michel. *Nascimento da biopolítica*. Tradução de Eduardo Brandão. São Paulo: Martins Fontes, 2008b.

FOUCAULT, Michel. *O governo de si e dos outros*. Tradução de Eduardo Brandão. São Paulo: Martins Fontes, 2010a.

FOUCAULT, Michel. *O poder psiquiátrico*. Tradução de Eduardo Brandão. São Paulo: Martins Fontes. 2006.

FOUCAULT, Michel. *Segurança, território e população*. Tradução de Eduardo Brandão. São Paulo: Martins Fontes, 2008a.

GROS, Frédéric. *Estados de violência. Ensaios sobre o fim da guerra*. Tradução de José Augusto da Silva. São Paulo: Aparecida, 2009.

NUSSBAUM, Martha; SEN, Amartya. *La calidad de vida*. México: Fondo de Cultura Económica, 1996.

PASSETTI, Edson. Segurança, confiança e tolerância: comandos na sociedade de controle. In: *São Paulo em Perspectiva*, São Paulo, v. 18, n. 1, p. 151-160, 2004.

SEN, Amartya. *A ideia de justiça*. Tradução de Denise Bottmann e Ricardo Dominelli Mendes. São Paulo: Companhia das Letras, 2011.

SEN, Amartya. *Desenvolvimento e liberdade*. São Paulo: Companhia das Letras, 2010.

SIQUEIRA, Leandro. *O indivíduo compulsivo: uma genealogia na fronteira entre a disciplina e o controle*. 2009. Dissertação (Mestrado em Ciências Sociais) - Programa de Estudos Pós-Graduados em Ciências Sociais, PUC São Paulo, São Paulo, 2009.

STIRNER, Max. *O único e a sua propriedade*. Tradução de João Barrento. São Paulo: Martins Fontes, 2009.

SZYMBORSKA, Wislawa. *Poemas*. Tradução de Regina Przybycien. São Paulo: Companhia das Letras, 2011.

Capítulo 28

Política e fissuras sobre crianças e jovens: psiquiatria, neurociência e educação

Salete Oliveira

Tocar na vida de um jeito *estranho* não é fácil. Expressá-la de forma *esquisita* é um perigo. E hoje, o que traz perigo? Em quais práticas, em quais gestos, palavras, silêncios, habita um perigo arredio e inestancável. Onde estão as fissuras de mão dupla a serem escancaradas?

Antonin Artaud não teve meias palavras ao dizer que "a peste existe para abrir abscessos" (ARTAUD, 1984, p. 44). Gesto estranho, perigoso. A fissura fendia nele. Um vinco, um sulco, uma cicatriz, um bulbão vulcânico na epiderme.

Se Michel Foucault teve sensibilidade para extrair de Artaud o que situou como "materialidade de pensamento" (FOUCAULT, 1990, p. 35) é porque sua estranheza audaz também não deixava passar indelével o que a facilidade de apropriações inócuas, esta limpeza substitutiva das palavras, prefere diluir ao gosto da vida faxinada desprovida de sangue.

Agora já é uma das marcas de Nietzsche em Foucault (NIETZSCHE, 1998, p. 66; FOUCAULT, 1979, p. 143).

E que não se confunda crueldade com derramamento de sangue, Artaud precisou aqui um inclassificável apetite de vida. E frisou nesta crueldade praticada um exercício incidindo, antes de mais nada, em si próprio.

Cruel arremesso. Gesto estranho, perigoso.

Dupla fissura, uma própria que se volta para acompanhar e fraturar fissuras incididas em corpos, em vidas, em existências de crianças e jovens. E uma em seu retorno esquisito, estranho, num demorar-se, mesmo breve num mínimo fôlego, em fraturas expostas. Um vinco, um sulco, uma cicatriz, um abscesso vivo. Um abscesso vivo que se volte contra a própria política.

Projeto Atenção Brasil

Num abissal acidente de pesquisa encontra-se uma pequena notícia. Nela, por sua vez, um projeto, iniciado em 2009, é divulgado: o

Projeto Atenção Brasil. Ele foi firmado por um convênio entre pesquisadores brasileiros, da Universidade de Duke (EUA) e da Universidade La Sapienza, situada em Roma, Itália. Seu teor grandiloquente arroga seu ineditismo no País ao dirigir seus esforços às chamadas inovadoras medições de hábitos, comportamentos e da denominada saúde mental de crianças e jovens. Segundo o coordenador do projeto, o neurologista infantil Marco Antonio Arruda, o principal objetivo é

> [...] identificar os fatores de proteção e de risco para o desenvolvimento e saúde mental das crianças e dos jovens, fato que possibilitará a criação de medidas preventivas e de intervenção eficazes voltadas para esse público. O estudo será conduzido a partir de informações obtidas dos pais, professores e profissionais voluntários das áreas de saúde e educação. Além de avaliar a incidência de transtornos neuropsiquiátricos, como o Transtorno do Déficit de Atenção e Hiperatividade (TDAH), depressão e enxaqueca, a pesquisa estima também o uso do tabaco ou bebida alcoólica pelas mães durante a gestação, hábitos de sono e uso excessivo da mídia eletrônica (televisão, videogame e computador) pelas crianças e jovens. Todos esses aspectos influenciam na formação do feto, e pela primeira vez no Brasil uma pesquisa de âmbito nacional pretende viabilizar medidas de prevenção e intervenção eficazes para essa faixa etária da população. Os estudiosos irão avaliar a habilidade do público infanto-juvenil em enfrentar dificuldades e reprovar.[1]

Esse projeto, por sua vez, proveio de uma parceria entre o Instituto Glia,[2] uma empresa especializada em consultorias e operacionalizações de estudos das neurociências aplicadas à educação e que foi responsável pelo estudo piloto no qual foram avaliadas 1.994 crianças da rede estatal

---

[1] Disponível em: <http://www.andi.org.br>.

[2] A escolha do termo *glia* para intitular o Instituto não é casual. O uso moderno da palavra situa-se na medicina, no âmbito da histologia biológica, para denominar um grupo de células componentes do sistema nervoso: *células glia* ou *neuroglias*. Estudos mais recentes em diversas áreas, entre elas, biologia molecular, neurociências e psiquiatria, situam essas células não como exatamente neuronais – ainda que no cérebro elas apareçam em número maior ao de neurônios –, mas vitais para a defesa e restauração dos próprios neurônios, assim como para captação e liberação de neurotransmissores, por meio de pesquisas em torno de mapeamentos de neuroimagens, sequenciamento proteicos e medições de índices de ionização de cálcio, potássio e outras substâncias. Os estudos recentes vêm procurando mostrar que as *glias* não só nutrem e sustentam os neurônios, desempenhando ao mesmo tempo sua defesa, mas são, também, responsáveis por sua capacidade plástica, efeitos neuromodulatórios, restaurações e conexões neuronais. As *células glias*, são denominadas, também, *glue cells* (células conectivas) (KAPCZINSKI *et al.*, 2002, p. 197-198).

de ensino com idade entre cinco e doze anos, que lançou as bases para a segunda etapa do *Atenção Brasil*.

O coordenador do projeto é o mesmo que dirige o Glia. Esse instituto é expressão da prática de um duplo empreendedorismo, em voga hoje, do neurologista em sua própria carreira e em um promissor negócio. O Glia é fundado em uma cidade emblemática do conservadorismo do interior do estado de São Paulo, São José do Rio Preto, onde um viver "classe média" também traz contornos ao projeto e, simultaneamente, se volta a crianças pobres e de classe média baixa. O Glia, por sua vez, lança mão dos aportes das neurociências, com ênfase em sua vertente cognitiva. A parceria do *Projeto Atenção Brasil* com o Instituto define o que constitui de forma mais ampla o próprio Glia. Trata-se de uma empresa especializada em consultorias e operacionalizações de estudos das neurociências aplicadas à educação em quatro principais áreas de atuação: "capacitação profissional, pesquisa e desenvolvimento de *softwares*, consultoria escolar e responsabilidade social".[3]

Ajustam-se por sobreposição um empreendimento empresarial, de cunho neuropedagógico que em seu surgimento, de saída, já traz o conveniente selo de empresa definida como instituto. Mas não só, a empresa-instituto rapidamente cria, em 2006, uma comunidade virtual, como dupla extensão de empreendimento do instituto: a *Comunidade Virtual Aprender Criança*, que serviu como plataforma de convocação de profissionais voluntários para o *Projeto Atenção Brasil*, antecedido por dois congressos preparatórios: um em 2006 e outro em 2008. Em novembro desse mesmo ano, foi lançada uma enquete na página do *Comunidade Virtual Aprender Criança,* inquirindo sobre o interesse em participar de uma pesquisa nacional sobre saúde mental infantil. Um intervalo de seis meses foi suficiente para montar um banco de dados de cadastrados na participação do projeto como operadores, aplicadores de questionários, capacitadores e os contatos – registros das escolas de ensino fundamental e médio que se apresentaram como voluntárias para participar da pesquisa nas cinco regiões do País.

Em 2009, já eram veiculados os primeiros resultados do projeto piloto:

> Para os pais, apenas 86% das crianças são felizes, 29% das mães fumaram e 10% ingeriram bebida alcoólica durante a gestação de seus filhos, fatores que interferem diretamente na saúde mental das crianças. Essas primeiras análises também mostraram que sete em cada grupo de dez crianças assistem televisão todos os dias; e

---

[3] Disponível em: <http://www.institutoglia.com.br>.

uma em cada quatro joga videogame com essa mesma frequência; 54% desobedecem em casa e 28% na escola; enquanto 20% apresentam dificuldade escolar importante. Outros fatos também revelados pela pesquisa é que para os pais, 59% das crianças são consideradas nervosas; 40% mal humoradas; 28% delas sentem-se sozinhas, remetendo a características de solidão; 23% apresentam dificuldades de relacionamento. E o mais grave: cerca de 6% do público pesquisado já mencionou a intenção de tentar o suicídio.[4]

De parcerias não fortuitas...

Proliferam cada vez mais convênios e parcerias, em áreas diversas, firmados com a Universidade de Duke.[5] Ela está cotada entre as dez universidades mais importantes dos EUA.

Chama atenção o fato de tal universidade abrigar projetos e conectar consórcios vinculados a institutos e pesquisas que vão de perfis reles, vulgares, àquelas que envolvem grandes capas e cepas científicas dimensionadas naquilo que poderia ser chamado de alta magnitude, como o Instituto Internacional de Neurociências de Natal Edmond e Lilly Safra (IINN-ELS), criado e coordenado pelo neurocientista Miguel Nicolelis, também professor e pesquisador da Universidade de Duke, Carolina do Norte, o mesmo que propôs e preside a Comissão do Futuro da Ciência Brasileira, internacional, independente e voluntária e sediada, ao mesmo tempo, no Ministério da Ciência e Tecnologia-BR.

Não é negligenciável, simultaneamente, como a Universidade de Duke traz uma marca religiosa na história da própria instituição, que repercute de forma sutil ou explícita em seus investimentos acadêmicos, intelectuais e científicos, e ao mesmo tempo reforça uma tradição de formar profissionais e pesquisadores que se vangloriam do fato de "ter vindo de baixo", de valorizarem o estatuto de quem "venceu na vida".

Foi o caso do ex-presidente dos EUA Richard Nixon, formado em direito, eleito pelo partido republicado e que renunciou após o episódio *Watergate*, e mais recentemente o de Melinda Gates, proveniente do reacionário estado do Texas, formada em ciência da computação e com mestrado em administração de empresas, que vem a ser a esposa de Bill Gates e ocupa o cargo de vice-presidente da Fundação Bill e Melinda Gates, dedicando-se à "caridade".

---

[4] Disponível em: <http://www.andi.org.br>.

[5] Disponível em: <http://www.duke.edu>.

Expressa-se aqui o apogeu do mediano, do médio incensado por conservadores, democratas e progressistas, o apogeu da miséria do médio – presente no Estado, empresas, bancos, mídias, fundações, institutos, universidades, ONGs e congêneres organizados, dentro e fora da internet –, entre um investimento na pobreza e a sustentação da continuidade dos miseráveis, dos médios e dos abastados, que retroalimentam as filantropias renovadas e revestidas, em reles e alta magnitude, da qual o próprio voluntariado se nutre e que atravessa o tom de pesquisas, seus produtos e efeitos do que isso forma, dá forma e faz funcionar. Expressão de uma política e de uma maneira de tocar na vida.

Projeto Atenção Brasil, a cartilha: resiliência e recompensas

Após o projeto piloto, partiu-se para a primeira fase da pesquisa. A amostra foi ampliada e um dos primeiros produtos ordinários apresentados no final da primeira parte do *Projeto Atenção Brasil* (PAB) foi publicado no segundo semestre de 2010. Uma cartilha intitulada: *Educando com a ajuda das neurociências: cartilha do educador*. Antes do título, um sobre título: "Um retrato atual da criança e do adolescente brasileiro".[6]

Epígrafe da cartilha: "Para os educadores que desejam que seus filhos e alunos tenham controle sobre sua vida e não que a vida tenha controle sobre eles."

Metodologia de pesquisa e questionário:

> No estudo foram avaliados aspectos demográficos, socioculturais, antecedentes pessoais e gestacionais, desenvolvimento, hábitos e desempenho escolar, além da aplicação do Questionário de

---

[6] A divulgação da cartilha se deu sob o estatuto de "domínio público" e encontra-se disponível no site da *Comunidade Virtual Aprender Criança* (www.aprendercriança.com.br), tendo seu acesso para *download* alocado, especificamente em http://www.aprendercrianca.com.br/atencao-brasil/cartilha-do-educador/cartilha-do-educador-educando-com-a-ajuda-das-neurociencias. Na página para *download*, a cartilha é apresentada nos seguintes termos: "Temos a grata satisfação de disponibilizar a vocês o mais esperado fruto do PROJETO ATENÇÃO BRASIL a cartilha do Educador: 'Educando com a ajuda das Neurociências'. Essa cartilha é resultado do trabalho voluntário de mais de uma centena de professores por nós treinados que, em campo, entrevistaram pais e professores de mais de 9.000 crianças e adolescentes de 87 cidades e 16 estados brasileiros. Os resultados revelam um retrato atual e inédito da infância e adolescência brasileira na primeira década do século 21. A análise dos resultados permitiu elaborarmos recomendações para pais e professores, baseadas em evidências científicas, que certamente contribuirão na condução educacional de milhares de crianças e adolescentes brasileiros. Esperamos que desfrutem e colaborem com seus comentários e sugestões, eles serão alimento para o amadurecimento desse fruto, documento vivo de um grande ideal que se renovará a cada edição. Os participantes do Congresso Aprender Criança 2010 receberam um exemplar impresso da cartilha. Você pode fazer o download gratuito, clique aqui. Cordialmente, Marco A. Arruda".

Capacidades e Dificuldades (SDQ, Strengths and Difficulties Questionnaire). Desenvolvido por Robert Goodman em 1997, o Questionário de Capacidades e Dificuldades é um instrumento de triagem em saúde mental infantil que pode ser aplicado a crianças e adolescentes de 4 a 16 anos e é composto por 25 itens que permitem estimar um índice total de dificuldades, dificuldades emocionais, problemas de conduta, hiperatividade e desatenção, problemas com os colegas e comportamento pró-social (empatia), bem como o eventual impacto provocado por esses sintomas na vida da criança ou adolescente e sua família. De acordo com a pontuação, as dificuldades podem ser consideradas normais ou anormais. É um questionário de domínio público, já tendo sido traduzido para 69 línguas e normatizado em numerosos países, inclusive no Brasil por Bacy Fleitlich-Bilyk e colaboradores. O PAB é, portanto, um estudo populacional do tipo transversal, em que se avalia uma amostra populacional em um determinado momento. Nesse tipo de estudo os pesquisadores podem avaliar fatores de risco e de proteção para um determinado desfecho, seja ele uma doença (por exemplo, hipertensão arterial, enxaqueca, câncer de pulmão, etc.), um estado (por exemplo, bom desempenho escolar, saúde mental, etc.) ou outra condição. Em estudos desse tipo não podemos fazer inferências do tipo causa-efeito, possibilidade a ser levantada por estudos prospectivos (quando os sujeitos da amostra são acompanhados ao longo do tempo).[7]

As medições de escalas de crianças e jovens a quem o questionário se dirige envolve três campos: família (pais); escola (professores) e saúde (profissionais variados). O campo da saúde e educação se mostra como elemento intermediário entre a família e a escola, que por sua vez se situam como campos contínuos ao se considerar os objetivos de saúde conectados aos de segurança que atravessam o *Projeto Atenção Brasil*. Assim, o conjunto dos campos que inicialmente era formado por três, vira um conjunto de quatro e sua expansão exponencial encontra respaldo na variação psiquiátrica da Psiquiatria do desenvolvimento; por meio dela, se efetua o contínuo do controle e se efetiva uma *educação preventivo terapêutica*.

O preâmbulo da cartilha associa saúde, saúde mental e justiça social. Entretanto, é preciso destacar que a saúde aparece como seu objetivo maior, sendo condicionado pela saúde mental, elemento valorizado como aquele indispensável para a obtenção da meta que se propõe: a justiça social. Diante disto, uma conclusão apressada poderia considerar

---

[7] Disponível em: <http://www.aprendercrianca.com.br>.

seu preâmbulo anacrônico, pois corrobora o redimensionamento da definição de saúde proveniente ainda do pós-Segunda Guerra Mundial, e instituída pela Organização Mundial da Saúde (OMS), quando a saúde passou a ser situada não mais como ausência de doença, mas presença constante de bem-estar.

Entretanto, o preâmbulo lança mão de uma recente noção de saúde mental[8] que já não é propriamente aquela firmada na metade do século XX, quando agora se reforça que "saúde mental é mais do que ausência de doença mental" e, ao mesmo tempo, vincula bem-estar ao funcionamento integral de um indivíduo e da comunidade.

O *Projeto Atenção Brasil* parece indicar uma sobreposição de elementos políticos característicos de bem-estar reativados pelo viés da psiquiatria associada às neurociências em seu afã de uma nova definição de saúde mais ampla, e vinculada agora, decisivamente, à denominada qualidade de vida compartilhada, também pelo viés neoliberal. É possível que o que se apresenta sejam investimentos atuais em uma *educação preventivo--terapêutica* na qual a repisada prevenção geral, porta de entrada das políticas de saúde e segurança, vem se consolidar pela saúde de refinamentos de gestão de governos do chamado desenvolvimento mental.

O que a cartilha define como fatores de risco e proteção apoia-se em referências provenientes de estudos de psicopatologias em crianças; de cultura e de desenvolvimento; e nos estudos específicos levados a cabo pelo recente Instituto Nacional de Psiquiatria do Desenvolvimento (INPD), já sinalizando aqui uma das primeiras associações possíveis de serem marcadas entre o *Projeto Atenção* Brasil e o *Projeto Prevenção* realizado pelo INPD.[9]

---

[8] A respeito da recente construção do conceito de "saúde mental" e dos deslocamentos histórico-políticos trazidos pelos investimentos atuais na psiquiatria biológica ver SIQUEIRA (2009).

[9] O *Projeto Prevenção*, subintitulado *Projeto de Alto Risco para o desenvolvimento de problemas de Saúde Mental na Infância e de Resiliência*, é um projeto colaborativo entre a Universidade São Paulo (USP), a Universidade Federal do Rio Grande do Sul (UFRGS) e a Universidade Federal de São Paulo (UNIFESP). Tem o apoio do governo de ambos os estados e da empresa Nestlé, a mesma que apoia oficialmente, o Instituto Nacional de Psiquiatria do Desenvolvimento (INPD), que foi criado em 2009 e funciona sediado conjuntamente com o Instituto de Psiquiatria da USP, ao qual se conjugam também vários laboratórios, entre eles, o Laboratório de Neurociências da USP (LIM 27). O *Projeto Prevenção* tem por objetivo estudar crianças, de 6 a 12 anos, em escolas estaduais de São Paulo e Porto Alegre para "entender o desenvolvimento normal e anormal de crianças com alto e baixo risco para problemas de saúde mental" (http://inpd.org.br/). Foi iniciado em 2009, concomitantemente à fundação do Instituto, e está dividido em 5 fases com seus respectivos protocolos: "Fase 1 (out. a dez. de 2009): Triagem de matrícula de 15 mil crianças; Fase 2 (fev. a jun. de 2010): Entrevista domiciliar de 2.500 crianças e coleta de saliva (inclusive dos familiares biológicos); Fase 3 (fev. a jun. de 2010): Avaliação

Podemos definir fator de risco como uma variável que aumenta a probabilidade (chance) de uma pessoa ou grupo desenvolver determinada *doença, estado* ou *outra condição*. Por exemplo são conhecidos fatores de risco para doenças vasculares o tabagismo, vida sedentária, colesterol alto, hipertensão arterial e diabetes. Por outro lado, entende-se como fator de proteção toda variável que reduzirá essa probabilidade, protegendo o indivíduo de determinado desfecho. Os fatores de risco e proteção em Saúde Mental infantil podem ser de origem genética (no caso das doenças hereditárias), biológica, ambiental, psicológica e socioeconômica, e podem atuar de forma isolada ou combinada, muitas vezes interagindo entre si de maneira complexa. Entre eles, os fatores de ordem sócio econômica, psicológica e ambiental prevalecem sobre os intrínsecos à criança (genéticos e biológicos). A combinação e acumulação de fatores de riscos é mais importante do que a natureza de cada um tomado isoladamente. Os mecanismos pelos quais esses fatores interagem entre si desencadeando um transtorno mental ou protegendo a criança e o adolescente contra ele, vêm sendo exaustivamente estudados pela Psiquiatria do Desenvolvimento.[10]

Os mínimos sinais em uma criança do que pode vir a ser detectado como "transtornos" e afins, no presente e no futuro, são agora gerenciados como minimizações do risco e mecanismos de proteção, por novos monitoramentos nos governos de vulnerabilidades sob as mais variadas chancelas e protocolos como "identificação precoce", não mais de degenerações, mas daquilo que tem de ser combatido em nome da defesa da não degradação da vida. É possível que não estejamos mais diante da tradicional quadra disciplinar degeneração–prevenção–desenvolvimento––progresso, e sim frente a uma disposição de reativas combinações par a par de prevenções para não degradar e o desenvolvimento psiquiatrizado, como forma de sustentação do vivo em programas de melhorias.

Ao longo da cartilha são vários os aspectos abordados, entretanto, na divulgação dos resultados do *Projeto Atenção Brasil* há dois específicos que valem ser estancados. O primeiro refere-se ao investimento voltado ao desenvolvimento de resiliência em criança e jovens; o segundo diz respeito à ênfase dada na avaliação da capacidade de crianças e jovens de adiar recompensas.

---

neuropsicológica e fonoaudiológica; Fase 4 (fev. a jun. de 2010): Avaliação com ressonância magnética de 750 crianças. Fase 5: Avaliação domiciliar, as crianças serão convidadas a repetir o protocolo inteiro avaliativo".

[10] Disponível em: <http://www.aprendercrianca.com.br/>. Grifos meus.

A decisão de dar destaque a esses dois aspectos, nesta breve análise específica, provém das possíveis pistas que podem derivar da vinculação entre resiliência e o apaziguamento de rebeldias. De forma simultânea e complementar, a capacidade de adiar recompensas pode estar apontando para um equacionamento inverso da lógica utilitarista, mas não sua supressão, colocada pela psiquiatria do desenvolvimento sob os termos de prazeres projetados e adiados e a permanência do castigo no interior de uma atual *educação preventivo terapêutica*.

Por ela se lança mão agora das neurociências como um recente respaldo científico para o governo da verdade, instrumentalizado pela psiquiatrização de uma linguagem que pretende "cuidar" e "proteger", "melhorar" e "não degradar", almejando restaurar o que foi degradado pelo viés de seu próprio espelhamento, a resiliência.

Para definir resiliência, a cartilha não deixa de lançar mão de uma linguagem redutora e infantilizada, ao moldes do velho "caminho suave", transcrevendo-a, pelo viés da saúde mental e da saúde mental infantil a partir de três crianças selecionadas para futuros estudos de profundidade no interior do andamento do *Projeto Atenção Brasil*:

> Um grupo muito especial de brasileiros foi identificado neste estudo. São crianças e adolescentes que, a despeito de não apresentarem nenhum desses fatores de proteção, apresentam ótimos índices de saúde mental e desempenho escolar. Em Saúde Mental denominamos essa condição por resiliência, um termo advindo da física que descreve a capacidade de um material sofrer um impacto e voltar ao seu estado original sem deformar-se, assim o plástico seria altamente resiliente e o cristal pouco. Da forma em que o termo é aplicado em Saúde Mental infantil entende-se por crianças e adolescentes resilientes aqueles capazes de superar as adversidades de todas as ordens, genéticas, biológicas, psicológicas, socioeconômicas e ambientais, além dos eventos negativos da vida (abusos, violência, desnutrição, etc.) não se deformarem e evoluírem para desfechos positivos. No estudo foram identificadas três crianças nessa condição: meninos de cor não branca, cujos pais são separados, que moram com a mãe ou com nenhum dos pais, a mãe é analfabeta e pertencem à classe econômica D ou E, apresentam altos índices de Saúde Mental e alto desempenho escolar.[11]

Quando o *Projeto Atenção Brasil* afirma que sobre os fatores de risco é preciso atuar e, em relação aos de proteção, é necessário estímulo, o

---

[11] Disponível em: <http://www.aprendercrianca.com.br/>.

que ele defende é atuar no governo do que ele próprio denomina de risco e estimular a participação para a proteção da segurança. E se isso se inicia no questionário aplicado assim como na metodologia e referencial teórico utilizados pela pesquisa, ao mesmo tempo, o *Projeto Atenção Brasil* explicita que seu interesse está voltado para a criação de um material "focado" em educar para o adiamento de recompensas e na educação para a resiliência. Aqui, também, reside o que este projeto traz enquanto expressão de uma política.

> Educar para o adiamento de recompensas é *educar para o autocontrole, a autodisciplina*, e o *controle dos impulsos*, é também *educar para a tomada de decisões*. Portanto, *deve determinar condutas educacionais* relacionadas a numerosos temas como, por exemplo: hábitos de consumo, alimentação, sono e vestuário, estabelecimento de horários e rotinas, premiações e punições, tarefas escolares, etc., o que representa grande parte do dia a dia da relação pais e filhos.[12]

Da capacidade em adiar recompensas, elemento valorizado no interior do item "estimulando os fatores de proteção", encontra-se o ínfimo diário, atravessado pelo duplo conformismo-obediência, incidindo em crianças e jovens, um duplo transformado mais do que em rotina, em produções políticas da vida tornada conduta. É desse duplo que deriva a resiliência, essa capacidade-competência plástica, esta elasticidade,[13] como atributo especial, e dela já se desdobra uma das generalizações transcritas na cartilha e presentes tanto no projeto como na pesquisa.

> Se fosse possível entrevistar os pais de mais de dois bilhões de crianças e adolescentes que vivem no mundo, certamente constataríamos uma grande diversidade no olhar desses pais em relação aos seus filhos. Por outro lado, não ficaríamos surpresos em constatar *a uniformidade* das expectativas desses mesmos pais para a vida dos seus filhos: *serem felizes, terem sucesso e saúde*. Para conquistar esses desfechos na vida, a criança precisa desenvolver um conjunto de competências que a torne resiliente.[14]

Da generalização para todos – e é de não esquecer a afirmação de Foucault de que tudo que é geral não existe, entretanto, é preciso

---

[12] Disponível em: <http://www.aprendercrianca.com.br>. Grifos meus.

[13] Sobre a elaboração da noção de *elastificação*, problematizando – em uma perspectiva analítica histórico-política – novos monitoramentos na sociedade de controle, que se iniciam pelos investimentos em crianças e jovens como redimensionamentos prisionais na sociedade de controle, ver AUGUSTO (2009, em especial p. 147-169).

[14] Disponível em: <http://www.aprendercrianca.com.br>. Grifos meus.

acompanhar seus efeitos de verdade –, deriva a uniformidade advinda da exaltada resiliência que se pretende obter no que é construído enquanto "o como ser": ser feliz; e em seu complemento recíproco "o como ter": ter sucesso e ter saúde. O sucesso mostra-se como a meta principal fomentada e perseguida, apresentando um sutil e explícito vínculo indissociável com esta concepção de saúde, na qual a produção de sua própria segurança conecta-se ao investimento de uma educação voltada para crianças e jovens resilientes. A formação de "felizes". Consolidação compensatória inflacionada, entre resiliência e recompensa, prometida e passível de ser acessada sob a equação "vale qualquer coisa" para ser e para ter. E como se não bastasse bater e rebater em torno do "ser" e do "ter", trata-se de ser resiliente, ter resiliência.[15]

Resiliência. Que palavra é essa?

Palavra religiosa e renovada pela ciência. Palavra religiosa e renovada pela política. Palavra religiosa que refaz o regime dos castigos. Do castigo que incide, em corpos de crianças e jovens.

Resiliência, palavra que se pretende inovadora, também designa voltar atrás, num vaivém entre estados que preservam e conservam. Não como equivalência, mas como complementaridade que inclui e apazigua o confronto de forças no redimensionamento de conflitos negociados e punições revificadas.

Foucault, em 1977, ao problematizar a existência dos *gulags*, usou de saída em sua análise uma expressão para sinalizar uma possível armadilha: *o ecletismo acolhedor*. Foucault (2003) lançava a expressão ecletismo acolhedor para recusar ser enredado no que ele denominou de *jogo das denúncias sistemáticas*. Para não se deixar ser confundido com aqueles que pretendiam dizer "nós também temos o nosso gulag" – e aí tudo se equivale – fazia-o para mostrar a diferença entre a instituição gulag e a questão gulag, não temendo enfrentar em sua análise a segunda, era esta que lhe interessava, sem negligenciar os efeitos da primeira. Porque,

---

[15] Uma das procedências modernas do termo resiliência encontra-se nas experiências do físico britânico Thomas Young, em 1807, a partir de materiais submetidos a uma determinada força, observando as deformações que esta produzia, levando em conta os efeitos de compressão e descompressão, e a capacidade de voltar a sua condição anterior ao impacto. Interessava estabelecer a resiliência de um material numa equação recíproca entre sua capacidade de armazenamento máximo de energia sem sofrer uma deformação permanente. Esse experimento foi intitulado "módulo *young*" e conhecido também como "módulo de resiliência" ou "módulo de elasticidade", pelo qual se pode aferir, por cálculos matemáticos na física, a resiliência de um material, considerando que diferentes materiais, dependendo de sua composição química, também têm módulos de resiliência distintos. Do sobrenome do físico *young* (jovem) ao módulo *young* (módulo jovem), módulo resiliente. E hoje os investimentos na formação de crianças e jovens resilientes.

ao se situar o interesse em problematizar o presente, do ponto de vista genealógico, não se pode confundir isso a uma salvaguarda institucional, ou de uma correção a ser implementada para melhor fazer funcionar as instituições ou as coisas, como modo de nos livrar de agruras produzidas pela expressão de uma política que se escancara e que não se confunde com uma questão de legitimidade, de determinações, ou de sua presença, ausência ou suspensão temporária. Daí não é possível se confundir dispositivo com legitimidade. Para promover essa indiscernibilidade, é preciso um tanto de crença, um tanto de "tudo suportar", sob uma ditadura ou sob a democracia.

Hoje a suportabilidade, inerente à resiliência e à religião, transmuta--se, sob a forma de tudo negociar, como maneira de incluir, mas ela própria não abre mão do limite, e é em nome dele que também dizima o que designa como insuportável e nocivo. Talvez seja por aqui também que a religião se restaure e se preserve, fortalecendo seu vínculo indissociável com a política, alternando-se e restaurando-se pela ciência.

> Não há governo da vida sem morte deliberada, dizimações, traições e trapaças, prêmios e esquecimentos. Governar a vida com ciência, sabedoria, esclarecimentos, descobertas, anúncios e conservações exige silêncio. Silêncio da reflexão metódica, paciente, refeita muitas vezes; triste silêncio do fracasso, esfuziante silêncio do altruísta. Silêncios de omissões em nome *de*, de recusados, de espoliados, de tolos crentes, de surpreendidos religiosos, silêncio de políticos, de governantes da ciência, de proprietários da verdadeira consciência. Silêncio, por favor! Inscritos ali naquela placa no corredor hospitalar, ou simplesmente o imperativo *silêncio!* Silêncio, falar baixo, bom tom, sufocando gritos de animais, e de gente que, também, é bicho. Silêncio, por fora dos gritos sufocados nas celas, quartos de hospitais, manicômios, casas de pessoas de bem que violentam crianças, espancam meninos e meninas, abusam de seus corpos, devoram seus prazeres, escravizam pelas classes, grupos, minorias e maiorias. Silêncio dos silenciados. Não há guerra que sufoque o grito dos vencidos, a não ser quando estes foram dizimados. Mesmo assim ecoará um berro do último índio perfurado por bala, lâmina ou somente o devastador pó químico (PASSETTI, 2007a, p. 115).

Não é negligenciável que no Brasil, no caso específico de crianças e jovens, a resiliência tenha reemergido em torno do castigo sobre seus corpos, quando, na década de 1960, a bibliografia médica tratava isso como "síndrome da criança espancada", derivando daí o conceito de maus-tratos que deu vazão ao espraiamento das vitimologias e combates à impunidade, que conserva o circuito retroalimentado de crianças e jovens violentados e preserva sociabilidades autoritárias.[16]

Resilientes são aqueles que tudo suportam, toleram e acolhem. Talvez não seja fortuito que estudos sobre resiliência no Brasil tenham ganhado campo contemporaneamente, quando a medicina buscava uma forma científica de responder, na década de 1970, durante a ditadura militar, às surras e mutilações de corpos de crianças por seus próprios pais.

A Psiquiatria, por sua vez, viria a se fartar a partir da recuperação do termo resiliência, possibilitada pelas pesquisas, na década de 1970, do psiquiatra infantil Edwyn James Anthony (1987) sobre psicopatologias de crianças introduzindo o termo "invulnerabilidade" no interior da psicopatologia do desenvolvimento, desdobrando-se em publicação posterior na década de 1980, organizada por Anthony, incluindo vários autores, sob o título *A criança invulnerável*. Vinha se firmar por este viés do absoluto uma das procedências do conceito de vulnerabilidade pelo seu inverso, sinalizando para mais um dos possíveis redimensionamentos da relação normal-anormal enquanto vulnerável-invulnerável. Mas também a isso, no interior do debate sobre a resiliência, vieram se somar relativizações que foram capazes de modular essa monumental meta da "invunerabilidade" em moldagens resilientes que reafirmaram o conceito de "vulnerabilidade", não só como substituto da vítima mas também do algoz. Outra versão do ecletismo acolhedor.

Não é negligenciável que os defensores dos investimentos na formação de "pessoas resilientes" lancem mão de "exemplos" da resiliência construídos a partir do que eles denominam, também, de "vítimas do campo de concentração", assim como da criança "vítima de maus-tratos" ou da "criança vitimizada", e que permaneceram intactos, posteriormente, e o superaram e souberam ser felizes. Essa argumentação em favor da pertinência do conceito de resiliência pela "vítima" respalda-se na atualização de seu conceito pelo de vulnerabilidade. Renova-se o lugar da vítima e se perpetua o jogo dela própria com seu próximo algoz. E dela como o próximo algoz de alguém enquanto forma de governo incentivada a ser praticada por cada um. De forma suave, eclética e acolhedora em governos compartilhados do castigo, e do castigo amado, clamado e exercido pelos seus próprios alvos preferenciais, crianças e jovens.

Da designação médico-política da "síndrome da criança espancada", atravessando a concepção jurídica-política de maus-tratos, aos inumeráveis mecanismos de proteção compartilhados pelos considerados

---

[16] A noção de *violentados* e a noção de *sociabilidade autoritária* foi elaborada no decorrer de pesquisa que se encontra publicada em PASSETTI; LAZZARI; OLIVEIRA *et al.* (1995).

vulneráveis, propalados no século XXI, é de um contínuo de castigo que se fala. E é dele que menos se fala.

Interessa hoje enfrentar e afrontar os desdobramentos de projetos e pesquisas da atual Psiquiatria do desenvolvimento associada às neurociências, fomentadores, agenciadores de uma educação voltada para a formação de crianças e jovens resilientes, que respaldam novas práticas políticas de cuidados e proteção em que o ponto de clivagem é a resiliência.

É possível que a resiliência seja hoje uma das expressões políticas mais próximas de um *ecletismo acolhedor*, no qual o castigo permanece. E os felizes aprimorados seguem e o seguem.

Na cartilha uma política, resiliência e suas estratégias

A cartilha do projeto *Atenção Brasil*, em seu tópico "educando para a resiliência", apresenta dez estratégias para os educadores, com ênfase nos pais e na família, para se estender aos dois outros campos envolvendo a escola e os profissionais de saúde: (1) Empatia; (2) Comunicação eficiente; (3) Mudança de roteiros negativos; (4) Amar de forma que eles se sintam especiais e admirados; (5) Aceitá-los como eles são; (6) Ajudá-los a identificar suas habilidades e com elas experimentar o sucesso; (7) Ajudá-los a aprender que erros são oportunidades para aprender; (8) Ajudá-los a desenvolver responsabilidade, compaixão e consciência social; (9) Ensiná-los a resolver problemas e tomar decisões; (10) Disciplinar promovendo a autodisciplina e autoconfiança.

Diante dessas dez estratégias, é possível sinalizar breves apontamentos analíticos.

A "empatia" é colocada como uma habilidade vital e universalizada para "parametrar" o que é construído como genérico inerente, ao que denominam na cartilha relacionamentos humanos, e é nela que situam a chave em educar para a resiliência, vinculando-a à superação de frustrações. Aqui é possível extrair um *continuum* daquilo que se espera da capacidade em adiar recompensas em uma relação direta estimuladora da superação pelo conformismo.

Em contraponto ao genérico na empatia, a "comunicação eficiente" é atravessada pelo aspecto da impessoalidade pelo que denominam interpessoal, situando o vínculo entre comunicação e eficiência como uma arte de onde derivam as importantes implicações para resiliência, e seu ápice iguala comunicação eficiente como a arte da comunicação.

Ao se tomar as duas primeiras estratégias, e lembrando o que disse Deleuze (1992) ao afirmar que comunicar nunca foi sinônimo de resistir, é possível que tenhamos aqui um contínuo entre superação pelo conformismo e a eficiência como a arte atual da entrega de si, religiosa por excelência, para efeitos de comunicação contínua.

A "mudança de roteiros negativos" implica na cartilha o que denominam de "criar rotas alternativas para um final comum". O elemento realçado nesta terceira estratégia é a "criatividade". Se não estamos mais diante de modelos, mas de moldagens autodeformantes que se modulam (Deleuze, 1992, p. 211), parece haver aqui uma vinculação entre ajustes cabíveis menos pela adaptação clássica do comportamentalismo e mais pela vertente cognitiva das neurociências, que também restaura o comportamental, entretanto, pela via de algo mais próximo a uma adequação. Valoriza-se, então, a similaridade criativa entre o que se adéqua no interior de um velho itinerário e a conduta apropriada produzida por cada criativo em direção a uma meta comum a todos que passa a ter seu governo compartilhado. O fim comum é a uniformidade esperada como meio criativo de fazê-la existir naquilo que subordina, arregimenta, nivela e emburrece, mesmo em meio a tanta inteligência. Em outras palavras, resigna pela criatividade.

A quarta estratégia, "o amor", é derivado da incondicionalidade atribuída como elemento diluidor das diferenças ao distingui-lo pela velha figura do "papai e da mamãe". A entrega de si a uma autoridade superior que começa na religião e que não só culmina, mas funda o próprio Estado.[17] O amor incensado na família e estendido como *frames* de atenção ao que na cartilha aparece denominado por momentos blindados de "dedicação". A blindagem é capa revestidora do elemento que enfatiza a tolerância, também como componente da resiliência; entretanto, é mais: aqui, a relação amor–tolerância trafega em sua própria assimetria hierárquica e desemboca no alerta de segurança que fala por si. Amor sim, transgressão não. Vida tornada sobrevivência, de miséria ou abastada. É a mesma miséria.

> [...] eu só posso ser criança, só posso estar vivo, quando eu ultrapasso o limite, quando eu ultrapasso a fronteira, ou quando eu habito a borda, ou quando eu habito a área de risco. Porque senão você acreditará que alguém poderá cuidar de você, de mim, de nós. E se alguém pode cuidar de mim, eu sou apenas o amante da obediência. É isso (Passetti, 2008).

Aqui habita, no precário, no que não se deixa apanhar, uma saúde inclassificável, saúde em insurreição inestancável (Passetti, 2003).

E quando a cartilha passa do amor à quinta estratégia, a "aceitação", é do aceitar-se como se é que aparece a ajuda à consolidação da

---

[17] A este respeito, ver: STIRNER (2002, p. 13-21).

mudança aliada à autoestima, vulgarização do enamoramento de si em fluxos do que Passetti situa na sociedade de controle como *normalização do normal*,[18] voltados ao nivelamento da vida, da vida tornada conduta de dedicação às expectativas e objetivos, presentes, também, na psiquiatria do desenvolvimento, como contínuo aprimoramento psiquiatrizado, medicalizado, restaurado, revestido, inócuo e inofensivo.

Diante disso, ao passo correlato na sexta estratégia, "o sucesso" é fomentado, gestado, estimulado como atributo de reconhecimento e capacidade a ser investida e perseguida como maneira eficaz de promover, segundo a cartilha, autoconfiança e autoestima; esperança e otimismo. De novo, a parelha resiliência e recompensa, num adiamento interminável do presente, e em sua entrega aos governos dos possíveis. Este vão de condutas e conduções. De governos e melhorias.[19]

E se na sétima estratégia trata-se de "aprender a aprender com os erros", é dela que se invoca também a oitava, quando o que é valorizado é investir em crianças e jovens resilientes portadores de compaixão, responsabilidade e consciência social. Da consciência de que não se abre mão. Entretanto, hoje, é menos por ela e mais pela resiliência, essa capacidade ampliada de governar-se para se saber governado, enquanto definição privilegiada da denominada qualidade de vida, é que sobrepõe o amor, a autoestima, o "apiedamento" e a entrega da própria vida ao sucesso e à nona estratégia, a tomada de decisões, ambos embocados e embrenhados no empreendimento de si, onde tudo cabe. E, no vão, a seletividade da triagem, proveniente do desdém hipócrita no desfile interminável de misérias. De misérias decididas e bem-sucedidas.

Por fim, a décima estratégia, "promover a autodisciplina e a autoconfiança". É nela que a cartilha vincula os resíduos da disciplina em função da resiliência e o controle como elemento contínuo de condição inequívoca de governos do vivo em estado de conservação restaurada. A volta tautológica da mesma epígrafe por onde a cartilha se abre: "Para os educadores que desejam que seus filhos e alunos tenham controle sobre suas vidas e não que a vida tenha controle sobre eles".[20]

Crianças e jovens incididos, do ponto de vista político, pelos investimentos de uma educação para a resiliência,[21] valorizada na formação,

---

[18] Ver em especial: PASSETTI (2007b, p. 63-82).

[19] Ver: PASSETTI (2011, p. 42-53). Disponível em: <http://www.curriculosemfronteiras.org/vol11iss1articles/passetti.pdf>.

[20] Disponível em: <www.aprendercrianca.com.br>.

[21] A este respeito, ver: LINDSTROM, (2001); SLAP, (2001); YUNES, 2003); JUNQUEIRA; DESLANDES (2003); KOLLER; POLETO (2008); NORTE, *et al.* (2011).

produção e restauração da melhoria de si e da melhoria dos outros, pelo "assemelhamento" resiliente do mesmo para chegar, por outras vias, ao vínculo entre tolerância e segurança. Semelhança dissolvida e ao mesmo tempo renovada nas medições e projeções de cálculos probabilísticos governáveis, voltados ao governo de todos por cada um (portanto, democrático); medianos e individualizados (derivados de incontáveis nivelamentos pastorais); de suportar um impacto e refazer o estado original, não como aquele que era, mas modulado por estados conformados ao que pretende ser, em condições de tolerância e, desta maneira, pela capacidade de sustentar um determinado estado governável e governado, pela vida tomada sob controle e gestão resiliente.

Valorizações da capacidade de promoção de perpetuar condições otimizadas no interior da minimização dos riscos (liberal por excelência), onde a utilidade, apesar de não desaparecer, assume um segundo plano para ceder lugar preferencial à "capacidade inteligente", entendida como aquela disponível a compartilhar-se e servir à melhoria de governos do vivo em estado de conservação, pela condição contínua de meta em direção ao não degradado. Preservado e conservado para empreendimentos na melhoria de si e dos outros. Melhorias de governo do vivo em estado de conservação. Resiliência, ecletismo, acolhimento e infindáveis castigos.

Diante de ápices da mediocridade suas equalizações e nivelamentos. Diante da mediocridade feita circunstância ou contínuo, um grito próprio, um fogo, um abscesso vivo, uma fratura exposta. A peste. Artaud em um estranho retorno, *a vida é de queimar as questõe*s.

*

Seus interesses sempre foram filosóficos?

Tal como meu pai, me orientei para a Medicina. Pensei em me especializar em Psiquiatria, e assim, trabalhei três anos no Hospital Sainte-Anne de Paris. Eu tinha 25 anos [...]. Foi então que entrei em contato com alguém, que chamarei Roger, um interno de 22 anos. Ele havia sido enviado para o hospital porque seus pais e amigos temiam que ele se fizesse mal e acabasse se autodestruindo [...]. Nós nos tornamos bons amigos. Eu o via várias vezes ao dia durante minhas visitas ao hospital, e ele começou a simpatizar comigo. Quando ele estava lúcido e não tinha problemas, ele parecia muito inteligente e sensato, mas, em alguns outros momentos, sobretudo os mais violentos, devia ficar enclausurado. Ele era tratado com medicamentos, mas esta terapia se mostrou insuficiente. Um dia, me disse que sabia que nunca o deixariam partir do hospital. Esse terrível pressentimento provocava um estado de terror [...]. A ideia de que podia morrer o inquietava muito, e ele até pediu um certificado médico que nunca se iria deixá-lo morrer. É claro que esta súplica foi considerada ridícula. Seu estado mental deteriorou e, afinal, os médicos concluíram que, se não se intervisse, fosse de que modo fosse, ele se mataria. Assim, com o consentimento de sua família se procedeu a uma lobotomia frontal neste rapaz excepcional, inteligente mas incontrolável... Embora o tempo passe, não importa o que eu faça. Não consigo esquecer seu rosto atormentado. Com frequência eu me perguntei se a morte não seria preferível a uma não existência, e se não deveríamos fazer o que quisermos de nossa vida, seja qual for nosso estado mental. Para mim a conclusão evidente é que mesmo a pior dor é preferível a uma existência vegetativa... (FOUCAULT, 2003b, p. 308-309).

Não é uma questão de concessão que se coloca diante deste pequeno estilhaço. Mas a investida no reverso da fissura, na mesma entrevista que Foucault dá a um fotógrafo às portas da década de 1980, com a AIDS explodindo e seis anos antes de morrer em uma das alas da Salpêtrière. Com a AIDS explodindo e sendo chamada de peste gay. Às portas da década de 1980, quando ele também situava que estávamos em um momento voltado para o "vigiar de perto", para um momento que ele preferiu chamar de manhãs cinzentas da tolerância, ele que não se esquivava e afirmava "eu capto o intolerável", no vigiar de perto, tecendo a base do programa de tolerância zero, da polícia de proximidade, ao gosto britânico da Europa e da polícia de visibilidade ao gosto estadunidense. Com o programa de tolerância zero tomando pé e iniciando sua faxina pelo que inicialmente, em Nova York, se denominou peste das ruas, e suas complementaridades de baixos começos com o que passaria a se denominar como segurança cidadã atravessada por qualidade de vida. Mas não só, Foucault acrescenta a Bauer, o fotógrafo que o entrevista às portadas da década de 1980.

"Hoje, em nossa sociedade de orientação psiquiátrica, se considera com benevolência qualquer coisa que possa propiciar prazer aos indivíduos. A psiquiatria tornou-se a nova religião." (FOUCAULT, 2003b, p. 312).

Hoje, quando quase tudo e quase todos pretendem estar seguros e felizes, ser acessados, obter acesso, ter sucesso, ascender, desde que não se acenda fogo algum demasiado próximo, e isso implica aplacar o fogo de crianças e jovens investindo em sua *melhoria*, a estranheza de uma afirmação de Artaud interessa, em uma fissura da própria palavra acesso, fraturando isso que se coloca sob a forma de pretender "cuidar" e "proteger".

"É a saúde entre dois acessos de febre quente que vai passar.
É a febre entre dois acessos de uma insurreição de boa saúde" (ARTAUD, 1995, p. 285).

Estranho retorno...

"Se as grandes rupturas são sempre negociáveis, as pequenas fissuras são inegociáveis [...]" (PASSETTI, 2007c, p. 26).

Talvez seja algo próximo de uma dupla fissura, uma própria que se volta para acompanhar e fraturar fissuras incididas em corpos, em vidas, em existências de crianças e jovens. E uma em seu retorno esquisito, estranho, num demorar-se, mesmo breve num mínimo fôlego, em fraturas expostas. Um vinco, um sulco, uma cicatriz, um abscesso vivo. Um abscesso vivo que se volte contra a própria política. Mas não basta, apenas, arruinar a política. E aqui é uma marca, um tom, descoberta em anarquista companhia.

Intervalo.

Referências

ARTAUD, Antonin. *O teatro e seu duplo*. Porto Alegre: Max Limonad, 1984.

ARTAUD, Antonin. Van Gogh, o suicidado da sociedade. In: ARTAUD, Antonin. *Linguagem e vida*. Tradução de Maria Lucia Pereira et al. São Paulo: Perspectiva, 1995.

AUGUSTO, Acácio. *Política e polícias. Medidas de contenção da liberdade: modulações de encarceramento contra jovens na sociedade de controle*. 2009. Dissertação (Mestrado em Ciências Sociais) - Programa de Estudos Pós-Graduados em Ciências Sociais, PUC São Paulo, São Paulo, 2009.

DELEUZE, Gilles. *Post-scriptum* sobre as sociedades de controle. In: DELEUZE, Gilles. *Conversações*. Tradução de Peter Pál Pelbart. Rio de Janeiro: Trinta e Quatro, 1992.

FOUCAULT, Michel. Conversação sem complexos com um filósofo que analisa as "estruturas de poder". In: MOTTA Manuel Barros (Org.). *Estratégia, poder-saber. Ditos e escritos IV.* Tradução de Vera Avellar Ribeiro. Rio de Janeiro: Forense Universitária, 2003b. p. 308-309.

FOUCAULT, Michel. *O pensamento do exterior*. São Paulo: Princípio, 1990.

FOUCAULT, Michel. Poderes e estratégias. In: MOTTA Manuel Barros (Org). *Estratégia, poder-saber. Ditos e escritos IV.* Tradução de Vera Avellar Ribeiro. Rio de Janeiro: Forense Universitária, 2003. p. 241-252.

FOUCAULT, Michel. Sobre a prisão. In: FOUCAULT, Michel. *Microfísica do poder*. Organização e tradução de Roberto Machado. Rio de Janeiro: Graal, 1979.

NIETZSCHE, Friedrich. *Assim falou Zaratustra: um livro para todos e para ninguém*. Tradução de Mário da Silva. Rio de Janeiro: Civilização Brasileira, 1998.

PASSETTI, Edson. Arte e resistências: ensaios entre amigos. In: PASSETTI, Edson. *Anarquismo urgente*. Rio de Janeiro: Achiamé, 2007c.

PASSETTI, Edson. Direitos Humanos, sociedade de controle e a criança criminosa. In: PASSETTI, Edson. Comissão de Direitos Humanos do CRP-RJ (Org.). *Direitos Humanos? O que temos a ver com isso?* Rio de Janeiro: Conselho Regional de Psicologia, 2007b. p. 63-82.

PASSETTI, Edson. Ensaio sobre *um* abolicionismo penal. *Verve*, São Paulo, Nu-Sol, n. 9, p. 83-114, maio, 2006.

PASSETTI, Edson. *Éticas dos amigos: invenções libertárias da vida.* São Paulo; Brasília: CAPES, 2003.

PASSETTI, Edson. Governamentalidade e violências. *Revista Currículo sem fronteiras.* v. 11, n. 1, jan./jun., 2011. p. 42-53. Disponível em: <http://www.curriculosemfronteiras.org/vol11iss1articles/passetti.pdf>. Acesso em: 8 out. 2013.

PASSETTI, Edson. Pintar o sete: anotações sobre o governo da ciência, condutas e éticas. In: PASSETTI, Edson. *Anarquismo urgente.* Rio de Janeiro: Achiamé, 2007a.

PASSETTI, Edson. Política e resistências na sociedade de controle. In: SEMINÁRIO INTERNACIONAL DIREITOS E VIOLÊNCIA NA AMÉRICA LATINA. Rio de Janeiro: UERJ, 2008. Versão ampliada: Conversa sobre anotações a respeito de política, resistências, sociedade de controle e educação. In: 1º CICLO DE CONFERÊNCIAS POLÍTICAS QUE PRODUZEM EDUCAÇÃO. *Anais...* São Gonçalo: UERJ, 2008. p. 85-96. Disponível em: <http://www.nu-sol.org/artigos/ArtigosView.php?id=13>. Acesso em: 8 out 2013.

PASSETTI, Edson; LAZZARI, Márcia; OLIVEIRA, Salete et al. *Violentados: crianças adolescentes e justiça.* São Paulo: Imaginário, 1995.

SIQUEIRA, Leandro. *O indivíduo compulsivo: uma genealogia na fronteira entre a disciplina e o controle.* 2009. Dissertação (Mestrado em Ciências Sociais) - Programa de Estudos Pós-Graduados em Ciências Sociais, PUC São Paulo, São Paulo, 2009.

STIRNER, Max. Algumas considerações provisórias sobre o estado fundado no amor. Tradução de Bragança de Miranda. *Verve*, São Paulo, Nu-Sol, n. 1, p. 13-21, maio 2002.

Referências sobre resiliência

ANTHONY, Edwyn James (Org.). *The invunerable child.* Washington, D.C.: Library of Congress. 1987. Disponível em: <http://books.google.com.br/books?hl=pt-BR&lr=&id=tp4NKEfh5pcC&oi=fnd&pg=PA3&dq=the+invulnerable+child&ots=sbXvqx9S8N&sig=MmBXcmERbIwcsfciS7QeEVDfI8c#v=onepage&q&f=false>.

JUNQUEIRA, Maria de Fátima Pinheiro da Silva; DESLANDES, Suely Ferreira. Resiliência e maus-tratos à criança. *Cadernos de Saúde Pública*, 19 (1), Rio de Janeiro: FIOCRUZ, 2003. p. 227-235. Disponível em: <http://www.scielo.br/scielo.php?script=sci_arttext&pid=S0102-311X2003000100025&lng=en>.

KOLLER, Silvia Helena; POLETTO, Michelle. Contextos ecológicos: promotores de resiliência, fatores de risco e de proteção. In: *Estudos de Psicologia.* Campinas, v. 25, n. 3, 2008. p. 405-416. Disponível em: <http://www.scielo.br/scielo.php?pid=S0103-166X2008000300009&script=sci_abstract&tlng=pt>.

LINDSTROM, Bengt. O significado de resiliência. *Adolescencia Latinoamericana*. Porto Alegre, abr., v.2, n. 3, 2001. p. 133-137. Disponível em: <http://ral-adolec.bvs.br/scielo.php?script=sci_arttext&pid=S1414-71302001000300006&lng=pt&nrm=iso>.

NORTE, Carlos Eduardo *et al*. Impacto da terapia cognitivo-comportamental nos fatores neurobiológicos relacionados à resiliência. In: *Revista de Psiquiatria e clínica*. São Paulo, v. 38, n. 1, 2011. p. 43-45. Disponível em: <http://www.scielo.br/scielo.php?script=sci_arttext&pid=S0101-60832011000100009&lng=en&nrm=iso>.

SLAP, Gail B. Conceitos atuais, aplicações práticas e resiliência no novo milênio. In: SLAP, Gail B. *Adolescencia Latinoamericana*. Porto Alegre, abr., v. 2, n. 3, 2001. p. 173-176. Disponível em: <http://ral-adolec.bvs.br/scielo.php?script=sci_arttext&pid=S1414-71302001000300011&lng=es&nrm=iso>.

YUNES, Maria A. Mattar. Psicologia positiva e resiliência: o foco no indivíduo e na família. *Psicologia em estudo*, v. 8, n. especial, 2003. p. 75-84. Disponível em: <http://www.scielo.br/scielo.php?script=sci_arttext&pid=S1413-73722003000300010&lng=en&nrm=iso>.

Outros textos

KAPCZINSNKI, Flávio *et al*. Neuropatologia de células gliais em modelo de integração neurônio-glia no transtorno de humor bipolar. *Revista de Psiquiatria Clínica*. São Paulo: Depart. e Instituto de Psiquiatria da Faculdade de Medicina da Universidade de São Paulo (USP), v. 29, n. 4, 2002. p. 197-203.

Sites

ANDI Comunicação e Direitos: <http://www.andi.org.br>.

Comunidade Virtual Aprender Criança: <http://www.aprendercrianca.com.br>.

Instituto Glia: <http://www.institutoglia.com.br>.

Instituto Nacional de Psicologia do Desenvolvimento: <http://inpd.org.br>.

Universidade de Duke: <http://www.duke.edu>.

Notícias

Andi: <http://www.andi.org.br/infancia-e-juventude/noticia-clipping/pesquisa-avalia-os-habitos-comportamento-e-saude-mental-das-cr>.

Capítulo 29
De tal cordura, tal locura o de cómo la historia de lo otro devino crítica de lo mismo

Cristina López

Antes de presentar en 1961, en la Universidad de la Sorbona, su tesis para la obtención del doctorado *Locura y Sin Razón. Historia de la locura en la época clásica*, Michel Foucault ya había dado a conocer varios textos de su autoría. En efecto, desde 1954, fecha de la aparición de *Enfermedad mental y personalidad* (FOUCAULT, 1954), nuestro autor estaba publicando una serie de trabajos que reflejaban su interés por analizar las formas en que la psicología concebía los fenómenos psíquicos como el sueño o las patologías.[1] Sin embargo, ninguno de aquellos escritos había concitado gran atención. El motivo era evidente: aún no afloraba en ellos el sesgo que habría de definir el pensamiento de su autor.

No ocurrió lo mismo con la tesis. De hecho, según narra Didier Eribon[2] en su biografía, aunque reticentes frente a ciertas deficiencias de la información psiquiátrica, a algunas interpretaciones osadas, y a su retórica muy pendiente de sus efectos, los tres integrantes del tribunal – Jacques Laplanche, Henri Gouhier y Georges Canguilhem – quedaron deslumbrados por la exposición de Foucault.

¿A qué se debió esta reacción? ¿En qué reside el atractivo de *Locura y Sin razón...*? ¿Cuál es la novedad que lo diferencia de los escritos anteriores?

Si nos atenemos al informe de Gouhier – presidente del tribunal – podemos inferir que el núcleo de la fascinación residió en la originalidad

---

[1] Me refiero a los siguientes textos: Introduction en "Binswanger", Ludwig. *Le rêve et l'existence*. Paris: Desclée, 1954. p. 9-128. Ahora en *Dits et écrits* v. 1. Paris: Gallimard, 1994. p. 65-119, el artículo "La psychologie de 1850 à 1950" en Huisman D. *Histoire de la philosophie européenne*. Paris: Fischbacher, 1957. p. 591-606. Ahora en *Dits et écrits* v. 1, 1994, p. 120-137 y, finalmente el artículo "La recherche scientifique et la psychologie", en Morère, E. *Des chercheurs français s'interrogent. Orientation et organisation du travail scientifique en France*. Toulouse: Privat, 1957. p. 173-201. Ahora en *Dits et écrits*, 1994, p. 137-157.

[2] Cfr. ERIBON (1992, p. 145-162).

de una obra cuyo autor "…ha buscado en la conciencia de los hombres de una época la idea que éstos se hacen de la locura…"[3] En otras palabras, para el tribunal, el atractivo del texto residía en la curiosa estrategia expositiva del autor quien, para dar cuenta de la sin razón, había decidido indagar en el núcleo de la razón, la conciencia.

En buena medida, la recepción posterior de la obra también ponderó la novedosa perspectiva de abordaje de la locura. Al respecto, Roland Barthes afirmaba "…Michel Foucault no trata nunca a la locura como una realidad funcional, es, para él, mera función de un binomio formado por la razón y la insensatez…" (BARTHES, 1961).

Con estos términos, la lectura de Barthes que seguía haciendo hincapié en la originalidad del abordaje de Foucault atribuía su novedad a la inclusión de la locura en un binomio conformado en el otro extremo por la razón.

No fueron los únicos que notaron este sesgo peculiar de la estrategia foucaultiana consistente en configurar la historia de la locura sobre la base de la indagación de la razón. En efecto, a principios de 1963, advertido de las consecuencias nefastas que tal estrategia conlleva para las aspiraciones de unidad, universalidad, neutralidad del logos, Jacques Derrida no dudó en salir en su defensa aunque para ello tuviera que enfrentarse a su maestro.[4] En cierto sentido, las críticas de Derrida podrían haber contribuido a abrir un frente de debate sobre el estatuto de la razón obnubilado hasta entonces por la preeminencia del análisis de las figuras de la locura. Sin embargo, al abroquelarse en una posición defensiva y centrar su exposición en la refutación de la heterodoxa interpretación de Foucault de las *Meditaciones* de Descartes, más que a abrir, Derrida contribuyó a clausurar el desenvolvimiento de esa línea de indagación de la tesis. Su actitud no debería atribuirse a una especie de ceguera intelectual, sino, más bien. a la intuición de que por esa vía se corría el riesgo de comprometer seriamente el porvenir de la filosofía.

A mi entender, la reactivación de esa perspectiva de lectura conduce a la explicitación de la crítica de la razón a la que permanentemente apunta la historia de la locura y que constituye su envés filosófico más provechoso una vez que pone en consideración precisamente las condiciones de posibilidad de la filosofía misma.

De allí que, en lo que sigue, me abocaré en primer lugar a deslindar los términos en que Foucault convirtió a la historia en una herramienta al servicio de la crítica. En segundo lugar, procuraré explicitar las implicancias de esta crítica tanto en la concepción de la locura como en la

---

[3] Cfr. El informe oficial redactado por Henri Gouhier transcripto en Ib. p. 161.

[4] Cf. DERRIDA (1967, p. 51-97).

concepción de la razón. Finalmente, intentaré afrontar la exposición de las incidencias del resultado de esta crítica en nuestra práctica filosófica. Mi intención es mostrar que si asumimos cabalmente los resultados de la *Historia de la Locura* estamos obligados a replantearnos nuestra práctica filosófica, conscientes de que, incluso bajo la forma de la mera erudición en apariencias inconsecuente, su ejercicio conlleva efectos teóricos y políticos.

De cómo la historia de la locura devino crítica de la razón

Se podrá objetar que interpretar la historia de la locura en clave de crítica de la razón es atribuirle un sesgo kantiano a una obra explícitamente concebida por su autor "bajo el sol de la gran indagación nietzscheana".[5] Objeción atendible por cuanto la óptica del análisis parece ser de indiscutible cuño nietzscheano. Prueba de ello es la estructura trágica que Foucault, siguiendo a Nietzsche, instituye como matriz de la historia del mundo occidental (FOUCAULT, 1994, p. 162). No es la única impronta de Nietzsche en la tesis de Foucault. Su presencia se hace sentir toda vez que nuestro autor invoca "las formas más modernas de la sin razón"[6] o cuando despliega su interpretación de la locura como ausencia de obra[7] Todo lo cual no inhibe el tenor crítico del planteo del pensador francés sino que, por el contrario, lo incrementa aunque no sea ni en los términos ni en el sentido previstos por Kant. Y, no obstante, la tutela de Kant sobre la crítica ensayada en este texto y sobre el proyecto filosófico de Foucault en su conjunto es tan innegable como la de Nietzsche. Al respecto vale la pena recordar que Foucault destinó la tesis complementaria que acompañó su presentación para la obtención del doctorado a analizar la génesis y la estructura de la *Antropología* de Kant y, aún cuando culminó aquel trabajo adscribiendo su propio programa filosófico al modelo de crítica nietzscheana, la inspiración del mismo es notablemente kantiana.

De todas formas, la remisión al modelo nietzscheano contribuye a explicar cómo, concebida como historia de la locura, la tesis desenvuelve también una crítica a la razón.[8] En efecto, a Nietzsche puede atribuírsele el mérito de haber convertido a la historia en una genealogía con finalidad crítica. De hecho, esta es la finalidad que perseguía en *Genealogía de la moral* en donde para rastrear la procedencia de los conceptos de bueno y malo dejó

---

[5] Foucault (1994, p. 162): "Sous le soleil de la grande recherche nietzschéenne".
[6] Foucault (1972, p. 364): "Les formes les plus modernes de la déraison".
[7] Cfr. Foucault (1972, p. 549-557).
[8] Según testimonió Maurice Pinguet, en "Chronologie". *Dits et écrits* v. I, 1994, p. 19. Foucault comenzó a leer a Nietzsche en 1953.

de lado la psicología moral practicada por los ingleses y optó por indagar su historia. Para eso no le era menester disponer de antemano de una teoría de la crítica: con poner la mira en los acontecimientos le bastaba para advertir cómo el concepto de bueno inicialmente acuñado por la nobleza para designarse a sí misma terminó siendo empleado para mentar la condición del plebeyo. De acuerdo con esto, la historia misma se encargaría de mostrar "el empequeñecimiento y la nivelación"[9] que tal metamorfosis supone.

Basta con leer el primer prefacio de *Locura y sin Razón*...para advertir que Foucault compartía con Nietzsche la confianza en el tenor crítico de la historia. Una y otra vez nuestro autor invocaba allí la necesidad de "hacer la historia de" como una forma de desenmascarar el compromiso de la razón en la concepción y en el tratamiento de la locura. "Hay que hacer la historia [afirmaba en el inicio del prefacio] de este otro envés de la locura – de este otro envés por el cual los hombres, en el gesto de la razón soberana que encierra a su vecino, se comunican y se reconocen a través del lenguaje sin piedad de la no-locura"[10] Y, un poco más adelante, volviendo sobre la cuestión, proponía: "Se podría hacer una historia de los límites – de estos gestos obscuros, necesariamente olvidados desde el momento en que se los efectúa, por los cuales una cultura rechaza algo que será para ella lo Exterior".[11]

Ambas citas ponen de relieve que, para Foucault, la empresa crítica de determinación de los límites de la razón no es un asunto que requiera un análisis transcendental o una descripción empírica, sino "una historia de". Ambas citas dan a entender que la tarea crítica no tiene como meta la legitimación, sino el cuestionamiento de los límites. Pero, más significativo aún, ambas citas colocan no tanto a la locura, sino a la razón en el foco de esta crítica y, en esta línea, ponen en cuestión el dictum pero también el "gesto" que ejecuta la razón cuando impiadosamente rechaza lo que considera exterior, esto es, diferente de ella.

Es cierto que en aquel momento nuestro autor estaba lejos de tener claridad respecto de sus recursos teóricos. De hecho, aún no había explicitado ni mucho menos elaborado metodológicamente su perspectiva de abordaje y aunque ya utilizaba el concepto de arqueología[12] todavía

---

[9] Ambos términos proceden del punto 12 del tratado primero de *La genealogía de la moral*.

[10] Foucault (1994, p. 159): "Il faut faire l'histoire de cet autre tour de folie – de cet autre tour par lequel les hommes, dans le geste de raison souveraine qui enferme leur voisin, communiquent et se reconnaissent à travers le langage sans merci de la non folie".

[11] Foucault (1994, p. 161): "On pourrait faire une histoire des limites – de ces gestes obscurs, nécessairement oubliés dès qu'accomplis, par lesquels une culture rejette quelque chose qui sera pour elle l'Extérieur".

[12] Cf. Foucault (1994, p. 160), en dónde sostiene: "Je n'ai pas voulu faire l'histoire de ce langage; plutôt l'archéologie de ce silence".

no había definido su incumbencia ni discriminado su encuadre a tal punto que, a la par, refería su intención de "confrontar las dialécticas de la historia con las estructuras inmóviles de lo trágico"[13] como si estas tentativas fueran de suyo compatibles.

Con todo, desde el inicio del texto se tiene la impresión de que, pese a no contar con ningún balizamiento metodológico, Foucault estaba desplegando una genealogía. Impresión que contraría el parecer del propio autor quien en más de una ocasión se reprochó a sí mismo por haber adoptado un punto de vista arqueológico demasiado pendiente de las formas de representación de la locura. Sin embargo, en la medida en que, como él mismo reconocía en el prefacio que originariamente precedía su tesis, se trataba de desplegar una historia que daba cuenta del "conjunto histórico – nociones, instituciones, medidas jurídicas y policiales, conceptos científicos – que tiene cautiva a una locura"[14] indudablemente la perspectiva era genealógica si entendemos por tal esa óptica desde la cual se intenta esclarecer la relación entre prácticas discursivas y no discursivas. En rigor de verdad, gracias a su ingenuidad metodológica, la tesis se permite el hallazgo de presentar a la razón como una práctica sin más, esto es, como una práctica que supone representaciones y, conforme a ello, ejecuta gestos. De allí que, se haya atrevido a empezar el capítulo destinado a explicitar las características de las prácticas de encierro, con su tan criticada interpretación de las *Meditaciones Metafísicas* de Descartes instalando así la sospecha de complicidad entre regímenes en apariencias tan dispares como el del saber y el del poder.

No se trata de un ensañamiento particular con Descartes, sino, como veremos, de uno de los resultados más controversiales que arroja la historia cuando practicada como crítica pone en evidencia la "solidaridad" entre regímenes de distinta procedencia.

En todo caso, si la singularidad de la solidaridad entre el discurso filosófico y el encierro practicado en la época clásica sale a la luz, es gracias a la interposición de la grilla discontinua de que se sirve esta modalidad de indagación histórica. Grilla sobre la cual, en aquel momento, Foucault tampoco había elaborado una teoría pero que ya aplicaba con gran rendimiento crítico. Ocurre que, al romper el continuum temporal construido sobre la base de la asimilación de los hechos, la discontinuidad permite emerger la diferencia que convierte a los sucesos en acontecimientos cuya

---

[13] FOUCAULT (1994, p. 162): "Confronter les dialectiques de l'histoire aux structures immobiles du tragique".

[14] FOUCAULT (1994, p. 164): "L'ensemble historique – notions, institutions, mesures juridiques et policières, concepts scientifiques – qui tient captive une folie".

peculiaridad resulta insoslayable. De modo que lo que en apariencias se pierde en eficacia explicativa al renunciar a la hipótesis continuista, se gana en comprensión de la singularidad del acontecimiento y en identificación de sus condiciones de aparición y conformación. En rigor de verdad, no se pierde eficacia, sino que se modifica el paradigma explicativo que ya no se basa en una cadena causal establecida sobre la base de la nivelación de las diferencias, sino en un contraste que pone en evidencia la diferencia, la novedad, pero también la aleatoriedad del acontecimiento, todo lo cual impide su reificación y, por ende, contribuye a su historicización.

De la razón considerada a través del tamiz de la historia de la locura

Ahora bien, para advertir los alcances de los efectos corrosivos que devienen de este ejercicio crítico, es menester indagar cómo impacta sobre la concepción de la locura y, primordialmente, sobre la concepción de la razón.

Adoptando una periodización que luego repetiría en *Las palabras y las cosas*, Foucault inició su historia de la locura con una descripción de las características que definían al loco en el renacimiento y lo diferenciaban de su antecesor medieval. A los efectos, nuestro autor precisaba que mientras que en el Medioevo la locura ocupaba un lugar más en la jerarquía de los vicios, en el Renacimiento, en cambio, pasó a ubicarse en un sitial privilegiado. De allí que sus "síntomas" se interpretaran en clave moral. El excesivo amor propio, la lisonja, el olvido, la vagancia, la voluptuosidad, el aturdimiento, la molicie eran las figuras salientes a través de las cuales la locura, en el Renacimiento, a decir de Foucault, expresaba todo lo malo que hay en el hombre o, mejor dicho, todo lo que la "sensibilidad" de la razón renacentista no toleraba del hombre. Lo que indica que, con todo, para la razón renacentista, la locura no era ajena al hombre. Por el contrario, estaba ligada a sus ilusiones, a sus sueños, a sus debilidades, en suma, a todas aquellas formas a través de las cuales el hombre se apegaba a sí mismo. De allí que, la razón tuviera para con ella un gesto un tanto condescendiente: la empujaba al confín de su reino para dejarla librada a su propia deriva. Tal vez esta era la forma en que pretendía conjurar la amenaza que la locura representaba para el orden del mundo en aquel momento, como lo testimonian las representaciones pictóricas reseñadas por Foucault en las cuales la emergencia de la locura parecía contribuir al hundimiento del mundo.

En los albores de la época clásica, Foucault detectaba que la locura devino una forma totalmente relativa a la razón e incluso una de las formas de la razón – a saber: aquella que intentaba reducir a sus términos todo aquello que la trascendía. Inmanente a la razón, la locura devenía entonces un momento de la naturaleza misma de aquella. Inmanencia admisible por pensadores como Montaigne o Pascal pero totalmente rechazada por Descartes quien se negaba vehementemente a medirse con la locura.

En efecto, poniéndose a distancia de sus antecesores, Descartes consideraba una extravagancia digna de un loco medirse con su ejemplo. Si nos atenemos a su presentación, los locos eran insensatos, privados de sentido, con el cerebro turbado y ofuscado por vapores biliares.

Si nos atenemos, en cambio, a los registros de internación en el hospital general, la definición de la sin razón se ampliaba hasta incluir a los pobres, los mendigos, los vagabundos, los libertinos, entre otras tantas figuras que ya no representaban una amenaza para el orden cósmico del mundo sino para la organización social. En palabras de Foucault, la internación como tal, da cuenta del "...momento en que la locura es percibida sobre el horizonte social de la pobreza, de la incapacidad de trabajar, de la imposibilidad de integrarse al grupo; el momento en que comienza a formar trama con los problemas de la ciudad".[15] En otras palabras, la internación en el hospital general surgió en el momento en que la insensatez y la pobreza – o tal vez deberíamos decir la insensatez de la pobreza– devino intolerable para la razón.

En este contexto, tampoco se salvaban de la internación ni los corruptos, ni los blasfemos, ni los pródigos, ni los derrochones: cada uno a su modo, todos contribuían a esbozar el perfil de la sinrazón clásica. Todos ellos se encuadraban en las categorías de que se servía la época clásica para clasificar y proceder a la internación, las cuales según detallaba Foucault provenían fundamentalmente del ámbito jurídico y de la conciencia social. De estos ámbitos procedía también el carácter punitivo y correccional que caracterizó en aquella época a la internación. De la filosofía parecía provenir, en cambio, la categoría de sinrazón bajo la cual se subsumían todas las experiencias de la locura clásica. De hecho, de la filosofía partió el dictum que más contribuyó a fundamentar su exclusión. Ciertamente, si quería dotar de claridad y distinción al sujeto que piensa, Descartes no podía sino ponerlo a salvo hasta de la eventualidad de la locura. Esa era la condición para que la razón deviniera ratio. No faltó quien interpretara este dictamen en una época obsedida por el afán de orden social y se abocara entonces a confinar a la locura ya sin ningún miramiento en el hospital general.

No pocas figuras de la locura se interponen entre la sin razón clásica y la enfermedad mental moderna. Es que recién con la aparición de la psiquiatría, en el siglo XIX, hizo su irrupción en la historia esta categoría

---

[15] FOUCAULT (1994, p. 90): "Moment où la folie est perçue sur l'horizon social de la pauvreté, de l'incapacité au travail, de l'impossibilité de s'intégrer au groupe; le moment où elle commence à former texte avec les problèmes de la cité".

que, hasta nuestros días, abarca figuras tan disímiles como las neurosis, las psicosis, la esquizofrenia.

Lejos del relato de la crónica oficial, la historia desplegada por Foucault revela que su emergencia no es fruto del empeño del saber en su búsqueda de la verdad sino el resultado de una nueva estrategia para preservarse de la amenaza de la locura. "La objetividad que le reconocemos a las formas de la enfermedad mental [afirma Foucault], fácilmente creemos que es ofrecida libremente a nuestro saber como verdad finalmente liberada. De hecho, no se da, sino a aquel que precisamente está protegido de ella. El conocimiento de la locura supone en quien lo detenta una cierta manera de desprenderse de ella, de estar de antemano liberado de sus peligros y de sus prestigios, un cierto modo de no estar loco"[16] De suerte que, "el advenimiento histórico del positivismo psiquiátrico no está ligado a la promoción del conocimiento, sino de manera secundaria; originariamente es la fijación de un modo particular de estar fuera de la locura: una cierta conciencia de no-locura, que deviene, para el sujeto de saber, situación concreta, base sólida a partir de la cual es posible conocer la locura".[17]

Ahora bien, aunque el concepto de locura sobrevive al proceso de canonización de la psiquiatría, poco y nada tiene que ver la enfermedad mental con las figuras precedentes como el furor, la imbecilidad, la extravagancia, etc. De manera que, a pesar del resguardo que le otorga su pretendida objetividad mal que les pese a los promotores de los saberes positivos y en este contexto nos atreveríamos a consignar al Derrida defensor del logos, la categoría de enfermedad mental no logra reducir a sus términos a la totalidad de la historia de la locura. Lo que sí logra, y con mucho éxito, es confinar al hospicio, a sus técnicas y a sus categorías terapéuticas al loco contemporáneo al cual, con el pudor que caracteriza a todo saber positivo denomina "paciente".

Pero, entonces, ¿en qué figura reside la verdad de la locura? ¿En qué radica su unidad sustancial? ¿En qué consiste su esencia?

En nada, podríamos responder si nos atenemos al derrotero trazado por la historia de Foucault. En efecto, ninguna de las figuras descriptas

---

[16] FOUCAULT (1994, p. 480): "L'objectivité que nous reconnaissons aux formes de la maladie mentale, nous croyons aisément qu'elle est offerte librement à notre savoir comme vérité enfin libérée. En fait, elle ne se donne qu'à celui précisément qui en est protégé. La connaissance de la folie suppose chez qui la détient une certaine manière de se dépendre d'elle, de s'être par avance dégagé de ses périls et de ses prestiges, un certain mode de n'être pas fou".

[17] FOUCAULT (1994, p. 480): "L'avènement historique du positivisme psychiatrique n'est liée à la promotion de la connaissance que d'une manière seconde; originairement, il est la fixation d'un mode particulier d'être hors de la folie: une certaine conscience de non-folie, qui devient, pour le sujet du savoir, situation concrète, base solide à partir de laquelle il est possible de connaître la folie".

es representativa de la verdad de la locura, ninguna de ellas reúne en unidad la totalidad de los matices que diferencian a las distintas figuras.

Así las cosas, la locura no parece ser portadora de su propia esencia. ¿A qué obedece entonces su persistencia en la historia? ¿Qué la dota en cada caso de entidad y configuración? En suma, ¿Qué la conmina a determinarse?

La razón – cabría responder ateniéndonos a la historia desplegada por Foucault según la cual cada sociedad se da su propia locura. En sus términos, "Ella no existe por fuera de las formas de la sensibilidad que la aíslan y de las formas de repulsión que la excluyen o la capturan".[18] En ese sentido, "Cada cultura [...] tiene la locura que merece".[19]

No obstante, si admitimos la pluralidad de figuras a las que estas fórmulas remiten no podemos dejar de reconocer que la razón tampoco sale indemne de esta *Historia de la locura*. De allí que, sea inevitable interrogarnos casi en espejo con las preguntas sobre la locura ¿en qué figura reside, entonces, la verdad de la razón? ¿En qué radica su unidad sustancial? ¿En qué consiste, en suma, su esencia?

Preguntas que en su casi totalidad no pueden tener sino respuestas negativas: es que, vista a través del tamiz de la locura, la razón parece ser solo un nombre destinado a referir configuraciones tan diversas que resultan inconmensurables. De hecho, ninguna de ellas puede asumirse como la verdadera, ninguna logra cobijar a las restantes configuraciones. Sin embargo, si en algo coinciden todas ellas como una suerte de esencia, es que a la luz de las descripciones de Foucault más que como una facultad del sujeto, las distintas configuraciones de la razón se presentan como un conjunto de prácticas discursivas y estratégicas que definen el sesgo de la sociedad de cada época. Curioso estatuto, entonces, el de la razón que, según esto, lejos de garantizar el conocimiento cierto de la verdad, se aplica a través de una serie de saberes y de técnicas a delinear los límites de una sociedad, discerniendo qué admite y tolera y, por tanto, reconoce según corresponda a través de las categorías de salud, cordura, normalidad; y que le resulta controversial y, por ende, sanciona a través de categorías como las de enfermedad, locura, anormalidad y todo ello a través de la interposición de prácticas que, en algún caso, exilian, en otros excluyen y encierran, en otros internan y prescriben fármacos y, en todos los casos generan la sujeción de los individuos concernidos.

---

[18] FOUCAULT. "La folie n'existe que dans une société", entrevista con J. P. Weber en *Le Monde*, n. 5135, 22 de julio de 1961, p. 9. Ahora en *Dits et écrits*, v. I, 1994, p. 169: "La folie n'existe que dans une société, elle n'existe pas en dehors des formes de la sensibilité qui l'isolent et des formes de répulsion qui l'excluent ou la capturent".

[19] FOUCAULT. "La folie n'existe que dans une société", entrevista con J. P. Weber en *Le Monde*, n. 5135, 22 de julio de 1961, p. 9. Ahora en *Dits et écrits*, v. I, 1994, p. 169: "Chaque culture, après tout, a la folie qu'elle mérite".

De la filosofía vista a través del tamiz de *Folie et Déraison*...

Ante semejante diagnóstico respecto de la pretendida esencia y del comportamiento de la razón pareciera que no queda más opción que proclamar el devenir aporético de la tesis y asumir la inviabilidad de todo proyecto filosófico que de ella se infiere. En efecto, ¿cómo no preguntarnos por el devenir de la filosofía cuando ésta aparece tan comprometida en empresas de sujeción? ¿Conviene entonces claudicar de todo intento propositivo y conformarse con desenvolver sólo el tenor crítico del pensamiento filosófico?

Sin embargo, habida cuenta que su propio autor no declinó su vocación intelectual, resulta mucho más productivo revisar en qué términos concibió la tarea filosófica de manera no sólo de conjurar los efectos de sujeción, sino también de propiciar la resistencia y ello a través de la conformación de un cierto saber. Con todo, el objetivo no es tanto dictaminar acerca de la coherencia y consistencia del proyecto de Foucault cuanto dirimir a través de su análisis por qué vías la filosofía puede contribuir a la de-sujeción.

Aunque Foucault no abordó explícitamente esta cuestión en la tesis o mejor dicho no se abocó allí a elaborar las herramientas teóricas y metodológicas compatibles con ese objetivo, lo cierto es que, como vimos, el formato "historia de" fue concebido y empleado por su autor como recurso de una empresa crítica con finalidad desenmascaradora de los alcances de la implicancia de la razón en la producción y en el tratamiento de las distintas figuras de la locura. No es un logro menor una vez que, de esta manera, advertía tanto sobre el peligro que anida en las pretensiones de universalidad y neutralidad de la razón cuanto sobre su carácter de práctica plural e histórica. Mejor aún, ponía en consideración los efectos que se derivan de cada uno de sus gestos. En este sentido, aún sin proponérselo expresamente, la tesis llegaba incluso a promover la sospecha respecto de las pretensiones de universalidad, objetividad y cientificidad de saberes tan reputados como la psiquiatría. De este modo, alentaba la duda respecto de las categorías nosológicas empleadas por esta disciplina para caracterizar y clasificar a la locura. Es que vistas a través de este prisma crítico revelan que bajo un barniz descriptivo son portadoras de un tinte calificador y prescriptivo cuyas incidencias teóricas y políticas se hacen sentir toda vez que, como vimos, condenan a la exclusión. De allí que, la historia de la locura desplegada por Foucault, obligara a repensar tanto el estatuto del loco como el del cuerdo. ¿Cómo no hacerlo si de su exposición se infiere que ambos son resultado de la configuración racional de cada época?

En suma, por esta vía, un poco a tientas aún y con no pocos tropiezos[20], nuestro autor estaba iniciando un recorrido marcado por la explicitación de los efectos de poder que produce el saber y los efectos de verdad que produce el poder pero concernido también por la necesidad de pensar la efectividad de su propia empresa filosófica. Cuestión explícitamente explorada en los cursos dictados en el *Collège de France* a partir de 1970. En efecto, aunque en más de una oportunidad, Foucault intercaló en sus textos de la etapa arqueológica un examen crítico de su tarea, fue recién cuando esbozó su perspectiva genealógica que estuvo en condiciones de ponderar los alcances políticos de su propia producción teórica. Al respecto, las primeras clases de sus cursos destinadas a esclarecer la temática en consideración y el criterio de abordaje resultan una verdadera cantera. En particular la primera clase del curso de 1976 titulado 'Hay que defender la sociedad'[21] en la que al término de lo que parecía ser un balance muy negativo respecto de sus investigaciones, nuestro autor ponderó su incidencia en distintos ámbitos. En efecto, al inicio de aquella clase, Foucault parecía bastante decepcionado del valor teórico del trabajo que venía efectuando al que describía como discontinuo, fragmentario, disperso, repetitivo, local pero al que, precisamente en virtud de estas supuestas falencias, terminaría reconociéndole una gran eficacia ofensiva para, por ejemplo, poner en tela de juicio el funcionamiento de la institución psiquiátrica, la moral sexual tradicional, el aparato judicial y penal; ámbitos todos explorados en sus investigaciones anteriores. No son pocas las consecuencias de esta "inmensa y proliferante criticabilidad de las cosas, de las instituciones, de las prácticas, de los discursos".[22] Si nos atenemos a la cuestión en consideración aquí, a saber, la concepción y el tratamiento de la locura, no podemos dejar de reseñar los esfuerzos teóricos de la antipsiquiatría y los ensayos de desmanicomialización que además de inaugurar un tipo de discurso sin ninguna sistematización de conjunto, tanto han contribuido a promover la de-sujeción del loco.

Por donde se ve que, Foucault encontraba en esta modalidad discontinua, fragmentaria, dispersa, local de enfocar sus investigaciones no sólo una herramienta para la crítica sino también fundamentalmente

---

[20] Al respecto veáse FOUCAULT. *Le pouvoir psychiatrique. Cours au Collège de France.* (1973-1974). Paris: Gallimard, 2003. p. 14-18, en donde el autor reconoció ciertas insuficiencias de su propio abordaje en *Histoire de la folie*...

[21] Cf. FOUCAULT. *Il faut défendre la société*. Cours au Collège de France (1976). Paris: Gallimard, 1997. p. 3-19.

[22] FOUCAULT (1997, p. 7): "L'immense et proliférante criticabilité des choses, des institutions, des pratiques, des discours".

una perspectiva para la conformación de un saber que, en lugar de tender indiscriminadamente a la sujeción, propendiera a la de-sujeción. La condición para lograr esa propensión persistente a la de-sujeción consiste, según nuestro autor, en adoptar una perspectiva local que permita desplegar una "producción teórica autónoma, no centralizada"[23] resistiendo en todo momento tanto a la tentación a convertirse en un discurso sistemático, jerárquico y monopolizador de la verdad como al peligro de ser engullido por un saber englobante que acalle entre los pliegues de su coherencia funcional todo intento emancipador. En suma, según esto, la indicación de Foucault apunta a reivindicar lo singular aún cuando en su carácter de histórico y aleatorio no sea factible de una sistematización totalizadora.

Indicación de difícil implementación para la filosofía que siempre se ha caracterizado por su vocación universalista, sistematizadora y englobante incluso del resto de las disciplinas científicas pero, de indispensable aplicación toda vez que en lugar de solazarse en la erudición aspire a ser un saber transformador.

Referencias

BARTHES, Roland. Savoir et folie. *Critique*, n. 17, 1961.

DERRIDA, Jacques. Cogito et histoire de la folie. *Conferencia* pronunciada el 4 de marzo de 1963 en el *Collège de France*, publicada posteriormente en *Revue de Métaphysique et de Morale* e incluida en *L'écriture et la différence*. Paris: Seuil, 1967. p. 51-97.

ERIBON, Didier, *Michel Foucault*. Barcelona: Anagrama, 1992.

FOUCAULT, Michel. "Préface". 1994, p. 159: "Il faut faire l'histoire de cet autre tour de folie – de cet autre tour par lequel les hommes, dans le geste de raison souveraine qui enferme leur voisin, communiquent et se reconnaissent à travers le langage sans merci de la non folie…"

FOUCAULT, Michel. *Il faut défendre la société*. Cours au Collège de France (1976). Paris: Gallimard, 1997. p. 3-19.

FOUCAULT, Michel. La folie n'existe que dans une société. Entrevista con J. P. Weber en *Le Monde*, n. 5135, 22 de julio de 1961, p. 9. Ahora en *Dits et écrits*, v. I, 1994, p. 169.

FOUCAULT, Michel. *Le pouvoir psychiatrique. Cours au Collège de France* (1973-1974). Paris: Gallimard, 2003. p. 14-18,

FOUCAULT, Michel. *Le pouvoir psychiatrique. Cours au Collège de France* (1973-1974). Paris: Gallimard, 2003. p. 14-18.

FOUCAULT, Michel. *Maladie Mentale et personnalité*. Paris: PUF, 1954.

FOUCAULT, Michel. Préface. In: FOUCAULT, Michel. *Folie et déraison. Histoire de la folie à l'âge classique*. Paris: Plon, 1961. p. I-XI. Ahora en *Dits et écrits*, 1994.

---

[23] FOUCAULT (1997, p. 8): Uune sorte de production théorique autonome, non centralisée".

Os autores[1]

Alfredo Veiga-Neto

Doutor em Educação, professor titular do Departamento de Ensino e Currículo e do Programa de Pós-Graduação em Educação da UFRGS. Coordenador do *Grupo de Estudos e Pesquisas em Currículo e Pós-Modernidade*. Áreas de interesse acadêmico: estudos foucaultianos, filosofia pós-metafísica e estudos de currículo. Publicou, entre outros: *Crítica pós-estruturalista e educação*; *Estudos culturais da ciência e educação*; *Foucault & a educação*. Para a Editora Autêntica, dirige as coleções: *Estudos foucaultianos*; *Pensadores & a educação*; *Temas & educação*.

André Constantino Yazbek

Doutor em filosofia pela Pontifícia Universidade Católica de São Paulo (PUC-SP), onde iniciou sua carreira docente. Professor adjunto de filosofia contemporânea do Departamento de Ciências Humanas da Universidade Federal de Lavras (UFLA). Dedica-se ao estudo das principais correntes da filosofia francesa contemporânea, sobretudo aquelas representadas pelas obras de Jean-Paul Sartre e Michel Foucault. É autor dos livros *Itinerários cruzados: os caminhos da contemporaneidade filosófica francesa nas obras de Jean-Paul Sartre e Michel Foucault* (São Paulo: EDUC/FAPESP, 2010) e *10 lições sobre Foucault* (Petrópolis: Vozes, 2012).

Cesar Candiotto

Doutor em filosofia pela Pontifícia Universidade Católica de São Paulo (PUC-SP). Professor adjunto do Programa de Pós-Graduação em Filosofia da Pontifícia Universidade Católica do Paraná (PUCPR).

---

[1] Os dados foram fornecidos/informados pelos respectivos autores.

Pesquisador do – nível II. Área de interesse acadêmico: ética, filosofia política. <ccandiotto@gmail.com>.

Carmen Lúcia Soares

Doutora em educação pela Universidade Estadual de Campinas (1996). Mestre em história e filosofia da educação pela Pontifícia Universidade Católica de São Paulo (1990). Licenciada em educação física pela Escola Superior de Educação Física e Desportos da Universidade Federal do Paraná (1977). Professora livre-docente da Universidade Estadual de Campinas. Atua na área da educação e desenvolve pesquisas sobre os seguintes temas: história das práticas corporais; história das práticas higiênicas; história das práticas corporais na natureza; história da educação física.

Cristina López

Doutora em filosofia pela Faculdade de Filosofia e Letras da Universidad del Salvador. Professora associada da cátedra de historia da filosofía contemporánea na licenciatura en Filosofia da UNSAM e da USAL. Diretora do Centro de Estudos Filosóficos da Escuela de Humanidades (UNSAM). Diretora do projeto de investigação da "vida como porvenir de la Filosofía). <c-lopez@live.com.ar>.

Denise Bernuzzi de Sant'Anna

Professora livre-docente de história na PUC-SP e pesquisadora I do CNPq. Doutorou-se na Universidade de Paris VII, em 1994, com uma tese sobre a história do embelezamento feminino ao longo do século XX. Publicou vários livros sobre a história do corpo na sociedade contemporânea, entre os quais se destacam *Corpos de passagem* (Estação Liberdade, 2001) e *Cidade das águas* (Senac, 2007).

Diogo Sardinha

licenciado em Filosofia pela Universidade de Lisboa. Doutor pela Universidade de Paris 10 – Nanterre. Membro do Colégio Internacional de Filosofia, Paris, e do Centro de Filosofia das Ciências da Universidade de Lisboa. <diogo_pt@hotmail.com>.

Durval Muniz de Albuquerque Júnior

Mestre e doutor em História. Fez estágio pós-doutoral na Universidade de Barcelona. Professor titular do Departamento de História da UFRN. Bolsista produtividade de pesquisa do CNPq. Publicou, entre outros, *A invenção do Nordeste* (Cortez, Massangana, 1999); *História, a arte de inventar o passado* (EDUSC, 2007); *Cartografias de Foucault* (Autêntica, 2008).

Edson Passetti

Mestre e doutor em ciências sociais. Professor associado e livre-docente do Departamento de Política e do Programa de Estudos Pós-Graduados em Ciências Sociais da PUC-SP. Integra o Nu-Sol (Núcleo de Sociabilidade Libertária). Pesquisador-principal no projeto temático FAPESP Ecopolítica. Publicou, entre outros, Anarquismo & educação (Autêntica, 2008, em coautoria com Acácio Augusto); Anarquismo urgente (Achiamé, 2007); Kafka-Foucault sem medos (Ateliê, 2004); Éticas dos amigos, invenções libertárias da vida (Imaginário, CAPES, 2003). Áreas de interesse acadêmico: anarquismo, política, abolicionismo penal, amizade, sociedade de controle.

Guilherme Castelo Branco

Licenciado e mestre em filosofia e doutor em comunicação. Professor do Departamento de Filosofia e do Programa de Pós-Graduação em Filosofia da Universidade Federal do Rio de Janeiro. Coordena o Laboratório de Filosofia Contemporânea da UFRJ. Pesquisador do CNPq e da FAPERJ. Consultor do NU-SOL-PUC-SP. Publicou, entre outros, *Foucault: filosofia e política* (Autêntica 2011); *Filosofia pós-metafísica* (Arquimedes, 2006); *Arte, vida e política: ensaios sobre Foucault e Deleuze* (LCV, UERJ, 2010). <guicbranco@ig.com.br>.

Guillaume Le Blanc

Professor de filosofia da Université Michel-de-Montaigne-Bordeaux III (França). Membro do Comitê de Redação da revista *Sprit*. Publicou *La vie humaine. Anthropologie et biologie chez Georges Canguilhem* (PUF, 2002); *Les Maladies de l'homme normal* (Éditions du Passant, 2004); *Sans domicile fixe* (Éditions du Passant, 2004); *L'esprit des sciences humaines* (Vrin, 2005) e *Vies ordinaires, vies précaires* (Seuil, 2007).

Heliana de Barros Conde Rodrigues

Bacharel em Psicologia pela UFRJ. mestre em saúde coletiva pelo IMS/UERJ, doutora em psicologia escolar pela USP. Professora adjunta e procientista do Departamento de Psicologia Social e Institucional no Instituto de Psicologia da UERJ. Desenvolve a pesquisa intitulada *Efeitos e ressonâncias do pensamento de Michel Foucault no Brasil – modulações interdisciplinares*. <helianaconde@uol.com.br>.

Jeanne Marie Gagnebin

Nascida na Suíça, é professora titular de filosofia na PUC/SP e livre-docente em Teoria Literária na UNICAMP. Principais publicações: *Histoire et narration chez Walter Benjamin* (Paris, 1994) e sua tradução *História e narração em W. Benjamin* (São Paulo, 1994); *Sete aulas sobre memória, linguagem e história* (Rio de Janeiro, 1997); *Lembrar. Escrever. Esquecer.* (São Paulo, 2006).

Jorge Dávila

Engenheiro de sistemas e pós-graduado em ciências sociais, sob a direção de Edgar Morin. Profesor titular no Centro de Investigações em Sistemologia Interpretativa, da Universidad de Los Andes. Especializa-se na obra filosófica de Michel Foucault e de Baruch Spinoza. <joda@ula.ve>.

José Luís Câmara Leme

Professor de filosofia na Universidade Nova de Lisboa - FCT desde 1989. Doutor em epistemologia das ciências (com uma tese sobre a experiência da verdade em Michel Foucault). Tem várias publicações sobre Michel Foucault, Hannah Arendt, além de filosofia política e cultura contemporânea. É membro da comissão executiva do Centro de História da Ciência e da Tecnologia da UNL e da Universidade de Lisboa.

José Ternes

Graduado em filosofia e em letras vernáculas, mestre em filosofia pela PUC-RJ (1978) e doutor em filosofia pela USP (1993). Professor (aposentado) da UFG, colaborador do mestrado em filosofia da UFG, Professor titular da PUC-Goiás, responsável pelas disciplinas *epistemologia e educação* no Doutorado em Educação e pelas disciplinas *filosofia e literatura* no mestrado em letras. Desenvolve pesquisas em filosofia francesa contemporânea, com ênfase na arqueologia de Michel Foucault, na epistemologia bachelardiana e em filosofia e lLiteratura. <joseternes@hotmail.com>.

Julio Groppa Aquino

Mestre e Doutor em Psicologia Escolar, pelo Instituto de Psicologia da USP. Professor livre-docente da Faculdade de Educação da USP. Fez estágio pós-doutoral na Universidade de Barcelona. Pesquisador do CNPq, desenvolve trabalhos de pesquisa voltados para a apropriação do pensamento foucaultiano na pesquisa educacional brasileira, bem como para os processos de governamentalização em curso na atualidade educacional, especialmente aqueles em torno das práticas de escrita.

Márcio Alves da Fonseca

Doutor em direito pela USP, mestre em filosofia pela PUC-SP. Professor do Departamento de Filosofia da PUC-SP. Professor do Programa de Estudos Pós-Graduados em Filosofia da PUC-SP. Áreas de interesse acadêmico: filosofia das ciências humanas, filosofia do direito, ética e filosofia política. <marciofons@uol.com.br>.

Margareth Rago

Historiadora e professora titular do Departamento de História e do Programa de Pós- Graduação em História do IFCH da UNICAMP. Professora-visitante na Columbia University, entre 2010-2011. Pesquisadora CNPq - Bolsa Produtividade 1A. Publicou: *Do cabaré ao lar. A utopia da cidade disciplinar* (Paz e Terra, 1985, 1999); *Os prazeres da noite. Prostituição e códigos da sexualidade feminina em São Paulo, 1890-1930* (Paz e Terra, 1991, 2008); *Entre a história e a liberdade. Luce Fabbri e o anarquismo contemporâneo* (UNESP, 2001); *Foucault, o anarquismo e a história*. (Achiamé, 2004), entre outros.

Maura Corcini Lopes

Licenciada em educação especial pela Universidade Federal de Santa Maria (UFSM), mestra e doutora em educação (UFRGS). Professora titular do Programa de Pós-Graduação em Educação da UNISINOS. Integra o Grupo de Estudo e Pesquisa em Inclusão (GEPI-UNISINOS-CNPq) e o Grupo Interinstitucional de Pesquisa em Educação de Surdos (GIPES-CNPq), do qual é coordenadora. Bolsista produtividade de pesquisa do CNPq. Entre outros, publicou: *Surdez & educação* (Autêntica, 2007) e *Inclusão escolar* (Autêntica, 2009). Áreas de interesse acadêmico: Estudos Foucaultianos, políticas e práticas de inclusão, estudos surdos. <maurac@terra.com.br>.

Patrice Vermeren

Doutor em filosofia. Professor titular do Departamento de Filosofia da Universidade Paris 8. Pesquisador no Laboratoire d'Etudes et de Recherches sur les Logiques Contemporaines de la Philosophie. Professor associado do Centre de Recherches Politiques de la Sorbonne, CNRS-Université de Paris 1. Membro e fundador do Conseil d'Administration du Collège International de Philosophie. Diretor dos Annales Franco-Latino-Américaines de Philosophie. Tem dezenas de livros e artigos publicados.

Peter Pál Pelbart

Doutor em filosofia. Professor titular do Departamento de Filosofia da PUC-SP, com especial interesse em filosofia contemporânea.

Rodrigo Castro Orellana

Doutor em filosofia (Universidad Complutense de Madrid), mestre em filosofia (Universidade do Chile); licenciado em filosofia (Universidad de Santiago de Compostela). Professor do Departamento de História da Filosofía da Faculdade de Filosofia da Universidade Complutense de Madrid. Além de *Foucault y el cuidado de la libertad* (LOM, 2008), tem numerosas publicações em diferentes revistas internacionais. Editor de *La Irrupción del Devenir* (Ediciones UCSH, 2010) e *Foucault Desconocido* (EDITUM, 2011). Áreas de interesse acadêmico: filosofia contemporánea, pensamento francês do século XX, Foucault, estudos biopolíticos, pensamento latino-americano dos séculos XIX e XX, teorias pós-coloniais. <rodrigocastro@filos.ucm.es>.

Salete Oliveira

Doutora em ciências sociais e pesquisadora do Nu-Sol. Professora do Departamento de Política da Faculdade de Ciências Sociais da PUC-SP.

Salma Tannus Muchail

Mestra e doutora em filosofia, professora emérita da PUC-SP e professora titular do Departamento de Filosofia da PUC-SP. Tradutora dos livros de Foucault *As palavras e as coisas* (Martins Fontes, 1981); *A hermenêutica do sujeito* (Martins Fontes, 2004); *Gênese e estrutura da Antropologia de Kant* (Loyola, 2011), os dois últimos em colaboração com Márcio Alves da Fonseca. Autora, entre outros, de *Foucault, simplesmente* (Loyola, 2004) e *Foucault, mestre do cuidado* (Loyola, 2011).

Sérgio Adorno

Licenciado em Ciências Sociais pela USP (1974) e doutor em Sociologia pela USP (1984). Fez estágio pós-doutoral no Centre de Recherches Sociologiques sur le Droit et les Institutions Pénales - CESDIP (França). Professor titular de sociologia, é diretor da Faculdade de Filosofia,

Letras e Ciências Humanas da Universidade de São Paulo (FFLCH/ USP); Coordenador Científico do Núcleo de Estudos da Violência (NEV/USP) USP. Coordenador Científico do Instituto Nacional de Ciência e Tecnologia (INCT-CNPq) - *Violência, democracia e segurança cidadã*). Coordenador da cátedra UNESCO de Educação para a Paz, Direitos Humanos, Democracia e Tolerância. Presidente do Conselho Editorial da *Revista USP*. Membro do *Scientific Committee* da Revista *Socio* (Maison des Sciences de l'Homme - França). É autor de *Os aprendizes do poder* (Rio de Janeiro: Paz e Terra, 1988) e de estudos e ensaios sobre poder, violência, direitos humanos e justiça.

Sílvio Gallo

Livre-docente, doutor e mestre em educação (Filosofia da Educação) pela UNICAMP. Licenciado em Filosofia pela PUC-Campinas. Professor associado da Faculdade de Educação da Universidade Estadual de Campinas e pesquisador do CNPq. Dedica-se ao estudo da filosofia francesa contemporânea, procurando estabelecer suas conexões com o campo da educação, a partir principalmente dos pensamentos de Gilles Deleuze e de Michel Foucault.

Tania Navarro Swain

Doutora em Sociétés Latino-américaines (Universidade de Paris III, Sorbonne); estágio pós-doutoral na Universidade de Montréal, onde lecionou durante um semestre. Professora da UnB. Foi professora associada ao IREF, Institut de Rechereches et d'Études Féministes. Criou na UnB o primeiro curso de Estudos Feministas no Brasil (graduação, doutorado e mestrado), iniciado em 2002. Publicou *O que é lesbianismo* (Brasiliense, 2000); organizou um número especial *Feminismos: teorias e perspectivas* da revista *Textos de história* (2002). Organizou *História no plural* (1994); *Mulheres em ação: práticas discursivas, práticas políticas* (2005); *A construção dos corpos* (2008). Tem dezenas de publicações em revistas nacionais e internacionais, bem como capítulos de livros (disponível em: <www.tanianavarroswain.com.br>). Editora da revista digital *Labrys, estudos feministas, études féministes* (disponível em: <www.labrys.com.b>) que, em 2012, completou dez anos.

Vera Portocarrero

Doutora em filosofia pela UFRJ, professora titular de Filosofia da UERJ, professora do Programa de Pós-Graduação em Filosofia da UERJ. Pesquisadora do Prociência/FAPERJ. Áreas de interesse acadêmico: filosofia da ciência, ética e filosofia política. <veramport@gmail.com>.

Vladimir Safatle

Professor livre-docente do Departamento de Filosofia da USP. Bolsista de produtividade do CNPq, professor convidado das universidades de Paris VII, Paris VIII, Toulouse, Louvain e Stellenboch (Africa do Sul). Autor, entre outros, de *O dever e seus impasses* (Martins Fontes, no prelo); *Grande hotel abismo: por uma reconstrução da teoria do reconhecimento* (Martins Fontes, 2012); *A esquerda que não teme dizer seu nome* (Três Estrelas, 2012); *Fetichismo: colonizar o outro* (Civilização Brasileira, 2010); *Cinismo e falência da crítica* (Boitempo, 2008); *Lacan* (Publifolha, 2007) e *A paixão do negativo: Lacan e a dialética* (UNESP, 2006).

Yolanda Gloria Gamboa Muñoz

Graduada em filosofia pela Universidade do Chile (1976), mestra em filosofia pela PUC-SP (1994) e doutora em ética e filosofia política pela USP (2000). É professora e coordenadora do Departamento de Filosofia da PUC-SP e pesquisadora colaboradora sênior no Instituto de Filosofia e Ciências Humanas da UNICAMP. Possui diversas publicações sobre Michel Foucault e Paul Veyne. Pesquisa Nietzsche e os cenários filosóficos. <redial@uol.com.br>.

Este livro foi composto com tipografia Bembo e impresso
em papel Off Set 75 g/m² na Gráfica Paulinelli.